연정교육문화연구소 연구총서 24권

湖南抗日民族教育展開史 Ⅱ

호남항일민족교육전개사

연정 김 경 식

조 은

서 문

필자는 호남항일민족전개사Ⅱ 연구로 금년에 그 제2권을 내 놓는다. 우선 시기적으로는 주권침해기에 있어서는 사회계몽운동으로서 호남학회의 설립과 활동을 다루었다, 그리고 주권상실기에 있어서는 근대학교의 설립과 그 항일민족교육운동 그리고 호남인의 민족사학의 창립과 지원 등을 논하였다.

주권침해기에 있어서는 각 지방의 출신 지사들은 출신 지역의 계몽과 문화향상을 위하여 서울에서 혹은 지방과 연락하여 각종의 학술단체인 학회를 조직하여 민족정신의 앙양과 주권 회복을 위한 계몽에 힘 썼다. 호남의 경우는 호남학회가 이에 해당한다. 그리하여 우리는 지역사회의 학술계몽을 내걸고 주권수호 의식을 강조하던 호남학회의 조직된 연유와 중심인물 그리고 동 학회의 조직을 주장한 내용과 본부 및 지회를 중심한 활동상황을 살펴보았다.

주권상실기에 있어서는 호남지방의 근대학교를 그 설립유형에 따라 기독계 학교의 설립과 그 항일민족운동, 관학의 설립과 항일민족교육운동, 민족학의 고창고보의 창립과 그 항일교육운동으로 나누어 고찰하였다. 그리고는 몇몇 유지들의 사학창립과 지원 등을 고찰하였다.

이러한 호남인의 주권침해 및 상실기에 있어서 민족의식의 고양과 근대학교의 설립과 그 항일민족교육운동 등의 인식을 통하여 과거 우리 민족의 비운과 그에 대처한 경우를 통하여 참다운 민족관과 애국을 위한 마음가짐을 갖고 오늘의 한 · 일 관계에 대한 자세에도 신중한 자세를 가졌으면 하는 바람은 어찌 필자만의 마음이겠는가? 간단히 서문으로 대한다. 어려운 상황임에도 본 서를 출판해주신 김화인 사장님과 편집에 수고해 주신 편집실장에게 감사한 마음을 전한다.

서기 2021년 7월 제헌절에

연정 김경식 씀

차 례

제3장 ◈ 근대 관학의 설립과 그 항일민족교육운동

제4장 ◈ 민족사학 고창고보의 창립과 항일민족교육운동

제5장 ◈ 호남인의 민족사학의 창립 · 지원

제6장 ◈ 출향인의 민족사학 인수와 그 운영

제1장 사회계몽운동 : 호남학회의 활동

제1절 서 언

구한말 일제에 의한 주권 침체기 이후 주권을 옹호하기 위한 다방면에서의 여러가지 방법에 의한 노력이 즐기차게 계속되어왔다. 이러한 항일의 노력은 서기 1905년 이른바 을사조약(乙巳條約) 이후 더욱 격화되었다. 그러나 일제의 통감부가 설치된 후부터는 정치, 경제면에서 일제의 노골적인 침략과 급진적인 변화는 우국지사들로 하여금 향후 국가와 민족의 운명에 대해서 지극한 걱정을 자아내게 하였고 이에 대처한 행동화를 시도하였다.

일제에 의한 동요되는 주권의 보존과 수호를 위하여 당시 민족이 행한 주권회복운동은 두 개의 방향에서 전개되었던 바, 하나는 의병운동이었고, 또하나는 애국계몽운동이었다.

의병의 주도적 세력은 유교적 신념을 가진 보수적인 지방의 유생(儒生)층이었으며, 그의 추동자들은 하층 주로 농업에 종사하는 계층이었었다. 일제에 대한 의병은 서기 1907년 고종의 강제 퇴위와 조선군대의 해산을 계기로 전국적인 규모로 확대되어 갔으며, 의병과 그 지도층의 사회적인 지위도 광범위하였다. 이 운동을 이끌어간 사상은 주로 유생과 농민층에 의한 위정척사사상(衛正斥邪思想)과 보국안민사상(輔國安民思想)이었다.

애국계몽운동은 단순히 문화계몽에 의한 애국운동만을 지칭하는 것이 아니었다. 그것은 보다 넓은 사회계몽에 의한 국권회복운동이었다. 또한 동 운동은 계몽에만 끝나는 것이 아니라 실천의 애국운동이었고, 민족의 생존하기 위한 자주권 수호의 운동으로서 민족 역량의 양성운동이었다. 이 운동을 이끌어간 기본적 사상으로서는 17~18세기의 실학사상(實學思想)과 그 뒤를 이은 개화사상(開化思想) 그리고 서구시민사상의 흐름 선상에 있었다.

이러한 사상에서 선 활동의 일환으로 각 지방 출신의 뜻있는 인사들은 출신지역의 계몽과 문화향상을 위하여 서울에서 혹은 지방과 연락하여 각종의 학술단체인 학회(學會)를 조직하여 민족정신의 앙양과 주권회복을 위한 계몽에 힘썼다. 이러한 학회 조직은 경기도 · 충청남북도의 기호흥학회(畿湖興學會), 전라남북도의 호남학회(湖南學會), 경상남북도의 영남교육회(嶺南敎育會), 평안남북도 · 황해도의 서우 · 서북학회(西友 · 西北學會), 함경남북도의 함북흥학회(咸北興學會), 강원도의 관동학회(關東學會) 등이 그 경우이다.

이들 학회는 각각 그들의 지역사회를 중심으로 주권옹호와 계몽에 힘썼다.

이제 우리는 지역사회의 학술계몽을 내걸고 주권수호의식을 강조하던 호남학회에 대하여 기술하고자 한다.

제2절 호남학회의 설립과정

1. 설립과정

호남학회는 서기 1907년(光武 11년) 7월 6일 오후 2시 발기대회(發起大會)를 120명이 참석한 가운데 대동문우회관(大同文友會館)에서 가졌다.[1)]

동 회는 강엽(姜曄), 백인기(白寅基), 고정주(高鼎柱), 윤경중(尹

1) 湖南學會報 제1호, 본회기사 제1회 회의록, 54~55면.

敬重), 이간(李侃), 박영철(朴英喆), 최우락(崔禹洛) 등 7명을 발기인으로 선출하여 호남학회는 임시의장에 윤자선(尹滋善), 서기 정익용(鄭翼溶), 사찰(査察) 최상은(崔相殷), 이창용(李昌庸)으로 하여 규칙을 통과시키고, 본 임원을 다음과 같이 선출하였다.[2)]

〈다 음〉

회 장 : 강엽(姜曄)
부 회 장 : 강운섭(姜雲燮)
총 무 : 백인기(白寅基)
서 기 : 이시우(李時雨)
평 의 원 : 김낙구(金洛龜), 윤주신(尹柱臣), 박영철(朴榮喆), 최우락(崔禹洛), 윤경중(尹敬重), 정규삼(鄭奎三)

위에서 보듯 학회 설립과 임원조직을 끝낸 동 호남학회는 1주일 후인 동년 7월 13일 제2차 임시총회를 자양동(紫陽洞) 평의원 박영철의 집에서 개최하였던바, 협의한 내용은 다음과 같다.[3)]

① 제1차 회의에서의 미선출 평의원 의원 중 12명이 선출되었고, 간사원(幹事員) 2명도 선임 되었다.[4)]

② 강엽이 사면(辭免)되고, 고정주가 회장이 되었고, 총무에는 백인기 강엽, 백인기는 재정부장으로 되었다.

그리고 동년 7월 17일 고정규의 집에서 제3차 특별 총회가 개최

2) 위와 같음. 본회 취지의 발기인 참조, 57면,

3) 湖南學會報, 제2호, 본회 기사 제2회 회의록, 47~48면,

4) 이는 학회 설립 초에 인원이 미비하여 우선 6명만 선정하자고 하였던 바, 이의 보완조치로 12명이 선출되었던 바. 박준필(朴準弼), 이우락(李愚洛), 민병승(閔丙昇), 윤광보(尹光普), 김기환(金祺煥), 구본순(具本淳), 장두식(張斗植), 이근용(李根容), 김경중(金暻中), 조경환(조경환(曺京煥), 박해창(朴海昌), 이봉(李俸) 등이었다. 그리고 간사원으로는 오정선(吳鼎善), 윤채하(尹采夏)가 선임되었다. 호남학보 제2호, 본회기사, 제2회 회의록 47~48면 참조,

되었다. 그 때 학보(學報) 발간 문제가 제기되었으나 자금 문제로 일단 보류하고 회관(會館) 선정 후로 미루었다.[5] 제4차 회의는 7개월이 지나 융희 2년 2월 15일에 임시총회가 소집되었다. 수차의 임원 개편을 거듭하여 확정된 임원은 다음과 같다.[6]

회　　장 : 고정주(高鼎柱)
부 회 장 : 유희열(劉禧烈)
총　　무 : 강엽(姜曄), 박영철(朴榮喆)
교육부장 : 이기(李沂)
재정부장 : 백인기(白寅基)
서 기 원 : 이시우(李時雨), 정달영(鄭達永)
간 사 원 : 이근용(李根容), 우성해(禹成海), 이경노(李敬魯)
평 의 원 : 최준식(崔俊植), 양회원(梁會源), 구본순(具本淳), 김락구(金洛龜), 박남현(朴南鉉), 소석정(蘇錫政), 김봉선(金鳳善), 윤경중(尹敬重), 박창(朴海昌), 김경중(金暻中), 정규삼(鄭奎三), 양한묵(梁漢默), 윤주신(尹詿臣),이석현(李石峴), 윤상오(尹相五), 장명상((張命相), 한남수(韓南洙), 강운섭(姜雲燮)
회 계 원 : 최우락(崔禹洛), 이채(李採), 장두식(張斗植), 박준필(朴準弼), 조강환(曺康煥), 이봉(李捧), 이우약(李愚若), 윤광보(尹光普), 정응설(鄭應卨), 심선갑(沈宜甲), 이광수(李光秀), 변기찬(邊基纘), 민영식(閔梂植)
간 사 원 : 이근용(李根容), 우성해(禹成海), 이경노(李敬魯)

이러한 임원진이 형성되고 나서, 제10회 회의에 교육부장 이기(李沂)가 월보과장(月報課長)을 겸임하여 월보관계 사무가 일체 위임되었고, 제11회 회의에서는 목차가 확정되었다. 이리하여 월간

---

5) 湖南學報 제2호 본회기사 제5 제3회 회록 48~49면.
6) 위의 책, 제1호, 임원록 57~58면 참조.

(月刊)의 발간을 위한 준비가 이루어져 드디어 《호남학회 월보(湖南學會月報)》의 창간을 보게 되었다. 이후 1년 만에 월보의 발간을 보게 된 《호남학보》는 6월 27일 제15회 특별총회에서 회칙(會則)을 개정하였던 바, 그 내용은 다음과 같다.

〈다 음〉

① 평의원은 20인으로 한다.

② 재정부는 경리부(經理部)로 개칭하고, 부장 1인과 부원 약간명을 둔다.

③ 교육 및 편집부에도 부장 1명과 부원 10명을 둔다.

④ 각 도, 군 찬성장(贊成長)을 관찰사 및 군수로 한다.

뒤이어 열린 제16회 정기총회에서는 대대적인 임원 개편을 보게 되었다. 당시 임원 개편에서는 임원의 1년간의 노고를 치하하면서 일층 선량한 사람과 재정 및 풍력(風力; 사람을 교화시키는 힘)이 있는 사람을 선출하고자 하였는데, 이를 보면 재정문제에 역점을 두고 있는 듯 하였으며, 당시 선출된 임원진은 다음과 같다.

회　　장 : 이재량(李載亮)

부 회 장 : 최우락(崔禹洛)

총　　무 : 윤경중(尹敬重)

평 의 원 : 심의갑(沈宜甲)

경리부장 : 백인기(白寅基)

교육부장 : 조강환(曺康煥)

편집부장 : 박해창(朴海昌)

평 의 원 : 최준식(崔俊植), 이기(李沂), 최동식(崔東埴), 장두식(張斗植), 양회원(梁會源), 류희열(劉禧烈), 윤광보(尹光普), 나인영(羅寅永)

교육부원 : 윤주찬(尹柱瓚), 이광수(李光秀), 민병승(閔丙昇), 임규(林圭), 윤광보(尹光普), 정응설(鄭應卨), 최준식(崔俊植), 유희열(劉禧烈)

경리부원 : 김경현(金暻鉉), 변기찬(邊基纘), 박영철(朴榮喆), 이석현(李石

峴), 김선태(金宣泰), 김상기(金商基),

편집부원 : 이기(李沂), 최동식(崔東埴), 변승기(邊昇基), 최홍규(崔泓圭), 이시우(李時雨)

규칙개정위원 : 정응설(鄭應卨), 임규(林圭), 윤광보(尹光普)

이러한 임원진은 그 후 부분적인 개편을 거듭하면서 학회를 유지해 갔다. 그런데 제29회 총회에서 다시 임원진의 총사퇴가 거론되면서 임원진의 전면적인 개편을 위한 임시 간사가 선출되고 있다. 당시 임원개선의 이유로서는 문명사업은 전혀 진전이 없고 임원개선만이 거듭되어 모든 사무가 발전이 없으니 한번 새롭게 개량해 보자는 것이었다. 실제로 호남학회 창립이후 매 회의 때마다 회장은 거의 유고로 나오지 않았고, 기타 임원들도 3회 이상의 불참으로 개편되고 있는 실정이었다. 아마도 이것의 원인으로서는 당시 재경 호남인사의 수적인 제약과 재정의 문제이었을 것으로 생각된다.

재정문제에 있어서는 호남학회도 다른 학회와 마찬가지로 입회금, 월연금(月捐金), 기부금이 유일한 방법이었다. 입회금은 50전, 월연금은 10전, 기부금은 회원의 자유의사에 따랐고, 월연금 5환 이상을 선납한 경우는 월연금을 영구히 면제해 주었다. 재정 상황이 좋지 못한 상황에서 월보(月報)를 발간하게 되자, 재정문제는 더욱 심각하게 된 것 같다. 이 점은 호남학회월보(湖南學會月報)제1호에서 추측할 수 있다.[7)]

따라서 대관(大官), 부호들의 의연금 헌납을 독려하였다. 또한 월보 제5호에서는 월보 발간비용이 매월 170여 환인데, 이는 의연금으로 충당하고 있다고 전제하면서 시의(時宜)를 알아 공의(公義)를 생각하여 집을 잃고 국가가 망하지 않도록 중지(衆志)를 모을

7) 湖南學會月報 제1호, 44~45면.

것을 호소하기도 하기도 하였다.[8] 한편 재산가들이 자그마악한 이익에는 그 계산이 빠르면서도 의연금에는 도외시함을 한탄하기도 했다. 그리하여 월보 대금으로 다소나마 재정에 도움이 되게 하기 위해 회원에게는 의무적으로 구매하도록 한 것 같다. 호남학회 월보 제1호에서는 '주의' 라고[9] 한 다음

본 회원은 회규에 의하여 불용불구독(不容不購讀)이어니와 기타 유지제언(有志諸彦)이 구독하고자 하거든 주지(住地)와 씨명(氏名)을 상기도교(祥記途交)하심을 요함.
본보 대금은 제1호 외에 안월송교(案月送交)하시되 선금(先金)을 요함.

이라 하여 구독자의 증가에 노력하면서 월보 대금은 선금을 요망하고 있다. 그리고 월보 대금은 1부에 신화(新貨)로 15전, 6부에 선금으로 85전, 12부에 선금으로 1환 60전으로 되어 있다. 그렇지만 월보 판매도 대금 수합도 부진한 상태였던것 같다. 마지막 호(號)인 제9호 목차 앞에는

본 학보 발행이 지금 9호인데 대금 수합이 영성(零星)하야 계간(繼刊)이 극난(極難)하오니 구매하시는 첨원(僉員)은 신속 송교(送交)하심을 절분(切盼)[10]

이라 한 것을 본다면, 재정 사정이 아주 어려웠고, 또한 월보도 9호에서 그친 이유가 바로 재정 부족 때문인 것으로 추측된다.

이상에서 인식할 수 있듯이, 호남학회도 거의 다른 학회와 마찬

8) 위의 책, 제5호, 33~34면.
9) 같은 책 제1호 板權 참고.
10) 같은 책, 제9호 내면지 참조.

가지로 잦은 임원진의 개편이 있었고, 재정 면에서도 좋지 못한 상황 하에서 학회를 조직 운영해 갔다고 보아야 할 것이다.

2. 호남학회의 성격

서기 1905년 을사조약(乙巳條約) 이후 일제의 강압으로 인하여 무력에 의한 국권회복이 불가능함을 인식한 신지식인들에 의하여 서기 1906년 이후 본격적으로 창립하기 시작한 학회의 활동은 대부분 학회가 표면적 이유로는 단순히 외면적으로는 지식보급을 위한 계몽운동을 내세웠으나 실제적으로는 교육을 통하여 민력(民力)을 기르고, 독립사상을 고취함으로써 국권회복을 이룩 하는데 그 궁극적 목적을 두고 있었다. 즉, 이들에게 있어서 교육은 국권회복을 위한 선행조건이었고, 학회(學會)는 교육을 위한 필수조건이었다. 따라서 호남학보(湖南學報)에서는 학회(學會)를 학사회집(學事會集)하여 권인취학(勸人就學)[11]이라고 정의한 다음 본 학회가 호남의 심군(心君)이요 호남 동포의 근간이 되리라고[12]하였다. 그리하여 학회를 중심으로 사람들에게 배움을 이룰 수 있도록 권장해야 한다. 여러 사람이 권하면 듣게 될 것이라고 학회를 구성하는 사람들의 역할과 계몽적인 성격을 나타내고 있다. 또한 호남학보 축사에서

본유근간(本有根幹)이라야 만엽(萬葉)이 번영하나니 개본회(蓋本會)는 즉아호남(卽我湖南)의 일성지심군야(一省之心君也)오, 역아호남동포지근간야(亦我湖南同胞之根幹也)라 기소임담(其所任擔)이 고부중차대여(顧不重且大歟)잇가

11) 같은 책, 제1호, 호남학회 발간서, 1면.
12) 같은 책, 제7호 본보축사, 1~2면.

라고 하여 나무에 뿌리와 줄기가 있어야 번영할 수 있듯이, 호남학회도 호남인의 근간이 되기에 그 맡은 바가 중대하다고 하여 본회의 역할과 성격을 강조하고 있다.

이러한 당위성을 가지고 설립된 호남학회 역시 타 학회들과 마친가지로 지역사회의 교육 · 계발을 외적인 목표로 내세웠으나, 호남지방에 학교를 설립하고 월보를 발간함으로써 국권회복을 궁극의 목표로 하고 있다.

또 호남학회 규칙은 다음과 같이 규정하고 있다.[13]

제2조 본회는 호남의 결육(結育) 발달하기를 목적함.

제14조 전조의 목적을 관철하기 위하야 신문잡지를 간행하며 한성(漢城) 급 도내 각 지방에 학교를 적의(適宜;걸맞고 적당함) 설립함.

이에서 인식할 수 있듯이, 동 호남학회는 호남지방의 교육 발달을 목적으로 설립되었으며, 이 목적을 달성하기 위하여 신문과 잡지를 발간하고 학교를 설립한다고 하였다, 그러나 본 학회의 사무소를 서울에 두고 있어서 지역사회에 대한 지원에 불편함도 많았으리라고 추측된다.

또한 본 호의 의무에 대해서는 호남학보에서 다음과 같이 전하고 있다.

만국이 도덕상으로 상호애호하여 평화극도(平和極度)에 도달할지나 그 소유한 권리를 보수(保守)하는 방법은 학문을 필수(必須)하고 학문은 교육이 아니면 부득(不得)할지니……(중략)……본회는 일도문명(一道文明)의 전구(前驅)될 뿐이어니와 본도는 아한전국(我韓全國)의 선진(先進)되

13) 호남학보 제1호 본회 기사, 본회 규칙, 53~57면.

지 아니함을 자획(自劃)하기 불다각적으로 노력가하고……[14]

라 하여 모든 나라들이 도덕적으로는 서로 애호하여 평화가 극도에 달할지라도, 그 소유한 권리를 보수(保守)하는 방법은 반드시 학문에 있으며, 학문은 교육이 아니면 얻을 수 없다. 그러니 호남학회는 오로지 문명에 앞장설 뿐이고, 본 도는 전국의 선진이 되고자 역설하였다.

이상과 같이 호남학회의 역할과 위치가 막중함을 월보의 여기저기에서 강조하고 있다. 다시 말하면, 호남학회는 그 성과는 기대에는 미치지 못했지만 호남인에게 흥학(興學)을 위한 다각적인 노력의 산실이었다는 것을 증언해 주고 있다.

제3절 호남학회의 조직

1. 조직과 운영

호남학회는 발기대회에서 일반적인 회의진행 방법에 따라 임시회장에 윤자선(尹滋善), 서기에 정익용(鄭翼溶), 사찰(査察)에 최상은(崔相殷), 이창용(李昌庸)을 선출하고, 먼저 발기인을 대표하여 강엽(姜曄)이 '대회요지'에 대하여 연설한 후에 임시의장이 본회 규칙을 축조(逐條)하여 통과시켰다.

본회 규칙 중 조직에 관한 규정을 보면 다음과 같다.

제1조 본회는 호남학회(湖南學會)라 명명함.

제2조 본회는 호남의 교육발달하기로 목적함

제3조 본회소(本會所)는 경성(京城; 서울)에 치(置)하고 지회(支會)는 도내 지원인의 청원을 인하야 필요지에 치(置)함

제4조 본회원은 재개각관(在開各款)을 의하야 허입(許入)홈.

14) 같은 책, 제2호, 본회의무, 35~36면.

제5조 본회임원은 좌와 같이 치(置)함

회　　장 : 1인
부 회 장 : 1인
총 무 원 : 1인
교육부장 : 1인
재무부장 : 1인
서 기 원 : 1인
회 계 원 : 1인
간 사 원 : 1인

제6조 본회 사무를 찬성하기 위하야 찬성원(贊成員) 약간 인을 수의공선(隨宜公選)함

제14조 전 목적을 관철하기 위하여 신문잡지를 간행하며 한성(漢城) 및 도내 각 지방에 학교를 수의(隨宜) 설립함

제15조 회원중 행위가 부정하여 회의를 점오(點汚)하는 자는 평의회 제의로 총회를 경유하야 점회(黜會)하고, 임원과 회원이 무고히 회석에 3회 불참한 사람은 해자격(該資格)이 무(無)한 줄로 인정함

제16조 본 규칙은 총회 출석원 3분지 2이상의 동의로 개정 혹 증산(增刪)함을 득함.

호남학회의 임원 선출방법 및 임원의 직무에 대해서는 '본회규칙' 에 규정되어 있다.[15] 그러나 본회 세칙에 보다 구체적이고 자세하게 나타나고 있는바, 그 내용을 보면 다음과 같다.[16]

제3장 임원의 권리 및 의무

제7조 회장은 회중(會中) 대소사항을 총괄 감독하되 회무이외에는 지휘하는 권(權)이 무함.

제8조 부회장은 회장을 협찬하되 장이 유고(有故)할 시는 장의 사무를

15) 湖南學會報 제1호, 본회규칙 제7,8,9조, 55~56면.

16) 위의 책, 본회세칙, 52~54조.

대변(代辨)함.

제9조 총무는 회중 서무를 일체 처리하되 회장의 지휘를 승(承)하고, 중요사건은 총회 및 평의회에 제출함.

제10조 평의장(評議長) 및 평의원은 회중 중요 사무를 예선(豫先) 의결하여 총회에 제출하되 긴급사항은 즉행(卽行)의결한 후 총회에 보고함.

제11조 교육부장은 학교설립과 서적간행에 대하여 특이한 의견을 제출하고 관하임원은 수의(隨宜)조직한 후 총회에 보고함.

제12조 재무부장은 본회의 일체 재정을 감독하되 10월 이하는 회계에게 임치(任寘)하고, 이상은 지정한 은행에 정기 또는 무기임치(無期任寘)하되 절수(切手)는 보관하고 매삭용하(每朔用下)를 기부하여 총무 및 회장에 인감날인 후 총회에 보관함

제13조 서기는 문첩거래(文牒去來)와 제반 문부(文簿)를 장리(掌理)하되 발송기안등건(發送記案等件)을 일정 양식에 의하여 날장(捺章) 후 총무 급 회장이 감정날인후 시행함

제14조 회계는 금전출납과 재부(財簿) 장리하되 재무부장 급 총무회장의 인감날인 후 지발(支撥)이고 회중 일체 침물(汁物)을 보관

제15조 간사는 총무의 지휘를 승(承)하야 일체 서무에 종사하되 개회시는 사찰(查察)의 임(任)을 예겸(例兼)함

제4장 선거방법

제16조 총회시 임원선거는 선거위원 3인을 선정(先定)하여 피선된 자격이 유(有)한 인(人)을 제출한 후 투표 결정함

제17조 평의회 선거는 구천(口薦)으로 한 후 총회에 보고함

제5장 평의회 세칙

제18조 평회의에 평의장이 승좌(昇座)하면 회장, 부회장, 총무, 교육부장, 재정부장은 예겸출석(例兼出席)함. 단 필요로 인(認)할 시(時)는 간사원과 합석함.

제19조 서기가 회원의 의안을 집합하였다가 보고하거든 의장이 해(該)사건에 대하여 의견을 문(問)한 후 종다결정(從多決定)함

제20조 의안에 결정된 자는 의장이 날장(捺章)함

이상에서 보듯, 규칙과 총칙을 살펴보면, 본회의 임원은 총 19명으로 구성되어 있는바, 간사원의 경우 10명으로 규정되어 있으나, 회원 수와 규모가 확정되지 못함에 따라 현실에 맞게 2~3명만을 두고 있다. 그리고 평의원의 경우에는 초기에는 제한규정이 없었으나, 제15회 특별총회에서부터 제안하고 있다.[17)]

임원의 권리와 의무를 보면, 회장은 회무처리 이외에는 다른 지휘권한이 없었다. 교육부장은 학교설립과 서적발간에 의견을 제출하고 관하 임원은 수의 조직한 후 총회에 보고하면 되었다. 그러므로 본회의 목적달성을 위하여 가장 실질적인 임무를 담당한 인원은 교육부장이었다. 평의장, 평의원은 회의 중에 중요한 건만을 미리 의결하여 총회에 제출하되, 긴급사항은 곧 의결한 후 총회에 보고하게 되었다.

임원의 선출방법은 총회시 선거를 통해 선거위원 3명을 선출하여 피선될 자격이 있는 사람을 추천한 후 투표로 결정하였다. 그리고 평의원 선출은 구두로 추천하여 총회에 보고하면 되었다. 임원의 구성은 회의가 개최될 때마다 (제3회와 제19회는 제오) 추가로 선출하거나 개선하였다.

호남학회의 정규 임원조직은 발기회로부터 제8회 임시총회에 이르러서야 거의 완결되었는데 완성된 임원은 다음과 같다.

회　　장 : 고정주(高鼎柱)
부 회 장 : 유희열(劉禧烈)
총　　무 : 강엽(姜曄), 박영철(朴榮喆)

17) 같은 책, 제5호, 제15회 회록, 47면.

평 의 원 : 최준식(崔俊植), 양회원(梁會源), 구본순(具本淳), 장두식(張斗植), 박준필(朴準弼), 조강환(曺康煥), 최우락(崔禹洛), 김락구(金洛龜), 박남현(朴南鉉), 소석정(蘇錫政), 김봉선(金鳳善), 윤경중(尹敬重), 박해창(朴海昌), 김경중(金璟中), 이봉(李俸), 우락(李愚諾), 윤광선(尹光善), 정응설(鄭應卨), 정규삼(鄭奎三), 양한묵((梁漢默), 윤주신(尹柱臣), 이석현(李錫峴), 윤상오(尹相五), 장명상(張命相), 한남수(韓南洙), 심의갑(沈宜甲), 민영직(閔永直), 이광수(李光秀), 변기찬(邊基纘), 강운섭(姜雲燮),

교육부장 : 이기(李沂),

재정부장 : 백인기(白寅基)

서 기 원 : 이시우(李時雨), 정달영(鄭達永)

회 계 원 : 최우락(崔禹洛), 이채(李採),

간 사 원 : 이근용(李根容), 우성해(禹成海), 이경노(李敬魯)

우리는 위와 같이 임원의 구성 상황을 살폈지만, 이것이 고정불변한 것은 아니었다. 사실 임원의 변동은 매 회때 마다 있었으나 그 상세한 변동상황은 번잡을 피하여 약하기로 한다. 다만 임원 변동의 이유를 든다면, 본인의 청원에 의한 경우, 임원의 행위가 부정한 경우, 회의에 무단 3회 이상 불참한 경우 해당 자격이 없다고 인정하여 교체한 경우이다.[18]

월보(月報) 발간을 위해서 월보 과장직을 신설하여 교육부장으로 하여금 겸직케 하였다.[19] 제15회 특별총회[20]에서는 규칙을 개정하여 평의원 20명으로 한정하였고, 교육부장과 편집부장을 분리하고 재정부장을 경리부장으로 개칭하였다. 임원의 수는 많았으나

18) 같은 책, 제1호, 본회규칙 제15조, 57면.
19) 같은 책, 제3호 제10회 회록, 59면.
20) 같은 책, 제5호 제15회 회록.

실제로 활동할 수 있는 회원은 상당히 부족하였다. 또 발기회와 제2회 회의에서는 대체적으로 많은 회원이 참석하였으나 나머지 회의에서는 거의 2,30명 정도만 참석하였다. 이와같이 회원의 참석률이 적었던 이유는 회원들 중 대다수가 귀향 활동중으로 서울에 부재중이었다는 사실을 외면할 수 없다.[21]

회원의 자격요건은 본회 규칙 제4조에 명시되어 있다.

우선 회원의 입회 조건 및 그 방법은 본회 세칙에 자세히 규정하고 있는 바, 이것은 본회 회칙에 따르되, 입회를 희망하는 자는 본회 세칙 제6조의 양식에 따라 귀회(貴會) 취지에 동정(同情)을 표하여 회의 설립 취지와 의무를 확실히 이행하겠다는 내용의 청원서를 제출하면 된다. 또한 학회에서는 입회인정서를 주어 회원이 되게 한다.[22] 그 내용을 본다면, 본회 취지에 동정으로 입회하고자 하는 뜻을 감사하게 생각하며, 회원의무를 확실히 지키기 바라며, 회원의무는 ① 입회청원서를 증출(呈出)하는 시에 입회금 50전을 병부사(倂附事), ② 양력으로 매월 제2일요일 통상회 급 특별회에 부득이한 사정 외에는 필야출석사(必也出席事), ③ 본회에서 발간되는 월보나 혹은 신문이 유(有)할 시는 필수 기매사(購買事), ④매월 통상회에 월연금(月捐金) 10전을 회계에게 교부사(交付事)로 되어 있으며, 회원의 행동요령에 대한 규정은 본회규칙에 나타나 있다.[23]

제15조 회원중 행위가 부정하야 회체(會體)를 점오(黜汚)하는 자는 평의 제의로 총회를 경유하여 출회(黜會)하고 임원과 회원이 무고히 회의에 3회 불참한 인은 해자격이 무한 줄로 인정함. 단 임원이 3회 무고출참

21) 회의가 제29회까지 진행되는 동안 제1,2,3회를 제외하고는 회장이 직접 회의를 주도한 경우가 없었으며, 유고의 사유가 '재향중'이라는 기록이 회록에 가끔 비치고 있다.

22) 같은 책, 제2호, 본회세칙, 51~52면.

23) 같은 책, 제1호, 본회세칙, 56~57면.

한 인은 개선(改選)함을 득함.

회원 중에서 행위가 부정하여 본회에 오점을 끼친 사람은 본회에서 내쫓으며, 임원과 회원이 무고히 회석에 3회 불참한 사람은 자격이 없는 것으로 인정하여 임원의 경우에는 개선함을 원칙으로 하였다. 그러나 회장의 경우에는 규정대로 개선하지 않고 있는데, 이것은 본회를 대표하는 상징적 존재로서 대우하고 있는 것이다.

호남학회 월보에 나타난 회원의 숫자는 다음과 같다.[24)]

우선 호남학회 월보별 신입회원 수를 보면 다음과 같다.( )은 신입회원 수
제1호(52명), 제2호(43명), 제3호(58명), 제4호(40명), 제5호(31명), 제6호(89명), 제7호(32명), 제8호(20명), 제9호(19명), 계 (375명)

호남의 지역별 회원의 상황을 보면 다음과 같다. 당시로서는 전남북도가 행정구역으로 분리되 있지 않고 '전라도'로 되어 있었다. 편의상 현재의 남북도로 구분하여 그 상황을 보고자 한다. ( )은 회원 수

〈전남지방〉

해남(26), 진도(3), 장성(13), 영광(12명), 구례(13명), 보성(10명), 강진(8명), 순천(8명), 남평(7명), 영암(5명), 무안(5명), 함평(5명), 나주(13명), 광주(1명), 목포(1명), 여수(3명), 돌산(1명), 담양(3명), 창평(3명), 장흥(3명), 옥과(2명), 화순(2명), 동복(1명), 능주(5명), 낙안(3명), 흥양(2명), 제주(4명), 계 151명

〈전라북도〉

익산(40명), 여산(14명), 용안(2명), 함열(1명), 금산(10명), 진산(5명), 전주(13명), 고산(6명), 무주(11명), 진안(6명), 용담(6명), 장수(4명), 임실(7명), 군산(2명), 옥구(5명), 임피(8명), 김제(7명), 만경(6명), 금구(1명), 부안(12명), 순창(1명), 정읍(3명), 태인(6명), 고부(8명), 고창(7

24) 호남학보에 나타난 회록을 중심으로 추출한 것이다.

명), 흥덕(8명), 무장(6명), 남원(14명), 운봉(3명), 계 222명
〈기타〉
남해(1명), 경성(1명), 계 2명,

위에서 보듯, 호남내 지역별로 보면 전남이 27지역으로 151명, 전북이 29개 지역으로 222명, 호남 외의 지역으로는 경남의 남해 1명, 경성 1명 총 375명이었다.

호남학회는 그 회원 수가 제1회 발기대회 당시 112명에 비하면, 크게 증가하지는 못했다고 보아야 할 것이다. 그 이유는 본 학회의 사무소가 서울에 있기 때문에 호남지방에서 상당한 지위가 있거나 회원과 접촉이 많은 사람들, 또는 주변에 회원으로 가입한 사람이 있어서 학회 소식을 들을 수 있는 사람들이 가입할 수 있었기 때문인것으로 생각된다. 위에서 말한 타지(경성, 남해)에서 회원이 있었음은 아마도 호남인이 그곳에 가서 거주하거나 또는 호남에 연고가 있는 사람이라고 추정된다. 대체적으로 회원은 서울에서 활동하고 있었기 때문에 지방회원이 적었다.

2. 지회 조직

호남학회의 지회는 동 학회의 목적 달성을 위하여 호남지방에 설치하여 지역별 소관 사무를 추진하게 하였다. 지회에 관한 규정은 다음과 같다.[25)]

제6장 지회 세칙
제21조 본회소는 경성에 치(寘)하고, 지회(支會)는 유지인사 10인이상

25) 같은 책, 제2호, 본회세칙, 54~55면.

청원과 적립금 천원이상을 확인하고 해(該)지방 찬성원의 동의를 득한 후 허시(許施)함.

제22조 지회규칙 급 신장(信章)은 본횡서 선송(繕送)함.

제7장 찬성회(贊成會) 세칙

제23조 찬성원은 본도 남북 각 군에 유지(有志)한 인사로 약간인식(若干人式) 선거하야 본회의 목적을 찬성함.

제24조 남북도에 인망(人望)이 소중(素重)한 자 약간인식(若干人式) 찬성장(贊成長)을 추천하되 찬성장은 본회 목적을 도달하기 위하야 임시로 각 군에 찬성원을 중요지(重要地)로 소집하여 의결권을 유(有)함.

제25조 찬성장 급(及) 원(員)은 본회의 일응(一應)사무를 해(該)지방에서 직접 처리하되 중요사항은 본회로 보명(保明)하야 처리케 함.

즉, 호남학회의 본회 사무소는 서울에 두었다. 지회는 뜻 있는 인사 10명이상의 청원(請願)과 적립금 1천원 이상을 확인하고, 해당 지방의 찬성원의 동의를 얻은 후에 허가하여 설치한다고 되어 있다.

찬성장(贊成長)은 제15회 특별총회에서 관찰사와 군수로 결정하였다.[26] 그리고 찬성장은 학회의 목적을 달성하기 위하여 각 군 찬성원을 소지하여 의결권을 행사하였다.

호남학회는 제22회 특별총회에서 전북지회의 설립을 허가하였다.[27] 이는 본회가 전라남북도를 총관할하고, 전주를 중심으로 전북의 군(郡)을 관할하는 전북지회를 설립하여 좋겠다는 결정에 따른 것이다.

전북지회는 그 회원 수에 대해서는 기록이 나타나 있지 않으나, 임원은 본회의 세목에 맞추어 조직되었다.[28]

---

26) 같은 책, 제5호, 제15회 회의록, 47~48면.
27) 같은 책, 제6호, 제22회 회의록, 55~56면.
28) 같은 책, 제6호, 회원씨명, 59~60면.

전북지회 임원록

회　　장 : 이건호(李建鎬)
부 회 장 : 김병욱(金秉旭)
총　　무 : 강태형(姜台馨)
평 의 원 : 이상규(李庠珪), 이중익(李重翼), 박영래(朴榮來), 박기순(朴基順), 김우현(金禹鉉), 김동두(金東斗), 장학윤(張鶴允), 김창섭(金昌燮), 문창석(文昌錫), 류재풍(柳在豊), 이강원(李康元), 장제철(張濟喆), 김희근(金熙根), 이원상(李元相), 백낙륜(白樂倫), 송수창(宋秀昶),
교육부장 : 정석모(鄭碩謨)
경리부장 : 김영철(金永哲)
서 기 원 : 최정주(崔貞柱)
회 계 원 : 박준한(朴準翰)
간 사 원 : 이병일(李秉日)

또한 전남지회의 설립도 그 설립 청원서가 제26회 특별총회(서기 1908년 12월 2일)에 제출되어 그 인허는 전북지회의 예에 따르기로 하였으나[29] 그 조직과 임원구성의 기록은 찾을 수가 없다.

이들 지회의 활동상황이나 그 내용은 알 길이 없으나 호남학회의 교육목적이었던 지역사회의 교육 및 계몽에 공헌했으리라 생각된다.

3. 회의

호남학회의 회의는 통상 총회(정기총회)와 특별총회(임시)로 나누며, 통상평의회(총회, 1일전 오후 7시)와 특별평의회로 구분, 실

29) 같은 책, 제7호, 제26회 회록, 59면.

시하며, 수시로 필요에 따라 토론회도 개최할 수 있도록 규정되어 있는바, 그 자세한 내용을 개관하면 다음과 같다.[30)]

제10조 본회 회의 급 회기는 좌와 여(如)함.

- 통상총회(매월 제2 일요일 하오 1시)
  특별총회(임시)
- 통상평의회(총회전 1일 하오 1시)
  특별평의회(임시)
- 토론회(수시)

제11조 특별회 소집은 여좌(如左)함.

- 총회회는 회원 5인 이상 동의를 득하야 회장을 경유한 후 총무가 소집함.

제12조 개회는 총회(總會)에 있어서는 회원 20인 이상과 평회원회에 있어서는 3분지 1이상에 출석을 요함,

단 부득이한 경우에는 평의원 5인만 출석하여도 개최함.

제16조 본규칙은 총회(摠會) 출석원 3분의 2이상의 동의로 개정 혹 증책함을 득함.

호남학보에 기재된 기록을 보면, 제3회 회의후, 제4회 회의가 소집되기까지는 약 7개월 정도의 긴 공백기가 있었으나, 전체적으로 1년 6개월 동안 29회의 회의를 개최한 기록으로 보아 학회의 활동은 상당히 활발했던 것으로 인식된다. 그러나 그 빈번한 회의에서 임원의 개선에 대한 논의가 계속되어야만 했다는 것은 퍽 아쉬운 점이다. 이 점은 고향에서 학회활동을 하거나 귀향 중에 특별한 사정으로 회의에 불참하게 되어 본회 규정에 의하여 개선되거나 본인의 개인사정에 의한 청원으로 인한 처리였다.

제1회 회의부터 제29회 회의까지 임원 선출 및 개선에 관한 내

30) 같은 책, 제1호, 본회규칙, 56면.

용과 강연회 부부을 제외하고 결의 및 처리된 내용을 정리하면 다음과 같다.

회의에서 의결된 내용

회수	일시	장소	회의종류	참가인원	결의사항
1	1907.7.6	대동문 화회관	발기회	112	본회규칙 축조(逐條) 통과
2	1907.7.13	박영철 의 집	임총	82	서우학회(西友學會) 회원 이갑(李甲)이 10환 54전 기부
3	1907.7.17	고정주 의 집	특총	42	월보 발간은 회관 선정후 재정의 상태를 보아 결정
4	1908.2.15	종로청 년회관	인총	55	본회 설립을 전라남북도 관찰사 및 군수와 도내 각처에 알리기로 결정
6	1908.2.29	종로만국 기독교회관	임총	37	월보 발행 결정
8	1908. 3.20	교동 임시 사무소	임총	38	총무 1명 증원, 본회규칙 제5조 3항 개정
9	1908.3.25	위와 같음	임총	25	월보 발간 재정확보를 위한 수금위원 2명 선출 결정
10	1908. 4. 5	누동 본회관	임총	35	월보 발간은 교육부장이 월보과장을 겸하고 월보 사무 일임. 각 학교에 유학 중인 호남출신 생도 조사 결정
11	1908.4. 12	위와 같음	정기총회	28	회계보고, 월보발간예산 및 목차보고, 법학 강습소를 본 회관 내에 설치하기로 결정함.
12	1908.4.26	위와 같음	특별총회	47	회계보고, 법학강습소 임원선출, 회장 재향 구일(久日)로 개선
13	1908.5.10	위와 같음	정기총회	28	회계보고, 재정난으로 재무부장이 수금임원 자원.
14	1908.6.10	위와 같음	정기총회	34	회계보고
15	1908.6.27	위와 같음	특별총회	26	규칙개정하여 평의원 20명만 두고, 재무부를 경리부로 개칭하고 부원 약간명, 교육부와 편집부를 분리하여 부원을 10명씩 두기로 함. 각 도, 군 찬성장은 관찰사와 군수로 결정함

16	1908,7,12	위와 가음	정기총회	30	임원의 임기 1년이 만료되어 개선하기로 결정함, 회계보고
17	1908, 8,2	위와 같음	특별총회	37	매일신보의 본회 기사에 대한 질문서 대표엑게 발송
18	1908,8,9	위와 같음	정기총회	26	회계보고, 회계문부조사위원 선출, 금산 제남학교사건 조사차 대표들 파견
19	1908,8,23	위와 같음	특별총회	35	이희직(李熙直;기호흥학회회원)의 기부답토를 받을 것인가에 대한 논란 끝에, 받기로 하고 회원들도 성의껏 연조(捐助)하기로 결정
21	1908,9,26	위와 같음	특별총회	25	지회규칙제정위원, 측량학교 설립준비위원 선출
22	1908,10,7	위와 같음	특별총회	23	전북지회(전주지회) 설립인가
23	1908,10,11	위와 같음	정기총회	35	회계보고
24	1908,11,8	위와 같음	위와같음	26	회계보고
25	1908.11.15	위와 같음	특별총회	23	귀향 장기자 회장 개선 논의
26	1908, 12,2	위와 같음	위와같음	21	전남지회 설립인가, 남원에서 월보 퇴각자 경고
27	1908,12,13	위와 같음	정기총회	30	회계보고, 회계결산위원과 명년 결산위원 선출, 학교설립 설계위원 선출,
28	1908,12,20	위와 같음	특별총회	20	회장 개체안 보류(도내 인심 영향)
29	1908,12,27	위와 같음	위와같음	23	회무처리방법이 규칙에 위배됨을 논난, 문명사업은 이루어진 것이 없는데 임원개선만 많았음을 개탄, 임원이 총사퇴하고 1909년 1월2일 특별총회에서 선출하기로 함. 임시간사 6명 선출

4. 재정 운영

호남학회의 재정은 전적으로 회원들의 지원에 의존하였다.

회원은 본회 규칙에 의하여 임회금 50전, 월연금(月捐金) 10전을 납부하였으며, 개인의 의사에 따라 기부금을 출연할 수도 있었다.[31] 제13조에서는 입회금 50전, 월연금 10전, 기부금(수의) 단 월연금 5환이상을 선납한 사람은 월연금을 영구히 면제한다고 규정하고 있다.

특히 재정확보를 원활하기 위하여 월연금의 경우에는 5환 이상을 선납하면 영원히 면제해 주는 방법을 택하기도 했다. 더구나 재정을 충분히 확보하지 못한 상태에서 월보를 발간하였으니 본회의 재정권은 더욱 심각해 갔다. 그렇기 때문에 월연금 헌납을 바라는 기사가 월보의 도처에서 보이는데, 월보 제1호에 다음과 같은 〈매일신보〉의 기사를 옮겨 실은 경우마져 있다.

서북학회 회관 급 학교 개건축에 대하야 이종호(李鍾鎬)씨는 일만환, 조정윤(趙鼎允)씨는 오천환, 이갑(李甲)씨는 일천환, 유동설(柳東說)씨는 삼백환, 장박(張博)씨는 일백환을 연조(捐助)하얏다고 일반 사회상 유지 인사가 제씨의 공익(公益)에 분발하는 열성과 교육게에 자임하는 의력(毅力)은 복하 전국인의 대모범적 인물이 될만하다고 박불분주(莫不奔走)히 찬가(贊加)하더라.

다동(茶洞) 모부객(謀富客)이 자기 재산 삼분지일만 쾌할(快割)하야 사회상에 출현(出現)하며 왈(曰) 오(吾)가 지각이 우매하야 신외무물(身外無物)이라 망사(妄思)하고 고상한 의지는 호무(毫無)하야 전창후고(前倉後庫)에 미곡(米穀)이 홍부(紅腐)하며 좌상우협(左箱右篋)에 전동(錢銅)이 연생(緣生)하야도 각 학교에 일분보조(一分補助)를 불긍(不肯)하얏더니 이금(而今)에야 국망신망(國亡身亡)하난 원리와 유자황금만일(遺子黃金萬鎰)이 불여교자일예(不如教子一藝)라는 진의를 맹각(猛覺)하얏노라 고 학교도 다설(多設)하며, 각 학회에 누만환거연(累萬圜巨捐)도 출(出)하면 제씨의 만환 등을 기수(其誰)가 찬가(贊加)하리오.[32]

---

31) 호남학보 제1호, 본회규칙, 56면.

32) 위의 책, 제1호, 此自家書, 42~45면.

이는 다른 학회의 의연금 헌납상황을 신문기사를 이용하여 알리면서 호남지방에 연고가 있는 부자들의 의연금 헌납을 촉구하고 있는 경우라 할 것이다.

한편 이희직(李熙直)은 기호흥학회(畿湖興學會) 회원으로 본회와 무관하면서도 본회에 답토(畓土) 기부를 보고, 본회 회원들도 성의껏 연조하기로 하여 재산 확보에 많은 역할을 담당하였다.[33)]

또한 교육부장 겸 월보과장 이기(李沂)는 "매월 월보 발간비가 170여환인데, 이를 의연금으로 충당하고 있다."고 하면서 월보 판매대금이 재정에 도움이 되기 위하여 회원에게는 음무적으로 구독(購讀)하도록 하였다.[34)] 또한 호남학회의 매호마다 판권부분에 '주의(注意)'[35)]라는 내용을 기록하고 있는 것으로 보아 월보 대금을 선납해 주기를 요망하였다. 그러나 재정확보를 위한 방법으로 선금을 내면 일부 할인까지 해주면서 선납을 권장하는 것으로 보아 월보(月報) 판매나 대금 수합도 순조롭지 못했음을 인식할 수 있었다.

특히나 월보 제9호에서 나타난 바이지만, 목차보다 앞서 학회에서 알리는 다음과 같은 글 속에서도 학회의 재정난이 심각했음을 들여다볼 수 있다.[36)]

본 학보의 발행이 지금 9호인데 대금 수합(收合)이 영성(零星)하와 계간(繼刊)이 극난(極難)하오니 구람(購覽)하시는 첨원(僉員)은 신속 송교(送交)하심을 절반(切盼).

---

33) 같은 책, 제5호, 제19회 회록, 51~52면.

34) 같은 책, 제5호, 수사규풍(수사규풍).

35) 호남학회 제1호부터 제9호까지의 맨 뒤 판권란에 다음과 같은 내용을 게재하였다.
주의(注意)
본 보는 매월 25일에 1회 발행함.
본 회원은 회규에 의하여 불용불구람(不容不購覽)이어니와 기타 유지제언(有志諸彦)이 구람하고자 하거든 주지(住地)와 씨명을 상기 송교(送交) 하심을 요함.

36) 같은 책, 제9호, 전면 내면지 참고.

즉, 재정난에 봉착하여 월보의 계속 간행이 매우 어려우니 구독하는 회원은 모두 대금을 신속히 보내주기를 간절히 바란다고 독촉하였다. 호남학회의 이러한 상황을 짐작하여 볼 때 재정사정이 매우 어려웠음을 인식할 수 있다. 결국 월보 발간이 제9호로 종간된 까닭은 재정난이었다는 것을 이해할 수 있다. 호남학회의 재정운영은 겨우 유지되는 실정이었으며, 월보발간도 제1호부터 제8호까지는 매월 발간되었으나 제9호만큼은 그 발간이 1개월 지연되기도 했다.

애국선각자들이 학회를 조직한 것은 오직 국권회복을 위한 애국심에서 나온 것이었다. 당시 일제 통감부는 국권회복을 위한 활동이 활발해지자 학회령 공포 등으로 감시를 강화하여 재정 염출 방안은 더욱 어려워가고 있었다.

이에 호남학회의 재정관계를 월보에 기록된 회계보고를 종합해 볼 때, 호남학회 창립후 제11회 정기총회에서 처음으로 보고되고 있다.[37] 종합된 회계보고는 월보 제4호와 제5호에 수입 지출 내역이 구체적으로 나타나고 있는바, 겨우 이어가는 실정이었다. 구체적인 회계 보고는 편의상 약하기로 한다.

제13회 정기총회에서 재무부장 백인기(白寅基)가 재정의 군급(窘急)함을 염려하여 수금위원을 자원하고 나서기도 하였다.[38] 또한 제18회 정기총회 회의록에 의하면, 회계부문조사위원 3명을 선출하게 되었다. 이는 재정을 착오 없이 운영하기 위한 수단이었던 것으로 보인다.[39]

37) 같은 책, 제3호, 본회 기사, 제11회 회록, 60면. 서기 1908년 2월분부터 6월분 까지는 회계보고가 이어지고 있으나, 7월분부터 11월분까지는 매달 수입지출은 나와 있으나 잔고가 이어지지 않았으니 파악할 길이 없고, 그 이후는 그나마도 알 수 없다.

38) 같은 책, 제5호, 본회기사, 46면.

39) 같은 책, 제5호, 본회기사, 50면.

호남학회의 재정수입은 기부금이 대부분인데, 많은 회원들이 분할 납부하고 있었다. 입회금, 월연금, 월보판매 대금의 수입도 있었을텐데, 연조록(捐助錄)이나 회계보고 내용에서는 입회금 50전을 제외하고는 기록이 없다.[40)]

제4절 호남학회의 활동

호남학회는 학회 발기를 위한 '취지문'에서 본 학회의 설립목적을 호남지방의 교육발달을 이룩하여 기우러져가는 국운(國運)을 만회하고, 망하지 않는 기틀을 확립하기 위함이라고 하였다.[41)]

또한 본회 규칙 제2조에서 본 학회의 목적은 호남의 교육을 발달시키는데 있다고 하였다. 이어 제 14조에서는 이러한 목적을 달성하기 위하여 신문, 잡지를 간행하며, 서울과 도내 각 지방에 학교를 수시로 적당히 설립한다고 규정하고 있다.

이와같이 호남학회는 호남지방의 흥학(興學)을 위한 교육활동을 전개하는데 그 중점을 두었던바, 교육진흥을 위한 호남학회의 활동은 월보(月報) 간행과 연설회를 통하여 사회계몽, 교육활동과 학교 및 강습소의 설립을 통한 교육활동, 그리고 사립학교 및 유학생 지원등의 교육지원활동 등을 활동의 중심으로 하였다.

1. 사회계몽 활동

1) 월보(月報) 발간

호남학회 월보는 본회의 기관지로서 본 학회 규칙 제4조와 본회 세칙 제2조의 내용이 밝히고 있듯이, 월보의 발행이 호남지방 인사

40) 같은 책, 제1호-8호 본회기사 연조록 참조.
41) 호남학보 제1호, 본회취지, 52면 참조.

들에 대한 교육과 문화의 계몽적 역할을 하는데 목적을 두고 있다.

호남학회는 창립 초기인 제3회 특별회(서기 1907년 7월 17일)에서 월보 간행의 시급함을 논의하였으나, 우선 회관을 먼저 정하고, 재정 상태가 좋아짐을 기다려 월보 간행을 논의하기로 하였다.[42] 그 후 제6회 임시총회(서기 1908년 2월 29일)에서 월보 간행을 결정하고,[43] 재정확보에 최선을 다하고 있음을 수금위원 선출 등 제9회 임시총회 회록을 통하여 알 수 있다.[44] 제10회 임시총회에서는 교육부장 이기(李沂)로 하여금 월보과장을 겸임케[45]하여 월보 간행에 관한 일체의 사무를 위임했다.

호남학회가 창립된 후 거의 1년이 지난 서기 1908년 6월에 호남학보 창간호가 발간되었었고, 월간으로 발행되다가 재정난으로 서기 1909년 3월 제9호로써 종간되고 말았다. 월보의 발행일은 매월 25일이었으며, 제8호와 9호 사이에는 1개월 쉬었다. 또 특이한 것은 임원들이 중간에 모두 개선되었지만, 편집 겸 발행인은 제1호부터 제9호까지 이기(李沂)가 모두 전담했다.[46] 뿐만 아니라 월보 매호에 이기의 글이 게재되었는데, 이는 이기가 호남학회의 교육, 계몽에 주도적 역할을 하고 았었음을 증명해주고 있다. 월보과장 이기는 월보간행 업무를 맡게 되자 1주일 후에 열린 제11회 정기총회에서 월보간행에 따른 예상경비와 목차를 다음과 같이 보고하였다.[47]

예상경비 : 176환 25전, 목차 : 교육변론부(敎育辨論部) 각학요령부(各

42) 호남학보 제2호, 제3회 회록, 49~50면.
43) 같은 책, 제3호, 제6회 회록, 56면.
44) 같은 책, 제3호, 제9회 회록, 59면.
45) 위의 책, 59면, 제10회 임시총회부터 누동 본회관에서 회의가 진행되었다.
46) 위의 책, 제1호-제 9호, 판권란 참조.
47) 위의 책, 제3호, 제11회 정기총회 회록, 60면.

學要領部), 수사규풍부(隨事規諷部), 명인언행부(名人言行部), 본회기사부(本會記事部), 회원명씨부(會員名氏部)

또한 월보 발간취지를 이기(李沂)는 밝히고 있는바, 그 대강을 말하면 다음과 같다. 즉, 학회는 권인취학(勸人就學)을 위한 조직이다. 배우지 못한 사람에게 학문하는 것을 권하여 세상에 뜻을 펴지 못하는 사람이 없어야겠다. 선비와 달리 농공 · 상업에 종사하는 사람은 배울 기회가 없어서 날로 더욱 어리석어짐은 어쩔 수 없는 일이었다. 다행히 신학(新學)의 출현으로 정치학, 법률학은 선비의 학문이요, 농상학(農桑學), 종식학(種植學)은 농민의 학문이요, 상무학, 경제학은 상민(商民)의 학문이요, 광학, 성학(聲學), 중학(重學)화학, 기기학(器機學)은 공업인의 국민으로 구분되고, 가정학(家政學), 국가학, 병학(兵學)은 사농공상(士農工商)의 공통적인 학문이다. 그리고 교육을 시작하는 일에는 문명국민이라도 강제로 하여 자제 중에 취학하지 못한 자가 있으면 번번히 그 부형에게 벌을 주고 있으나, 일제(日帝)는 우리에게 교육을 시키지 않음으로써 노예로 삼으려고 할 뿐이니, 우리는 어찌할 수 없이 학회(學會)의 설립과 월보(月報) 발간을 할 수밖에 없다고 학회 설립과 월보 발간의 취지를 밝히고 있다.[48] 그리하여 교육의 시작이 되는 가정학(家政學)은 부녀자들이 쉽게 읽을 수 있는 한글을 많이 사용하여 지식 계발과 생활방식 계몽에 노력하였다.

호남학회는 회원에게는 누구나 월보를 의무적으로 구독하게 하였으며, 기타 원하는 사람은 구독이 가능하였는데, 재정적인 문제로 인하여 대체로 각 호마다 2,000부씩 발간된 것으로 여겨진다.[49]

48) 위의 책, 제1호 1~2면.

49) 李宗鉉, '舊韓末 政治 · 社會 · 學會 · 言論 · 團體 조사자료', 亞細亞學報 제2輯, 아세아학술연구회, 1966, 106면에 의하면 호남학회 월보는 2,000부 정도가 발간되어 서울에 약 200부, 호남 각 군에 1,88부 정도가 배포되었다고 한다.

2) 강연회

호남학회는 교육에 대한 면려(勉勵)와 사회계몽을 위한 또 하나의 방법으로 강연 활동을 전개하였다. 동 사업은 학회의 통상적인 회의인 정기총회와 임시총회 등의 집회 시에 회원들에게 호남에 학문을 일으키는 취지와 교육방침을 알리고, 시대적 상황 변화에 따른 교육 면려와 남에게 의지하는 것은 멸망의 원인이 되므로 어떻게 활동할 것인가 하는 단체활동의 방법에 관한 내용이었다. 그리고 본회의 전도와 학회의 진흥을 위해서는 회원의 활동 뿐만 아니라 호남지방의 인사들에게 협조를 요청하여 호남지방의 교육 발달로 국권회복에 이바지하기 위함이었다고 하였다고 할 것이다.

호남학회의 월보에 나타난 강연회 개최에 대한 시기, 연사, 연설 주제를 보면 다음과 같다.

연설회 개최내용[50)]

회수	총회명	시 기	참가인원	연사	연설주제	비고
1	발기회	1907.7.6	112	姜 曄 鄭應卨	開會大旨 호남에 흥학하는 취지	제1호
4	임시총회	1908. 2.15	55	鄭應卨 梁漢默	古今敎育異同에 대하여 敎育勉勵 敎育方針에 대하여	제2호
5	임시총회	1908.2.23	32	鄭應卨	依賴는 滅亡의 원인	제3호
6	임시총회	1908.2.29	37	鄭應卨 鄭 喬 韓南洙	敎育의 정신 新舊學의 利害 學會의 振興	제3호
13	정기총회	1908.5.10	28	姜 曄 鄭達永	本會의 前途 獨立과 團體의 關係	제5호

위에서 보는 바와 같이, 대표적인 연사들은 대부분 학회 활동에 정열을 쏟고 있는 애국계몽운동가들이었다. 특히 정교(鄭喬)는 당

50) 호남학보 제1,3,5호 회록 참조.

시 기호흥학회 회원으로서 호남학회에 지원 연설을 했던 애국지사였다. 그는 본회 교육부장 이기(李沂)와 같이 애국계몽단체로 창립된 대한자강회(大韓自强會: 서기 1906년 4월 창립)에서 평의원을 지낸 바 있다.[51)]

강연회에서는 주로 현실적인 문제에 대한 방안이 크게 다루어졌다. 또한 연설 주체들이 호남지방 인사들의 지식개발을 위한 계몽강연만이 아니라, 정신자세의 계도와 나라의 현실을 걱정하며 국권회복을 이루어야 한다는 학회 설립의 실제적 목적에 합당한 독립과 단체의 관계라는 연설도 있었다는 것이 다른 학회와 다른 점이라 할 것이다.

2. 교육활동 및 내용

1) 교육활동

호남학회의 궁극적인 목적은 지역사회의 교육 계몽을 표면적 목표로 하고, 교육을 통한 민족의 힘을 배양하여 국권회복을 이룩 하는데 있었다. 그리하여 동 학회는 교육활동을 학회활동의 가장 기본적인 것으로 삼았으며, 교육이 실력배양의 관건이라고 보았다.

국권회복을 위한 교육진흥에 대한 이기(李沂)의 '교육종지(教育宗旨'는 호남학보에서 다음과 같은 내용을 진술하고 있다.[52)]

즉, 영국인은 자치, 독립으로, 독일인은 조국발휘(祖國發揮)로, 일본인은 존왕상무(尊王尙武)로 각각 그 교육종지(教育宗旨)로 삼았다. 그러나 우리나라는 과명환록(科名宦祿)으로써 교육의 종지를 삼았으니, 국가가 오늘의 비경(悲境)에 이른 것은 잘못된 교육

51) 만세보(萬歲報) 광무(光武), 10년 9월 25일자 참조.

52) 호남학보 제8호, 1~3면.

의 결과라 할 것이다. 그러니 누구를 원망하겠는가? 이제부터라도 독일의 '조국의 발휘'를 본받아서, 교육의 종지를 삼고 국가를 회복하고자 하여 옛 교육의 잘 못을 지적하고, 신교육의 필요성을 강조하고 있다. 이러한 이기의 교육의 종지는 그 결과 호남교육학회는 본회 세칙에서 다음과 같이 규정을 두는데 영향하였다.[53)]

제1조 본회 내에 보통 · 중학 · 전문학교 및 강습소를 수의(隨宜) 설립함.
제3조 본도 남북 각 군에도 편의를 종(從)하여 제1조를 의함.

이리하여 국권 회복을 위한 교육을 학교와 강습소의 설립을 통하여 추진하고자 하였다. 따라서 동회 제11회 정기총회에서 본회의 설립목적이 오로지 권학(勸學)이기 때문에 '법학강습소'를 설치하여 회원의 노소를 막론하고 강습 실시를 결정하고, 그 준비위원으로 이정규(林正奎)를 선출하였다.[54)] 이어 제12회 특별총회에서는 법학강습소 소장에 조강환(曺康煥), 소감(所監)에 정응설(鄭應卨), 학감에 윤주찬((尹柱瓚), 강사에 강운섭(姜雲燮), 정달영(鄭達永), 임정규(林正奎), 회계 이채, 서기에 변진걸(邊鎭傑) 등 강습소 운영을 위한 임원을 선출하였다.[55)]

호남학회의 활동은 학회의 총회, 통상회, 공함(公函) 발송, 학보 발간 등을 통하여 이루어졌다. 통상회, 총회에서는 연설회를 열어 국운이 기우러져 가는 시점에서 국권회복을 위한 힘을 길러 줄 교육이 무엇보다 시급함을 강조하고, 그러기 위해서는 학교 설립이 급선무라고 보아 학교설립을 촉구하였다.

학교설립안은 제17회 특별총회에서 의결하고,[56)] 서기 1908년 2

53) 같은 책, 제2호, 50면.
54) 같은 책, 제3호, 제11회 회록, 60면.
55) 같은 책, 제4호, 회록, 49면.
56) 같은 책, 제5호 제17회 회록, 49면.

월에는 삼림법(森林法)이 공포되자, 호남인들의 재산을 보호하기 위하여 측량학교의 설립 필요성을 논의하게 되었고, 제21회 특별 총회에서 측량학교 설립준비위원으로 이건(李健), 강엽(姜曄), 오기호(吳基鎬), 윤주찬((尹柱瓚), 이봉(李俸) 5명을 선출하였다.[57)]

동 측량학교는 서기 1908년 음력 10월 초순 안에 입학하도록 하였으며, 입학 자격과 모집인원에는 제한이 없었다. 그러나 학생의 능력에 따라 3개월 졸업과정(算術能解四則者)과 6개월 졸업과정(산술초학자)의 2개과정을 운영하고 있었다. 또한 학생들로 하여금 입학후에 매월 식비 및 시유비(柴油費)로 5환과 월사금으로 1환씩 납부하도록 하였다.[58)]

그런데 일제 통감부의 사립학교 탄압책의 일환으로 공포된 서기 1909년 2월의 이른바 '기부금품모집취체규칙(寄附金募集取締規則)'과 '지방비법(地方費法)'[59)]으로 인하여 사립학교의 재원이 고갈되어 유지가 어렵게 되자, 호남학회는 사립학교의 재산을 확보하기 위하여 서북학회(西北學會), 기호흥학회(畿湖興學會), 관동학회(關東學會), 교남교육회(嶠南敎育會)와 더불어 합동으로 사립학교 유지방법을 구상하였다. 즉, 기부금 모집취체규칙을 사립학교에 적용시키지 말 것을 학부(學部)에 요청하고, 오학연구회(五學研究會)를 구상하여 계속 각 지역의 사립학교 유지를 구상하였다.[60)]

그러나 오학연구회의 구상은 실제적인 성과는 거두지 못하였

57) 같은 책, 제5호, 제21회 회록, 54면.

58) 같은 책, 제5호, 측량교수 함고(函告, 李載亮, 36~37면.

59) 구한국관보, 1909년 4월 2일자, 이에 따라 사립학교 부속재산의 수입과 기부금이 아닌 지방재산이나 시장, 기타의 수입을 주진 재원으로 하였던 사립학교는 유지가 곤란하였다.

60) 대한매일신보, 1910년 3월 3일자, 雜報 〈五學總會〉, 동 3월 20일자 잡보 〈五學研究會〉 참조.

다.[61]

위에서 인식할 수 있듯이, 호남학회는 어려운 여건 속에서도 법학강습소(法學講習所)와 측량학교(測量學校)를 설립하여 호남인에게 교육 및 계몽활동을 실시함으로써 지역사회의 권익과 재산을 보호하고, 최종적으로는 국권회복을 위하여 노력하였다.

2) 교육내용

호남학회는 그 실질적인 목표가 국권 회복을 위한 교육의 발달에 있으면서도 그 교육내용은 잘못되어 있음을 통탄하고 있다.[62] 즉, 서울에 학교가 설립된 지 10여 년이 지났지만, 사람들이 학교 설립의 취지를 모르고, 교육을 다만 독서사자(讀書寫字)라고만 알고 있으니, 이는 교육내용이 잘 못 되었기 때문이다. 이러한 상황 하에서 변기찬(邊基瓚)은 무릇 교육은 충효지의(忠孝之義)를 기르치고 충효지덕(忠孝之德)을 기르는 것이라고 하였고,[63] 이기(李沂)는 근래에 국권회복을 말하는 사람은 누구나 학문과 교육을 말하는데, 우리나라에도 학문이나 교육이 없었던 것은 아니다. 그러나 올바른 학문이나 교육이 아니였기에 망국(亡國)에 적합했다고 하면서 구학문의 세 가지 폐해를 다음과 같이 지적하였다. 그것은 첫째로 사대주의의 폐, 둘째, 한문 습관의 폐, 셋째, 문호구별의 폐였다.[64] 그리고는 이러한 병폐에 대한 해결방안으로는 첫째로, 사대주의의 폐를 '독립'으로, 둘째, 한문습관지폐는 '국문(國文)'으로, 셋째, 문호구별지폐는 '평등'으로써 없애자고 하였다.[65]

---

61) 대한매일신보, 1910년 7월 24일자, 잡보 〈연구회통첩〉

62) 金熙泰, 韓末 湖南學會에 關한 考察, 東國大學校大學院 碩士學位論文, 1983, 63면.

63) 호남학보 제1호 立敎本旨, 18~19면.

64) 같은 책, 제1호, 12~18면, 같은 책, 제2호 1~2면, 제3호, 3~9면 一斧劈破 참조.

65) 같은 책 제2호, 국한문경중론, 매일신보 내용 게재, 10면.

학교교육에 있어서는 유소지학(幼少之學)을 교육의 시작으로 보고, 그것은 삼육(三育), 즉 지육, 덕육, 체육으로부터 시작해야 한다고 하였다.[66]

또한 강엽(姜曄)은 의무교육은 서구 열강으로부터 나왔는데, 어려서부터 의무교육을 실시하면 나라가 부강해지고, 행하지 않으면 나라가 빈약해진다고 하여 의무교육의 중요성을 강조하고 있다.[67]

또한 월보에서는 매호에 각 학 요령부가 있어서 가정학, 국가학, 정치학, 법률학, 종식학(種植學), 농학 등 다방면에 걸쳐 연재하였다. 이 중 학문분야에서 특이한 것은 가정학인바, 그것은 교육의 시작으로서 사농공상의 공통된 학이며, 또한 남녀노소 공통의 학이라고 하였다.[68] 이리하여 가정학은 가정에서 있을 수 있으며, 모든 사람이 알아야 할 전반적인 내용을 사소한 부분까지 상세하게 다루고 있으며, 누구나 쉽게 이해할 수 있도록 가급적 한글로 연재하여 가정의 구성원 모두 특히 부인들의 생활방법과 지식계발을 도모하기에 주력하였다. 즉, 가정학총론, 가인(家人) 감독, 가정교육의 요지, 가정교육의 준적(準的), 가정교육이 방법, 가정교육의 계칙(戒則), 소학교육의 요지, 양로 등[69]의 내용을 상세하게 구분하여 월보의 매 호에 많은 지면을 활용하여 연재하였다.

3. 사학(私學)과 유학생의 지원

호남학회는 위에서 인식할 수 있듯 직접적인 교육활동 뿐만 아니라 호남의 사학에 대한 지원활동과 호남출신 유학생에 대한 지원활동도

66) 같은 책, 제3호, 4~6면.
67) 같은 책, 제7호 의무교육, 2~3면.
68) 같은 책, 제1호, 이기 가정학설, 28면.
69) 같은 책, 제1호~제9호까지, 가장학, 이기.

병행하였다. 이에 관한 본회 세칙은 다음과 같이 규정하고 있다.

제4조 도내 각군에 현재한 사립학교를 조사하여 강사의 연빙(延聘)과 교과서의 청구를 수응(酬應)함.

제5조 도내 인사 중 경성 혹은 외국에 유학하고자 하는 자가 유(有)할 시는 입학 급기숙의 편리방법을 본회에서 주선함.

이로 보면, 호남지방의 각 사학 교원과 교과서를 지원하고자 하였으나, 그 구체적인 내용은 알 길이 없다. 또한 유학생에 대한 지원활동에 있어서도, 제10회 임시총회에서 경성 소재 각 학교에 유학하는 호남출신 학생 조사위원 5명을 선출하고[70] 제11회 정기총회에 1차 조사된 내용을 보고한 기록[71]이 있을 뿐, 그 외에 사항에 대해선 알 길이 없다.

제5절 《호남학보》에 나타난 근대적 경향성

주권침해기 여러 학회가 그랬듯이 호남학회도 사회계몽을 통한 근대화를 지향하고, 그러한 과정에서 교육을 통한 국력을 길러 국권회복(國權回復)이라는 큰 그림을 공유하고 있었다.

호남학회 회원들 역시 신문화의 수용과 함께 가장 강조했던 것은 신교육의 실시였다. 주권침해기 사회계몽단체들은 모두 자신들의 '월보(月報)'를 통하여 그들이 구상하는 계몽운동의 방향을 제시하였다. 최동식(崔東埴)은 학보(學報)를 읽음으로써, 낡은 정신을 깨치고 각성하여 현세계의 신문명을 이해하며, 새로운 공기

70) 같은 책 제3호, 제10회 회록, 59면, 호남생도조사위원으로는 이근용(李根容), 임정규(林正奎), 이경로(李敬魯), 정달영(鄭達永) 오창근(吳昌根) 등 5인 선출.

71) 같은 책 제3호, 제11회 회록, 60면 남부 장훈학교(長薫學校)에 2명, 중부 청년학교에 3명, 보성중학에 9명으로 보고됨.

를 흡입하여서 완전한 인격을 갖추게 하는 것이 본 학회의 목적이라고 설명하였다.[72)]

그리하여 이후 학보 독자층으로 나라를 경영하는 이는 '혁구분신(革舊賁新)의 방략규모(方略規模)를 알 수 있으며, 애국하는 이는 '국계민생(國計民生)의 사상경륜(思想經綸)'을 알 수 있다고 천명하는 등, 모든 국민을 대상으로 학보를 읽으면 얻을 수 있는 가치를 설명하고 있다.

《호남학보》의 내용은 거시적으로 보면 '교육변론(教育辨論)', 각학요령(各學要領), 수사규풍(隨事規風), 명인언행(名人言行), 본회기사(本會記事), 회원명씨(會員名氏) 등 6개 부분으로 되어 있다.

교육변론에서는 학회령, 사립학교령, 국한문 경중론, 의무교육, 구스타파, 정신교육, 학계소식 등 교육활동과 관련된 기사를 게재하였다. 각 학 요령에서는 신학문으로 분류되는 가정학, 국가학, 정치학, 법학, 농학, 종식학(種植學), 삼림법 등을 다루고 있다. 이와 같은 분류체계는 구습을 타파하고, 신학문을 수입하여 국민교화를 실시한다는 의식 등이 구체화 되어 나타난 것이라 할 수 있다.

수사규풍은 당시에 그때그때 사회에서 일어난 시사적 문제를 중심적으로 다루었지만, 학보 자체 내에서 독자적인 취재 체제를 갖지 못하였기 때문에, 대한매일신보의 논설을 싣기도 하고, 황성신문의 내용을 싣기도 하였다.

의무교육, 여학교/여학생 교육의 필요성, 측량 응모, 식산 교육, 학부령, 사립학교 설립인가 청원서식, 학부 차관 연설문 등을 소개하였다. 측량응모, 학부령, 사립학교 설립인가 청원 서식 등은 참여 회원들의 활동과 밀접한 관련이 있는 내용이라 할 것이다. 회원 중 상당수가 측량과 관련된 분야의 관리로 나갔으며, 고정주, 이기

72) 같은 책, 제1호 '본보독법(本報讀法)', 3~5면.

등은 고향에서 사립학교를 개설하였기 때문이다.

명인언행은 조선사의 명인을 소개하여 국민들의 자부심을 길러 주기 위해 구성한 부분이다. 을지문덕, 양만춘, 김유신, 강감찬, 서희, 성충, 김부식, 강수, 설총, 김생 등 역사에서 등장하는 인물도 있고, 서양사에서 다룬 인물들도 더러 소개 하기도 하였다.

이 외에 본회 기사에서는 회의록, 세칙, 연조록(捐助錄), 회계 보고를 싣고, 회원명씨에서는 신입회원과 지회 임원록을 담고 있다.

우리는 이상의 구체적 사실에서 몇 가지의 유형으로 나누어 귀납하고자 한다.

우리는 이제 《호남학보》에 나타난 근대적 경향성을 몇 가지로 나누어 개관하고자 한다.

1. 교육의 근대화 경향성

학보를 발간하는 이들이 가장 강조한 것은 교육이었다. 교육을 강조하게 된 것은 영국이 당시 세계에서 가장 부유하고 문명국이라는 것은 교육에 의한 것이라는 경험을 인식하였기 때문이다. 서기 1897년 6월 22일자 《독립신문》의 사설(社說)은 당시 영국의 빅토리아 여왕의 즉위 60주년 기념식을 소개하면서, 영국에는 "무식한 자가 가장 희귀한 존재"라고 주장할 정도로 교육이 영국의 부귀영화의 배경임을 강조하였다.[73] 아마도 호남학회의 학보 발간의 이유가 교육에 무게를 둔 것도 이와 같은 선구적인 경험의 인식에서 유래하였으리라고 본다.

근대적 교육내용의 소개 : 호남학회는 교육을 통해서 국권회복을 가져오자는 의도로 창립하였던 바, 《호남학보》에서 가장 많은 지

73) 박지향, 일그러진 근대, 푸른 역사, 2003, 82면.

면을 할애한 분야는 역시 '교육운동'이었다. 동 학회에서 주장한 교육의 대상은 계층적으로는 상층으로는 정치가, 이른바 사대부로부터 하층으로는 여성, 농민까지 전 계층에 이른다. 교육의 과목 역시 정치학, 법학, 국가론 등 국가경영에 한한 것과 관련된 것 외로 가정학, 농학, 삼림법 등 실용 학문의 내용도 담고 있다. 이러한 면에서 우리는 《호남학보》의 근대화 경향을 인식할 수 있다.

동 학보에서는 그 표현 방법이 한문과 국문 즉 한글을 혼용하여 사용하고 있으나 의리 면에서는 동일하다는 논조를 표방하고 있다. 특히 동 학보 제2호에서 이러한 사실을 집중적으로 다루고 있다.[74] 그러나 구학문은 중등 이하의 교육에는 맞지 않기 때문에 초등교육에서는 서양식 학문체계를 수용해야 한다고 주장하였다.[75] 이러한 주장이 '각학요령'으로 등장하였다.

호	각학요령	저자	비고
1	家政學, 國家學	李沂	
2	家政學, 國家學,政治學說	李沂	
3	家庭學, 國家學,政治學說	李沂	
4	家政學,國家學,政治學說, 法學說,	李沂	政治學:梁啓超
5	家政學,國家學,政治學,法學		
6	家政學,國家學,政治學,法學,農學說,農學初階		農學:李沂
7	家政學,國家學,政治學,法學農學,種植學說,森林法		種植學說:尹桂瓚
8	家政學,國家學,政治學,法學,農學,種植學說,森林法		東洋拓殖株式會社說明書
9	家政學,國家學,法學,農學,種植學,森林學		

74) 《호남학보》 제2호, '與呂荷亭書(附)', '國漢文輕重論(附)', '新舊同義', 동 학보 제7호, '學非學文'.

75) 李沂, 一斧劈破.

이상의 '각학요령'에서 인식하듯, 그 분야는 매우 넓고 다양하다. 국가학과 정치학에서는 청나라의 양계초(梁啓超)의 학설을 소개하였다.[76] 이기(李沂)는 《호남학보》 제1호의 국가학에서부터 제7호 농학에 이르기까지 많은 글을 게재하였다.[77]

서기 1900년대 초 주권침해기 당시 대부분의 학회에서 소개하는 근대교육은 각종 근대적 지식의 소개로 구성되어 있었다. 근대적 지식의 소개에 중점을 둔 것은 근대 초기 잡지가 대중교육에 상당한 의미를 부여했다는 것을 뜻한다.[78]

가정교육의 중시와 규방교육의 개방 : 부녀자 교육으로 근대지식으로 소개하는 내용은 거의가 실용적인 학문의 내용이었다.

주권침해기인 서기 1900년대 초 일반교육의 흐름은 사인(士人)교육에서 가정교육으로의 경향성을 나타내고 있다. 여성에 대한 교육이 필요하다는 논의는 주권침해기인 당시 다양한 출판 언론운동에서 많이 나타났다. 여성을 주요 독자로 설정한 《제국신문》이, 최초의 일간지가 등장한 서기 1898년 순 한글로 발행되었으며, 각종 잡지의 출판이 활성화된 서기 1906년에 《가정잡지(家庭雜誌)》가 출간된 것을 보면, 교육(教育), 식산(殖産), 자강(自强)등 계몽기를 대표할 수 있는 이념 중에 여성교육 내지 가정(家庭)도 한 축을 차지하고 있었던 것을 인식할 수 있다.[79] 이 점은 호남학보에서도 가정학은 제1호부터 폐간되었던 제9호까지 잡지의 가장 첫부분에 실려 있다.

76) 《호남학보》 제1호 〈양씨학설〉.

77) 이러한 학설 때문에, 이기는 정약용과 유형원을 잇는 중농 실학자로 평가받기도 하였다.

78) 한기형 외, '근대잡지와 근대문학형성의 제도적 연관-1910년대 최남선과 竹內錄之助의 활동을 중심으로, 《대동문화연구》 48집, 성균관대학교 대동문화연구원, 2004, 40~41면.

79) 임상석, '근대계몽기 가정학의 변역과 수용', 《한국고전여성문학연구》 27권, 2013, 152면.

古語에 日 本이 亂하고 末을 治한 者 無하고 又日 君子난 本을 務한다 하여엿으니 此는 本이 立하면 道가 生흠이라. 大凡 家者는 國의 本이니 故로 國을 治하랴면 곧 其 家를 齊하고 兼히 國人으로 하야금모다 其 家를 齊케 할지라. 是以로 一國의 治平은 반다시 家를 齊함으로 始하야 家가 齊한 後에 府郡이 安 하고 府郡이 安한 후에 一國이 治하나니 大概 一國의 德教는 一家의 德教에 源하고 一國의 財用은 一家의 經濟에 根하고 國民의 康寧은 一家의 衛生에 基하고 其他 百般事物의의 善否와 精麤가 또한 一人一家의 勤惰와 巧拙에 源치 아님이 업나니 故로 人人이 能히 其 家庭을 理할지대 비록 國의 不治를 望하나 得지 못할지라. 孟子 가라사대 國의 本이 家에 在하다 하셧으니 此는 家庭의 得失이 一國의 興亡盛衰에 攸關함을 表彰하심이라. 然한 則 國을 愛하난 者l 엇지 齊家의 道에 用心치 아님이 可하리오.[80)]

위에 제시된 내용은 《대학(大學)》의 주요 항목인 '수신제가치국평천하(修身齊家治國平天下)'와 다를 바 없다. 다만 그 대상이 사인(士人)에서 여성(女性)으로 바뀌었을 뿐이다. 과거 여성교육은 특별히 취급되지 않았다. 다만 가정교육의 일환으로, 아니면 규방(閨房) 교육의 일환으로 치부되었을 뿐이다. 《호남학보》에서는 당당히 교육의 대상으로 설정하면서, 가르치는 내용도 매우 자세하다. 가정학에서는 태교(胎教)로부터 시작하여 아이를 낳아 기르는 법(哺育), 유아(乳兒)를 교육하는 방법(保育)(동 학보 1호)으로 나누어 설명하였다. 유아(幼兒)의 의식주, 각종 질병, 유아놀이, 소학교육에 이르기까지 자세하게 제시하였다. 가정이 국가의 근본임으로, 국가의 안녕은 가정의 안녕에 의하고, 국민의 강녕은 가정의 위생에 근본하기 때문이다. 국가를 사랑함에 제가(齊家)는 마땅히 하여야만 하는 것이고, 그 기초와 중심에 가정학이 있다고 여겼다.

80) 이기, '가정학설', 《가정학 총론》 제1호, 《호남학보》 1권, 28~29면.

당시 학보 편집자들은 국한문 병행으로 발행하였다. 그것은 독자들의 편의를 위한 것이었다. 국한문 혼용은 근대지식의 보급과 함께 민족적 자부심을 보급하고, 민족 위기라는 시대적 상황을 동시에 해결하려는 방편이라 할 것이다. 이의 의도는 독자 대중에게 가급적 쉽게 읽힘으로써 민족의식을 고취하기 위한 것으로 판단된다.

특히 호남학회에서는 가정학은 여성과 관련하여 특히 중요하게 여기는 부분이었다. 가정학(家政學)을 서술한 부분에서는 같은 내용이 국한문으로 작성하고, 더 나아가 바로 뒤에 국문으로 풀이하였다. 이것은 부녀자들도 읽히기 위한 것이었다.

가정은 곧 나라의 근본이 되기 때문에 집안의 여성들이 하는 역할을 매우 중요하다고 여겼다. 부녀자를 교육의 대상으로 삼은 것은 이들을 규방(閨房)에서 사회로 끄집어내어 사회적 눈 뜸을 가져오게 하여 당시 민족의 불운 속에서 민족애와 민족의식을 불러일으키는 계기를 형성하여, 시사사회교육적 차원에서도 아주 중요한 시례가 아닐 수 없다. 이기(李沂)는 《가정학설》을 "집안의 부인들에게 반드시 읽히고, 국문을 읽지 못하는 이는 가장(家長)이 연설하여 듣도록 하라."는 말로 마무리 하였다.

의무교육의 도입과 근대학교의 설립 : 의무교육은 근대국가 지향에 있어서 필수적이었으며, 따라서 교육은 "사인(士人)에서 일반인"이라는 교육의 개방이 요구되었다. 따라서 의무교육에 대한 논의는 애국계몽 인사들의 항상 주장하는 사안이었다. 《호남학보》 역시 의무교육에 관한 의론을 많이 제시하였다

학교(學校)는 도리(道理)를 강구(講究)하는 곳이기 때문에 사숙(私塾)을 허락하지 않고, 반드시 아이들에게 학교에 들어가도록 하였다. 그 이유는 서로 뜻을 통하고 교제(交際)를 익히고, 또 그 취향(趣向)을 같이 하고 지

식(知識)을 교환할 수 있도록 하기 위한 것이다. 이러한 과정을 보통(普通) 이라 하니, 보통 두 글자에 함유된 뜻을 상상하여 볼 수 있는 것이다. 여러분의 자제들이 장차 공허한 땅이나, 사막의 들판에 나아게 된다면, 가정인, 사회인, 국가인이 되고자 하여도 이를 할 수 없을 것이니, 학교를 버리고 어디를 간단말인가?[81]

학교교육을 어려서부터 시작해야 하는 이유로는 현인과 지혜가 출중한 사람이 아니면, 선입견에 사로잡히게 되고, 고금의 학문을 다 익혔다고 하여도, 기껏해야 외운 지식을 시험하지 않는 것에 지나지 않는다고 하였다. 학교교육은 단순히 학문을 익히는데 그치는 것이 아니라, 서로 뜻이 통하는 학생들끼리 모여 교제를 하고, 지식을 교환하기 위한 것이다. 그렇기 때문에 보통의 사회인, 국가인으로서 길러내기 위해서는 학교를 보내야 한다고 주장하였다. 이와 같은 주장은 변기찬(邊基纘)의 '입교본지(立教本旨),'[82] 강엽(姜曄)의 '의무교육(義務教育),'[83] 이기(李沂)의 '교육종지(教育宗旨),'[84] 등에서 반복되어 나타나고 있다. 이리하여 고정주(高鼎柱), 김경중(金暻中) 등은 학교를 설립하여 적극적인 교육활동에 참여하기에 이르게 되었다.

2. 정치사상의 근대적 경향성

전술한 바와 같이, 주권상실기의 학회운동이 대부분 그랬듯이. 호남학회도 궁극적 목표는 국권회복에 있었다. 그러기 위해서는

81) 《호남학보》 1, 18면.
82) 같은 책, 제1호, 18~26면.
83) 같은 책, 제7호, 2면.
84) 같은 책, 제8호, 1~3면.

우선 당시 가장 위급했던 부패한 정치를 정상적으로 회복하는 길이었다.

그들의 눈에 비친 당시의 대외적 정치적 상황은 한말로 우승열패(優勝劣敗), 약육강식(弱肉强食)의 시대로 규정하였으며, 식민지(植民地) 쟁탈에 혈안이 되어 있던 세계정세를 '인종전쟁(人種戰爭)'이라고 진단하였다.[85] 이러한 위급한 대외정치의 상황 속에서 새로운 세계에 대처할 수 있는 길은 올바른 정치의 혁신에 있다고 하며 당시 대내적 정치 상황 속에서 정치의 부패를 통열히 비판하였다.[86]

또한 '경고제공(警告諸公)'에서는 국가의 위급한 상황을 역설하고 있다.[87] 더구나 서기 1894년 갑오개혁(甲午改革) 이래로 인재(人才)를 선발하지 않고 회뢰(賄賂)를 통해 등용하였으며 신학문, 신교육을 받은 자들도 벼슬길에 오르면 구누(君父)를 배기(背棄)하고 국가를 판매(販賣)한다. 외국유학을 한 자는 그 성세(聲勢)만을 의지하여 관직만을 엿볼 뿐[88]이라고 하면서 그 부패상을 한탄하고 있다.

이러한 부패한 정치를 바로 잡는 것은 오직 정치의 혁신이라고 생각하고 있었던 바, 정치혁신으로서 입헌군주제(立憲君主制)를 구상하였다. 즉, 입헌 제국(立憲 諸國)은 모두 선거권과 의법권(議法權;입법권)을 가지고 있어 누구나 정치에 참여한다. 그러므로 군주(君主)는 비법(非法)으로 그 국민을 학대하지 못하고, 민(民)도 감히 비법으로 그 군주를 범하지 못하니, 문명지기(文明之基)와

---

85) 같은 책, 제4호, '청년동포', 14~16면, 제3호, '濟全一策' 36~38면.
86) 같은 책, 제4호, '李康濟, 本照函謄 隨事規諷', 44면.
87) 같은 책, 제2호, 劉禧烈, 34~35면.
88) 같은 책, 제1호, 李沂, 一斧劈破, 敎育辨論, 12면.

부강지업(富强之業)이 모두 이에서 나온다[89]고 하면서 중국의 양개초(梁啓超)의 정치학설을 연재하였다.[90]

국가에 관해서는, 국가의 존립 여부는 토양(土壤) 넓고 좁음이나 인구의 과다, 물력(物力)에 있는 것이 아니라, 정법(政法)에 있는 것이라는 것이다.[91] 또한 국가의 설립요건으로서는 토지, 인민, 주권을 들어 설명하면서 토지란 건설자가 반드시 일정한 토지를 영유하여야 하고, 신민(臣民)은 중지(衆志)로 연락하여 일대단체(一大團體)하면 방가(邦家)가 견고하게 되며, 주권(主權)은 반드시 공동단체중에 독자적으로 장악하여야 한다고 하였다.[92] 또한 주군에 따라 국가의 형태를 독립국, 연합국, 보호국, 속국으로 나누고 있다.[93]

또한 국가사상(國家思想)에서는 일신(一身)에 대한 국가, 조정(朝廷)에 대한 국가, 외족(外族)에 대한 국가, 세계(世界)에 대한 국가로 나누어, 세계에 대한 국가라야 물경천택(物競天擇)에서 살아남을 수 있다.[94] 한편 국가와 군주와의 관계에 대해서는 국가는 군주의 사유물이 아닌 만백성의 공동의 것으로 보고, 이러한 국가가 존립하기 위해서는 민지(民智) 계발을 통한 민족주의의 발흥과 국권회복을 위한 자강정책을 제시하면서, 민족주의와 제국주의를 비교 설명하면서 열강(列强)의 침략을 막고, 조국의 국권을 회복하는 길은 오로지 민족주의에 있음을 강조하고 있다.[95]

국권회복을 위한 방법의 하나로는 민지(民智)의 계발을 통한 자

---

89) 같은 책, 제2호, 李沂, 政治學說, 各學要領, 29면.

90) 같은 책, 제2호, 29~33면, 제3호, 28~34면, 제4호, 31~34면, 제5호, 25~27면, 제7호, 24~27면, 제8호, 16~20면.

91) 같은 책, 제1호, 李沂, 國家學說, 37~38면.

92) 같은 책, 제2호, 李沂, 國家學說, 38면.

93) 같은 책, 제2호, 李沂, 國家學說, 39면.

94) 같은 책, 제4호, 25~31면.

95) 같은 책, 제4호, 崔東埴, 晨鍾普警 教育辨論, 7~8면.

강의식(自强意識)의 고양(高揚)을 역설하고 있다. 또한 민지계발을 위한 민(民)의 당무(當務)로서 내치(內治)와 외교(外交)을 내세우고 있다.[96] 이들의 자기의식은 이혼어혼(以魂禦魂)으로 나타나는데[97] 이는 바로 서구열강과 대항하여 이길 수 있는 길은 오로지 실력양성을 통한 자강(自强) 뿐이라는 것이다.

또한 애국론(愛國論)의 한 방면으로는 국문애용론(國文愛用論)을 주장하면서 매일신보(每日申報)의 '國漢文輕重論'[98]을 싣고 있다. 이에 의하면, 국문(國文)을 노(奴)로 삼고 한문(漢文)을 주로 삼아 점차 한문만을 숭상하게 되었다. 러시아가 폴란드를 멸망시키고 그 나라 말을 금하여 점차 고국사상(故國思想)이 없어졌는데, 지금의 조선인은 우리 말을 스스로 금하고 외국어인 한문만을 숭상하고 있다고 개탄한다. 또한 황희성(黃羲性)은 '여여하정서(與呂荷亭書;여하정에게 보내는 글)'에서[99] 한국문(漢國文)이라 하지 말고 국한문(國漢文)이라고 할 것을 여하정에게 충고하면서 국문의 중요성을 역설하였다.

위에서 인식할 수 있듯, 당시 급박한 시대적 상황에 하에서 생존경쟁에서 승리하여 국권을 회복할 수 있는 길은 오로지 부패정치를 혁신하고, 민지계발을 통한 투철한 민족의식, 국가의식, 자강의식의 함양에 있다는 것이다.

3. 경제사상의 근대적 경향성

우리들에게 있어서 경제의 발달은 바로 기(器)의 발달이며, 기

96) 위와 같음, 5~10면.
97) 위와 같은 책, 제2호, 李採, 以魂禦魂 隨事規諷, 38~39면.
98) 같은 책 제2호 教育辨論, 5~12면.
99) 위의 책, 2~5면.

(器)의 미발달 역시 국가를 망하게 한다는 것이다.[100] 그리하여 식산(殖産)을 교육과 함께 매우 중시하였다.[101] 그런데도 구미 유학생과 학교 학생들이 모두 정의, 법률에만 관심을 두고, 실업(實業)에는 마음이 없음을 한탄하면서[102] 실업(實業)을 통한 구국론을 전개하고 있다.

실업에서 가장 기본이 되는 것은 농업이다. 윤주찬은 '各種學이 不如農學'이라는 글[103]에서, 농(農)의 의(義)와 범위 그리고 농업의 중요성을 열거하면서 농업이 국가의 근본임을 역설하고 있다. 그런데 이렇게 중요한 농정(農政)의 부패가 극도에 달해 전국토의 3분의 1이 광토한지(曠土閒地)로 되었으니 국가가 빈(貧)치 않으면 민(民)이 불궁(不窮)해야 하는데, 농업이 피폐하니 어찌 국가와 민(民)이 부강할 수 있는가 하고 반문하면서 그 폐원(弊源)을 다음과 같이 지적하고 있다.

> 一則近百年에 先王重農之制 漸致廢地……(중략)……
> 一則器械가 未情致故로 用人力이 甚苦……(중략)……
> 一則方術이 未備故로 惟聽天時而已니……(중략)……此吾農政之日益腐敗者也라.[104]

라고 하면 이러한 폐단을 고치고 농업이 진작되면, 이는 일가(一家)의 행복이며, 국가의 행복이라는 것이다.

공업(工業)에 대해서는, 우리나라가 공업인에 대한 관부(官府)의 권역(勸役)과 호족(豪族)의 양탈(攘奪)로 인하여 그 고통이 심

---

100) 같은 책, 제8호, 李沂.
101) 같은 책, 제2호, 殖産敎育, 39면.
102) 같은 책, 제9호, 윤주찬(尹柱瓚), 各種學이 不如農學, 1면.
103) 위의 책, 1~4면.
104) 같은 책, 제2호, 崔東埴, 農鍾普警, 16~17면.

해 자기의 직업에 대해 만족하지 못하여 끝내 그 기술이 졸(拙)해지고, 만든 물건은 추(麤;거칠다)해졌다는 것이다. 갑오개혁(甲午改革) 이래 그 폐해는 없어졌으나 공업의 부진은 여전하다고 전제하면서, 공업이 있는 뒤에 운판(運販)이 있다고 했다. 더우기 지금 부강국이라는 나라는 모두 공예(工藝)의 발달에서부터 시작되었으나, 국가 재원의 잉숙(盈宿)은 반드시 화물의 정조(精粗) 운판(運販)에 달려 있다. 지금 우리나라의 면직잡직(綿織雜織)과 방산제구(房産諸具)와 유광일용지물(油鑛日用之物)이 모두 강대국들의 것으로서 그 수입액이 9천여 만원에 이르고 있으니, 이제 우리도 힘써 공업발전을 이룩하여 국치(國恥)를 당하지 말자는 것이다.[105)]

또한 상업에 대해서는 교통의 발달로 약육강식 시대를 더욱 촉진하게 되었으며, 무역관계에서의 수출입의 불균형이 국가의 존망을 결정짓는다고 하고 있다.[106)] 상업은 인류생활에 적용되는 것인데도 당시 상업의 중요성을 인식하지 못하고 천시해 왔다는 것이다. 이렇게 된 것에는 조선조의 사농공상(士農工商)이라는 직업적 서열의 의식 탓도 컸을 것이다. 더욱이 그 당시로서 현금(現今)에 있어서 상업의 발전은 바로 국가의 존망과 직결된다고 보았다.

4. 사회사상의 근대적 경향성

《호남학회 월보》에 보이는 사회사상의 근대적 경향성으로는 구습타파론(舊習打破論)이 그 주종을 이루고 있으며, 따라서 이러한 구습이 타파되지 않는 한 궁극의 목표인 국권회복도 이룰 수 없다는 논리로 일관하고 있다.

국권회복을 위해서 타파해야 할 구습을 다음과 같이 열거하고 있

105) 같은 책, 제2호, 崔東埴, 晨鍾普警, 17~18면.
106) 위의 책, 11~18면.

다. 즉, 고집성, 자선심, 비열성, 인색성(吝嗇性), 나약성(懦弱性), 영교성(靈巧性), 사위성(詐僞性), 조급성(操急性), 우매성(愚昧性), 방탕성(放蕩性), 나타성(懶惰性), 미신성 등 12개 습성을 들고 있다.[107]

한편으로는 주권침해기 전 쇄국척양(鎖國斥洋)한 것을 후회하면서, 주권침해기에 들어선 개항(開港) 이후에도 시대적 시급함을 인식하지 않고 나태함에 빠졌으며,[108]

자가 스스로를 경시하면서 외물(外物)만을 중하게 역김을[109] 한탄하였다.

한편 혁거구습(革去舊習)에서는 천하의 일이 오래되면 그 폐단이 생긴다고 전제하면서 이의 시정책을 다음과 같이 밝히고 있다.[110]

첫째, 유학(儒學)의 고루성(固陋性)을 통열히 비판하면서 신학문을 통하여 민력(民力)을 모으고 국권을 회복하고자 한다.

둘째, 관리(官吏)란 관민(官民) 사이에 공행(公行)하는 자인데, 토지를 점탈하고 당파를 결성하여 기강을 문란케 하니 이러한 탐간지구습(貪奸之舊習)을 혁파하여 국가와 백성을 위한 공정한 정신을 넣어주어야만 민력(民力)이 양성되어 구권을 회복할 수 있다.

셋째, 양반(兩班)이란 문무반(文武班)을 말하는바, 그 신분을 귀하게 여기는 것이 아니라 그 재능을 귀하게 여기는 것이다. 그런데 고루한 구습(舊習)에 젖어서 당파에만 몰두하니 국가가 망해도 모르고 가정이 파탄되어도 모른다. 이제부터는 실사(實事)가 현저한 것을 양반으로 삼아 완고한 구습을 타파하고 신지식을 계발하면 누가 능히 우리의 자유를 빼앗겠는가?

107) 같은 책, 제3호, 윤주찬(尹柱瓚), 諸性改良, 39~45면.
108) 같은 책, 제6호, 박종완(朴鍾完), 주침계(晝寢戒), 42~43면.
109) 같은 책, 朴海昌, 賈胡之愚, 39면.
110) 같은 책, 제3호, 邊昇基, 13~17면, 제4호, 변승기, 10~13면, 제6호, 변승기, 11~12면.

넷째, 상민(常民)이란 평상민(平常民)인데, 우리의 구습에 반상(班常)의 구별을 두어 짐승과 같이 취급해 왔다. 이제부터는 이러한 폐습을 타파하고 자유권(自由權)과 경쟁사상으로 진보하면 평등한 대우를 받을 수 있다는 것이다.

이와 같은 시정책을 가지고 구습(舊習)을 타파하기 위해서는 가장 요구되는 것으로서는 단체력을 통한 사회폐습의 혁파를 주장하였다.

이렇게 볼 때 구습타파론은 결국 성리학적 사상에 근거한 양반사회를 비판하고 계급 간의 괴리가 없는 단체력을 통한 평등사회로의 지향이라는 근대적 사상의 일면을 보여준다 할 것이다.

그러나 주권침해기인 당시에 있어서는 이미 외교권을 포함하여 대부분의 권한이 일제의 통감부(統監府)의 수중으로 넘어가 국권을 상실한 단계에 있었다.

이러한 상황 하에서 일제의 통감부와의 정면충돌은 불가능하다고 보았기에 법이 허용하는 한도 내에서의 활동 범위를 설정할 수밖에 없었던 것이다. 즉 당시 계몽적 인사들은 폭력을 수반한 물력항쟁으로는 당시의 난국을 타개하기에는 시기가 너무나도 늦었다고 보아 우선 그들의 목적을 달성하기 위해서는 비폭력에 의한 온건적인 노선을 택할 수밖에 없었다. 이리하여 당시 무력에 의한 국권회복을 주장하던 인사들로부터는 비판을 모면하지 못하였으나 애국계몽가들은 그들 나름대로의 목적을 위해서 총력을 기우렸던 것이다.

이러한 상황하에서 호남학회(湖南學會)도 국권회복이란 대명제하에 국력의 배양에 진력을 경주하였다. 이를 위해 극심한 재정적 타격을 감수하면서 월보(月報)를 간행하여 국민계몽지로서의 충분한 역할을 담당하기에 노력하였으나 서세동점(西勢東漸)에 편승한 일제 세력의 한반도 상륙과 러시아의 남아정책의 수행이라는 국내외의 급박한 상황과 재정적 문제로 인하여 그 사명을 완수하지 못한채 월보 발간이 중단되고 학회가 해체되는 비운을 맞이하게 되었다.

비록 서기 1905년으로부터 1910년에 이르는 짧은 기간에 걸친 애국계몽운동기의 이상과 같은 활동은 국권회복이란 궁극적인 목적을 달성하지는 못했지만, 동 시기이후 성숙된 민력(民力)의 양성과 민족적 각성은 종이 한 장에 날인이 강제되어 나라가 통채로 넘어가는 이른바 경술국치(庚戌國恥) 이후 독립을 위한 여러 운동의 몸부림으로 나타났으며, 3.1운동이라는 거대한 민족운동의 기반이 되었다 할 것이다.

제2장 호남지방 기독교계 학교의 설립과 그 항일민족운동

제1절 전주 신흥학교의 설립과 그 항일민족운동[111)]

1. 초창기의 신흥

1) 남장로교 선교사들이 전주에 들어와 선교활동을 하는 과정에서 신흥학교는 탄생하였다.

당시 남장로교 선교사로서 선교활동을 하던 레이놀드 목사는 서기 1900년 9월 9일 서문밖 완산 북림 기슭에서 있는 그의 집 사랑방에서 16세의 김창국(金昶國)[112)]이라는 소년을 대상으로 근대적 교육을 시작하였던 바, 이것이 바로 신흥학교의 첫 출발이었다. 그 다음 해인 서기 1901년 7월 1일, 해리슨 목사와 그의 어학 선생에 의해서 8명의 남학생을 대상으로 한 작은 주간학교가 시작되었다.

111) 全州新興中 · 高等學校,新興九十年史, 1990, 47-158면을 토대로 하여 재구성 하였음.

112) 김창국은 서기 1884년 전주에서 출생했다. 소년시절에는 사숙(私塾)에서 9년간 한문공부를 하였다. 그의 조모와 어머니가 선교사 테이트 양의 전도로 전주 최초의 신자가 되었기에 그도 일찍부터 기독교인이 되었다. 그는 당시 테이트 목사의 사동(使童)으로 있으면서 주일에는 헤리슨 목사와 레이놀드 목사의 부인이 경영하는 주일학교에 참석할 아이들을 불러 모으는 책임을 맡아 봉사하였고, 선교사가 경영하는 소학교(최초의 신흥학교)에 출석하면서 부터는 선교사들을 도와 장날마다 시장에 나가 사람들에게 전도지를 나누어 주는 등 전도 할동에 힘썼다. 후에 목사가 되었다. (金守珍 · 韓仁洙, 韓國基督敎會史, 湖南篇, 汎論社, 1980,111면) 그후 그는 헤리슨 부인의 추천으로 평양 숭실학교에 진학하여 서기 1907년 졸업하고, 그후 성직자가 되기로 결심하고 평양 신학교에 진학하여 서기 1915년 졸업함으로써 호남 최초의 신학교 졸업생이 되었으며, 그 해에 목사가 되었다. 그는 군산의 영명학교, 금산의 심광학교(그 때 임영신이 제자이다)에서 교사를 역임하기도 했다.

이 역시 그 전해부터 레이놀드 목사 집에서 김창국이라는 소년을 가르친 것의 연장이요 화장이었다.

이러한 첫 출발의 신흥학교는 서기 1908년 전주군 서문안 당성동(堂成東)에 있던 헤리슨 목사의 기와집 한 채(서기 1906년 봄 건축)를 차용하여 수리하여 수업을 계속하며 학교 이름을 '예수교학교'라 칭하였던 바, 5년제였고, 교장은 헤리슨 선교사가 맡았으며, 교사는 7명이었다. 학생 수는 55명이었고, 그 때 교과목은 국문, 한문, 성경, 역사, 습자, 체조, 창가, 산술, 도화 등으로 초등학교 과정이었다. 동년 9월에는 8칸의 기와집을 건축하고 선교사 니스벳이 설립자 겸 교장으로 취임하였으며, 학교명칭을 '新興學校'라 개칭하였다. '新興'이란 명칭은 '새로운 여명'이라는 뜻이었다.

그런데 신흥학교 첫 교사가 자리잡게 된 곳은 희현당(希賢堂)[113]의 옛터였다. 희현당은 옛날 교육을 하던 학당(學堂)이었다. 이렇게 보면 신흥과 희연당은 결코 우연한 일은 아닌 것 같다. 그리고 오늘날 신흥의 교훈이 〈중용(中庸)〉에서 나오고 있는 '지(智) 인(仁) 용(勇)'[114]이고 보면 더욱 그렇다.

서기 1909년에 이르러 학부대신 이재곤(李載崐)으로부터 '사립 신흥학교'로 인가를 얻었고, 동년 6월 15일 보통과 졸업생 5명을 배출했다. 또한 조선의 선교 후원자인 그래햄(C.E. Graham)의 1만 달러를 기부하여 가을에 희연당의 유적지에다 벽돌 양옥 2층 80평을 건축하고 고등과 학생을 모집하여 가르치기 시작했다. 당시 학생 수는 고등과 보통과를 합하여 150명이나 되었다.

---

113) 김경식, 한국교육학회 교육사연구회 16주년 기념학술발표회 주제 발표, 全北鄕土敎育史試論, 관동대학 본관 교수회의실, 1983. 8. 20, 69~71면 참조.

114) 中庸; "子曰 好學近乎智, 力行近乎仁, 知恥近乎勇."

2) 일제에 주권이 박탈된 서기 1910년부터 3.1운동이 있던 때까지

서기 1910년대는 이른바 무단정치(武斷政治) 시기였다.

교육 면에서 보면 식민지 교육의 추진기라 할 수 있다. 그리고 그 식민지 교육정책의 기본적인 특질은 이른바 황민화(皇民化) 즉 일본화였다. 그 구체적 표현이 서기 1911년 8월 23일 발표된 조선교육령이요, 서기 1915년의 개정 사립학교규칙이었다. 특히나 기독학교인 신흥학교로서는 참으로 악법이었다. 그것은 교명을 '고등보통학교'로 바꾸고, 수신, 일어, 역사(일본사), 체육교사는 반드시 유자격자이어야 한다는 것과 특히나 기독계학교와 충돌되는 것은 성경과목의 교수와 종교의식(예배)을 금지하며 이 모든 것을 10년간 유예기간을 설치하고 그 기간 내에 규정대로 순응던지 학교설립을 박탈하던지 양자택일 요구하던 상황이었다. 신흥만이 아니라 여타 기독학교들도 참으로 난처한 일이었다.

그러나 불행히도 이 기간의 신흥의 구체적인 내막은 자료의 빈곤으로 넘어다 볼 수가 없다. 서기 1915년 개정 사립학교 규칙으로 상당히 갈등이 있었을 것으로 추측된다. 다만 몇 가지의 사실과 졸업생의 증언에 의해서 간접적으로 추측할 수밖에 없다.

서기 1910년 동 교는 신건물에서 보통과 12명이 제2회 졸업식을 가졌으며, 이들은 모두 상급학교에 진학하였다. 서기 1912년 3월 25일에는 4명, 1913년에는 2회 8명, 1913년에는 3회 5명, 1915년에는 4회 4명의 4년제 고등과 졸업생을 각각 배출하였다. 서기 1915년 등록 학생이 113명이었던 것을 감안하면 재학생의 수에 비해 졸업생의 수가 현저하게 적었음을 알 수 있다. 이것은 바로 경제적인 이유로 인해서 많은 학생들이 중도에 학업을 포기한 것을 추측할 수 있다. 제4대 교장이었던 에버솔의 증언에 의하면, 서기 1915년 무렵은 경제적으로 어려웠던 학생들을 돕는 방법의 하나로 채소재배를 하였으며, 그것을 통해서 노동의 신성함을 깨우쳐 주기도 하였다는 데서 인식할 수 있다.

또한 우리는 그 당시 제1회 졸업생이었던 송철,[115] 안영열[116]의 재학시절의 회고에서도 엿 볼 수 있다.

송철은 금산 출신으로 학교에 입학은 했지만 식생활과 용돈의 해결이 문제였다. 그리하여 학교청소, 나무심기, 학교 운동장 닦는 일을 학교장인 유서백(Nisbet)에 제안하여 허락을 받고 열심히 일했다. 학교에 다닐 때는 공부와 일밖에 몰랐다. 학교에 일이 없을 때는 선교사의 집을 찾아가 장작용 나무를 톱으로 썰고, 도끼질하면서 돈을 벌었다. 그 당시 학교 운동장을 닦는 일은 시간당 15전을 받았다고 한다. 한편 안영일은 용담 출신으로 그는 결혼하여 가정을 가지고 있었지만 학교 운동장을 닦으며 고학을 했다. 학교 고학을 하면서도 형편이 쪼들리자 선교사들의 어학 선생을 하면서 학업을 계속했다. 이들의 경우를 보면 우리는 그당시 학생들의 경제적 사정을 짐작할 수 있다.

2. 3.1 운동과 신흥

1) 전북지방에서 만세운동이 가장 먼저 일어난 것은 군산의 영명학교가 주축이 되어 서기 1919년 3월 5일이었다.

한편 전주에서는 2월 하순에 서문밖교회에서는 매년 열리는 충청도와 전북 도내의 장로, 집사들이 성경학교를 마치게 되었다. 선교사 마로덕(馬路德) 목사를 통하여 미리 김종곤(金鍾坤)의 집에서 만들어 둔 태극기와 인쇄물이 각 교회에서 모여든 약 300여 명의 장로와 집사들에게 나누어지고, 장날을 택해서 거사하도록 지시되었다. 3월 5일 군산에서 독립만세 시위가 감행되었다는 소식이 박태

115) 전주신흥중 · 고등학교, 같은 책, 70~71면 참조.
116) 위의 책, 71~74면 참조.

련(朴泰鍊), 김신극(金信極) 등 전주의 지도자들에게 전해졌다. 전주의 천도교, 기독교와 기전여학교, 신흥학교 등 각계 대표들은 3월 13일 장날을 시위 결행일로 정했다. 필요한 태극기는 천도교인과 시민용을 신간회 총무인 박태련의 집에서 인쇄하기로 하였다.[117)]

당시 서울을 비롯한 다른 지방에서 독립만세 소리가 울려 퍼지자 전주의 일제 경찰들은 겁을 먹은 나머지 신흥학교, 기전학교를 비롯한 각급 학교에 강제로 방학의 조치를 취하였다. 거사 5일을 앞두고 이와 같은 조치는 거사에 커다란 장애가 되었다. 이에 당황한 애국지사 최종삼은 신흥학교 5명을 불러 집에서 침식을 같이 하면서 밤에는 신흥학교 지하실에서 태극기를 만들었다.[118)]

이렇게 해서 만들어진 태극기는 거사 당일 채소 가마니로 위장하여 장터로 실려 나갔고, 이 태극기는 거사 직전 시장의 통로인 완산동과 전주교 건너편에서 시장을 향해서 몰려드는 군중들에게 은밀하게 배부되었다. 12시 30분경 신흥학교와 기전여학교 남녀 학생 및 천도교와 일반인 등 약 15명이 태극기를 들고 남문 밖 시장부근으로 부터 제2보통학교(현, 완산국교) 교정부근에 모여 만세를 부르며 시중에 들어와 격문을 뿌리며 구보로 행진하여 일제 경찰과 충돌하였다.[119)]

2) 신흥학교 학생들이 3.1운동에 앞장서게 된 것은 신흥학교 재학중에 길러진 민족정신에 기인한다고 할 수 있다.

3.1운동 직전까지 학생들에게 영향을 주었거나 거사를 지도한 교사들은 유병민(劉秉敏), 문병무(文秉武), 조종환(趙鍾煥), 고경

117) 매일신문, 7214호 관련기사 참조.

118) 매일신문, 7214호 관련기사 참조.

119) 매일신보, 1919년 3월 14일자, 3월 15일자, 3월 16일자, 3월 17일자, 3월 18일자 관련기사 참조.

진(高敬鎭) 등이었으며, 이들 중 유병민은 서기 1919년 1월 고종 황제의 국상(國喪)을 당하자 건(巾)을 가지고 와서 눈물을 흘리며 북향재배하고 학생들 앞에서 통곡을 하였다니 총명한 학생들이 영향을 받았지 않았겠는가?

당시 동 운동에 주동이 된 신흥학교 학생들은 고형진(高衡鎭), 남궁현((南宮炫), 김병학(金秉學), 김점쇠(金点釗), 이기곤(李起坤), 김경신(金敬信) 등이었다. 이들은 구속된 후에도 모두 의연한 자세를 보였는데 특히 고형진, 남궁현 등은 법정에서도 굽히지 않고 굳은 독립 의지를 표명하였다. 특히 고형진은 항고 이유(抗告 理由)에서 그 간교한 일제 일본인 판사를 보란 듯 비위를 거슬리지 않고, 그들의 지고한 명치(明治)를 '선제 폐하(先帝 陛下)'라고까지 치켜 세우면서 일본의 강압에 의한 한일합방이 기만적 술책이며 조선의 독립이 정당함을 웅변적으로 논술하면서 당당한 한민족의 입장을 말하여 일본인 재판관 판사의 말문을 막았다.[120]

신흥학교는 기전여학교와 더불어 전주지역의 주도 세력이 되어 전주의 3.1운동을 전개했다는 것은 신흥학교가 기독교계 학교였지만 민족혼의 요람이었음을 말해주고 있다. 이와 같은 신흥학교 학생들의 민족정신은 그 후 광주학생 운동과 신사참배 거부에 이르는 일제 식민통치의 전 기간에 걸쳐 면면이 이어져 왔으며, 오늘날 우리가 계승해야 할 정신적 유산이 아닐 수 없다.

3. 발전기의 신흥

여기서 발전기라 함은 3.1운동 이후 서기 1937년경까지를 말하는 것으로 일제의 식민지 정책의 지배형식으로 보면 이른바 문화

120) 서기 1919년 10월 30일 대구고등법워 판결 大正 8年 제 981호 理由 참고.

정치기(文化政治期)이다.

일제는 3.1운동을 계기로 그의 통치 수단을 이른바 문화정치라는 고등 기만정책의 수행으로 나아갔지만, 우리 민족은 급변하고 있던 당시의 세계사적 흐름 속에서 새로운 시대의 인식이 싹트게 되었고, 독립운동이 장기화, 지하화하여 감에 따라 내적인 실력의 배양이 무엇보다도 더 중요함을 깨달아 교육에 대한 열을 올리게 되었다.

서기 1923년 총독부의 이른바 지정학교제도의 실시에 따라 서기 1932년 2월에 호남에서는 광주의 수피아여학교, 전주의 신흥학교가 지정되었지만, 동 제도가 당시 사립학교의 억제라는 일제의 기만정책이었지만, 결과적으로 신흥학교는 이의 조건을 충족하기 위한 준비로 본관의 건축이 있었다.

일제의 지정학교 제도의 취지는 사립학교를 억합하기 위한 것이었지만, 결과적으로는 지정학교 시절의 신흥학교는 일제 강점기를 망라해서 전성기였다 할 것이다. 학생들의 상급학교 진학이나 취직에 있어서 일반 고등보통학교와 동등한 대우를 받을 뿐만 아니라 지정학교 인가 취득을 위해서 시설도 충분히 확보되었고, 또한 교사진도 아주 훌륭하였다. 김가전(전주의 3.1운동의 주도자, 평양신학교 졸업, 성경 담당, 광복후 전주 북중교장, 전북지사 역임), 박준영(남경대학교, 동지사대학 졸업, 조선어, 영어 담당), 김교문(일본의 광도고등사범학교 졸업, 지리, 역사 담당), 김종흡(경도제대 철학과 졸업, 영어 담당, 신흥학교의 고창고보 전교생 전학때 고창고보 교장, 광복후 서울대 부총장 역임), 이교선(입교대학 졸업, 영어담당, 정부수립 후 상공부장관 역임), 김병수(동경물리학과 3년만에 졸업한 수재, 수학 담당, 한양대학교 교수 역임), 박우병(구한말 군인장교 출신, 기숙사 사감 및 체육담당), 이피득(연희전문, 수물과 졸업, 수학담당), 최계남(일본체육대 졸업, 광복 후

안양중 교장 역임), 김태훈(수원농고 졸업, 생물교사) 등이었다.

서기 1927년 공업과(工業科)를 신설하고 이눌서 선교사의 아들 이보린이 공업과의 주임을 맡았으며, 동년 4월에 25명을 모집하여 목공(木工)을 가르쳤다. 공업과에 입학한 학생과는 달리 별도로 재학생들이 이곳에 가서 방과후에 일하는 경우에는 역시 '수공생' 이라 불렀고, 그들은 여기서 번 돈으로 학비를 마련하였다. 동 공업과는 불과 4년 만에 서기 1931년 불어닥친 세계공황의 영향으로 불가피하게 문을 닫고 말았지만 빈곤한 가정의 자녀들에게 실업교육을 시키며, 또한 가정 형편이 어려운 학생들에게 부업을 주어 학비를 충당케 했던 그 정신과 실천은 높이 평가할 만하였다. 그것은 공업과가 설치하기 이전부터 있었던 신흥학교만의 특징이며, 공업과 폐지 후에도 계속되었던 장학의 정신이었다.

학교의 중요한 크기라 할 수 있는 학생 수에 있어서, 3.1운동의 여파로 신흥학교는 서기 1919년 당년 7명, 서기 1920년에 9명의 보통과 졸업생을 냈을 뿐, 고등과는 2년동안 졸업생을 내지 못했다. 그러나 서기 1920년 전체 학생 수가 60명이었던 것이 그다음 해에는 200명으로 증가하였고, 서기 1931년에 이르러서는 고등과 234명, 보통과 500명의 총 734명으로 증가하여 호남에서는 학생 수가 제일 많았다.

지정학교 기간에는 불과 3회의 졸업생을 배출하고 말았지만, 총 졸업생 수는 94명이나 되어 고등과 전체 졸업생 182명의 반이 넘는다. 지정학교 시절 신흥학교의 학생 수를 보면 다음과 같다.

※ ( )은 교사 수임.

서기 1933년 고등과 199명(12), 보통과 479명(5)
서기 1934년 고등과 207명(11), 보통과 334명(5)
서기 1935년 고등과 233명(19), 보통과 424명(7)

서기 1936년 고등과 304명(13), 보통과 431명(7)
서기 1937년 고등과 234명(13), 보통과 293명(6)

위에서 보면 서기 1935년 233명이던 고등과 학생이 그다음 해에는 304명으로 증가한 것을 볼 수 있다. 당시 학생 정원이 한 학급에 50명 정도였던 점을 감안한다면 이 숫자는 6학급에 해당하는 것으로, 5년제였던 당시 동교의 고등과에 변화가 있었음을 말해주고 있다. 그것은 바로 2학급을 모집한 것으로 보인다. 그러나 그 이듬해에는 304명에서 234명으로 감소하였다. 이에 대해서 서기 1937년 5월 4일 개최된 제31회 전북노회의 기록에서는 신흥학교의 특별사건으로 "부득이한 형편으로 금년부터 신입생을 모집하지 아니하였다."고 보고하고 있다.[121] 신입생을 뽑지 않는 이유는 당시 미국 남장로회 해외 선교부총무인 풀톤(C.Darby Fulton) 목사가 신사참배 문제로 전주에 왔다가 그 해 2월 말 "현재 상태에 유의하여 학교사업은 더 이상 계속할 수 없다."고 발표하였던바, 이에 근거하여 선교회가 경영하고 있는 10개의 중등학교는 신입생을 뽑지 않고, 당국이 재학생들에게 신사참배를 강요하지 않는 한 나머지 학생들에 대한 교육은 계속해 나가기로 하였다. 그때부터 신흥학교는 폐교의 순간을 향해 한 발자국씩 내 딛고 있는 셈이었다.

4. 지속적인 항일운동[122]

1) 전주에서 기전여학교 학생들과 같이 3.1운동을 주도했던 신흥학교 학생들은 이른바 문화정치 기간에도 끊임없이 일제에 대한 저항을 했다.

121) 全州新興中 · 高等學校, 같은 책, 108면에서 재인용.
122) 全州新興中 · 高等學校, 같은 책, 113-115면 참조.

서기 1921년에 있었던 일본어 시험 사건은 일제에 저항하는 하나의 표시였다. 당시 4학년 학생이었던 제8회 졸업생 안용남(재학시는 안갑용)의 증언에 의하면, 한 일본인 교사의 일본어 시험에 전 학생이 답안지에 모두 ○표를 함으로써 사실상 시험 거부를 하였다고 한다. 이 일로 인하여 많은 학생들이 당시 에비솔 교장에게 불여가 혼나고 일이 마무리되기는 하였지만 이와 같은 사건은 평소 지니고 있던 배일감정의 집단적인 표출로 보아야 할 것이다. 또 하나의 예로는 그 당시 일본어 교과서는 「國語」로 표기하였는데, 여기서 '國'자를 '日'로 바꾸어 「日語」라고 하였다는 증언도 있다. 이것은 학생들의 일본어를 국어로 받아들일 수 없음을 이러한 행동으로 표출되었던 것이다.

또한 신흥학교 학생들은 수업시간에 몰래 우리나라의 역사를 배우거나 창가를 배우기도 했는데, 그러한 책들은 일본 경찰에 대비하기 위하여 집에서는 쌀독에 감추어 두곤 하였다.

2) 서기 1929년 11월의 광주학생운동이 전국적으로 확산되고 있을 때, 신흥학교 재학생들은 교우회 문예부장 박문수(후의 이름 박철웅; 조선대 총장 역임), 운동부장 이재영(후의 이름 이철), 문예부의 문예계와 사교계를 맡았던 함수만, 문예부 독서계와 서무부의 기록계를 맡았던 원용덕 등이 주도하여 기숙사에서 비밀 회합을 갖고 ① 절대 비밀로 할 것. ② 준비는 기숙사에서, ③ 거사일은 12월 2일로 할 것 등 3개 항을 결정했다.

그러나 12월 2일은 신흥학교 개교기념일이었다. 원래는 오전 10시에 시작되는 강당에서 기념식이 끝나면 거사하기로 되어 있었다. 그러나 오후 7시 반에 음악회 등 성대한 행사가 계획되어 있어서 거사를 연기하기로 합의하고 12월 12일 거사하기로 하였다. 그러나 사전에 학교 당국이 낌새채고 조기 방학에 들어가고 학생들은 귀가토록 하였다.

1월 25일 겨울방학이 끝나고 다시 개학이 되는 날이었다. 멀리 시골에 사는 학생들은 미리 학교 기숙사에 몰려들었고, 간부들은 기숙사에서 학생들을 규합하고자 했다. 그러나 학교에서는 계속 학교에 나오지 말 것을 종용했고, 이에 따라 일부 학생들은 다시 귀향하기도 했다. 그때 앞서 거사를 준비했던 교유회 간부들은 다시 기숙사에서 거사 준비를 하였다. 이 거사의 모든 책임은 박문수가 지기로 하고 또한 외부와의 연락도 그가 맡았으며, 내부 행동책은 함수만이 맡았다. 이들 비밀회합의 결의 내용은 ① 절대 비밀보장, 경찰에 잡혀도 말하지 말 것. ② 준비는 기숙사에서 할 것, ③ 거사일은 25일로 할 것, ④ 가급적이면 기전 등 인근학교와 더불어 할 것 등이었다. 그리하여 기전 측과 연락이 되어 협력하기로 하였다. 이러한 상황을 낌새챈 경찰은 신흥과 기전의 주변을 엄중 경계하였다.[123] 당시 거사 책임자였던 박문수(박철웅;15회, 조선대학교총장 역임)의 증언에 의하면 일경은 학교 주변에 초소를 설치하고 철통같이 경비하고 있었으며, 다가교 근처 천변에는 일경이 모닥불을 피워놓고 24시간 경계근무를 하고 있었다고 한다.

그러나 신흥학교 학생들은 비밀리에 태극기, 전단 등을 직접 제작하여 준비하였다. 전단의 내용은 민족차별 금지, 식민지 교육 철폐 등의 내용을 담고 있었다. 드디어 서기 1930년 1월 25일 아침 8시 30분 간부들은 기숙사생 전원을 소집하여 태극기와 전단을 나누어 주고 몇 명씩 짝을 지어 다가교 쪽으로 나가 등교하는 학생들을 규합하였다. 드디어 9시 30분 80여 명의 학생이 모였고, 이

123) 동아일보, 1930년 1월 30일자 관련 기사 참조 동 지의 기사에는 "新興 · 紀全 兩校 嚴重히 경계 중"이라는 제목하에 서건을 이야기 하고 있다.

들은 결의문을 낭독하고 전단을 살포하면서 "독립만세!", "학생만세!", "동감(動感)만세!(광주학생들의 운동에 동감한다는 의미)" 등을 외치며 다가교를 건너 시내로 진출하였다. 시위학생들은 중앙동으로 진출하였는데, 이에 일본 경찰들은 총을 쏘아대며 학생을 연행하였다. 그날 연행된 학생은 30여 명이었다. 그날의 상황을 동아일보는 다음과 같이 전하고 있다.

전북 전주신흥학교 고등과생 70여명은 삐라를 뿌리며 기를 들고 만세를 부르다가 36명이 검거 되었다함. 기보하였거니와 전주경찰서에서는 지난 25일에 전기 검거된 학생 35명에게 대하여 최고 29일, 최하 15일의 구류처분을 즉결하여 동일 오후 4시경에 전주형무소로 넘겼다 한다.[124)]

당시 조사를 받던 도중 또는 구류를 사는 동안 학생들의 참상은 말이 아니었다. 그 후유증으로 당시 주모자의 한 사람인 함수만은 감옥을 나온 후 예수병원에 입원해야 했고, 서기 1930년 5월 19일 예수병원에서 분사하고 말았다. 그는 죽기 전 부친인 함 연우 공에게 자식 노릇을 못하고 먼저 가니 자식으로 생각하지 마시고 동생 정옥을 자식으로 생각하라고 유언을 남기며 일본은 반드시 망한다고 말하였다 한다. 그 후의 일이지만 고 함수만의 조카인 함 갑주(서울명지중 교장 역임)는 그간 묻혀진 자료를 찾아 부친인 함 정옥(함 수만의 동생)의 명의로 독립운동 유공자 신청에 의하여 함수만은 서기 1980년 독립운동유공자로 인정되어 대통령 표창장을 받았다. 또한 함수만의 생질인 양근석(서울명지여고교장 역임)은 외숙의 뜻을 잇기 위하여 신흥학교(복교 2회)에 입학했다고 한다.[125)]

---

124) 동아일보, 1930년 1월 26일자, 관련기사 참조.

125) 全州新興中 · 高等學校, 같은 책, 120면.

5. 신사참배 거부와 자진 폐교

기독계 사학 전주신흥학교는 신사참배(神社參拜) 거부로 자진 폐교하고, 전교생이 서기 1937년 9월 22일 폐교식을 마친 후, 고창고보로 전학하였다. 우리는 여기서 신사참배의 배경, 신사참배의 강요와 선교부의 입장, 신사참배의 거부와 폐교, 그리고 고창고보로 전학의 순으로 이해하고자 한다. 왜냐하면 신사참배는 특히나 기독교계 사학에 있어서는 종교적인 면에서 우상숭배로 인식되었기 때문이다. 그러기에 신사참배의 강요에 맞서 전주신흥학교는 자진 폐교를 선언하였다. 이 점은 종교적인 차원을 떠나, 항일민족운동의 한 모습이기도 하다. 이에 민족사학 고창고보는 신흥학교가 비록 기독계 사학이라지만, 학교의 성격을 떠나 항일민족운동의 차원에서, 전교생을 전입, 수용하였던바, 이러한 사례는 그 예를 찾아볼 수 없다.

1) 신사참배 배경의 인식 : 일본의 고대 역사서에 기록된바, 일본의 천황의 기원은 서기 기원 전 660년에 일본을 건국했다 하나, 이와 같은 건국설화와 천황사의 초기 부분에 대한 기록은 역사적 사실로 인정받지 못하고 있다. 실제 그 존재가 역사적으로 확인된 것은 추고(推古) 천황(서기 592~682) 때부터라고 한다. 실제 천황이나 일본이라는 용어가 처음 사용된 것도 이 시기이다.

천황은 종교적 권위와 함께 일본국가의 주권자로서 일체의 국가권력의 근원이 되었으며, 내정과 외교의 최종적 권한을 가진 최고 통치자였다. 그러나 천황제의 성격과 기능은 시대에 따라 변화가 있었고, 이에 따라 천황의 권력도 달라졌다.

7세기 후반 이래 약 2세기 정도 천황의 친정(親政)이 이루어졌으나, 귀족권이 강화되는 9세기부터는 이른바 섭정(攝政)인 관백(關白)에 의한 대리정치가 행해졌으며, 이에 따라 천황제는 형식화되었다. 이어 12세기부터 19세기까지 계속된 무가막부(武家幕府)시대에는 천황의 통치권이 극도로 제한되었다. 그러나 이 시기에 있어서도 천황이 지닌 상징적인 권위와 맹목적인 권한 자체는 유지되었다.

무가막부의 장군 중 그 누구도 천황의 이러한 상징적인 권위에도 도전할 생각은 하지 않았으며, 실제 정치에 초연한 천황을 적대세력으로 타도할 필요도 없었다. 오히려 천황이 지닌 이러한 정신적 권위와 국가통합의 상징으로서의 역할을 10분 활용하려 하였으므로 천황제는 유지될 수 있었다.

서기 1868년 명치유신(明治維新)에 의해 덕천막부(德川幕府)가 타도되고, 신정부가 들어서자 천황제는 1천여 년 만에 다시 부활되었다. 천황은 최고 통치자로서의 권능을 회복하였을 뿐만 아니라, 중앙집권적 통치체제의 확립에 따른 정치적, 정신적 구심체로서 신격화되었으며, 이후 서기 1945년 2차 세계대전이 끝날 때까지, 이 체제는 유지되었다. 물론 이 시기에도 천황 개인이 정치를 독점하지는 않았지만, 모든 권한의 책임자로서 국가통치를 수행하였다. 특히 히로히토가 재임한 소화(昭和)시대(서기 1926~1989)에는 일본이 군국주의가 진행되었고, 중 · 일 전쟁을 비롯해 세계 제2차 대전을 일으킴에 따라 천황에 대한 신성불가침과 신격화가 가장 철저한 형태로 진행되었다.

소화시대는 일본의 군국주의화가 진행되면서 일본의 민족종교인 신도(神道)는 국민의 결속을 위하여 일층 강화하였다. 일본 정부는 신도의 신사(神社)에서 참배하는 것을 국민의 애국교육 정책의 기초로 간주하였다. 신사에 경의를 표하는 것은 모든 일본 국민들의 정상적이고 당연한 의무이며, 일본정부는 모든 학생들의 신사참배(神社參拜)를 충성과 애국심의 훈련으로서 요구할 수 있다고 하였다.

이러한 요구는 조선과 같은 식민지국가를 일본에 동화시키기 위하여 절대적으로 필요한 것으로 그들은 생각하였다. 전쟁을 수행하기 위하여 조선인을 최대한으로 이용할 필요성을 느낀 일제는 조선인들에게 조선인도 일본인이라는 의식을 심어주어야 했고, 그 한 방법으로 일본의 조상신이며 태양의 여신인 천조대신(天照大神)을 모신 신사에 참배할 것을 강요하게 된 것이다.

신사참배는 모든 학교의 학생들에게 일본에 대한 애국심을 고취시키기 위하여 실시되었다. 신사참배의 의식 자체는 간단하였다. 한 집단의 지도자가 신사 앞에서 고개 숙여 인사를 하는 것이다. 여기에서 박수를 치는 것은 사당 안에 있는 '영혼'들에게 인사한다는 사실을 일깨워준다는 뜻이요, 인사하는 것은 복종을 표시하는 것으로 해석된다고 한다.

일반학교의 학생들에게는 이러한 의식 자체가 큰 문제가 되지 않았다. 그러나 기독계 학교에서는 이것이 우상에 대한 숭배라는 점에서 문제가 되었고, 여기서부터 일본의 민족종교인 신도와 기독교의 갈등이 시작되는 것이었다.

2) 신사참배의 강요와 기독교 장로교 선교부의 입장 : 서기 1930년대 이후에 있었던 일제의 신사참배에 대한 강요는 교회에 대한 무서운 시련이었으며 거침돌이었다. 신도(神道)가 일제의 정신적 지주라는 점에서 뜻있는 애국지사들이 민족적 반감을 불러일으키기도 했지만, 그러나 교회에 대해서는 신앙문제와 직결되기 때문에 그 반발은 더더욱 큰 것이었다.

물론 일본정부는 신사참배가 기독교계 학교를 난처하게 할 아무런 이유가 없다는 견해를 취하고 있었다. 왜냐하면 신사참배는 애국심을 위한 것이고, 종교적인 취지를 갖고 있지 않기 때문이라는 것이다. 일부 인사들 사이에는 이와 같이 일본정부의 견해에 따라, 신사참배가 하나의 국가의식에 불과하다고 안이하게 해석하여, 일제의 정책에 순응, 동조한 사람들도 있었다.

천주교와 감리교에서는 신사참배가 종교적 의식과는 다른 애국적 행사라 하여 이에 참여했기 때문에 별 문제가 없었다. 그러나 장로계의 주류는 신사가 신도라는 일본 고유의 종교에 근거하고 있으며, 거기에 참배하는 일은 우상을 숭배하는 것과 다름없다는 견해를 취하고 있었기 때문에 신사참배에 참여할 수가 없었다.

신사참배 강요의 마수는 먼저 서기 1935년 기독계 학교에 뻗쳐왔다. 평양 숭실전문대학(崇實專門大學) 교장 윤산온(尹山溫: G.S. Mcune)은 이 문제로 인한 최초의 희생자로 알려져 있다. 학교를 대표하여 신사참배를 하지 않을 경우, 강제출국을 시키겠다는 협박적인 통첩을 받자, 그는 분명하고도 단호하게 신사참배가 가지는 종교적 성격 때문에 개인적 신앙 양심상 불응하겠다고 선언하였다. 이로 인하여 윤 교장이 교장직을 박탈당하고 미국으로 돌아가자, 일제는 신사참배 강요행위를 모든 기독교 학교(중학교)에 확대시켰다.[126)]

일제가 점점 강경한 태도로 나오게 되자, 지금까지 반대 입장을 고수해 오던 장로교 안에서도 일부 선교사들과 교회 지도자들은 종전의 태도를 바꾸어, 신사참배의 문제는 개인의 신앙 양심에 맡겨야 하며, 학교는 당국의 지시에 따라야 한다고 주장하기도 하였다. 또한 신사참배의 문제로 많은 기독계 학교들이 폐쇄할 것을 우

126) 전주신흥중 · 고등학교, 新興九十年史, 대흥정판사, 1990, 127~128면.

려한 비기독교인들도 학교만은 어떻게 해서든지 계속해야 된다고 충고하였다. 그것은 기독계 학교를 민족문화 또는 민족정신이 전승될 수 있는 기관으로 생각하여, 조선독립의 최후의 보루처럼 생각했던 많은 조선인들의 우려를 반영한 것이라 볼 수 있다.

신사참배가 기독교의 유일신(唯一神)과 직접적으로 대립이 되고, 이것을 강행할 때, 교회의 반발이 심하다는 것을 알게 된 일제는, 간악하게도 교회가 이 문제만 양보한다면, 앞으로의 교회의 활동에는 간여하지 않을 것을 약속하는 등 그 저항을 둔화시키려고 노력하였다. 그러나 장로교 선교회에서는 시종여일하게 신사참배 문제에 있어서 강력한 태도를 취하였다.

서기 1935년 11월에 개최된 연례회에서는, 신사에 참배하기보다는 학교 문을 닫는 것을 택하기로 결정하였다. 그리하여 린턴(W.A. Linton) 목사를 위원장으로 선출하여, 4,787명의 등록자가 있는 10개교의 기독교계 학교를 폐지시키기 위하여 당국과 협상을 벌이게 되었다. 그러나 임시위원회는 이러한 결정이 당국에 노골적으로 반대를 표시하는 것이요, 또한 조선인들에게 평판이 나쁘리라는 것을 깨닫게 되었다. 이러한 극도의 긴장된 상황을 타결하기 위해시 신교부는 집행 위원회(Executive Committee)의 충고와 지원이 필요함을 느꼈다. 그래서 그들은 내시빌에 있는 사무실에 연락하여 가능한 한 속히 풀턴(C. Darby Fulton) 목사가 와줄 것을 요구하였다.

일제의 신사참배의 강요의 심각성을 느낀 남장로교 해외 선교부는 서기 1937년 2월 2일 총무인 풀턴 목사를 파견하여 조사, 보고하도록 하였다. 일본에서 태어나 그곳에서 성장하고 공부한 풀턴 목사는 일본의 사정과 신사문제를 포함한 일본문화 이해에 있어서, 각별한 통찰력을 가지고 있음으로 남장로교 해외선교부가 조선 교회의 신사참배 문제의 종교성 여부를 판가름하는 데 있어서 그의 의견은 결정적인 역할을 하는 것이었다.

이것을 눈치챈 일제의 경찰은 풀턴 목사가 조선에 체류하면서 활동하는 동안 엄격한 감시를 하는 한편, 그에게 사람을 보내어 선교회가 취하고 있는 강경한 입장을 유화시키는 데 영향력을 행사하여 주도록 요구하기도 하였다.

전주에서는 학교를 계속해 달라는 3천여 명이 시위를 하였다. 그가 가는 곳마다 목사들과 학생 대표들, 교사, 학부모들, 관리들이 있었다. 왜냐하면 도처에 일제의 형사들이 배진하고 있었기 때문이었다. 이러한 어려운 상황하에서는 신사참배 문제에 대한 솔직한 대화 내지는 조사가 불가능할 수밖에 없었다. 그러나 20여 일간을 이곳에서 보낸 풀턴 목사는 남장로교 선교사들과 그 입장을 같이하기로 결정하였다.

드디어 서기 1937년 2월 말경 전주에서는 풀턴 성명이 발표되었다. 이 자리에는 20여 명의 전주 시민들이 참석하여 학교를 계속할 수 있도록 해 달라고 간청하고 있었으며, 밖에서는 결과를 초조하게 기다리고 있는 사람들이 몰려와 있었다. 드디어 풀턴 목사는 현재의 상태로는 학교사업을 더 이상 계속할 수 없다는 성명서를 발표하였다. 그리고 그러한 결정에 대한 모든 책임을 자기가 진다는 것을 분명히 하였다. 성명서를 발표한 후 풀턴 목사는 전주역에서 군중들이 시위할 것에 대비하여 비밀리에 익산으로 가서 기차로 부산을 거쳐 귀국하였다.

물론 성명에 따라 남장로교 선교회가 경영하고 있는 10개교의 중등학교는 서기 1937년부터 신입생을 받지 않았고, 당국이 학생들에게 신사참배를 강요하지는 않는 한 나머지 학생들에 대한 교육은 계속해서 나아가기로 작정하였다. 남장로교 선교회와 당국과의 긴장은 팽팽히 계속되고 있었으나 그 후 수개월 동안 신사참배에 대한 강요가 없었기 때문에 9월 초까지 학교는 계속 문을 열 수가 있었다.

3) 신사참배의 거부와 폐교[127] : 남장로교 선교회에서 신사참배를 거부하기로 결의하였음에도 불구하고, 조선총독부는 신흥학교에 신사참배를 계속 강요해왔고, 그 때마다 학교 당국은 심한 어려움에 봉착하게 되었다.

이러한 상황을 당시 조선일보는 다음과 같이 증언하고 있다.

'神社參拜問題로 全北當局도 警告'

(전주지국전화) 이십사일 오전 열한 시, 전북 학무과에서는 전주신흥학교 교장 〈인턴〉 씨를 초청하여, 한 시간가량이나 학무과 문을 굳게 잠그고 비밀한 속에 의견을 교환한 바 있었는데, 이는 오로지 참배 하겠느냐, 못하겠느냐의 문제라 한다. 그리하여 목하(木下) 학무과장과 회견을 마친 〈인턴〉 씨는 오늘 저녁차로 광주에 가서, 그곳서 참배 문제를 가지고 열리게 될 전라남북도 학교관리이사회에 참석해 가지고 목하 학무과장의 요구 조건을 제출하리라 한다.

그 이사회에서는 전주를 비롯해서 목포, 순천, 군산, 광주 등 다섯 고을에 있는 남장로교 관계자들이 모일 터인데 그들이 결의하는데 따라서 신사참배? 불참배? 문제가 결정될 것으로 그 결과는 주목을 끈다.[128]

우리는 위에서 보듯, 신흥학교에 대한 신사참배의 압력이 계속되었음을 알 수 있고, 이로 인한 인턴 교장의 어려움을 짐작할 수 있다. 더구나 학교의 문을 닫더라도 신사참배를 할 수 없다는 선교회의 입장과 달리, 당시 교사들이나 학부모, 학생들은 어떠한 일

---

127) 新興中 · 高等學校, 같은 책, 129~132면, 필자는 이를 대본으로 정리하였음.

128) 조선일보, 1935.1.25. 일자 관련기사.

이 있더라도 학교는 계속되어야 한다는 입장을 취하고 있었으므로, 학교의 책임자인 인턴 교장으로서는 결단이 퍽 어려웠을 것으로 추측된다. 결국 신사참배를 하고 학교를 계속하느냐 아니면 학교 문을 닫더라도 신사참배를 끝까지 거부하느냐의 문제는 전술한 바 있듯이, 미국 남장로교 해외선교위원회의 총무인 풀턴 목사의 내한과 그의 판단에 기대할 수밖에 없게 되었다.

서기 1937년 2월 말경, 풀턴 목사가 신흥학교에 왔을 때, 학교가 폐교당하는 것을 원치 않았던 학생들은 그가 폐교 여부를 결정짓는다는 말을 듣고 절대적인 환영의 뜻으로 강당을 가득 메운 음악회와 연극공연을 개최하기도 했다. 그러나 이러한 환영도 무위로 끝나고, 끝내는 풀턴 목사는 신사참배를 하고서는 학교를 계속할 수 없다는 성명을 발표함으로써 신흥학교는 폐교를 목전에 두고 있었다.

그 후 몇 달을 지나 서기 1937년 7월 7일 만주에서 중 · 일전쟁(대동아전쟁)이 발발하였다. 그 후 일제는 매월 6일(일본이 왕인 이른바 천황이 중일전쟁의 칙서를 내린 날)을 정하고, 이날을 기해 전국의 학교로 하여금 신사를 설치하고 참배하도록 지시하였다. 조선총독부는 매월 6일에는 각 학교의 교사와 학생들로 하여금 중국에서의 일본군의 승리를 위해 기원하도록 한 것이다.

전남북도의 지사들은 9월 4일 관내에 있는 학교장들을 소집하여, 애국일 행사에 대한 서전 협의를 하게 하였다. 그러자 그 자리에 참석하고 있던 선교학교의 교장들은 동방요배(東方遙拜)에는 참석할 수는 있으나, 신사참배는 선교회의 지령에 의해 참석할 수 없다고 단호히 말하였다. 선교회에서는 또한 학교 직원들과 학생들에게도 이와 같은 학교의 방침을 시달하고, 학교 직원이나 학생들 중 그 누구도 학교를 대표하여 이 행사에 참여하는 것을 허용하지 않겠다고 공포하였다.

드디어 9월 6일 아침이 되었다. 이날 아침, 일제 경찰은 신흥학교 학생들을 강제로 집합시켜, 다가공원에 있는 신사(현재의 충혼탑 자리)로 강제로 인솔하여 갔다. 이에 앞서 린턴 교장에게 찾아가서 "학생들은 황국신민인데 당신은 미국인 아니오? 황국신민이 의무를 행하는데 당신이 무슨 권리로 막으시오?"하고 위협을 하였다고 한다. 이 날 아침, 신사참배를 하기 위하여 강제로 끌려가는 학생들을 바라보며 린턴 교장은 눈물을 흘렸다.

다가공원에 강제로 인솔되어 온 학생들은 신흥학교와 기전여학교의 학생들이었다. 학교가 계속되기를 희망했던 학생들은 학교의 폐교냐, 계속이냐의 문제가 달린 이날 아침의 신사참배에 강제로 끌려가면서 신사참배를 해야 할 것인가 말 것인가에 대하여 착잡한 심정이었다. 그러나 막상 신사 앞에 섰을 때 신흥학교 학생들은 신사 앞에서 참배하기를 거부했다.

신사에 대한 경례의 구령이 떨어지자, 일제 순사와 관리들만 허리를 굽히고, 학생들은 뻣뻣이 서서 지켜만 보고 있었다. 일본인 경찰이 다시 경례하기를 강요하자, 신흥학교 학생들은 이를 거부하고 퇴장하였고, 기전여학교 학생들은 땅에 주저앉아 울어버려, 신사참배는 엉망이 되어버렸다. 마음속에는 착잡한 갈등이 있었음에도 불구하고, 끝내 신사참배를 하지 않음으로써, 많은 시민들 앞에서 일제의 억압에도 굴하지 않는 이 땅, 이 민족의 기개를 신흥학교와 기전여학교의 나이 어린 젊은 남녀학생들이 보인 것이다.

학생들에 의해서 신사참배가 거부되자, 총독부는 학교를 폐교조치하려 했다. 그러나 이에 앞서, 신흥학교와 기전여학교는 자진 폐교원을 제출하고 문을 닫았다. 이 사건으로 말미암아 호남지방에 있는 광주의 숭일 · 수피아, 목포의 영흥, 정명 등 네 학교는 폐교

조치를 받았고, 순천의 매산, 전주의 신흥, 기전은 자진 폐교 청원을 내 문을 닫았으며, 군산 영명학교 역시 폐교되고 말았다.

서기 1937년 9월 22일, 만 37년의 역사를 가지고 이제 막 웅비하려던 신흥학교는 일제 식민주의 통치의 강압에도 굴하지 않고 비장한 폐교식을 거행하였다. 이날의 상황에 대하여 조선일보는 다음과 같이 증언해 주고 있다.

신흥학교 직원 생도 눈물겨운 석별식

(전주지국 전화) 파란중첩한 역사를 남기고 드디어 문을 닫히고 만 신흥학교 고등과 생도들은 이십이일부터 짝 없이 사랑하던 모교를 떠나 고창고등보통학교로 이사를 시작하였다.

이날 아침 열 시에 신흥학생회에서는 교장 직원과의 분산석별회(分散惜別會)를 열었는데 그 석상에서 주고받은 석별의 인사는 한 마디 한 마디가 눈물을 자아내는 것이어서 식장은 비상한 기운이 가득하였으며, 학생회에서는 여러 해 동안 저축한 돈을 가지고 만든 금메달을 이날의 기념으로 교장 이하 전 직원에게 하나씩 진정(進程)하였다.

그리고 고창고보로 전학하게 된 생도는 이날 열두시 반까지에 전 교생 246명 가운데 197명이었다. 나머지 49명은 학자(學資), 기타 학교에 내는 일시금이 150원가량 되는데 이것을 물지 못하여 전학하지 못하게 된 것으로, 도 당국에서는 학교당국으로 하여금 그 실정을 조사케 하는 한편 그 대책을 고려 중이다.

추억 깊은 모교를 떠나, 전학을 가는 생도들의 사항을 보면, 이날 오후 2시에 버스 3대로 3학년 3학년생 75명을 보내고, 23일 오전 6시에 25명과 그날 오후 3시에 25명, 24일 오후 2시에 50명, 25일 오후 2시에 25명을 보내기로 되었으며, 신흥학교 교원 중에서 고창고보로 전근된 것이 다섯 명이다.[129)]

129) 조선일보 1937.9.23. 일자 관련기사.

4) 폐교 후 학생들의 거취문제 :

서기 1937년 9월 7일 오전 19시경, 신흥교장은 전북 도청을 방문하고 구두로 폐교할 것을 신청하였다. 그러나 도 당국에서는 구두로 폐교를 신청하지 말고 정식 서면으로 제출하도록 명령하였다.[130] 그 후 근근 폐교 운명에 달한 신흥학교의 생도 처지문제에 대해서는 그동안 공직자 간에 의론이 분분하였던바, 전교생 246명은 앞으로 일주일 내로 고창고보에 편입하기로 결정되었다.[131]

동년 9월 14일에는 고창고보 교장 김종흡이 도 당국을 방문하여 고등과 전원을 고창고보로 1주일 안으로 전입하기로 결정을 하였는데 고창고보로의 전학문제도 순탄치만은 않았다.

고창고보 측에서는 19일 평의원회의를 개최하였던바, 신흥학교 고등과 200명의 전입학의 건에 대하여, 제안자인 홍종철 전임이사의 설명이 있은 후, 전북도 당국의 고안 설명과 또는 동교 경영권이 20년 동안에 재정난이나 생도 측의 빈번한 동맹휴학 등으로 폐교 지경의 위험기를 여러 차례 겪은 나머지, 겨우 이즈음에 와서야 동교 경영재단이 정비되고, 생도 측도 정돈으로 안정된 현실에 있어, 돌연 신흥교생 200여 명을 인수한다는 것은 일대 중대 문제라고 이구동성으로 장내의 공기는 극도로 긴장하기도 하였다. 그러나 다음 날 속개된 회의에서 도당국과 고창군수의 설득으로 재정지원 등의 조건하에 신흥학교 학생의 전입을 승낙했다.[132]

이리하여 고창고보로 전학하게 되는 생도는 9월 22일 12시 반까지, 전교생 246명 가운데 197명이었다. 나머지 49명은 학자(學資), 기타 학교에 내는 일시금이 150원가량 되는데, 이것을 물지 못하여 전학하지 못하게 된 것으로, 도 당국에서는 학교당국으로 하여금 그 실정을 조사케 하는 한편 그 대책을 고려 중이다.

추억 깊은 모교를 떠나, 전학 가는 생도들의 사항을 보면 이날 오후 2시에 버스 3대로 3학년생 75명을 보내고, 23일 오전 6시에 25명과 그날 오

130) 매일신보 1937.9.8. 일자 관련기사.
131) 조선일보 1937.9.17. 일자 관련기사.
132) 동아일보 1937.9.25. 일자 관련기사.

후 3시에 25명, 24일 오후 2시에 50명, 25일 오후 2시에 25명을 보내기로 되었으며, 신흥학교 교원 중에서 고창고보로 전근된 것이 다섯 명이었다.[133)]

위에서 보듯, 신흥학교 학생들이 단체로 전학을 했고, 선생님들도 김태훈, 김교문, 박준영, 최주남, 김병수 등 다섯 분이나 함께 왔기 때문에 아주 낯설지가 않았다. 거기에다 당시 고창고보 교장인 김종흡은 신흥에서 교무주임을 하다가 서기 1934년 9월에 고창고보로 왔기 때문에 친근감이 있었다.

고창고보 측에서는, 교문 밖 정읍에서 고창으로 들어오는 도로 양편에 교사와 학생들이 도열하여, 신흥에서 전학 오는 학생들을 박수로 따뜻이 맞아 주었으며, 이후 기존 학생들과 전학 온 학생들 사이에는 작은 마찰도 없었다. 오히려 고창고보는 신흥학교 학생들을 맞이함으로써 학교가 더욱 번창하였다. 신흥의 학생들이 고창고보로 온 이후 고창고보는 전북 체육대회에서 연 4승을 했다는 사실만으로 도 당시의 사정을 충분히 짐작할 수 있을 것이다.[134)]

제2절 전주 기전여학교의 설립과 그 항일민족운동

1. 기전여학교의 설립과 그 발전[135)]

1) 기전여학교가 설립할 당시의 전주의 상황은 우리는 앞 절 전주신흥학교 설립 당시 전주의 상황에서 인식할 수 있다. 전주기

133) 조선일보 1937.9.22. 일자 관련기사.
134) 新興中 · 高等學校, 같은 책, 134면.
135) 기전 80년사 편찬위원회, 기전 80년사, 1982, 123~203면 참고 재구성하였음.

전여학교(全州紀全女學校)는 서기 1902년 테이트(Miss Tate)[136]의 의해서 설립되었다. 학생 수는 12명, 장소는 미스 테이트의 집으로, 1주일에 2일 정도 나와 공부하였다. 1년 전에 생긴 신흥학교 8명보다도 많았다. 기전이 세워진 곳은 지금의 화산동인 화산동 언덕 세칭 서원넘어에서였다. '기전(紀全)' 이라는 즉 Junkin Mcmorial!이라는 정식으로 학교 이름을 가진 것은 서기 1908년이었다. 그러기에 한국교육사학계에서는 서기 1908년을 기전여학교의 창립연도로 잘 못 알고 한국교육사에서 기록하고 있어, 필자는 처음으로 서기 1902년으로 바로 잡았으며, 동 여학교는 전라도에서는 천주교 제단이 서기 1891년에 세운 세칭 '전주여학교(지금의 전주성심여자고등학교 전신)' 에 이어 두 번째로 설립되었다.[137]

개교할 당시 기전의 교육목표는 여성의 교육을 통해 남녀평등 사상을 고취 시켜 안방에만 갇혀 있는 여성을 바깥 사회로 끌어내는데 있었다. 이에 근거하여 기전의 교육방침은 '한국에 필요한 여성' 과 '교회의 전도사업에 필요한 여성' 을 양성하는 것이었다. 동 교육목표는 그 이후로도 꾸준히 계승되어 일제 식민지하에서도 조금도 변색 되거나 궤도 수정이 없이 일관되게 추구되었다. 그것은 동교의 설립은 미국의 선교사에 의한 것이었으나 공부하는 과목은 영어를 제외하고는 우리 역사와 문화 그리고 전통과 풍습에 교육의 중점을 둔 것에서 확실하다 하겠다. 또한 국가나 민족적으로 어려운 일이 있을 때 동교생들은 단호하게 일어나서 나라와 민족을 위해서 투쟁했다. 결국 이것은 동교가 추구하는 궁극적인 교육목

---

136) 테이트 목사의 여동생으로, 최초의 전주에 와서 선교활동과 교육사업을펼치게 되었다. 그녀는 미국 미조리주 켈노이 출생으로 특히 우리나라 말 뿐만 아니라 속어까지 능통했다고 한다. (전라도 선교 40주년 약력, 6~7면 참조)

137) 김경식, 韓民族教育文化史, 1908, 475면 각주 85) 및 476면 도표 참조.

표인 '한국에 필요한 여성'을 배양을 위한 교육에 부합되는 것이었다 할 것이다.

학교의 기틀이 점점 잡히고 학생 수가 증가함에 따라 선교사들만으로서는 학생들을 지도할 수가 없어 보모를 두어 학생들을 돌보게 하였다.

학과목으로는 성경, 국문독본, 수신서, 한문, 습자, 수공편물, 체조, 이과(동물학, 식물학), 생리학, 지리, 여자독본, 산술 등이었다. 영어나 일본어는 서기 1908년부터 배우기 시작했는데, 설립 초부터 우리의 글인 국문을 영어보다 위에 놓은 것은 보다 철저한 '한국 여성'을 만들기 위함이었다. 이와같이 교육을 하는 학교측이나 배우는 학생들은 한결같이 나라의 운명에 대해 끝없는 애착을 갖고 교육을 통한 애국의 길이 무엇인가를 생각하였다. 그 정신이 국문독본 시간에 현실적으로 교수되었고, 수신과 한문 시간에 우리의 처지와 앞으로 나아갈 바를 열심히 배워갔다. 이러한 전통의 연속에서 기전의 한국여성은 후일 항일민족운동에 적극적으로 참여했다 할 것이다.

시내 대정(大町)에 있던 초대 교장이었던 데이트의 집에서 시작한 동교는 어느듯 놀라운 숫자의 학생을 포용하게 되었다. 드디어 서기 1909년 교사가 신축되었다. 이것은 제2대 교장인 랭킨의 헌신적인 노력에 의한 것이었다. 울창한 숲으로 싸인 시내 변두리인 화산동 300번지에 붉은 벽돌집 2층 건물이었다. 이것은 그 당시 200명의 기전의 대가족을 수용하는 서양식 건축 공간이었다. 2층에는 교장실과 교실 2개, 1층은 교실 4개였다. 나머지 몇 개의 교실은 기술실로 사용했고, 별도로 기숙사가 있어 복도로 길게 연결되었다.

특히나 기숙사 생들에게는 엄격하게 지도했다. 그것은 단체생활을 통하여 개인적인 의식을 불식하고 남을 위하여 나를 억제하거나 희생시킬 수도 있다는 인식을 갖게 했다. 이러한 교육목표는 나에서 우리 사회, 우리 사회에서 우리 국가를 위하는 애국심을 고취시킬 수 있기 때문이었다.

당시 동교에 입학할 수 있는 연령을 보면, 보통과는 8~15세, 고등과는 15~18세에 이르렀다.

2) 지금까지 보통과 과정인 기전여학교는 서기 1909년에 이르러 비로소 고등과의 설치를 보게 되었다. 이것 보통과 6년의 과정을 졸업한 학생들에게 진학의 길을 터주기 위해서 였다. 이와 같은 노력을 하게 된 것은 제2대 교장에 취임한 랭킨 교장 때였다. 그러나 그도 2년 후 수술 후유증으로 사별하고 말았다. 고등과는 보통과 6년과는 달리 4년제였다.

랭킨 교장의 뒤를 이어 버크랜드(Miss Mepham Buckland)[138] 교장 대리로 부임한 지 2년이 되어 첫 졸업생을 배출하게 되었다. 서기 1913년 졸업한 제1회 졸업생은 6명이었다. 졸업장에는 교장을 비롯한 선생님들의 서명과 인장이 날인되었다. 오늘날의 졸업장에 학교장의 이름과 학교인이 찍힌 것과는 퍽 대조적이었다.

3) 기전여학교가 서기 1902년 설립되고 초창기로서 발전하던 시기인 서기 1905년 조선의 외교권을 박탈한 일제는 통감부를 설치하고 조선을 합병하여서는 준비단계로 들었다. 이러한 구한말 격동기에 끼친 기독교와 기독교계학교의 역할은 막중하였다. 그러기에 그 당시 독립신문[139]이나 당시 기독교학교의 교육이 민친 영향에 대하여 미신타파, 국어국문의 발달, 근대문화의 세례, 부녀의

138) 원래 군산 스테이션에서 선교사업에 힘쓰다가 전주 스테이션으로 옮겨 선교하던 중 교장대리가 된 것이다.

139) 독립신문, 1895년 8월 20일자 관련기사 참조.

해방이라고 평가한 육당 최남선[140] 그리고 신문명 전달, 도덕의 진흥, 교육의 보급, 여자 지위 향상, 조혼의 폐단 교정, 한글의 보급, 사상의 자극, 개성의 자각 등을 기독교 학교가 달성하였다고 극찬을 아끼지 않았던 열렬한 불교도였던 이광수[141] 등은 다 같이 기독교 교육을 높이 평가하고 있다.

이렇듯 기독교계 학교는 일제의 식민지화 정책에 반기를 들고 교육을 통한 국가의 보전에 힘썼던 까닭에 통감부의 비위에 거스릴 수밖에 없었다. 그리하여 통감부는 조선정부에 압력을 가하여 항일운동의 정신을 고양시키고 있는 사립학교에 철퇴를 가하도록 본격적으로 작용하였다. 그것이 현실적으로 서기 1908년 사립학교령으로 나타났다. 이것은 순전히 사학의 숨통을 옥죄기 위한 방편의 표현일 것이다. 이것은 또한 일제 식민지 통치를 위한 준비 작업이라 할 수 있는 통감부 설치에 이어 2단계 조치였다.

통감부의 사학에 대한 간섭이 노골화되자, 선교학교를 경영하고 있는 각 선교회는 서기 1911년 남장로교 선교부를 비롯한 북장로교 및 감리교, 선교부는 '교육평의회'를 결성하여 활동하였다. 이러한 상황 하에서 본교 제4대 교장으로 서기 1913년 공정순(Miss Susanne Avery Colton)[142]이 취임하였다. 그는 24년간 기전을 지키면서 시련을 겪으며 동교의 교육을 이어갔다.

고등과를 설치한 것은 이미 서기 1909년이었으나 당국으로부터 정식으로 승인을 받은 것은 서기 1912년 12월 27일이었다.

서기 1910년 일제는 이 땅에 총독부를 설치하면서부터 민족적 시련은 더 하게 되었다. 그 시련의 첫 단계는 교육에 대한 제재로

140) 최남선, 조선상식문답속편, 1947, 259~260면.

141) 이광수, 야소교의 조선에 준 은혜, 청춘 제9호, 1971, 13~18면.

142) 서기 1911년 입국하여 2년동안 전주에서 선교사업에 힘 쓰다가 박세리 교장대리의 뒤를 이어 정식으로 교장에 취임하였다.

나타났다. 그것은 서기 1911년 조선교육령을 공포하여 학교에 대한 간섭을 노골화하였다. 기전도 동 법령에 의거하여 새로히 승인을 받았다. 그 때 당시 기전은 학제를 변경하여 고등과(고등보통과) 4년 및 예비과 1년으로 승인받았다. 서기 1916년에는 본교의 사정에 의하여 예비과 1년을 폐지하고 4년만으로 하였다. 서기 1919년 1월 16일에는 다시 학칙을 변경하여 보통과 4년, 고등과 4년으로 총독부의 정식 승인을 얻었다.

2. 교내 항일운동의 전개

1) 서기 1910년 8월 이른바 '합방'이라는 소식을 접하고 비록 보통학교 학생의 나이 어린 김 공순이라는 학생은 슬픔을 안고 서원 넘어 학교에 들어가니 교실에서 평소 말 수도 없던 김나혈 선생은 울어서 얼굴이 퉁퉁 부은 채로 학생들 앞에 나타나 울음을 삼키며 나라를 팔아먹은 이완용 등 5역적을 말씀해 주시니 학생들 역시 엎드려 통곡하기도 했고, 김나혈 선생님은 학생들에게 망국가(亡國歌)를 가르쳐 주었다.

1. 슬프도다. 우리 민족아/ 사천여 년 역사국으로/
   자자손손 복락하더니/오늘날 이 지경이 왠 말인가/

(후렴) 철사줄로 결박한 줄을/ 우리 손으로 끊어 버리고/
독립만세 우뢰소리에/ 바다가 끓고 산이 동하네.

2. 일간 두옥도 내 것 아니요/ 수묘 전토도 내 것 못되네/
   무리한 수욕을 대답 못 하고/공연한 구타도 그저 받누나.
3. 한치 벌레도 만일 밟으면/ 죽기 전 한 번 꿈틀거리고/
   조그만 벌도 누가 다치면/ 그 몸을 반드시 쏘고 죽는다.

당시 학생들에게 이 망국가를 가르친 것은 김나혈 선생이었지만, 서문밖교회에서 시무하면서 기전의 성경을 가르치던 배은희 목사(제1공화국 때 고시위원장 역임)도 기회 있을 때마다 학생들에게 이 노래를 가르쳐 주었다. 학생들은 걸핏하면 비분에 잠겨 교실에서도 기숙사에서도 이 노래를 불렀다. 또한 도산 안창호 선생이 망명하면서 남기고 간 거국가(去國歌)와 권학가(勸學歌)도 자주 부르곤 하였다.

2) 일제 강점 후 일본어와 일본사를 배우게 되었지만 학생들은 선생님의 말씀을 통해 슬픈 자아(自我)를 발견했고, 또한 민족의 수난에 대한 나아갈 굳은 결심도 하게 되었다. 학생들은 모이기만 하면 비밀리에 독립운동이나 나라 사랑의 길에 대하여 벅찬 이야기들을 주고받았다. 그런가 하면 학교 주위의 울창한 소나무 숲속에 들어가 조국의 독립을 위한 기도도 여기저기서 했다.

한편 일인 교사의 눈을 피해 김한순(金漢淳) 선생과 김진상(金鎭相) 선생은 조선의 역사, 해외 독립투쟁과 애국지사들의 활약상을 작은 목소리로 가르쳐 주기도 했다.

3) 기전학교는 비록 기독교계 학교였지만 민족정신이 유별났다. 참으로 기독교 정신은 진정한 애국정신과 통하기 때문이었다. 선교사들은 일제의 감독과 탄압으로부터 학생들을 적극적으로 보호하여 주었다.

총독부의 학교에 대한 간섭도 점점 심해갔다. 일본어를 '국어'라는 이름으로, 일본역사를 '역사'라는 이름으로 가르치게 강요했다. 이것은 우리 말과 역사의 부정이었다. 그러나 학생들은 이에 무언의 반항을 하였고, 각 교실마다 일본 왕인 이른바 천황(天皇)의 사진을 걸게 하였다. 그러나 그 당시 제4회 졸업생인 임영신[143] 등 수 명은 밤에 연필을 뾰족하게 깍아 천황의 두 눈을 뚫어 장님으로 만들어 놓았다. 이에 교장은 대노하여 그 범인(?)을 색출하려고 조사하였으나 학생들은 서로가 자기가 그랬다고 하여 끝내 알 수가 없었다. 이 사건 후로는 천황의 사진이 다시 걸리지 않게 되었다.

서기 1915년 박현숙[144] 선생을 중심으로 민족정신 앙양과 구국운동을 위한 '공주회'[145]를 조직하기도 했다. 처음에는 기숙사 학생을 중심으로 조직했으나 통학생들도 참가하였다. 그들은 주일 오후마다 강당에 모여 서로 성경 공부도 하고 토론도 하면서 애국사상을 불러일으켰다. 나중에는 강당이 좁을 정도로 성황을 이루었다.

뜻을 같이하는 제4회 출신 임영신, 오자현, 송귀내, 유채봉, 오순애 등은 구국을 위한 결사대를 조직하여 박현숙 선생과 함께 새벽마다 솔밭 가운데에 나가 구국기도를 하였다. 어떤 날은 눈물을 흘리며 기도하였고, 어떤 날은 돌려가며 설교도 하였다.

일제는 앞에서 말했듯, 일본역사를 '국사'로 하여 역시 공부를 강요하였다. 그러니 결사대원들은 우리의 역사를 배우고 싶어 했다. 그들은 동급생 김연심의 부친이신 김인전 목사[146]를 찾아가 우리의 역사공부를 청하자 그는 손수 한지에 쓴 두툼한 국사책 2권을 내어주며 격려했다. 그리하여 학생들은 콜튼 교장에게 국사를

143) 3.1운동의 중심적 인물이었으며 광복후 유엔 대표, 초대 상공부장관 역임, 중앙대학교를 설립하여 후진 양성에도 크게 공헌하였다.

144) 박현숙 선생은 서기 1915년 평양 숭의여학교를 졸업하고, 그해 4월 기전학교에 부임하여 서기 1917년까지 3년간 봉직함.

145) 그 당시 감리교회에서는 '공주회'라는 여성회의를 조직하여 활동하고 있었던 바, 그 명칭을 그대로 빌은 것이다.

146) 서문교회 제2대 목사, 국사에 능통했고, 기전학교 학생들의 민족운동에도 많은 영향을 주었다. 3.1운동 때는 전주 만세운동의 중심적 인물이었다.

정식 교육과정으로 넣어주도록 요청하였으나 거절당하였다. 콜튼 교장이 거절한 것은 만일 교육과정에 국사를 넣어 교육했다간 총독부로부터 학교 자체가 폐교될지도 모르는 상황이었기 때문이었다. 학생들은 하는 수 없이 몰래 틈틈이 박현숙 선생에게서 국사를 배웠다. 마침내 학생들은 이 국사책을 더많은 학생들에게 나누어 줄 것을 결심하고 6인의 결사대가 이 일을 시작했다. 그러나 결국 이 일은 콜튼 교장이 알게 되었다. 그날도 학생들은 국사책을 베끼기에 여념이 없었다. 콜튼 교장은 이 광경을 보고 학생들에게 자기는 이 학교의 교장이며 전도사로서 하느님의 가르침을 전도하러 왔을 뿐이라는 것을 전제하며, 이 일로 자기가 구속되는 것은 조금도 두렵지 않다고 하면서 다만 이 일로 학교 존폐가 위태로우니 학생들은 이해해 달라는 요지의 설득을 하였다. 결사대원들은 교장 선생의 깊은 뜻을 이해하고 베끼던 책을 서문밖교회 마당에 파묻어 버리고 말았다.[147] 그 당시 결사대원들과 교장의 심정은 어떻했을까?

3. 3.1운동과 기전의 학생들

1) 서기 1918년 3월 21일 기전학교를 졸업한 임영신은 은사의 권유로 충남 천안군 너무나도 깊숙한 관산촌인 양대리(良垈里)의 양대소학교 교사로 근무하던 중이었었다. 그는 어린 학생들을 열심히 가르치기도 하면서 비밀결사도 하였다. 그러던 2월 중순 어느 날 "고종황제 승하! 3월 1일 장례식을 기해 독립만세와 독립운동을 일으킬 준비를 하라."는 서울에 온 밀사의 전달이 있었다.

그 후 2월 27일, 임영신이 수업을 하고 있을 때 거지 복장을 한

147) 孫忠武, 漢江은 흐른다. 99~100면 참조.

함태영(咸台永)[148]이 찾아와 재빨리 종이 뭉치를 건네주며 이것은 독립선언서이니 전주(全州)에 있는 동지들에게 전하여 사용하도록 하고는 떠나버렸다. 그때 바로 일제 경찰이 찾아와 방금 찾아온 이가 누군가 하고 물었으나 태연하게 거지가 찾아와 돈을 달라기에 돈이 없어 주지 못했다고 하며 따돌려 버렸다.

임영신은 독립선언서를 갖고 전주로 가라는 비밀리 연락을 받았으나 비밀결사 반장격인 서용란(徐用蘭)의 집에 가 자세한 이야기를 하고는 학교에서 등사기를 가져와 몰래 5백 장의 선언서를 등사했다.

다음 날, 황은숙, 한도숙, 민원식 등의 결사대를 통해 선언서는 시골 구석구석에 배부되었고, 3월 1일 양대리 장날 수백 명이 모여 그 누구의 사주도 없이 "대한독립 만세"의 벽찬 만세소리 외침이 있었다.

2) 임영신은 만세의 그 행렬에 참가하지 않고 집에서 증거될만한 것은 즉각 소각해 버렸다. 그리고는 상복(喪服) 차림을 하고 머리를 부인처럼 한 뒤, 독립선언서를 전대(纏帶)[149]에 넣어 허리춤에 차고 이른 새벽 천안을 출발하여 전주에 오는 동안에 발각의 위태로운 고비가 있었으나 기지로 넘기고 무사히 도착하였다.

전주에 와서는 임영신은 이돈수(李敦洙) 장로 집에 도착하여 지참하고 온 독립선언서를 내보이고 모든 사정을 말하였다. 이돈수 장로는 서문밖교회 목사인 김인전, 청년의사인 신일용 등과 만나 동 독립선언문을 전달하였다. 한편 임영신은 이장오 집에 은신하

148) 함태영은 기독교단체를 책임 맡고, 당시 전라도 독립만세 책임자였으며, 전 부통령.
149) 허리에 두루거나 어깨에 메개되는 자루(중간을 막고 두 끝을 터서 그 곳으로 돈이나 물건을 넣게 되었음).

면서 기전 동창들과 연락을 취하며 14명의 결사대가 조직되었다.

그 당시 기전의 민족정신 고취에 힘쓴 교사들은 김한순, 함의선 등이었다. 김인전 목사, 신일용 의사, 서문밖교회 신도인 신흥출신의 최종삼, 신흥출신으로 경동학교에 다니던 김종곤 등이 신일용의 병원집에서, 또는 최삼일의 집에 모여 독립선언서를 등사하였다. 결사대와 여학생들은 태극기를 만들었다.

3) 기전학교와 신흥학교가 완전히 중심이 되어 움직여 나갔다. 거사일은 3월 13일(음력 2월 12일) 전주 장날로 결정되었다. 정오를 알리는 인경소리를 신호로 만세를 부르도록 약속이 되었다. 거사 시각이 다가오자 기전 학생들은 남문 밑 최한나 집으로 모여들었다.

쓰개치마 속에 태극기를 한 아름씩 숨겨 가지고 들어 왔다. 콜튼 교장이 학교 문도 잡그고 철저히 감시했기 때문에 기숙사 학생들은 미리 외출했거나 철망으로 넘어 나와야 했었다. 독립선언서는 채소 가마니로 위장하여 운반하였다. 남자들이 만세를 부르고 올라오면 남문에서 합세하기로 되어 있었다. 드디어 12시 정오의 인경이 울렸다. 어머니들이 '온다. 온다' 하고 알려주었다. 양손에 태극기를 들고 숨을 죽이고 기다리고 있던 학생들은 분을 박차고 뛰어나가며 만세를 목이 터져라 외쳤다. "대한민국 만세! 대한독립 만세! 대한독립 만세!" 남자들이 양쪽에서 여학생을 감싸주며 함께 만세를 불렀다. 중앙통 쪽으로 정신없이 상점은 철시하고 장은 깨어졌다. 뛰어가며 마음껏 불렀다. 장에 모인 사람들에게 태극기도 나누어 주었다. 너도나도 모두 만세 대열에 가담했다. 아무도 강요하지 않았다. 얼마나 부르고 싶었던 만세였던가?

전혀 예상치 못하였던 경찰은 이리(현 익산)와 군산으로 지원을 청하는 한편 뒤늦게 진압에 나섰다. 마구잡이로 폭력적으로 진압하였다. 군중 수가 너무나도 많아 빨간 잉크를 옷에 뿌려 표시해 놓고 검거하기도 했다. 그러나 군중은 쉽사리 진압되지 않았다. 흩어지는 듯하다가 다시 모이면서 해 질 무렵 전주우체국 앞에는 약 5천여 군중이 메우고 있었다. 그때 앞장을 서서 달리던 임영신이 경찰에 맞아 기절했다. 그러나 여학생들은 이에 굴하지 않고 계속 만세를 부르다가 기어이 기전의 결사대 임영신을 비롯한 14명(졸업생 3명, 재학생 11명)은 전원 경찰에 붙잡혀 가게 되었다. 기전 학생은 물론 수많은 사람이 체포되었다. 당일 체포된 사람은 434명, 부상자 수 15명이었다고 한다.[150]

4) 이들 연행된 기전의 졸업생과 재학생은 경찰서에서는 한 명씩 한 명씩 불러다가 취조가 시작되었다. 그것은 누가 조종했느냐며 주동자를 색출하려고 했다. 그러나 한결같이 모두 "내 나라, 내 조국을 위해서 내가 주동했다."고 대답했다. 문초를 받으면서도 한 사람도 비겁하거나 굴복하는 자가 없었다. 회유도 하고 협박도 했으나 결국 주동자 색출에는 실패했다.

3월 13일 당일 밤 12시쯤 체포된 기전의 결사대를 용수(머리에 덮어 씌우는 것)를 씌우고 일본 짚세기를 신겨 형무소로 향할 때 취조실에 20여 명의 재학생들이 잡혀와 꿇어앉아 있는 것을 보고 모두들 울어버리고 말았다. 이들은 전원 정식 구금하였다. 이들은 형무소의 먹을 수 없는 콩과 보릿덩어리 밥에 4일간이나 단식투쟁도 하였다. 결국은 형무소 소장이 이들을 보고 사식을 차입할 수 있도록 하였다. 그 후 부형이나 저명인사들로부터 위안과 사식을 받기도 했다.

150) 朴殷植, 韓國獨立運動之血史, 서울신문사 출판국, 1946, 90면 참조.

경찰서에서 나온 왜경들의 모진 취조가 계속되었다. 그러나 대답은 한 결같이 "내가 주동했다.", "내 나라의 독립을 위해 만세를 부른 것이 뭣이 잘못인가?"의 항변할 뿐이었다. 결국 일제 경찰은 10일 만에 기전의 결사대 전원을 검찰에 송치했다. 20여 일 동안 검찰이 문초했으나 별 소득을 못 보고 기소했다. 조선총독부에서는 이들을 설득하기 위해 시학관을 파견하여 설득했으나 그것도 허사였다.

고난의 형무소 생활이 3개월 계속되던 6월 20일 전주지방법원 법원에서 공판이 열렸다. 개정된 후 결사대 전원에 최후의 진술이 주어졌다. 당시 21세의 임영신은 다음과 같이 열변을 토했다.

> 재판장님! 방청객 여러분! 내 나라의 독립을 위해, 또한 우리 조국의 앞날을 위해 만세를 부른 것이 무엇이 잘못입니까? 그런데도 우리를 갖가지 고문과 옥살이로써 죄인 대접을 하는 것은 만고의 죄가 된다는 것을 당시네들은 아셔야 합니다. 내 나라 내 강산에서 만세를 불렀다는 죄목으로 당신들 일본은 우리를 재판할 권리가 없습니다.

21세의 임영신의 모습, 얼마나 당당하고 논리 정연한가?

결국 재판장은 연약한 여학생이라는 점에 6개월 징역에 3년 집행유예를 선고했다. 그러나 이에 불복한 검사는 대구고등법원에 공소(控訴)했지만 기각되고 말았다.

한 지방의 여학교 학생들인 기전의 한민족 따님들의 3.1독립 만세 사건을 두고 상해 임시정부의 박은식 선생은 그의 〈한국독립운동지혈사(韓國運動之血史)〉에서 생생하게 상세히 증언하고 있지만,[151] 유독 눈길이 가는 대목이 있다.

---

151) 朴殷植, 같은 책, '제18장 부녀 및 아동의 애국열', 169면 참조.

……임영신은 일 검사의 뺨을 때리며 "섬 오랑캐의 만습을 예의인에게 행하느냐?" 바로 그 말이다.

4. 억압과 혼란 속의 성장

1) 기전 뿐민은 아니시반 서기 1920년대에 진입하면서 당시 조선의 교육열은 대단히 열열하였다.

학급과 학생 수가 증가함에 따라 학교의 규모도 자연히 확장되었다. 서기 1924년 붉은 벽돌 2층 건물이 신축되었다. 그리하여 본래의 건물을 구관, 신축 건물을 신관이라고 하였다.

구관 2층에는 교실과 강당(전에는 교장실이 2층에 있었음), 신관에는 1층에 교장실과, 교무실, 2층에는 고등과 교실과 실험실이 있었다. 운동장은 뒤에 있었으며, 뒷 운동장에는 우천 체육관과 식당이 있었다. 세탁장과 우물은 따로 구분되어 있었다. 교사들의 사택은 뒤 송림 속에 나란히 연결되어 있었는데, 대개 다른 곳에서 온 교사들이 살았다.

설교는 각 선생이 돌아가며 순서대로 하였다, 수업시간은 1일 평균 5~6시간, 45분 수업이었다. 점심은 기숙사생은 기숙사에서 하고, 등교생들은 점심을 지참하였다. 수업이 끝나면 각자마다 특별활동을 하였다. 풍금이나 피아노 공부는 대개 이 때에 하였다. 풍금 2대, 피아노 1대 후에는 2대였다. 렛슨을 받으려면 1개월 70전을 내야 했는데, 고등과 학생은 거의 다 피아노와 풍금을 배웠다. 그때부터 기전의 음악 실력은 기악, 성악 막론하고 뛰어났었다.

서기 1911년 총독부의 조선교육령 발표 후에는 우리 민족은 교육에 많은 간섭과 제함을 하기 시작했으나 기독계 학교는 그때까지는 비교적 자유를 누리고 있었다. 모든 학과의 으뜸은 성경이었고, 모든 가르침은 기독교 정신의 토대 위에서 이루어졌다. 그러나 서기 1915년 교육령의 발표에 의하면, 성경교과를 정식 교과과정에서 제외해야 했기 때문에 사실상 준수하려도 준수할 수 없었다. 여기에 대하여 총독부 당국은 기준 교육과정을 준수하지 않을 경우에는 졸업생의 졸업 자격을 인정하지 않는 압력을 가하게 되었고, 이 문제를 해결하기 위하여 총독부는 서기 1922년 말부터 1923년 초에 이른바 학력을 인정하는 '지정학교제도'를 마련하였다. 그리하여 남장로교 선교부의 5개지구(전주, 목포, 군산, 광주, 순천)의 10개교가 이 문제로 난관에 봉착하게 되었던 바, 그중 남학교 1개교, 여학교 1개교를 지정학교로 하고, 기타학교는 3,4학년의 상급반을 폐지하여 2학년을 수료한 후에는 지정학교에 편입하여 졸업자격을 취득케 하자는 절충적 결론을 내렸다. 그리하여 남학교로서는 전주의 신흥학교(5년제), 여학교로서는 광주의 수피아 여학교(4년제)가 지정되었다.

이러한 결정에 따라 당연히 기전은 비지정학교로 2년제 학제로 역할을 할 수밖에 없는 지경에 이르렀다. 그러나 당시 콜튼 교장의 노력으로 3년제로 학칙을 변경하였다. 이는 서기 1926년의 일이었으며, 동년에 보통과는 6년제로 학칙을 변경하였다. 그리고 당국의 정식인가를 받은 것은 다음 해인 서기 1927년의 일이었다. 또한 그 해에는 고등과 졸업생이 없었다. 다만 보통과 제1회 졸업생을 배출하였다. 그전까지는 졸업식이 아닌 수료식만 있었다.

학생 현황을 보면, 초기에는 대개 150명 미만이었다. 나이 차이가 대단히 많았으며, 결혼한 부인도 있었다. 그리하여 입학할 때는 30여 명이 입학해야지만 졸업할 때는 10명 내외가 보통이었다.

서기 1925년 고등과 학생의 수를 보면, 4학년 5명, 3학년 5명, 2학년 10명, 1학년 30명이었다. 상 · 하급생 간의 예의는 대단히 엄격했으나, 우애 또한 대단하였다.

서기 1926년에는 처음으로 교표도 만들었다. 당시 교사였던 김환식의 도안이었다. 내용은 초록 바탕에 평화를 상징하는 하얀 비둘기를 무늬로 넣고, 그 위에 '紀全'이라는 붉은색으로 된 동그란 교표였다. 또한 '학교인'도 있었는데, 이것은 장서 등에 가끔 사용하였다. 교복도 일정한 형식을 갖추었다.

학교의 규율은 대단히 엄격하였다. 선교사들은 조선 고유의 풍속이나 도덕관념을 항상 존중하였기 때문이었다. 품행이 좋지 못할 때는 퇴학 시키는 것이 원칙이었다.

2) 서기 1926년 6월 어느 날 아침 예배시간에 학감 김창조 선생이 순종황제의 붕어를 발표하였다. 이 비보를 듣고 순식간에 강당은 울음바다가 되었다. 이 나라의 마지막 황제가 세상을 떠난 것이다. 온갖 굴욕과 수치를 당하고 망국의 한을 품은 그 황제였다. 학생들은 모두들 머리를 풀고 수업을 거부하였다. 일본인 교사의 수업을 결사적으로 방해하였다. 순종의 인산일을 계기로 서울에서 만세사건이 일어났고, 기전에서도 비밀리에 만세를 부를 준비를 시작하였다. 그러나 이것을 눈치챈 콜튼 교장은 행여 학생들에게 불상사가 일어날까 염려하여 임시 방학을 실시하고 학생들을 귀가시켰지만, 이것은 기전의 3.1 독립만세 운동의 정신의 발로가 아닐 수 없고 콜튼 교장의 애뜻한 제자 사랑도 여기서 인식할 수 있다.

3년 후인 서기 1929년 11월 3일에는 광주에서 이른바 광주학생운동이 일어났다. 동 운동은 실로 그간 쌓였던 민족 울분의 폭발이요, 민족차별에 대한 일제에 대한 항의이며, 더 나아가서는 국권회복운동의 전초전이었다. 그러기에 동 운동은 전국적으로 파국되어 '민족차별 금지', '식민지 교육 철폐' 등을 외치며 전국 149개교가 동맹휴학에 들어가고 만세를 불렀다.

그다음 해인 서기 1930년 1월 기전여학교 학생들은 전주지방에서는 처음으로 일어나 광주학생 운동에 동참하였다.

고등과 2학년 신애덕, 전순덕, 오원애, 문유덕 등이 중심이 되어 추진되었다. 이는 바로 임영신 등 선배들의 3.1독립만세운동 때 그 열렬했던 민족정신 전통의 계승이자 연장이었다. 특히나 문유덕 · 전순덕 · 신애덕 세 학생은 당시 콜튼 교장이 항상 '모든(all) 덕' 이라고 부르던 모범학생이었다. 이들에 보통과 5학년 김순길, 이준례가 합세하여 결사대원을 조직하고, 비밀회합을 갖고 다음과 같은 내용을 결의하였다.

① 결사 비밀을 엄수하며, 생사를 함께할 것.
② 준비는 기숙사에서 할 것.
③ 거사는 양력 1월 23일로 할 것.

그리고는 신흥학교와도 비밀리에 연락하여 거사를 함께 하도록 하였다.

이들 주도 학생들은 한밤중에 불빛이 새어 나가지 않도록 문에 휘장을 치고, 먹을 갈아 플랭카드와 격문을 썼다. '대한 독립만세!', '일본은 물러거라', '자주 독립을 달라', '동감(同感) 만세' 그 내용 들로서 완성된 것은 수틀 뒤에 감추어 두었다.

그 무렵 경찰은 특히 신흥학교와 기전학교의 동태에 대하여 예의 주시하고 있었다. 매일 양교에 와서 출결석을 조사하는 한편 학교 주변에서 형사들이 떠나지 않았다. 그러던 중 콜튼 교장은 이틀 앞둔 1월 21일 갑자기 학생들을 소집하고 소지품을 검사하였다. 다행히 발각되지는 않았으나, 교장은 그 자리에서 임시 방학을 선포해 버렸다.

이에 학생들은 당황하여, 신애득 등은 재빨리 동지들과 연락하여 학생들에게 격문과 플랭카드를 나누어 주었다. 그러나 이미 경찰이 정문을 봉쇄하고 있었다. 다급해진 학생들은 뒷문으로 뛰쳐나가 독립만세를 외치며 요한대산을 치달아 시내로 향하려 하였다. 이 때 사감은 어서 나가라고 격려해 주었다. 그러나 개미떼 같이 몰려드는 경찰에는 별수가 없다. 순식간에 전원 체포되었다.

그런데 주동자의 한 학생인 전순덕은 거사 이틀 전부터 심한 편도선염으로 예수병원에 입원 중이었다. 전순덕은 병실에서 학생들의 만세 소리를 듣자마자 아픈 몸으로 뛰쳐나가려 했으나 어머니, 크레인 부교장 등이 붙들었기에 통곡을 하며 멀리서 체포당하는 동지들만 보고 있었다.

만세운동의 결과는 오원애, 신애덕, 문유덕, 진태순, 이준례, 김순길 등 6명이 구속되었으나 기소유예로 풀려나기는 하였으나 그 중 신애덕은 29일간 구류에서 풀려날 때, 학생이나 스승들은 모두 붙들고 울었다. 나라 잃은 한이 이렇게 깊이 서려 있었던가?

당시 동아일보는 기전학교 학생들의 활동 상황을 연이어 5차에 걸쳐 대서특필하고 나섰다.[152] 왜 그랬을까?

5. 신사참배 거부와 폐교

1) 서기 1930년대 전반기에도 신사참배에 대한 종용은 계속 있었으나, 그냥 종용으로 끝났었다. 신사참배 여부를 곧장 애국심과 결부시켜 강요하였다. 그러나 우상숭배를 부정하는 기독교계 학교에서는 최대의 위기였고, 그걸 수용할 수는 더욱 없었다.

서기 1936년 신사참배에 대한 강경한 일제의 명령이 기독교계 학

152) 동아일보, 1930년 1월 25일, 26일, 1월 28일, 1월 29일자 관련 기사 참조.

교에 시달되었다. 한편으로는 경찰을 동원하여 참배를 강행시키려 했다. 이 문제는 기독계 학교들을 심각한 고민 속에 몰아넣었다.

우선 신사참배를 종교의식으로 볼 것인가 아니면 정치문제로 볼 것인가 하는 것이 근본적인 문제로 등장, 논의되었다. 총독부에서는 이것은 애국정신의 문제이요, 종교와는 무관하다고 주장하였다. 선교사들의 의견도 양분되었다. 일제 저들이 종교가 아니라고 하는데 굳이 종교라고 할 것은 없지 않는가?

이것이 순수한 정치적 문제라고 한다면 이로 인하여 오랫동안 수고하여 이루어 놓은 교육사업을 포기하고 중단할 필요가 어디 있겠는가? 그리하여 감리교계통의 학교들은 대개 이 명령에 따르고 학교를 계속하였다.

그러나 이 문제에 대한 전주교회 지도자들의 태도는 강경하였다. 생명의 위협을 당하면서도 조선 교인들은 대부분 신앙의 절조를 굳게 지켜 나아갔다. 표현이야 어떻게 하든지 간에 결국 신사참배는 종교적 행사라고 생각하였기 때문이다. 서기 1935년 11월 마침내 린턴(W.A Linton) 선교사를 중심으로 임시 위원회가 소집되었던바, 결국 내린 결론은 '폐교' 그것이었다.

2) 서기 1936년 봄 기전학교에서는 대운동회를 하였다. 그리고 같은 대에 일본인들은 전주의 모든 공립학교와 전 시민을 동원하여 신사제(神社祭)를 지내고 있었다. 굉장한 잔치로 10여 일간 계속되고 있었다. 당시 기전학교는 거기에 참석하지 않고 교내 운동대회를 하여 은근히 대항하고 있었다. 멋진 체육복을 차려입고 여러가지 운동을 하며 오전의 순서가 끝나고 오후의 순서가 막 시작되었을 때 경찰이 찾아와 신사제 참가를 강요하였다. 그리하여 운동회는 중단되고 모두 그에 참석하였지만 임옥희 등 몇 학생이 신

사참배를 참가를 끝까지 거부하는 사건이 있었다.

그 후 다음 해인 서기 1937년 콜튼 교장은 7년 만에 안식년을 맞아서 귀국하고 그 사이 일은 신흥학교 교장이었던 린톤 교장이 임시 교장 대리로 학교의 일을 돌보고 있던 때였다. 그해 9월 중 순경 형사가 찾아왔다. 전 교직원과 학생들에게 신사참배를 강요하기 위해서였다. 결국 신사참배의 거부의 이유로 기전학교는 폐교하고 말았다.

서기 1937년 9월 20일 학교에서는 학생들과 마지막 예배를 보았다. '내 주는 강한 성이요' 하고 찬송가를 부르던 기전의 교사와 학생들은 울음을 터뜨리 말았다. 그 당시 그들의 심정은 어떻했을까? 그 터져 나오는 통곡 소리에 전주 시민들도 울었다. 그동안 기독학교로서 충실하면서 문화의 중심이었고 한민족의 항일정신을 대변해 주던 기전학교! 그때 마침 고등과는 21회, 보통과는 11회 졸업생을 배출하였다.

기전과 더불어 신흥학교도 문을 닫았다. 두 학교의 폐교 사령장을 받아 온 이는 린턴 교장이었다.

전북지사와 학무국장이 임석한 자리에서 사령장을 받은 린턴 교장은 나오면 다음과 같은 말을 했다고 한다.

당신네가 지금은 우리에게 학교를 그만두라고 하지만 반드시 "다시 해주십시오." 하고 청할 날이 있을 것이오.

8년 후 서기 1945년 8월 15일, 그 도지사와 학무국장이 린턴 교장을 마주했다면 과연 무슨 말을 했을까?

폐교 후 고등과 학생들은 전주공립여자고등보통학교로, 보통과 학생은 전주공립여자보통학교로 약 170여 명이 편입하였다.

기전학교가 폐교되면서 학교를 기념하기 위하여 서문밖교회에 화대를 만들어 놓은 것이 지금도 남아 있다. 현재 서문교회 강당 정면 양쪽에 놓여 있는 화대는 하나는 기전을, 하나는 신흥을 각각 기념하기 위해서 당시 학생 대표였던 문정임 학생과 서문교회 김세열 목사가 의논하고 고안하여 만든 것이다. 쇠로 화병도 만들었으나, 그것마저 태평양전쟁이 한참일 무렵 일제가 빼앗아 가버렸다. 지금은 화대만이 남아 있을 뿐이다.

폐교된 교사는 나날이 퇴락해 갔다. 때로는 보국대가, 때로는 난민수용소로 쓰여지기도 하였다. 교구는 폐교 즉시 당국에서 광주의학전문학교(현, 전남의대 의과대학)외 시내 여러 학교로 분산시켜 버렸다.[153)]

제3절 군산영명학교의 설립과 그 항일민족운동[154)]

영명학교는 오늘날 전북 군산에 자리잡고 있는 군산제일고등학교의 전신이다. 동교는 미국남장로교 소속한 선교사가 설립했기에 남장로교와 관련하여 설명해야 할 것 같다.

1. 배경 : 미국 남장로교 군산선교의 설립

개신교의 본격적인 내한은 서기 1882년 한미수호통상조약 체결 이후부터 시작된다. 당시 미국의 감리교와 북장로교가 불을 붙여놓은 한국의 선교에 당시 중국, 이태리, 브라질, 쿠바, 그리스 등지에 선교사를 파견하고 있던 남장로교(南長老敎; The

153) 기전여학교 학교연혁략(學校沿革略) 참조.

154) 본 영명학교에 대해서는 군산제일고등학교 총동문회가 펴낸 〈군산제일100년사〉(1912), 19~161면을 토대로 하여 작성하였다.

Presbyterian Church in the United States)는 뒤늦게 참가하였다. 당시 북장로교의 선교사였던 언더우드(H.G. Underwood)는 안식년이 되어 미국으로 귀국하여 서기 1891년 9월에 시카고에 있는 맥코믹(McComic)신학교 등 여러 곳에서 한국 선교에 대한 강연을 하였고, 당시 밴더빌트(Vanderbilt) 대학에 유학 중이던 망명객 윤치호(尹致昊)가 한국에 내한 강연을 하였다. 이러한 강연의 소식을 듣고 또한 한국에 관한 책을 많이 접했던 유니온 신학교 학생인 전킨(Willam McCleery Junkin, 한국명 全緯廉)은 그의 친구 존슨(Carmon Johnson)과 레이놀드(Willam Davis Reynold, 한국명 李訥瑞)는 함께 한국 선교에 헌신할 것을 결심하였던 바, 이들의 꾸준한 노력으로 서기 1892년 8월 남장로교 외지 선교부 실행위원회는 테이트(l.B. Tate, 한국명 崔義德), 레이놀드(이눌서), 전킨(전위염)을 한국 초대 선교사로 선정하였다. 또한 당시 선교사에 큰 관심을 가지고 있던 테이트의 동생인 메티 테이트(Miss Mattie Tate, 한국명 최마테), 테이비스(Miss Linnie Davis), 전킨의 부인 메리 레이번(Mary Leyburn) 그리고 레이놀드의 부인 볼링(Patsy Bolling)이었다. 이들을 합하여 흔히 '7인의 선발대'라고 부르기도 한다.

이들 7인의 선발대는 서기 1892년 9월 7일 파송 예배가 끝남과 동시에 미국을 출발하였다. 이들 중 데이비스양은 동년 10월 18일, 제물포에 도착하였고, 나머지 6인도 11월 3일 제물포에 도착함으로써 미국 남장로교의 한국 선교의 교두보를 형성하였다. 이들의 초기 활동은 우선 제물포와 가까이 있던 서울을 중심으로 한데 불과하였다.

이와같이 남장로교 소속 선교사들이 입국한 다음 해인 서기 1893년 1월 28일 북장로교 소속 선교사 빈튼 박사(Dr, Vinton)

의 집에서 한국에 주재하는 장로교파 선교사들이 참석하여 '장로교 미순 공의회'를 조직하였다. 레이놀드 목사는 동 회의에서 의장으로 선출되어 회무를 처리하였던 바, 여기서 장차 한국 장로교회에 큰 영향을 끼칠 하나의 안건이 채택되었다. 즉 예양협정(禮讓協定;Commmity Agreement)의 설립이었다. 즉 각 선교회가 각 사업의 중복과 지역의 이점 점거에서 오는 불필요한 경쟁을 피하기 위하여 남장로교는 아직 점거되지 않은, 선교면에서 미개척지인 전라도와 충청도를 점유 개척하도록 합의를 한 것이다. 이에 따라 전라도지역은 자연히 미국 예수교 장로교 남장로교의 선교영역이 되었다.

이에 따라 선교사들이 군산에 온 것은 서기 1894년 3월이었다. 호남에서 선교의 개척자 레이놀즈와 드루가 제물포에서 배를 타고 군산을 거쳐 전주로 군산에서 참사를 당하여 전도한 일이 계기가 되었다. 그다음 해인 서기 1895년 3월 전킨과 드루는 제물포에서 범선으로 군산에 도착하여 주민들과 접촉하고 선교활동을 벌였다. 군산에 임시 거처할 집도 구입했으나 동학농민운동으로 이곳에 정착하지 못하다가 드루와 전킨은 전 가족과 함께 서기 1896년 2월과 4월에 각각 군산으로 이주하면서 군산선교는 활기를 띠기 시작했다. 그후 곧바로 데이비드도 합류하였다.

당시 군산의 상황은 여타 지역 못지 않게 열악한 환경이었다. 애너벨 메이져 니스벳은 《호남 선교 초기 역사》에서 다음과 같이 증언하고 있다.

군산은 제물포로부터 120마일, 전주로부터 35마일 떨어져 있는 금강하구에 위치하고 있다. 1896년 군산은 부두나 우체국 그리고 전보를 칠 수 있는 시설을 갖추지 못하고 있었고, 그 거리는 좁고 구불구불 하여 더러

웠다. 당시 한국의 유일한 교환수단은 가운데 구멍이 뚫린 오래된 엽전이었다. 10센트 정도의 돈이 되려면 이것이 100개 필요하였다. 쌀이나 닭고기, 달걀 등은 5일마다 열리는 장에서 구입하면 되었지만, 다른 물품들은 샌프란시스코로부터 조달되었다. 그것들이 제물포에서 세관을 거쳐 기선을 통해 군산으로 오기까지 선교사들은 한없이 기다려야 했다.

그럼에도 선교활동에 대한 반응에 있어서는 이곳이 다른 어느 곳보다도 즉각적이었다고 니스벳은 증언하고 있다.

그 당시 의료선교사인 드루(유대모)는 자기 집에 진료소를 꾸려놓고 방문인을 진찰하였고, 전킨(전위렴)은 순번을 기다리는 환자들에게 복음을 전했다. 서기 1896년 4월 6일 월요일, 김봉래, 송영도, 차일선이라는 3인이 학습문답을 거쳐 동년 7월 20일 월요일에 전킨 목사의 집 사랑에서 그의 집례로 세례를 받았다. 전라도에서는 처음 있는 세례식이었다. 그러니 전라도에서는 첫 번째 세례받은 기독교 신자는 군산에서 탄생했다는 말이다.

전킨은 정기적으로 회중들에게 설교하였는데, 거기 모인 대부분의 사람들은 일요일 예배에 참석하기 위해 토요일 밤 집에서 출발해야 했다. 그러니 신자들은 군산 주변 벽지에서 모인 사람들로 보인다. 데이비스 여선교사는 여자와 아동들을 위한 모임을 이끌었다. 군산은 전주처럼 유생(儒生)들이 모여 사는 도시가 아니었으며, 가난한 어민들로 형성된 마을이라 문맹자들이 많아 이들을 대상으로 한글공부를 시작하였다.

남장로교 선교회는 서기 1896년 10월 전킨 선교사의 어린 자녀의 전염병으로 인한 사망을 계기로 주거환경이 좋지 않는 군산 선교부를 철수하는 대신 전남지방의 중심지인 나주 쪽을 택하기로 결정하였다. 그러나 이에 드루(유대모)의 군산 선교부의 존속에 대한 강력한 주장과 신자들의 군산 철수반대 주장에 부딪혀 군산에서의 철수보다는 군산과 나주 양쪽을 모두 발전시키는 방향으로 수정했다. 그러던 중 서기 1899년 전킨은 전도선(傳道船)이 정박하기에 좋은 궁말(구암리)의 산기슭에 선교 센터와 주택을 짓고 이 지역의 선교를 본격화했다. 당시 궁말은 이미 서기 1896년 군산 선교부에 온 리니 데이비스 선교사가 주거하면서 기도처 형태로 여성과 아동을 위한 선교활동을 벌이고 있었다. 이러한 궁말에서 외국인 주택으로는 최초로 건립된 전킨 선교사의 자택에서 서기 1899년 12월 21일 주일예배를 시작하므로 구암교회가 설립되었다. 당시 군산 선교의 주역은 구암교회 설립에 참여하고, 선교사들의 어학선생이자 역관으로 추정되는 한국인 전도인 장인택[155]이었다.

그 무렵 드루를 대신하여 왔던 다니엘(Thomas H. Daniel) 의료 선교사와 최초의 간호 선교사인 케슬러(Esther Kestler, 계순라)가 병원 선교활동을 활발히 진행하여 구암 예수병원도 서게 되었다.

한편 군산과 가까운 지역에서는 전킨과 드루를 비롯한 남장로교 선교사들의 순회선도에 의해 서기 1899년 남전교회(익산 오산면), 서기 1900년에는 지경교회(대야)가 설립되었다. 이 지역 외에도 군산과 가까운 옥구와 충청도의 부여, 서천, 한산, 보령, 남포 등지 일대까지 선교활동의 폭을 넓혀 갔고, 두루는 전도선으로 서해안 섬들을 방문하면서 진료와 선교를 병행하였다.

서기 1899년에 위리암 불(William F.Bull, 부월렴)이, 이어 서기 1900년에는 훗날 윌리엄 불의 부인이 된 엘리자베트(Miss Libby Alby Elizabeth)이 군산에 파송되어 군산의 선교는 가속

155) 장인택은 서기 1893년 1월에 열린 조선예수교장로회의 결성 때 남장로교 위원인 레이놀즈, 전킨, 테이트와 함께 조선사람으로는 유일하게 참여했던 인물이었다.

화되었다. 그 외에도 벨(E. Bell, 배유지), 하위렴(서기 1894년), 오원(C.C. Owen, 서기 1896년), 스트레퍼(F.E Straeffer, tjrl 1899년)가 입국해서 부족한 인적 자원을 보강, 호남의 남장로교회는 북장로교 선교회에 이어 가장 큰 교세를 가진 장로교 선교회로 자리 잡았다.[156)]

이와 같은 선교회의 교회를 중심한 선교와 의료활동과 더불어 사랑방에서 선교사들은 근대식 교육을 받지 못한 지역의 청소년이나 어린이를 대상으로 교육활동을 실시하고 있었다. 당시 선교부의 교육은 장래 조선 교회의 지도자를 양성할 것을 목적으로 하는 것이었다.

당시 전주 선교부는 다음과 같은 중요한 결정을 한다.

우리는 지금까지 신자가 적어 기독교 정신에 근거하는 학교를 건립하지 않았으나 이제는 사정이 달라졌다. 선교부에서는 곧바로 남학교와 여학교를 건립하기로 결정하였다.[157)]

이와 같은 배경하에서 군산지역의 영명학교는 태동되었다. 그리하여 이후 호남지역에서는 당시 선교부에 의하여 설립된 이들 미션 학교(mission school) 외에도 각 교회가 선교사들에 의하여 많은 소학교가 운영되고 있었다. 이들 소학교에는 서기 1907년에는 44개교에 학생 497명, 서기 1910년에는 64개교, 학생 1740명의 학생이 공부하고 있었다.

---

156) G.T Brown, 《한국교이야기》, 천사무엘, 김균태, 오승재 역, 서울;동연, 2010, 69~75면 참조.

157) 군산제일고등학교 100년사 편찬위원회편, 《군산제일고등학교100년사》, 군산제일고등학교총동문회, 1912, 24면.

2. 영명학교의 창립과 그 발전과정

영명학교는 서기 1902년 전킨 목사의 사랑방에서 시작되었다. 이 점은 《전라도 선교 25주년 기념 예배록》이 증언해 주고 있다.

군산에 교육사업을 말하면, 서기 1902년에 시작하얏난데 전목사(전킨)가 몇몇 남자 아해를 모아 자기집 사랑에서 공부시켰고, 그의 부인은 몇몇 여자 아해를 가라쳤더니 처음 남학교난 지금 병원에 부속한 집이 되앗고, 처음에 여학교난 지금의 여학교특별기숙사가 되았나이다.[158]

이와 같은 사실을 〈전 옥구 구암교회 약사〉는 다음과 같은 증언으로 전킨 목사의 영명학교 설립에 증언을 보강해 주고 있다.

우리 교회 안에 설립된 학교의 유래를 추상하면 묘하고 묘하도다. 처음 목사 전위렴(전킨)의 사랑방에서 전부인(전킨 목사의 부인)이 조선의 아해 남녀 3,4인으로 모집하야, 신령한 진리로 인도하는 중 실제적 교육을 실시하야 점점 학교 성양이 되므로 교실 5,6칸 (현재 여병원치료실)을 1902년 임인(壬寅)에 건축하고 학생을 모집하여 학생을 대강 학급을 제정하야 자미있게 교수하며, 1904년 갑진(甲辰) 전목사 위렴의 부인이 교수하던 교편을 교사 양종국에게 위탁하여 열심히 교육하다가 교사 양종국은 턴성을 행하고, 그 후 1906년 병오(丙午)에 이기용, 정공선, 김창국, 문용기, 이만종 여러 교사의 풍부한 학식과 열심의 노력으로 교육한 효력으로 인하여 학교가 점점 확장되고 정도가 점점 진보되는 동시에 의사 오긍선이 1905년 경술(庚戌)에 (편집자 주; 오긍선은 1907년 10월에 귀국하는바, 이는 사실과 다른 것으로 생각됨) 미국에서 의학을 졸업하고 조선으로 돌아오는 때라 학급의 정도를 좇아 소학교와 중학교로 분리하여 중학교는 연하여 교회에서 관할 처리하고,[159] 소학교는 본 교회에

158) 위의 책, 24~25면 참조.

159) 군산시사편찬위원회 편, 《군산시사》 (상), 2000,10~11면, 재인용.

서 부담하여 소학교 4,5칸 (구 영명중학교 화학실)을 1910년 경술(庚戌)에 건축한 후에 각급과 과정을 정제하고 교사 한수영을 초빙하여 교수하더니 1912년 임자(壬子)에 영명학교의 광걸한 교실과 즐비한 기숙사와 광활한 운동장을 설비함에 인하여 동년에 본교를 이전하여 건축하고 의사 오긍선은 설립자가 되고 군산 개복동교회 장로 홍종익은 교장이 되고 유지방법은 설립자와 군산교회와 본 교회로서 연보하여 유지하며 학교의 명칭은 알렉산더를 기념하여 '안락'이라고 하며, 서기 1913년 계축(癸丑)부터 이용, 김방호 양 교사의 신실한 실력과 열심의 방법으로 지금까지 연하여 관리하나이다.

한편 《해관 오긍선》에 의하면 영명학교의 설립에 관하여 다음과 같이 기술해 주고 있다.

오긍선은 1907년 11월에 귀국하여 그해 말에 군산 선교부에 군산야소교병원장에 취임한다. 이듬해인 1908년 9월에는 알렉산더를 기념하는 '안락학교'(소학교)를 읍내에 설립하고 소년들의 교육을 실시하였다.[160] 서기 1909년에는 군산에 영명중학교를 설립하여 교장에 취임하여 자신이 직접 영어와 산술을 가르쳤다.

이에서 보듯, 서기 1909년에 오긍선이 영명중학교를 설립했다는 것은 그가 당시 소학과정으로 운영되던 것을 소학 · 중학과정으로 양분하고, 다시 중학과정에 다시 고등과와 특별과를 병설하여 정식학교로 교육당국으로부터 설립인가를 받은 것으로 보인다.

한편 영명학교의 서양식 3층 건물은 서기 1909년에 시공하여 2년 후인 서기 1911년에 완공하였다. 이는 최초의 설립자인 전킨 선교사의 본국 선교부에 대한 지원요청과 프랑스 선교사의 노력으

160) 해관 오긍선기념사업회, 《해관 오긍선》, 연세대학교 출판부, 1977,48면.

로 미국 선교부의 지원으로 이루어졌다.

또한 기독교신보의 서기 1922년 6월 22일자 기사에 의하면 우리는 영명학교의 다음과 같은 몇 가지 사실를 확인할 수 있다.

1. 연혁

군산 구암리라는 지금부터 20여 년 전에 미국 목사가 나와서 선교의 중심지로 작정한 곳인데 군산항구에서 한 5리나 떠나 있는 바닷가의 적은 산이 있는 동리라. 교회는 세워졌으나 학교가 없음을 유감으로 생각한 미국 목사 전위렴 씨는 명치 36년(서기 1903년; 필자 주)에 조선 아이들을 자기 집에 모아 놓고 성경도 가르치며, 보통학과도 가르치기를 시작한 것이 지금 굉장하게 된 영명학교의 시작이라고 아니할 수 없다. 그 후 명치 40년(서기1907년;필자 주) 미국인 하위렴 씨가 이를 대신하야 교실 한간을 짓고 조선생을 고빙하야 역시 성경과 보통과정을 가르치게 하였으나 동 42년 (서기 1909년; 필자 주)에 이르러서는 미국인 부위렴씨가 열심히 주선한 결과 지금있는 3층 양옥을 짓고 선생을 더 고빙하야 1층 확장한 후 사립영명학교에 인가를 받은 후 미국인 어복근 씨를 교장으로 고빙하야 중학과 보통과를 설치하고 교수하더니 대정원년(서기 1912년;필자 주) 11월에에는 미국인 부위렴씨가 교장이 되야 동 3년(서기 1924년) 6월에 조직을 변경하야 고등과와 특별과를 설치하고 대정 8년(서기 1919년;필자 주) 3월까지 그 법대로 하얏더라. 그러나 동년 3월 조선독립사건으로 모든 학 과 선생은 모다 감옥하게 들어가게 되었다. 그때 미국인 리보린씨가 학생을 다리고 1학기는 지냈으며, 사정에 의하야 동년(서기 1919년) 2학기부터 동 10년(서기 1921년) 하기까지 부위렴씨가 또 다시 교장 시무하였고 동년(서기1921년) 2학기부터 오늘(서기 1922년)까지 교장 인돈씨가 모든 학과를 친히 교수하며 지금부터는 5학년제의 고등과와 6학년에 보통과를 완전히 하여가는 중이라.

2. 졸업

대정 8년(1919년; 필자 주) 3월까지 9회의 졸업을 했으며 졸업생 도합이 89명인데 그 중 교회와 학교에 사역자가 많으며 지금 외국에 유학하는 자도 적지 아니하더라.

3. 재적

지금(서기 1922년) 학생은 350명 가량이며 장래 흥왕할 희망이 많고 학교의 경비는 전부 미국 선교부의 돈으로 하며 조선교회의 보조는 구암리교회에서 지금부터 보통과 1, 2학년을 담당하여 이후에도 보통과를 교회에서 다 맡아서 완전히 할만한 희망과 열심히 있다더라.

우리는 몇 가지의 자료에서 인식할 수 있듯이, 서기 1899년 현재의 군산시 구암동에 미국 남장로교 선교스테이션이 설립되고 구암교회가 설립되었다. 그 뒤 서기 1902년 전킨 선교사의 사랑방에서 교육이 시작되었다. 그러기에 우리는 영명학교의 기원을 여기에 구하고 있는 것이다. 서기 1907년 말에는 미국에서 귀국하여 군산 선교부에 의사겸 선교사로 부임한 오긍선이 안락소학교와 영흥중학교로 분리하게 되었다. 서기 1909년에는 4년제 고등과와 2년제 특별과(고등과 졸업생이 지원하는 2년제 대학과정)를 병설[161)]하여 사립 '영명학교'로 교육당국인 학부(學部)의 인가를 받았으며, 군산선교부에서 직접 운영하게 되었다. 교명도 이전까지는 '야소교학교'로 또는 '군산의 남학교'로 불리었으며, 이때부터 '영명학교'라는 명칭도 붙여 쓰게 되었다.

영명학교는 설립 초기에도 이미 교실이 5, 6칸에 이르고, 교사의 수가 조선인 교사 5명에 선교사들이 함께 수업을 담당하였기에 이 수까지 합하면 이미 9~10명 선으로 된 것으로 보인다. 또한 서기

161) 기독신보 서기 19222년 6월 28일자 기사에 의하면, 서기 1914년에 고등과와 특별과를 설치했다고 보고 있으나, 학교에 있는 졸업생 명부에는 서기 1911년에 특별과, 서기 1913년 고등과 졸업생이 등재되어 있는 것으로 보아, 이는 서기 1909년 설이 맞는 것으로 본다.

1909년에는 보통과, 고등과, 특별과까지 구비하여 말하자면 초, 중, 고, 대학에 이르는 호남 유일의 학교가 되었다 할 것이다.

그 후 본교는 서기 1940년 폐교된 후 미국 선교사들이 강제 출국되고, 선교부의 재산은 일제가 몰수하고, 학교의 건물은 이후 일본인이 경영하는 북선제지회사의 숙소로 사용되었으나 노무자의 실화로 건물이 전소되고 말았다.

영명학교의 학제와 교육과정을 개관하면 다음과 같다.

초창기의 본교는 소학교과정으로 운영되었으며, 학기는 대개의 기독교 학교들이 미국식 학기를 따라서 9월 학기제를 채용하여 1학기는 9월에 시작하여 익년 2월까지이고, 2학기는 3월부터 8월까지였다. 대개는 한문과 국문(한글)은 조선인 교사가 교수하였고, 선교사들도 전문성의 정도에 따라 과목을 개설해서 가르쳤다. 당시 이수과목은 성경, 국문, 한문, 구약성서역사, 지리, 체육, 음악, 산술, 도화였다. 고등과에서는 교과목이 다양하였다. 물론 성경과목은 필수과목으로 4년간 교수되었다. 여기에 특이한 과목은 역사과목으로 세계사를 포함해서 4년간 계속되었고, 수학과, 자연과학, 기독문학, 작문, 음악, 체육 및 율동 등 다양한 과목을 가르쳤다. 서기 1910년대 후반에는 일제의 강압에 의하여 일본어도 가르쳤다.

3. 민족교육(서기 1909~1919년)

당시 설립된 기독계 학교에서는 기독교 정신의 보급이 우선적이었겠지만 부차적으로 개명과 민주적 정신의 보급에 그 설립이념을 두고 있었다. 그러나 일본에 의한 주권침해기에 들어서 서기 1906년 '보통학교령'의 반포하에 통감부는 조선인들의 인문교육이나 고등교육의 기회를 가능한한 제한하려 했으며, 그들의 요구에 응할 수 있는 기본적인 일본어 교육이나 기초적인 실업교육만에 중점을 두려 했다. 또한 민중교육운동을 탄압하기 위한 서기 1908년 '사립학교령'을 반포하여 그 시설과 규모를 엄격히 규정함으로써 많은 사립학교를 강제로 폐교시켰다. 이러한 통감부의 시도는 주권 침해기의 조선에 대한 식민지 교육을 향한 그 전진적인 조치들이었다.

이러한 대전제의 상황 속에서 선교부의 선교사들이 학교운영의 주체였던 기독계 영명학교(永明學校)는 크고 작은 일제의 감시와 탄압하에서도 현실적으로 계몽정신 내지 민족정신을 견지하는 교육을 지속적으로 실시하였다. 뿐만 아니라 영명학교 초창기 조선인 교사들은 그들이 선교사와의 만남을 계기로 기독교인이 되기 이전에는 전통교육기관에서 한학을 공부한 사람들로서 당시 지역사회의 지식인들이었으며, 그들은 올곧은 선비정신을 가진 사람들이었다. 그 당시 그들은 주권침해 내지 상실을 강요한 일제에 대응하기 위한 민족교육에 헌신하고 있었다. 3.1운동이 일어나기 전까지 영명학교에는 일본인 상주 교사나 학생은 없었다. 따라서 기독계 사학에 있어서는 다른 민족사학과 더불어 일제에 굴레를 벗어나기 위한 교육이었고 현실적으로 민족교육을 지원하고 있었다 할 것이다.

영명학교는 기독교계 사학이었지만 근대교육을 통한 계몽과 민족교육의 실시로 당장 얼마 후에 벌어질 군산지방의 3.1운동은 영명학교 출신과 교사 그리고 재학생들이 호남 최초로 주도하였다.

대체적으로 든다면, 교사진으로는 얼마 후에 있을 3.1운동에 적극적으로 가담한 학생들을 그 동안 교육한 이두열, 김윤실, 문정관, 김수형, 고석주, 문용기, 박연세, 김인전(김가전) 등의 교사와 이러한 교사들의 교육을 받고 군산지방 3.1운동을 주도했던 졸업생 김병수와 김영후, 송기옥, 홍천경, 양기철, 전세종, 이도준 재학생들은 바로 영명의 혼을 빛내주었다.

우리는 영명의 민족교육과 관련하여 인근 충청도 한산의 한영학교의 폐교에 따른 동교 교사와 학생들의 전입을 들지 않을 수 없다.

한영학교는 서기 1906년 충청도 한산군 남하면 와초리 지사울(현, 화양면 와초리)에 김규배, 김영배의 가문이 설립한 학교이다. 《전주서문교회 100년사》 집필자인 김영배의 아들 김대전에 의하면 자기 백부인 김규배(광복후 전주북중교장, 전북도지사 역임한 김가전의 부친)는 구한말 중국에서 가져온 다양한 종류의 서적을 접했고, 그중에는 한문으로 쓴 성경도 있었던 바, 그는 동 성경을 접하고 서기 1903년경 온 집안 식구들을 기독교로 개종시키고, 개화의식을 확고히 가지게 되었다. 그리고 당시 군산선교부에서 운영하는 영명학교를 견학하고 한산에 있는 자기의 집에다 '한영학교'를 설립하게 되었다. 당시 김규배의 일가가 살던 집터는 그 규모가 매우 넓어서 그 일부를 학교로 사용했다고 한다.

설립 초기에는 김규배의 아들인 김인배(김가전의 부친)이 교장을 맡았고, 그리고 김인배가 서기 1912년 평양신학교에 입학하게 되자, 대신 김영배(김규배의 막내동생, 서기 1911년 영명학교 특별과 제1회 졸업생)가 교장을 맡았다. 그 무렵의 한영학교는 2년제 초급 중등교육과정으로 대한제국 학부로부터 정식 인가를 얻은 학교였으며, 교직원 5명, 보통과 학생 10명, 고등과 학생 16명이었다. 당시 한영학교는 주로 민족교육에 힘을 다하였고, 당시 김인전의 가문은 재산이 넉넉하여 학생들을 무료로 교육하였다. 이 점을 《호남교회춘추》는 다음과 같이 증언해 주고 있다.

세도 있는 어느 양반이 우리의 선교거점에서 떨어진 곳에 남학교를 세워 그 지역에 있는 명문가의 많은 소년들과 청년들을 모집하였다. 서울에서 교육받은 그의 아들이 그 학교의 교장이 되어 월급도 받지 않고 날마다 가르치고 있다. 그런데 이 젊은 이의 영향력으로 그 학교의 많은 소년들과 청년들이 교회로 인도 되었다. 이 젊은 이들이 스스로는 신학을 공부하고 싶은 의사를 표시한 바 있다……[162]

당시 한영학교 출신들은 상급학교인 군산 영명학교 특별과(2년제 대학과정)에 진학하는 경우가 많았다. 실재 한영학교를 졸업한 인물 중 상당수가 군산 영명학교에 진학하여 졸업한 사실을 영명학교 졸업생 명부에서 확인할 수가 있다. 예를 들면, 영명학교 특별과 제1회 졸업생인 김영배를 비롯하여 임진규, 김인선(김가전), 장세환, 유재남 등이 한영학교를 거쳐 영명학교 특별과 제1회로 졸업한 학생들이다. 이 외에도 영명학교 교가를 작사한 이수현 목사는 한영학교를 거쳐 영명학교 특별과 제4회 졸업생(서기 1915년)이다.

그런데 일제는 당시 이른바 '사립학교규칙'을 발표하여 일제의 요구와 기준에 미치지 못하는 사립학교들을 계속 폐교시키는 정책을 폈다. 이 과정에서 민족교육에 힘써 오던 한영학교는 서기 1916년 폐교하고 만다. 그 사유는 김대전의 증언에 의하면 당시 일제는 한영학교에도 일본어를 국어로 가르치도록 강요하는바, 그럴 바에는 차라리 학교의 문을 닫겠다고 자진 폐교하고 말았다는 것이다.

이같이 한영학교의 폐교에 따라 군산 영명학교는 한영학교의 교사와 학생들을 수용하였으니 이 얼마나 숭고한 일인가? 동족의 사

---

162) 서기 1909년 군산선교부 보고서, 《호남교회춘추》, 2006년,에서 재인용.

학이 폐교됨에 이를 존속시키기 위한 노력은 그 뒤 서기 1930년대 말 전주신흥학교가 신사참배 거부로 폐교 당하자 당시 고창고보는 신흥학교의 교사와 학생 전원을 받아드렸다. 이에서 보듯, 우리는 큰 틀에서 호남인의 민족의식을 읽을 수 있다. 아마도 이러한 사례는 호남을 제외하고는 볼 수 없을 것이다.

4. 군산지역의 3.1운동 주도와 그 전개

1) 3.1운동 당시의 군산지역의 사회적 상황

군산이 개항된 것은 서기 1876년 강화도 조약으로부터 23년 후인 서기 1899년 5월 1일이었다. 개항장 군산은 각국인 거류지이지만 일본인의 독점의 도시화 지역이었다. 개항 당시 20호 77명의 일인이 거주하고 있었던바, 이는 당시 군산 인구의 약 15%에 불과했지만 서기 1901년 일본인의 군산거류민회가 창설되면서 일인 인구는 전체의 절반을 차지하다가 농사조합이 영사관 내에 생기어 토지매입이 가능해지자 서기 1903년에는 302호 1,225명으로 대폭 증가하여 토지 수탈이 무섭게 벌어지고 있었다.

일본 본토에서 토지 매입비 10% 내지 3%에 불과한 조선의 토지 수탈에 그들은 서로 경쟁하여 서기 1903년에는 미야사끼 농장, 구마모토 농장, 시마다니 농장 등 대일본인 농장이 생기면서 서기 1907년에는 군산에 100리 이내에 10개의 농장이 생기면서 그 외 일인 농장은 인근 지역으로 확대되 서기 1920년 58개소의 농장이 생기었다. 전북지방이 일본인 농장 밀집지대가 되었는데 그 중심지가 군산이었다. 일제의 식민지 정책은 조선을 식량 및 원료 공급지로 또한 일제공업 생산품의 판매시장을 만들고자 산미증산계획(産米增産計劃)에 역점을 두고 있었다. 그 결과 농민 노동자 생활은 갈수록 핍박을 받아 사회경제적으로 어려운 환경에 처하여 일제에 대한 반일감정은 깊어가고 있었다.

전국적으로 보면 소작농이 40%인데, 그중 전북은 68%, 자작농이 전국적으로 19%인데 전북은 5,8%에 불과한 상황이었다. 전북지방에서도 군옥지방의 일본인의 농토 수탈이 가장 심하였기에 영세 소작인으로서는 점차 어려워만 갔다. 먹고 살기 힘들어지자 항구의 노동을 찾아 노동자는 늘어만 갔다. 서기 1910년 군산에 정착한 일인들은 개항 당시보다 45배 증가한 3,448명에 이르렀다. 조선인도 개항시 511명에서 서기 1910년에는 3,830명으로 증가하였으며, 동 수치는 집을 가지고 있는 사람의 수치이지, 집 없는 노동자의 숫자까지 합하면 군산의 서기 1910년의 인구(외국인 포함) 7,373명이지만, 그 이상 8천여명 이상이 되었을 것으로 추측된다.

서기 1908년 10월 이른바 수탈의 길인 전군(全群) 도로가 개통되었고, 호남선이 서기 1914년 1월 개통되기 전 군산선은 서기 1912년 3월 6일 개통되어 더욱 군산의 쌀 수출의 수송이 증가되어 서기 1914년 전국 1위의 쌀 수출항이 되었다.

서기 1919년 당시 군산 인구를 보면, 조선인보다 일본인이 228명이나 더 살고 있었다. 평지의 요지에는 모두 일본인들이 살았고, 산비탈이나 벽지에는 조선이 살았다. 이러한 상황 속에서 일본인에 대한 강한 저항의식은 날로 싹터가고 있었다.

2) 3.1운동의 전개과정

〈거사의 전개과정〉 호남지방의 3.1운동의 전개과정은 주로 기독교와 천도교 계통으로 칭송되었다. 군산지역은 당시 영명학교를 졸업하고 세브란스 의전에 재학중이던 김병수 학생이 당시 자기의

모교인 영명학교 교사 박연세를 통하여 전송되었다.[163)]

3.1독립운동이 호남에서 제일 처음 일어난 지역은 군산지방이었다. 주목할만한 사실은 주로 구암교회의 신자와 기독교계 사학 영명학교, 멜본딘여학교, 구암예수병원 등 학생 및 직원들이 만세 운동의 중심에 있었다는 사실이다.

그 당시 군산경찰서에서는 구암스테이션을 3.1운동 이전부터 주요 감시대상으로 주목하고 있었다. 학교의 교직원, 병원의 사무원들을 군산경찰서로 연행하여 3~4일씩 사상과 신원조사를 거친 후 내보냈다. 이러한 일련의 일들은 연례행사처럼 당사자들을 괴롭혀 왔다. 이러한 상황에서 3.1운동은 당시 피 끓는 젊은이들에게는 항일의 절호의 기회가 아닐 수 없었다.

군산지역의 동 운동 전개 과정에 있어서 우리는 우선 당시 박연세 교사, 김병수 세브란스 의전 학생, 3.1운동 민족대표 33인의 한 분인 이갑성을 주목할 필요가 있다.

김병수가 독립운동에 적극적으로 참여하게 된 것은 당시 세브란스병원 제약실에 근무하던 이갑성을 만나면서부터인데, 그는 민족대표 33인 중의 한 분이었다. 이갑성은 김병수가 다른 학생들보다 민족심이 강하다는 것을 생각하고 그에게 군산지방 연락책임자로 독립선언서 전달업무를 맡기자 곧바로 이를 수행하기로 했다. 그는 이갑성으로부터 지시사항을 전달받은 후 2월 19일 군산행 기차에 승차했다.

군산에 도착한 김병수는 2월 20일 영명학교 은사로 자기를 세브란스 의전에 추천해 준 박연세 교사를 만나 군산에서 만세운동을 전개하기로 다짐하고 자세한 거사 일을 박연세와 계획하였다. 김

---

163) 군산영명학교 제2회 졸업생인 박연세(朴淵世: 서기 1883~1994)는 애국애족의 인물임.

병수는 서울에서 독립만세운동이 기독교와 천도교를 중심으로 진행되고 있다는 사실과 이갑성으로부터 받은 지시사항을 영명학교 교사인 박연세, 이수열, 고석주, 김수영, 송헌옥 등에게 전달하였다. 이에 박연세는 조옥초 학생에게 군산의 독립만세운동의 준비 상황을 알려주고, 급히 상경하여 독립만세운동을 전개하는 대표들과 접촉하고 서울의 독립운동 상황을 파악하여 빠른 시일 내에 연락을 취하도록 지시하였다. 박연세 교사의 지시를 박은 조옥초 학생은 서울의 이갑성과 기독계 독립운동 대표자들에게 군산의 거사 준비상황을 전해 주었다.

이로써 박연세는 거사가 차질없이 진행되도록 만반의 준비를 해야만 했고 치밀한 거사계획을 준비하기 시작했다. 그는 우선 3.1운동 적극 가담 교사들과 자주 만나 세부적인 실천계획을 지시하였다. 이어 그는 학생인 김영후와 송기옥에게 거사에 필요한 태극기 제작을 지시하고, 멜본딘 여학교 교사인 김영배를 만나 여학생들에게도 태극기를 만들 것을 의뢰하였다.

이에 따라 멜본딘 여학교에서는 은밀하게 태극기를 그렸고, 영명학교 지하실에서는 독립선언문을 등사하였다. 그리고 만일에 대비하기 위해 전세종 학생을 비롯한 몇몇 학생들은 4층 다락방에서 그들 부모들이 제공해 준 음식을 먹으면서 4일동안 비밀리에 독립신문을 등사했다. 멜본딘 여학생들은 태극기를 만든 후에 비밀장소로 옮기는 과정에서도 왜경의 눈에 노출되지 않도록 가슴과 치마 속에 넣어 비밀장소로 이송하였다.

이렇게 제작된 태극기와 독립선언문을 교사들은 거사일에 배포하기 전에 발각되는 것을 염려하여 그 일부는 잿더미에 묻고, 일부는 비밀 장소에 숨겨두었다. 거사 준비가 끝날 무렵 박연세는 서울의 독립만세운동 일시를 사전에 김병수로부터 전해 들은 일이 있어 군산의 거사일을 언제, 어디로 할 것인가를 놓고 고심하였다.

'대한독립만세'를 외칠 시간과 장소를 놓고 드디어 교사들과 예수병원 직원들은 영명학교 지사실에 모였다, 참석자로서는 교사측으로서는 이두열, 박연세, 고석주, 김수영, 김성은, 송정현, 유희순 등의 교사들과 예수병원측 직원으로는 양기준, 유한종, 양성도 등이었다. 이들은 모두 구암교회 기독교 신자들로 서로 잘 알고 있는 사이었다. 그러나 민족의 독립만세운동을 논의하는 이 날의 분위기는 참으로 비밀을 요구하고 막중한 것이어서 어느 누구도 선뜻 거사 일을 말하지 못하였으며 한동안 침묵만 흘렀다. 이윽고 교사들 중 어느 누군가가 서울과 때를 같이 하여 3월 1일에 거행하자는 의견을 제시하여 논의 끝에 당시 5일장으로 서는 3월 6일 장날을 택했다. 그것은 그 당시로서는 장날에 사람이 제일 많이 모이기 때문이었다.

그러나 거사 전날인 3월 5일 의외의 사건이 터졌다. 거사의 조짐을 눈치챈 듯 왜경 십여 명이 영명학교와 멜본딘 여학교를 급습하여 학교 건물 안을 샅샅이 수색하기 시작하였다. 그리하여 등사기와 태극기, 독립만세운동과 관련된 각종 문서 등이 발각되어 주모자격인 주모자 박연세 장로와 이두열 교사 두 명을 수갑을 채우고 연행하려하자 나머지 교사들과 예수병원 직원들은 "우리들도 함께 잡아가라." 외치며 대항했으나 두 교사만 연행하였다. 이들 왜경에게 거세게 항의하였으나 권총을 쏘기까지 하였다.

두 교사가 강제 연행되는 모습을 지켜보고 있던 학생들과 예수병원 직원들은 그 모습이 시야에서 멀어지려 할 때 그들 중 누군가가 "대한독립만세!"를 외치자 연이어 태극기를 꺼내들고 외치며 항거의 의사표시를 하였다.

한편 박연세, 이두열 두 교사가 연행됨으로써 그날의 거사가 자칫 수포로 돌아 갈 뻔하였다. 그러나 김윤실 교사가 나머지 교사와 학생들을 소집하여 긴급회의를 열고, 그 결과 거사계획이 수포로 돌아가기 전에 하루 앞당겨 당일인 3월 5일 그날 바로 독립만세운동을 전개하자고 결의하였다. 긴급회의를 마친 이들은 예수병원 직원과 영명학교 교사 20여명, 학생 100여 명, 멜본딘 여학교 학생 그리고 주민들 다수와 함께 140여명 가량이 영명학교 교정에 모였다. 그리고 곧바로 전세종, 양기철, 송기옥, 이도준, 홍천경, 고준명, 유복섭, 오한길, 강규언, 강인성 등 영명학교 학생들은 그간 극비리에 제작한 독립선언서와 태극기를 군중들에게 나누어 주었다. 이윽고 교사들이 '대한독립만세'를 선창하자 모인 군중들은 모두 한목소리로 목청껏 '대한독립만세'를 외쳤다. 서기 1910년 일제의 위협 속에 대낮에 궁궐에서 반민족적인 이른바 을사5적의 종이 한 장에 서명함으로써 나라가 통째로 하루아침에 일제 수중으로 넘어간 지 10년, 일개 궁항 벽촌의 군산에서의 독립만세운동은 전북에서는 처음으로 시작되었다. 영명학교 교정에서 '만세'를 외치던 이들은 손에 손에 태극기를 흔들며 지금의 군산 중앙로 쪽으로 향해 밀고 나갔다. 영명학교 교정에서 출발한 '만세운동 대열'이 설애 근처에 이르자, 이곳에 있던 사람들이 운비하기 시작하더니 순식간에 대열은 많은 인파로 늘어났다.

독립만세의 대열은 선두에서 영명학교의 교사들과 학생 측에선 정문진, 김영상, 전종식, 박동근, 임종유, 이병관 등이 군중을 이끌었으며, 이들의 대열은 군산경찰서 방면을 향하고 있었다. 이들은 독립선언서를 여기저기 산포 하였고, '독립만세'를 외치던 군중은 어느새 5백여 명으로 늘어났으며, 점차 그 수가 증가하여 당시 군산은 '독립만세운동'의 파도 속에 휘말리고 말았다. 이들 군중의 대열이 이윽고 군산경찰서 앞에 측정하기 어려울 만큼 다다르자 경찰서 왜경들은 당황한 빛을 감추지 못하였다. 이들은 앞서 강제 연행된 박연세, 이두열 두 교사의 석방을 강력히 요구하기도 하였다.

이들 시위 군중의 증가에 따라 이에 당황한 왜경들은 익산 주재 일헌병대에 지원을 요청하여 결국은 출동한 헌병들은 앞장선 군중들에게 무자비하게 사격을 가하기 시작하였다. 앞 대열에 있던 3~4명이 총탄에 쓰러지자 무방비 군중들은 그들의 무력 진압에 만세 대열이 뒤에서부터 흐트러지기 시작하여 골목 등으로 흩어졌다. 당시 만세운동 현장에서 왜경들에게 검거되거나 체포된 사람은 고석주, 송정현, 양성도, 안경태, 홍천경, 임병률, 이진규, 송기주, 이재근 등 90여 명으로 모두 군산경찰서 유치장에 투옥되고 말았다.

또한 파견된 헌병대와 왜경들은 구암동에 소재한 영명학교와 멜본딘여학교를 수색하여 독립선언문 2천여 장과 독립운동에 관련된 문서를 압수해 갔으며 학교의 기물도 파괴하였다. 동 사건으로 영명학교와 멜본딘 양교는 일단 수업이 중지되었으며, 양교의 교사들은 모두 연행되어 며칠씩 심문을 받는 고충을 당하기도 했다. 역시 구암예수병원 직원들도 전원이 구속됨으로써 병원은 마비되었으며, 페터슨 원장은 서기 1924년 왜경들로부터 많은 압력을 받고 동 병원을 떠나기도 했다.

군산에서 3.1운동으로 왜경에 검거된 사람은 90여 명이나 되었다. 그중 12명은 미성년자인 관계로 태형후 석방되었고, 그 나머지는 구속 송치되었다. 한편 구암스테이션의 총책임자인 부위렴 선교사는 왜경에게 영명학교 교사와 학생, 병원 직원들을 석방하라고 집요하게 요구하였다. 구암예수병원에는 일인들도 상당수가 치료받거나 입원했기 때문에 일시 만세운동 가담자는 이러한 요구에 풀려나기도 했다. 특히 군산지방은 일인들이 많이 거주했기 때문에 독립운동의 감정은 다른 지방보다 남다를 수밖에 없었다.

3월 5일에 있었던 영명학교와 예수병원 그리고 기독교 신자와 시민으로 확산된 만세시위 등으로 민심은 극도로 항일의식으로 고조되었다. 유언비어가 난무하였고, 만세운동 주모자의 색출, 검색, 경계의 강화 등으로 국도의 불안한 시국이었다.

군산공립보통학교 학생들의 취학 거부 운동에 이어 학교의 방화사건으로 재군산 일본인들은 전전긍긍하던 차에 3월 28일에는 일인들이 많이 사는 대화정(大和町; 현 영화동)에 방화사건이 잇따라 일어나 가뜩이나 긴장했던 일인들은 공포에 떨기도 했다. 이리하여 왜경들의 경계는 강화되었고, 시민에 대한 박해는 더욱 심해졌다.

이에 반하여 이 고장의 배일 감정은 날로 깊어갔다. 군산공립보통학교의 방화사건 발생 1주일 후인 3월 30일에 개정(開廷)될 제1차 만세운동 관련자들의 재판소의 공판을 앞두고, 군산주민들은 밤 9시경 군중이 횃불과 태극기를 들고 야간 시가지 시위를 시작한바, 삽시간에 그 시위군중은 수 백명으로 불어났다. “독립만세가 무슨 죄냐?”고 누군가가 외치자 모두 대한독립만세를 외쳤다. 그 당시 긴급 출동한 왜경의 총칼에 밀려 해산되기는 했으나 만세 소리와 총소리는 그치지 않았다.

30일 밤의 시위는 군옥지방에서 가장 많은 인원이 참석했으며, 희생자 또한 많았다. 당시 왜경은 조기진압을 위하여 무자비한 탄압의 방법을 썼으며, 또한 재향군인과 일본인 남자들은 목총과 칼로 무장하고 그들의 집 가까이 오는 조선인은 무조건 구타하고 체포하였다. 이와 같은 험악한 상황 속에서 피해자의 소식은 순식간에 번져 시위대를 흥분시켰다. 시위는 과격해지고, 그 수는 늘어 군산 시내는 온통 피바다가 되어 삽시간에 아비규환의 생치옥이 되었다.

3월 31일 광주지방재판소 군산지원에서는 영명학교의 3월 5일 만세사건으로 구속된 자들에 대한 공판이 있었다. 공판정에 영명학교 교사와 학생 30여명이 끌려 법정에 나오는 것을 보고 방청석에 앉아 있던 영명학교 4학년생 강문호는 울분을 참지 못하여 순간 모자를 흔들며 대한독립만세를 외쳤다. 방청석에 앉아 있던 많은 방청객들은 이에 호응하여 독립만세를 외쳤다. 이리하여 강문호 학생은 이른바 법정 소란 및 보안법 위반이란 죄명으로 광주 고등재판소에서 1년 6월의 형을 치르기도 했다.

이러한 일련의 군산지방 3.1독립만세 운동은 비폭력 항일저항운동의 시금석이 되었고 전주, 광주, 목포, 이리 등지로 파급되며 호남지방 항일 저항운동의 시금석이 되었고, 기독교단체를 비롯한 일반인에게 민족독립의 소중함을 각성시켜 주었다.

3월 1일 시작된 3.1운동은 북부지방에서는 서울에서 일어났고, 남부지방에서는 3월 5일 군산에서 일어났는데, 그 최초 봉기의 중심이 영명학교였다. 이는 호남에서는 물론이거니와 물론 한강 이남에서도 최초의 봉기었다. 광주와 전주는 이 보다 늦은 각각 11일과 13일이었다. 이리하여 3월 5일의 군산 시위는 만세운동이 전북 전역으로 확산되는 계기를 형성했다. 군산의 시위 이후 임실(3월 12일), 전주(3월 13일), 고창, 청웅(3월 15일), 정읍(3월 16

일), 김제, 신태인(3월 21일), 삼례, 오수, 남원, 산서(3월 23일), 진안(3월 25일), 장수(3월 26일), 금산(3월 29일), 무주, 옥구(4월 1일) 등지에서 지속적으로 시위가 일어났으며, 4월로 들어서면서 그 열기는 더욱 고조되었다. 익산의 4.4만세운동은 영명학교의 문용기 교사 등이 중심이 되어 일으킨 것이었고, 충남 강경의 봉기는 영명학교 학생 강금옥으로부터 권유를 받아 역시 영명학교 출신이며 강경사립창영학교(昌永學校) 교사로 재직중인 엄창섭(嚴昌燮)이 중심이 되어 3월 10일에 일으킨 것이었다. 요컨대 영명학교는 한강수 이남에서 최초로 3.1독립만세 운동을 일으켰음은 물론 호남지방의 만세운동의 중심에 있었다 할 것이다.

5. 3.1운동 이후의 영명(서기 1919~1935)

전교사와 학생들이 3.1독립만세 거사에 나섰던 영명학교는 이후 치명적인 상처를 입었다. 그것은 특별과는 폐지되었고, 일제가 요구하는 이른바 '지정학교'[164]가 되지 못한 상태에서 고등과는 2년제 비인가 상태로 전락한 형편이었다. 영명학교의 고등과는 3.1운동 이후 서기 1919년도의 공백기를 거쳐 서기 1921년 린턴[165] 교장이 귀국하여 학교를 재건한 이후 서기 1927년경까지 어려운 가운데 운영되었다. 하지만 서기 1919년 3.1운동 이후 사실상 영명

164) 당시 조선의 사립학교에 대해서, 학교의 시설이나 교사진,교육과정, 학생들의 학력 등에 조선총독부가 정한 일정한 기준을 제시하여, 이를 충족하면 일반 공립학교와 동등한 자격을 주고, 그렇지 못하면 학교의 인가를 취조하겠다는 제도였다. 이는 서기 1922년 제2차 조선교육령을 전면 개편하여 조선의 사립학교를 사실상 말살하려는 제도였다.

165) 린턴은 서기 1919년 안식년 동안 2년에 걸쳐 신학과 교육학 공부를 미국에서 마치고 귀국하여 다시 영명학교 교장직을 맡았다. 이듬해 린톤은 일본에서 인사례(Charlotte Witherspoon Bell)와 결혼하여 군산의 헤리슨의 집에서 신혼생활을 하게 된다.

학교는 보통학교로 운영되고 있었다. 서기 1921년부터 1940년까지 영명학교의 보통과의 학적부를 통해서 교육과정, 학생명단, 출석 일수 등 당시 학교의 상황을 인식할 수 있다. 조선총독부가 시행한 제2차 교육령에 따라 서기 1922년 이후부터 보통과의 학제가 4년제에서 6년제로 변경되었음도 확인된다. 학생들의 입학도 일정 연령에 1학년에 일제히 이루어진 것이 아니고 입학이전에 교육받은 경력에 따라 해당 학년에 입학하였던 것도 볼 수 있다. 서당교육을 받고 입학학 학생도 있었고, 구암유치원 1년을 다니고 2학년에 편입한 학생도 있었다.

영명학교의 교육과정을 들여다보면 다음과 같다.

서기 1921년 보통과는 총 4학년(각 학기 3학기) 과정으로, 1학기는 4월~익년 7월, 2학기는 9월~12월, 3학기는 1월~3월이었다. 교과목은 수신, 성경, 국어(일본어), 조선어 한문, 수학, 이과, 도화, 체조, 창가, 실업학, 조행(操行)을 이수토록 하였다.

서기 1923년 이후의 보통과 교육과정은 다음과 같다.

총 6학년(각 학기 3학기) 과정으로, 1학기 4월~7월, 2학기 8월~12월, 3학기 1월 3월이었다. 교과목은 국어(讀方;일기, 綴方;짓기, 書方; 쓰기), 조선어(일기, 쓰기), 산술(산술, 주산), 국사(일본사), 지리, 이과, 직업, 도화, 창가, 체조, 가사(가사, 제봉, 공예)였다.

이러한 교과운영도 선교부의 재원 지원이 중단되면서 재정 곤란에 봉착하게 되었고, 더욱이 서기 1927년에 와서는 고등과와 특별과는 폐기되기에 이르렀다. 전적으로 경비 곤란의 문제에 의한 것이었다.

그러나 서기 1934년 1월, 영명학교는 교장의 비상한 활동으로 다시 미국 선교부의 지원을 받게 되어 회생의 길을 맞이하게 되었다. 또한 학교의 설비에 있어서도 면목을 일신하여 전도가 유명하게 되었다.[166)]

한편 그동안 폐지되었던 고등과는 서기 1935년 비로소 2년제 고등과를 신설할 수 있게 되었다. 교육과정을 보면, 각 학년은 3학기제로 운영되었으며, 학과는 성경을 비롯 역사, 수학, 지리 등 국어(일본어), 조선어, 영어, 지리, 수학, 이과, 실과, 조행 등을 교수하였다. 그러나 이것도 2년 후인 서기 1937년 이후는 신사참배 거부문제로 학교가 폐교의 길로 접하게 되었다. 즉 신사참배 거부 이후 영명학교는 신입생을 받지 않고, 서기 1940년 보통과 19명을 졸업시키고 학교의 문을 닫았다. 서기 1941년 초에 모든 미국 시민은 조선을 떠나라는 더욱 긴박한 일제의 명령이 떨어졌다. 일반 선교사의 재산권 행사는 동결되었다. 이에 따라 호남지방의 남장로교 선교부의 모든 선교사들도 강제 출국 당하였다. 학교부지 등 선교부 재산은 모두 일제에 의해 몰수 당하였다. 이에 영명학교도 예외는 아니었다. 이후 학교 건물은 일본인이 경영하던 북선제지의 노동자 숙소로 사용되다가 서기 1945년 화제로 전소되고 말았다.

166) 동아일보, 1934년 3월 13일자 기사 참고.

제4절 정명여학교의 설립과 그 항일민족운동[167)]

1. 학교설립의 배경

일제(日帝)는 서세동점(西勢東漸)이라는 근대화의 물결에 편승하여 조선식민지 건설이라는 야욕을 안고 한반도에 상륙하여 우선 문호를 개방해 갔다. 그러한 배경하에 목포는 부산, 원산, 인천에 이어 서기 1897년 개항함에 따라 미국 남장로교 선교부는 목포를 '선교전략의 요새로'가 될 수 있음을 생각하고 목포 개항 다음 해인 서기 1898년 목포 선교부를 창설했다. 그리하여 유진벨(Eugene Bell;裵裕祉,배유지) 목사를 회장으로 하고, 해리슨(W.B.Harrison:하위렴) 목사 그리고 나중에 합류한 의사이며 목사인 오웬(C.C.Owen)이 총무로 선임되 목포 선교부를 결성하고 그 본거지는 유진벨 목사의 거주지인 목포의 만복동 86번지(현재의 정명여고 운동중 일대)에 천막을 치고 간이 교회로 이용했다.

유진벨 목사는 그에 앞서 이미 서기 1896년 2월 이눌서 선교사와 함께 선교부지를 매입하는데 약 2,500평이나 되는 부지(현 정명여고를 포함한 양동 88번지 일대)의 당시 공동묘지가 있던 야산을 51달러 주고 매입하였다.

서기 1899년 31세의 노처녀 스트래퍼(Fredrica E, Straeffer:서여사) 선교사가 목포선교부에 부임했다. 그녀는 당시 남녀유별이 분명한 당시의 사회적 상황 속에서 남자 선교사들이 가까이 갈 수 없는 부녀자와 어린이를 상대로 전도를 시작하고 있었다.

또한 서기 1900년에는 여의사 휘팅(Georgiaba Whiting) 양이

167) 목포정명여자중 · 고등학교, 貞明100年史, 2003, 60~139면을 대본으로 하여 필자 나름대로 재구성 하였음을 말해 둔다.

오엔 목사와 결혼해 목포에서 선교사로 활동하게 되었다. 이렇듯 여자 선교사들이 목포에서 생활하면서 목포지방 여성교육의 터전을 자연스럽게 형성하고 있었다.

초창기의 선교활동이 대부분 그렇듯 남자 선교사들은 말을 타고 시골 구석 구석 다니며 전도에 열을 올렸고, 찾아오는 신도들을 맞이 장막을 치고 그 속에서 예배를 드리는 등 많은 어려움을 겪어야 했다. 그러나 이들 선교사들의 투철한 선교 정신과 끈질긴 노력으로 교인들이 하나 둘씩 늘어 갔다. 그리하여 1년 후인 서기 1899년 가을에는 주일예배 참석자가 30여 명에 이르렀고, 그 이듬 해에는 배 이상으로 늘어났다. 그중에는 부녀자와 어린이들도 많이 찾아왔다.

교회성장은 교육과 직결되고 학교교육의 성장을 가져오게 된다. 특히 네비우스 정책에 밝혀진 대로 여성을 대상으로 한 선교에 중점을 두었던 그 시기에 여성교육은 더욱 중요한 원인이 되었다. 아무튼 우리나라의 개신교의 전래 과정에서 학교 설립의 형식을 간결하게 표현한 "교회 옆에 학교"라는 말이 퍽 마음에 와 닿는다.

우리나라에 온 선교사들의 활동은 크게 보아 복음 선교와 학교 및 병원의 설립으로 요약할 수 있다. 이중 학교와 병원설비는 복음설교를 위한 방편으로 시작된 것이었다. 따라서 우리 나라의 기독계 학교와 병원 설립은 복음선교의 종속적인 것이었다.

초창기 목표 선교부에 세 번째로 부임한 스트레퍼 선교사는 도착하자마자 거리로 나와 골목에서 만나는 어린이들을 자기의 집으로 불러 모아 동화를 들려주기도 하고 율동과 찬송가로 아이들과 함께 어울리기 시작했다. 이와 같은 그의 행위는 아동들에게 호기심을 유발해 이들의 낯선 마음을 풀어주기 위한 교육방법의 하나도 되겠지만 실은 그녀는 아동교육에 대한 특별한 관심의 표현이기도 했다. 그것은 그녀가 목포선교부로 올 때 부녀자와 어린이에게 전도하는 임무를 띠고 왔기 때문이다.

선교부는 주변 마을의 전도와 함께 이미 세워졌던 목포교회 신도들의 자녀교육도 맡아야 했다. 여기에서 스트레퍼 선교사는 이들 어린이에게 성경 이야기를 들려주거나 찬송가를 가르치기도 했다.

교회안에는 '주일학교'가 있었고, 평일에도 부녀자들과 어린이들이 모이는 '주간학교(Day school)'도 바로 이것이 전남지방 최초의 여학교가 창립되는 계기가 되었다.

그런데 목포 선교부에서는 예기치 못한 일들이 서기 1901년에 벌어졌다. 그것은 유배지 목사가 잠시 전주에 있던 사이에 그의 부인 로티(Lottie) 선교사가 심장마비로 사망하였다. 그리하여 배유지는 그녀를 서울의 외국인 묘지에 장례하고, 다섯 살의 아들과 두 살의 딸을 데리고 본국으로 귀국하고 말았다. 배유지 목사가 떠난 목포에서 고전분투하던 오원 부부도 그로부터 1년이 채 못되어 신병치료차 본국으로 귀국하고 말아 목포 선교부에는 여성인 스트레퍼 선교사 혼자 남게 되어 부득이 선교부를 일시 폐쇄하고, 그녀는 본국으로 귀환, 잠깐의 휴가를 보내게 되었다. 그로부터 6개월 후 한국선교본부에서는 휴가를 마치고 돌아오는 레이놀즈(이눌서) 목사를 목포에 파견하여 배유지 목사와 오웬 의사가 돌아올 때까지 임시로 목포 선교부를 이끌게 한다.

서기 1902년 배유지 목사와 오웬 의사가 돌아오고, 이 무렵(일설은 서기 1903년) 스트레퍼도 다시 목포에 도착한 것으로 보여진다. 이 무렵 교회의 교인도 증가하여 200여 명을 수용하는 목포 최초의 양옥 예배당을 그것도 갓 믿음이 생긴 신도들의 힘으로 양동교회를 건립한 것도 그 때였다. 교인이 증가하면서 선교사들도 더 많은 일을 해야만 했다. 이어 프레스톤(John Preston) 목사 부부가 증파되어 목포 선교부의 발길도 빨라지고 있었다.

스트레퍼 선교사는 본격적으로 교육사업을 시작했다. 학교설립에 대한 기대와 분위기가 무르익어감을 우리는 다음과 같은 글에서 인식할 수 있다.

이듬해 나의 계획은 어린이 날(필자 주; 현재의 어린이 날이 아님)에 오랫동안 우리에게 절실히 필요했던 학교를 개설하는 것이었다. 많은 기독교인들은 몇 달 동안 학교 개설을 요구하였으며, 그들은 학교 개설 시기가 곧 올 것이라고 믿고 있었다. 우리는 이미 학교 사역을 할 수 있는 건물을 확보하고 있었다. 만약 학교 사역을 담당할 사람이 없다면 지금 나의 개인적인 조력자인 변 형제가 그 일을 담당할 수 있으며, 동시에 전도사역에 뿐만 아니라 소년들을 위한 학교에서도 사용할 수 있을 것이다. 특히 내가 다른 시골 지역에 대한 사역으로 인한 부재중에 학교사업을 감당할 수 있을 것이다.[168)]

2. 정명여학교(貞明女學校)의 창립과 그 발전 : 전남지역 최초의 여학교

교회에서 학생들이 많아지면서 서기 1903년 유진벨 목사는 남학생들만 따로 모아 자신의 사랑채에서 학생을 가르치고,[169)] 스트레퍼 선교사는 유진벨 목사의 문간채에서 여자 어린이들을 맡았다.

---

168) 1903. 8. 367P, Report of the SPM in Korea-양동제일교회 100년사; 김수진.

169) 여기서 목포영흥학교의 역사가 시작하고 있지만, 필자는 본서를 집필하면서 영흥학교의 자료를 학교측에 요구한 바 있으나. 학교측 행정실장은 유선상으로 본교가 정명학교와 분리되어 나오면서 자료를 챙기지 못하여 별 자료를 보관하고 있지 않다고 하는바, 따라서 본서의 집필에서는 영흥학교에 관하여 기술할 수 없어 퍽 안타깝기만 하다.

한 걸음 더 나아가 유진벨 목사는 남, 여를 구별해서 학교를 창립하기로 선교본부에 결정을 보고 당 년인 서기 1903년 10월 28일(음 9월 9일) 교회지도자들이 모인 선교회의에서 학생들의 교육을 담당할 남, 녀 각각의 학교를 창립할 것을 결정하였다. 지금의 정명여고 전신인 목포여학교와 영흥중고 전신인 목포학교가 각각 창립되어 교회에서 학교가 조직, 분리되기에 이른 것이다. 이어 11월 3일(음 9월 15일), 정명학교와 영흥학교를 개교하기에 이른다. 이 두 학교는 이미 스트레퍼 선교사와 배유지 목사가 몇몇의 학생들을 가지고 있었기 때문에 개교과정이 한결 수월했던 것으로 보여진다. 이 때를 학교 개교 시점으로 보는 것이 일반적이다.

이리하여 개교후 초대 교장에는 스트레퍼 교사가 취임하였다, 학교 개교후 스트레퍼 교장은 목포 인근지역을 순회하는 선교사역을 통해 학생들을 적극적으로 늘려나갔다. 그 당시는 정식 교원도 교사(校舍)도 없는 상태였다. 그 당시의 상황에 대해 서기 1930년 발간된 《목포부사(木浦府史)》는 다음과 같이 전해주고 있다.

명칭은 목포여학교라 하였으나 전연 하나의 사숙(私塾)에 부과하며 근대의 소위 학교체제에는 미치지 못하며, 학생 또한 10여 명에 불과하고, 교장 시여시, 교사 조긍남(趙 兢南 : 필자 주, 목포부사에서는 趙辣南으로 표기) 두 사람에 의해서 교무가 처리되었다. 그 당시 스트레퍼 교장은 보통과에 입학한 소녀들에게 성경, 찬송가 등을 통해 사랑과 청결, 관용 등 윤리적인 문제를 많이 가르쳤다고 한다.

개교한 그 다음 해인 서기 1904년 봄이었다. 목포선교회 입장에서는 앞서 말한 바와 같이 이미 200여 명 수용 가능한 교회도 현대식으로 마련했고, 2개의 학교 즉 여학교와 남학교를 개교하는 등 그 어느 때 보다도 보람된 한 해(서기 1903년)를 보냈으나 목포선교회의 입장으로서는 난처한 일이 생겼다. 그것은 바로 서기 1904년 봄, 선교회 연회(정기총회의 일종)에서는 광주선교부의 설치를 결정하고 아울러 그곳의 책임자로 배유지 목사와 오웬 의사를 임명했다는 사실이다. 선교회 연회 입장으로서는 광주선교부 신설에 목포선교부의 성공적인 경험을 창출했던 배유지 목사와 오웬의 경험을 이용하자는 것이었다. 당시로서는 광주선교부의 성공 여부는 아주 중대한 문제였다. 반대로 이들의 전임으로 목포선교부는 흔들리지 않을 수 없는 상황이었다. 더욱이 학교 교육에 있어 개교하는데 중심적 역할을 했던 인물의 타지방으로의 전임은 크나큰 낭패가 아닐 수 없다. 당시 스트레퍼 교장이 목포에서 시작한 그동안의 교육사업의 성과 이야기와 목포선교부의 선교사들의 광주선교부로의 전임을 거부하는 그 당시의 상황을 서기 1905년 《The missonary(선교사)》지 7월호에서 'Fact from Korea(한국의 진상)' 에서 소상히 밝히고 있다.[170)]

위의 글 내용에서 보면, 여학교 학생이 25~30명이었다는 사실과 스트레퍼도 광주선교부로 전임하게 되고, 또한 그녀는 선교회 연회의 결정을 거부한 사실과 또한 결국은 그녀도 광주선교부 산하 광주의 첫 의료기관인 제중원(濟衆院;현재의 광주기독병원)으로 전임되어 간호업무를 맡았던 것을 인식할 수 있다.

이러한 당시의 목포선교부의 상황에서 여학교는 정상운영이 되지 않는 상태에서 서기 1904년부터 잠정적 휴교에 들어가게 되었고, 변요한 선교사가 목포선교부를 맡으면서 당연히 영흥과 정명의 학교운영도 맡게 되는데, 변요한 선교사가 영흥학교 교장으로, 그리고 그의 부인 변부인은 정명여학교 교장으로 취임하게 되면서 (서기 1906년 3월) 정명여학교는 복교된 것으로 보인다. 이 점은 "스트레퍼가 사임한 정명여학교는 변부인이 올 때까지 2년간 휴교하게 되었다."는 서기 1930년 발행된 《목포부사》가 증언해주고 있다. 변요한 선교사도 목포선교부에 오래 머물지 못했다. 그는

170) 원문의 번역 내용은 목포정명여자중 · 고등학교, 같은 책, 76면, 78면 참조.

서기 1907년에 광주선교부로 자리를 옮기고, 그 다음 해에는 광주 숭일학교 교장으로 임명되었다.

변요한 선교사가 광주로 떠나게 되자 목포선교부는 하위렴(W.B. Harrison)[171] 목사를 선교부의 새 책임자로 맞이하게 되었다. 하위렴 선교사가 목포에 부임하게 되자, 목포선교부는 크게 고무되고 환영하였다. 그는 전주에서 이미 놀라운 선교 성과를 거두었고, 우리 말도 유창하여 목포선교부에 활력이 될 것으로 기대되었기 때문이다.

또한 하위렴 목사의 부인(하부인;Mrs. Harrison)이 정명여학교의 책임자가 되었다. 변부인과 하부인이 각각 1년씩 학교를 맡고 있는 동안 교육과 전도에 힘써왔다. 그 결과 교인과 학생 수가 증가하였다. 서기 1908년에는 다시 처녀 선교사인 마틴(Miss J.A. Martin; 마여사, 마율리)이 학교 책임자가 되었다. 마틴 교장은 부임하면서 더 많은 학생을 수용할 수 있는 본교 최초의 본관 건물을 신축하였고, 서기 1911년에는 다시 8천원의 건축비를 조성하여 105평의 석조 건물 2층의 신축공사를 시작, 그 다음 해 1월에 전남지방 최초의 정식 여학교 건물이 들어서게 되었다.

제2대 교장 변부인 때부터 제4대 교장 마여사 시기까지는 학교의 틀이 갖추어지는 시기였다. 그 전까지는 주일학교 수준이었다. 이 시기로부터 선교회는 교육 봉사를 더욱 강화하는데 유애나(Mrs. J.S. Nisbet;1869~1920)[172] 교장의 부임으로 본교는 발전의 전환기를 맞이하게 된다.

유애나 교장은 정식 교사자격증을 가진 최초의 교장이었던 바,

---

171) 하위렴 목사는 배유지 목사와 함께 전라도 선교여행을 하며 나주선교부 설치를 위해 활동했던 그는 배유지 목사가 목포로 내려올 때 군산으로 가서 선교활동을 하고 있었다. 그런데 서기 1907년 변요한 선교사가 광주로 떠나게 되자 그 후임으로 목포선교부를 맡아 운영하게 되었다.

172) 유서백(Rev. J. S. Nisbet)목사의 부인으로 서기 1906년 한국 선교사로 파송되고, 서기 1909년부터 10년간 본교 교장으로 재직.

이후 본교를 정규학교로 개편하고 고등과(현재의 중학교 과정)를 설치하고 교사를 신축하는 한편 교육과정을 제정, 학교의 체계를 완성하는 일을 담당하였다. 정명여학교의 첫 번째 부흥기를 닦은 셈이다.

유애나 교장은 남편 유서백 목사와 아주 헌신적으로 봉사하였고, 부부로시 역시 학생들을 봅시 사랑하기도 했다.

본교 제2회 보통과 졸업생 박화성 소설가는 특히 그 남편 유목사는 음악에 조예가 깊어 영국 웨일즈 지방의 민요로 짐작되는 서양곡을 따고 당시 본교 교사인 송헌영 선생이 가사를 쓴 교가를 만들어 부르기도 하였다고 증언하고 있다.[173)]

본교는 하나의 학교로서 면모로 갖추워 가면서 마침내 유애나 교장 부임 1년 뒤인 서기 1911년 첫 번째로 정규과정을 모두 마친 졸업생을 4명을 배출하였다. 졸업생 박애순과 최자혜는 상급학교에 진학하여 학업을 계속하고 졸업후 교사가 되어 여성을 깨우쳐 가정에서 사회로 끄집어냈다. 특히 박애순은 본교를 졸업한 뒤, 광주 수피아여학교 고등과로 진학, 거기서도 제1회로 졸업하여 양교를 모두 첫 번 째로 졸업하였다. 그녀는 학교 졸업후 수피아여학교 교사로 부임하여 오랫동안 후배들을 가르쳤고, 3.1운동 때는 학생들과 함께 상당한 고초를 겪기도 했다.

서기 1912년 봄에는 본교는 최초의 정식교사라 할 수 있는 2층 석조건물이 완공되고 보통과 제2회 졸업생 모두 9명을 배출하였다. 그리고 당 년에는 2년제 고등과를 신설하기도 했다. 연령은 11세로부터 23세 이르는 연령의 기폭이 심했고, 교표도, 교복도 없는 학교생활로 찬송가를 부르며 영어와 한문, 일본어, 가사 등을

173) 목포정명여자중 · 고등학교, 같은 책, 82면.

배웠다. 졸업생 중에는 우리의 기억에 쉽게 와 닿는 소설가 박화성도 있었다.

동교 최초의 동아리 '총란회(叢蘭會)'가 생긴 것도 이 무렵이었다. 서기 1914년에는 마침내 고등과 1회가 졸업식을 가졌고, 보통과도 4회째 졸업생을 배출하게 되었다

이어 같은 해에 6월 학제변경으로 보통과 4년, 고등과 4년으로 개편되고, 교명도 '사립 정명여학교(私立 貞明女學校)'로 개명하여 설립인가를 받았다.

일제는 특히 사학(私學)에 탄압이 심하였다. 서기 1915년 '개정사립학교령'이다. 특히 이른바 지정학교의 문제인데, 이점은 전주 신흥학교와 광주수피아여학교 경우에 설명했기에 여기서는 약하기로 한다.

3. 정명과 3.1운동

'8일 오후 1시 15분경에 창평정 근처에서 별안간 4명의 야소교학교 여생도가 몰려나오며 손에 한국기를 들고 만세를 부르는 것을 경관이 잡아 본서로 이치하였는데 그날밤 목포시중의 무장은 의연하더라' 고 보도 한다. 이어 12일에도 속보를 통해 목포는 8일 밤에 야소교 경영의 정신여학교(필자 주; 정명여학교의 발 못 표현) 졸업생 약 40여 명이 운동을 개시하였으나 관원이 출장하여 제지하고 주모자를 았다더라.

위 글은 당시 조선총독부 기관지인 매일신보의 서기 1919년 4월 11일자 보도 기사이다. 여기서 우리는 목포지방의 3.1운동의 중심엔 정명여학교가 있었음을 금새 인식할 수 있다. 그리고 또 이어 동 지는,

목포는 지난 8일 이래로 볼온한 형세가 되어 각 상점은 오전 중에 철시

하고 그 이튿날 9일에도 오전 중 폐점되었는데 양일간의 관헌의 활동으로 선동자 20여 명을 포박가고 일본군대가 오는 등 더욱 엄중하 때문에 형제는 저차로 평온해지는 모양이더라.[174]

이로 보면, 여기 그 당시의 목포 시내의 팽팽한 긴장감과 그것이 며칠간 계속되었을 것이라는 것도 우리는 베제할 수 없다.

당시 목포에서 만세운동을 주도적으로 벌일 수 있는 연연층이 분포한 학교로는 본교외에도 같은 선교부의 영흥학교가 있었다.

목포의 만세운동은 4월 8일에 최초로 일어난 것은 아니다. 이미 같은 해 3월 25일자 신문에서는 "목포에서 20일 다수의 군중이 시위운동을 시작하였는데 목표경찰서장과 군수가 간절히 설유하여 해산하였더라."라고 기록하고 있다.

서울에서의 3.1운동의 여파가 20여일 만에 전국적으로 번지며 마침내 목포에도 3월 20일, 만세운동의 불이 붙은 것이다. 그러나 그때까지만 해도 여러 가지로 준비도 부족했을 뿐만 아니라 참여율도 그다지 높지 않아서 군수가 나서므로써 쉽게 진정시킬 수 있었던 것인다. 이날의 움직임에 대해서는 우발적이라는 일부의 견해도 있는데, 그것은 목포의 만세운동은 이미 2월 중순부터 치밀하게 준비되고 있었으며, 이들은 거사일을 4월로 잡고 있었는데 이들과는 달리 갑작스레 만세운동이 일어났기 때문이다.

본교에서도 그 무렵에는 학교 내에서 태극기를 만들고 있었다. 거사일에 맞추어 각 단체별로 일을 부담하여 이에 필요한 여러 준비를 하고 태극기를 만드는 일부터 나누는 일까지 학교 내에서 선배들이 직접 진행해 나가고 있었다.

174) 매일신보, 1919년 4월 14일자.

(목포의 만세운동) 3월 10일 광주에 있었던 만세운동은 수피아, 숭일학교가 중심이 되었다. 이보다는 늦기는 했지만 목포에서의 만세운동 역시 양동교회와 본교가 중심이 되었다. 이경필(李敬弼) 목사를 비롯 서기현(徐岐峴) 장로, 서화일(徐華一) 집사, 양병진(梁炳辰) 집사 양인식 집사, 양일석 집사 등과 함께 본교 1회 졸업생 최자혜와 그 외 이금전, 김인엽, 김보현 등이 서기현 장로 집에 본부를 두고 거사를 준비하였다.

정명학교의 학생동원은 김진엽, 최자혜가 영흥학교의 경우는 동교 졸업생인 양일석이, 교인동원은 이경필 목사가 각각 맡았다.

거사를 준비하는 동안에 광주에서는 독립운동에 대한 목포지역의 관심을 환기시키기 위해 몇몇 인사들에게 ① 독립선언서 사본, ② 2.8독립선언서 사본, ③ 비밀지하신문 2부(조선독립신문 제1호, 1919년 3월 11일자 각각 1부, ④ 격문, ⑤ 독립가 등의 인쇄물을 봉투에 봉하여 은밀히 전해 주었다. 그중의 하나가 본교 7대 교장 김아각 목사에게 전해졌다. 봉투에는 '金牧師'[175]이라고 씌여 있어 이 점은 직접 김목사에게 전달되었다는 것을 말해주고 있다. 이 점은 당시 외국인 선교사들이 우리 민족에게 주는 신뢰가 어떻했는지를 엿보이게 해주는 대목이라고 할 것이다.

만세운동을 위해 가장 필요한 도구는 태극기였던 바, 학생들은 교내에서 태극기를 만드는 일에 착수했다.

태극기는 당시 본교에 재직 중이던 한문교사 곽우영(郭宇盈)이 그려준 원형을 본따서 목판에 4괘와 태극을 칼로 조각하여 이에 한지를 펴고 솜방망이로 목판을 두둘겨 박아낸 다음 물감을 칠해서 복사했다. 이 작업은 주로 기숙사와 지하실에서 진행되었다.

175) 이 봉투는 그로부터 64년후인 서기 1983년 2월 24일 똥교 교무실 천정 보수작업중에 발견되었던 바, 이는 현재 독립기념관에 보관되어 있다.

당시 유애나 교장은 학생들을 보호하기 위해 태극기를 만들고 있는 학생들을 만류하며 일일이 둘러보고 조심을 당부하고 다녔는데, 비대한 몸으로 좁은 기숙사 2층 계단을 내려오다 떨어져 크게 다치게 되었다. 이 사고를 계기로 결국 동 교장은 1년여 앓다가 서기 1920년 2월 21에 사망하였다.

어려움 속에 만들어진 태극기를 학생들은 둘둘 말아 보자기에 쌓아 어린아이처럼 만든 다음, 등에 업어서 양동교회와 교인의 집에 운공라였다. 양동의 부잣집 새댁인 최마리아는 빈 물통에 태극기를 담아서 밤이면 머리에 이고 운반하기도 하였다.

드디어 거사일인 4월 8일[176] 오전 2교시 수업이 끝나고 15분 동안 운동시간이었는데 영흥학교 학생 김옥남이 울린 비상 종소리를 신호로 양교 학생 2백여 명과 양동교회 교인들이 삽시간에 태극기를 흔들며, 또 독립선언서를 뿌리면서 시가행진에 돌입하였다.

본교에서는 최자혜, 이금전, 김보현, 이능덕, 강(康)지성, 김영순, 이복점 등이 학생들을 지휘하고, 영흥학교에서는 양일석, 비상종을 울린 김옥남 그리고 김상원, 안병선, 윤듀황 등이 선두에 나서 지휘하였다.

그때 양동교회 측에서는 이경필 목사와 서시현 장로를 중심으로 여러 교인들이 합세하였다. 학생들은 정문을 벗어나 프렌치병원(현, 양동제일교회 자리)을 지나 동화고무공작을 거치면서 길가는 시민들을 끌어들임으로써 세(勢)가 더욱 불어났다. 이어 재판소 앞을 지나 산수정(현, 유달동 근방)까지 행진하면서 태극기를 흔들고 만세를 불렀다. 순식간에 목포 시내는 함성과 소요로 술렁였고, 일제 경찰도 재빠르게 움직이면서 학생과 시민을 붙잡기 시작하였

176) 한국기독교 100사 등 일부의 자료에서는 3월 21일로 기록되고 있으나 최근의 자료나 당시의 신문 자료는 4월 8일로 보도하고 있다.

다. 일제 경찰들은 쏟아져 나오는 여학생들의 댕기를 두세 겹씩 휘어잡아 내동이치며 진압하였다. 이때 본교의 교사였던 김마르다 선생은 어린 여학생을 두둘겨 패는 일제 경찰에 항의하며 "차라리 내 가슴에 총을 쏴라" 대들었다가 체포당하기까지 하였다. 내 조국 내 강토에서 일제의 순사에 묶여가야 하는 그 광경을 생각해 보라! 기가 차지 않는가?

이날 체포된 교인과 학생들은 2백여 명이 넘었으며, 수용한계를 넘어서 영흥학교 윤남하를 비롯한 여학생들은 훈방조치하고 1백여 명을 구속시켰다.

본교에서는 최자혜 선생을 비롯 다수의 졸업생과 재학생들이 목포형무소에 수감되어 부득이 정상적인 학교일정이 진행되지 못하고, 결국은 임시휴교에 들어갔다. 이로 인해 서기 1920년부터 서기 1922년까지는 고등과 졸업생을 배출하지 못하였다.

당시 이 일로 구속된 본교 교사와 학생들은 무려 15명이나 되었다.

(정명학생 만세시위;일명 목포만세사건) 4.8만세 운동의 여파는 계속되었다. 서기 1921년 11월 13일 오후 기숙사에는 천귀례, 문복금, 김연순, 박복술, 곽선주, 김정현, 김나열, 박음전, 주유금, 김옥실, 김귀남, 김자현, 김정애 등이 모인다. 평소 동아일보를 구독하던 천귀례는 이날, 미국 백악관에서 태평양 연안 여러 나라의 영원한 평화를 위해 각국의 전권 위원이 회동한다는 내용과 여기에 조선대표단도 파견된다는 기사를 읽었다. 학생들은 태평양회의에서 조선의 대표단이 조선독립의 필요성을 역설할 수 있도록 적극적인 성원이 필요할 것으로 판단하고 만세운동을 계획하였다.

이들은 다음날인 11월 14일 정오에 각자 태극기를 들고 교문 밖으로 나가서 목포 시내를 행진하며 만세를 부르기로 계획하였다. 이를 위해 그날 밤 기숙사에서 태극기 수 십매를 제작계획하였다.

14일 오전 수업이 끝나고 정오를 알리는 싸이렌 소리가 있자 이들은 각기 태극기를 들고 학교 정문을 나섰다. 이 때 김정애와 김나열은 그들의 어머니가 정문에서 말리는 바람에 운동에 참여하지 못하고 나머지 11명은 각기 휴대한 태극기를 흔들면서 조선독립 만세를 외치며 남교동 방향으로 행진하였다. 이 과정에서 이남순, 이다애 등 몇몇 학생들이 대열에 합류하였다. 행진은 남교동에서 죽동을 거쳐 창평정, 대정정으로 진행하였다. 이 시각 학교 내에서는 김홍금 등 십여 명의 학생들이 태극기를 들고 후문을 나와 무리를 이루고 대성동 방면으로 행진을 시도하였다.

일제 경찰들은 곧 출동해서 시위 참여 학생 모두를 체포하였다. 그 날의 정명학교 시위는 영흥학교 학생을 자극해서 다음날 영흥학교 졸업생과 학생들도 만세시위에 참여하도록 이끌어냈다.

이틀간의 시위로 천귀례 등 11명이 구속되고, 영흥학교 측에서는 졸업생 양일석 등 5명이 구속되었다.

동 사건과 관련하여 목포재판소에서는 다음과 같이 판결하였다.[177)]

천귀례(18세) 징역 6월, 곽희주(19세) 징역 10월, 박음전(15세) 징역 6월, 문복금(17세) 징영 10월, 김연순(16세) 징역 10월, 박복술(19세) 징역 10월, 주윤애(19세) 징역 10월, 김옥보(17세) 징역 6월, 김현정(16세) 징역 6월, 김귀남(21세) 징역 6월, 이남순(18세) 징역 6월에 처했던 바 모두 정명여학교 학생들이었다.

이들은 대구복심법원에 항소했으나 모두 기각되고 말았다. 공판정에서 학생들은 연약한 여학생이었으나 너무나도 당당하고 자랑

---

177) 동아일보, 1922년1월 23일자 관련기사 참조.

스러웠다.[178)]

그러나 거듭된 만세운동으로 학교 분위기는 뒤숭숭했고, 급기야는 휴교에 들어가고 말았다.[179)]

4. 정명의 항일 학생운동

(정명 맹휴사건) 연이은 만세운동으로 일제의 눈으로는 본교에 예민하게 보던차에 한 교사의 학생 구타에 대한 반발로 학생들이 '폭력교사 해임'을 요구하는 교장(선교사)과의 면담을 요구하며 농성을 벌이다가 마침내는 등교거부로까지 이어졌다. 동 사건은 주춤주춤 시그러드는듯 하다가 다시 논쟁의 대상이 되기를 번복하며 일년동안 당시 목포지역사회 면의 주요 이슈로 다루어질 정도였다. 결국 단순한 교사의 체벌 문제일 수 있었던 일이 서양인 목사가 학생을 구타한 것으로 비화되고 급기야 지역사회에서는 미국인 선교사 성토대회로 이어졌다. 정치적 요소가 배제된 자발적인 시민의 움직임만으로 보기엔 무리가 따르는 대목이다.

동 사건을 계기로 이용준 교사의 해임과 4명의 학생 복구를 요구하며 380여 명의 여학생이 등교를 계속 거부하자 3월에 부임한 조마구레(Magaret Hopper) 교장이 수습에 나서면서 동 사건은 일단락되는 듯 했으나 또다시 맥머피(McMurphy) 목사가 학생을 구타하고 기숙사생들을 퇴거시켰다는 것이다.[180)]

동 동맹휴학사건은 당시로서는 보기 드물게 중요한 사회 이슈가 되었다. 동아일보를 비롯한 여러 신문이 비중 있게 다루었고 심지어 독자 컬럼란을 통해서는 기독교의 교리논쟁으로까지 이어졌

178) 동아일보, 1922년 3월 2일자 관련기사 참조.
179) 동아일보, 1922년 9월 3일자 관련기사 참조.
180) 동아일보, 1925년 6월 18일자, 6월 28일자 관련기사 참조.

다.[181)]

(학생독립운동) 서기 1922년 11월 3일 발생한 광주핵생운동 발발 4일 뒤인 서기 11월 7일이었다. 그 날 목포의 북교동 이 모 씨의 집에 몇몇 학생들이 모여 광주학생사건의 진상을 알아보고 '조선인의 학생' 차원에서 해야 할 일이 무엇인가를 찾아보자는 논의 벌어지고 있었다. 이를 보면 목포지방에서는 어느 지역보다도 빠르게 광주학생운동을 인지하고 있었던 것으로 보인다. 우선 그 들 중 두 사람이 광주에 나가 사정을 확인하였고 이와 아울러 광주고보생들은 이들 두 사람에게 목포의 학생들도 협력해 줄 것을 요청하고 사건의 개요와 행동지침을 담은 격문을 전달하였다.

광주의 분위기를 전해 들은 학생 16명은 11월 14일 다시 모임을 갖고 "광주 학생사건으로 조선인 생도만을 다수 검거한 것은 민족차별로 인한 편파적이고 가혹한 조치이므로 우리는 이것에 대해 반항해 바로 잡는데 온 힘을 모은다."고 결의하고 거사 일을 5일 뒤인 11월 19일로 정하였다.

그 사이 대표 학생들은 목포시내 전 조선인 학생들을 규합하기 위한 전단과 태극기 제작에 돌입하였다. 11월 19일 오전 9시 학생들은 미리 제작한 전단과 대형 태극기 3개, 소형 태극기 130개를 들고 아침에 등교하는 일반 조선인 학생들에게 전단을 뿌리며 "이번 광주 학생사건으로 조선인 학생들이 다수 검거되었으니, 그들의 석방을 강요하기 위해 오늘 시위운동에 참가하자"고 선동하였다.

일반학생들도 이에 금새 동조하여 그날 오후 1시 정명여학교 앞에서 거사는 시작되었다.

181) 동아일보, 1925년 7월 6일자, 7일자, '자유의 종' 란 참고.

그 자리에 집결했던 학생들은 대략 1백여 명, 대형 태극기를 선두로 하여 소형 태극기를 흔들며 행진에 나선 학생들은 제작한 전단을 길거리에 뿌리며 양동, 남교동, 무안통 등지를 지나 목포 역전에 이르러 독립가를 제창하였다.

(정명여학교 시위계획사건) 광주학생사건에 대한 일제의 불공정한 처리로 전국 각지에서 연이은 시위가 계속되면서 조선 학생들의 울분은 해를 넘기고 있었다. 서기 1930년 2월 7일, 최이순, 서금복, 박순덕, 강안식, 송영은 등은 학교 진입로 곳곳에 숨어 전교생이 등교하는 오전 9시를 기다렸다. 이들은 광주학생운동으로 구속된 조선학생을 속히 석방하고 조선학생과 일본인학생과의 차별을 철폐할 것 등을 요구하기 위해 학생들이 모두 등교하면 일제히 만세를 부르며 목포시내로 행진할 계획이었다. 모든 준비를 마치고 작은 신호만 떨어지면 품안의 태극기를 꺼낼 준비를 하고 있었다.

그러나 시간을 기다리는 사람들은 이들만이 아니었다. 이미 그 전날 학생들의 거사 계획을 입수한 목포경찰서 형사들도 학교 주변을 배회하며 수상한 동태를 보이는 몇 몇 학생을 주시하고 있었다. 동 경찰서는 주모 학생들을 체포하기 위해 총동원령을 내린 상태였다.

결국 이날의 거사는 실패로 끝났고 이들 5명의 학생은 전원 연행되었다. 동 경찰서는 학교는 물론 이들의 집을 수색하여 증거물 물을 압수하고, 관련 학생들을 모두 검거하기 위해 혈안이 되었다.

당시 제작되었다가 살포되지 못한 전단의 내용은 다음과 같다.

2천만 우리 동포에게 고(告)함

들어라 동포들이여! 우리 학생의 고애(苦哀)를 생각하여 보라. 2천만 동포여! 시간은 전환(轉換)하여 역사의 수레바퀴는 돌아가는데 어찌하여 홀로 우리들만 변화가 없을까요? 아니 아니 변화할 것이다. 그러므로 다음 조건을 만천하 동포들에게 호소한다.

1. 광주학생사건에 대한 시비를 명확히 할 것.
2. 검속(檢束)된 학생 전부를 일제히 석방할 것.
3. 퇴, 정학(退, 停學)된 학생 전부를 복교시킬 것.

만세! 만세! 우리들 학생 만세!

이 일로 학교는 또다시 임시 휴교하였다.

이날 오후 들어 목포경찰서에서는 김정자, 최인덕, 최금례, 김광남 등 4명이 추가 검거되어 심한 취조를 받은 뒤, 8일 오전 11시경 최이순을 제외한 8명은 모두 석방되었다.

동 사건으로 인하여 목포는 한동안 무거운 긴장이 감돌았다. 동 경찰서는 성사복 경관을 총동원하여 정명여학교 근처는 물론 목포상업학교 인근까지 비상경계를 강화하였다. 이 과정에서 9일 목포상업학교 3학년 박종대, 정병칠, 송경택 등 3명이 추가로 검거되었다. 이들의 검거는 정명여학교와 목포상업학교가 서로 연락을 주고 받았는지에 대한 확인을 위한 것이었다고 한다.[182)]

'목포정명여학교 고등과 생도 시위계획 사건'은 12일 오전 11시 주모자 격인 최인선의 석방과 함께 나중에 구속된 상업학교의 박종대, 송경택, 정병칠 4인의 석방으로 마무리 되었으나 동 사건으로, 임시휴교에 들어간 정명여학교의 정확한 개교일자는 알려지지 않고 있다.

---

182) 동아일보, 1930년 2월 13일자 관련기사 참조.

(마지막 졸업, 고등과 19회) 동교는 서기 1935년 고등과가 2년제 가사과로 개편되면서 당시 4학년들은 그 다음 해 3월 졸업식(고등과 19회)를 갖는다. 그러나 2, 3학년 학생들은 본교에서 계속 수업할 수 없는 관계로 타 학교로 전학시키고, 본교는 가사과 1학년만을 존치 시켰다.

고등과 19회가 졸업식을 갖인 후 남은 가사과 학생들은 4월에 2학년으로 진급하고, 이들은 서기 1937년 졸업하게 되나 정식 졸업식은 없었다. 다만 가사과로 졸업하는 학생들은 고등과 20회로 차영례, 손길순 두 학생이 졸업 예정이었으나 졸업식을 가지 못해 그 후 서기 1983년 동교 에서는 그 가족들에게 별도의 명예 졸업장을 수여한 바 있다.

5. 신사참배 강요와 폐교

주지하는 바와 같이, 일제의 제2차 조선교육령의 주요 골자는 이른바 '내선일체(內鮮一體)' 라는 명목하에 조선의 언어, 문화, 종교를 말살하는 것이었다. 이것은 표면상으로는 이른바 '문화정치' 라는 고등 기만정책을 실시했지만, 이는 결국 일본화의 추구였다.

그런데 일본의 이 같은 정책에 큰 걸림돌이 되었던 것의 하나는 바로 외국인인 선교사가 운영하는 미션스쿨 즉 기독교계 학교였다. 일제는 미션스쿨에 대해서도 일방적으로 신사참배(神社參拜)를 강요했다.

선교를 목표로 하는 미션스쿨의 입장에서는 이 문제는 해결하기 힘든 문제 였다. 신사참배를 허용하여 학교를 운영하는 것은 애초의 목적에 어긋나는 일이었다. 선교사(宣教師)들은 기독교 종교의 특성을 들어 강제적인 신사참배는 있을 수 없는 일이라고 항의했지만 일제 당국에게는 타협의 의지는 전혀 없었다.

그렇지 않아도 서기 1919년 이후 학생들의 독립을 위한 시위가 곳곳에서 통제하기 어려울 만큼 자주 있어 왔기에 당국의 박해와 감시가 그 강도를 더더욱 높여 가고 있었는데, 거기에 더하여 신사참배의 강요는 이제는 더욱 강한 저항에 부딛치게 되었고, 이를 계기로 일제 당국은 오히려 미션스쿨을 더욱 통제하려 하였다. 그리하여 서기 1936년 10월부터는 무장한 경찰들이 교내에 까지 드나들며 신사참배를 강력하게 요구하고 협박도 서슴치 않았다. 그에 따라 학교의 입장도 더욱 완강해 갔다. 급기야는 폐교마져도 주저하지 안았다.

서기 1936년 11월, 미국 남장로교 소속인 본교를 비롯한 광주의 수피아여학교, 숭일학교, 목포에서는 영흥학교, 순천에서는 매산학교와 매산여학교, 전주에서는 전주신흥학교와 기전여학교 등 8개 교는 이듬해 3월 졸업식을 끝내고 학교를 폐교하는 것으로 결론을 내렸다. 이리하여 목포에서는 본교와 영흥학교가 폐교될 예정으로 학생들이 배움을 중단해야 하는 중대한 위기에 놓였다. 그러나 서기 1936년, 해를 넘기도록 별다른 대책을 마련하지 못하였다. 특히 본교의 경우 신사참배 강요가 해제되지 않는 한 학교 운영의 의미가 없다는 견고한 입장에 따라 이미 폐교가 기정 사실화되는 양상이었다.[183)]

서기 1937년 1월 19일 저녁 7시, 영흥학교 교무실에는 이 문제를 놓고 협의하기 위해 영흥 · 정명 양교의 학부형, 동창회 및 관내 5개 교회 관계자 40여 명이 모였다. 그 날 회의 참석자들은 어

183) 매일신보, 1930년 12월 17일자 관련기사 참조.

떤 수단을 강구해서라도 학교는 지속되어야 한다는데 의견을 모으고, 양교 후원회를 조직, 학교 경영을 지원하고 부득이한 경우 직접 경영하기로까지 뜻을 모았다. 한편 이와 함께 마침 목포를 방문하기로 예정된 남장로교 전도국 총무 훌튼(C. Darby Fullton) 박사를 만나서 지역 실정을 감안해 학교의 폐교를 재고해 줄 것을 요청하기로 하였다.

서기 1937년 3월 2일, 훌톤 박사가 마침내 내한하였다. 훌튼 박사의 입국은 당시 신사참배 강요의 진상파악과 이를 둘러싼 서건처리를 위한 것이었다. 훌튼 박사는 며칠간의 조사 끝에 "신사참배를 하느니 폐교한다. 학생들의 소요가 있으면 즉시 폐교한다."는 요지의 짤막한 성명을 발표하고 그동안의 모든 갈등을 일단락지었다.

그러나 이와 같은 선언의 소식을 들은 학생들은 동요하기 시작하여 급기야는 3월 3일에 폐교 반대를 외치며 학내 시위를 가졌다. 당시는 조마구태 교장은 본국인 미국에 갖기 때문에 영흥교장이던 김아각 목사가 본교 교장을 겸임한 상태였다. 김아각 교장은 이튿날인 3월 4일 "오늘부터 무기한 임시휴교에 들어간다"고 선언하고 교문을 닫았다. 폐교선언과 다를 바 없는 참담한 결정이었다. 이리하여 정명과 영흥의 동창생들과 학부형을 비롯한 300여 명의 시민들이 영흥학교 강당으로 모여들어 긴급회의를 개최하기도 하고 그 외 여러가지 방안이 모색되기도 하였으나, 김아각 교장은 교장대리로서 현안문제에 대하여 결정할 권한 또 없다며 자기의 무기휴교 결정을 견지하였다.

무기휴교의 결정은 있었지만, 이것이 곧 폐교로는 이어지지 않았다. 그리하여 본교는 5월 다시 개학하였다. 그러나 사태가 근본적으로 개선될 여지가 여전히 보이지 않는 까닭에 신입생 모집의 건은 포기하고 말았다. 장기간의 휴교동안 많은 학생들이 일본계 공업학교로 전학하는 사태도 벌어지기도 하였다. 비록 남은 학생들과 함께 교사들의 열성적인 교육은 계속되었으나 학교의 분위기는 많이 침체되고 있었다. 이런 와중에도 일제 당국이 신사참배 강요는 더욱 집요해졌다.

서기 1937년 중일전쟁의 발발로 일제는 결속을 강화하기 위하여 9월 6일을 이른바 '애국일'로 정하고 조선총독부는 이날을 기해 모든 학교는 신사(神社)에 가서 참배하고 승전을 위해 기도하라고 강력 지시하였다. 그리고는 더 나아가 신사에 참배하지 않을 경우에는 강제 폐교시키겠다는 협박까지 하였다.

드디어 9월 6일, 일제 당국은 전국의 2백만여 학생을 동원하여 신사참배를 실시, 한민족의 영혼을 무너뜨리고 있었다.

본교도 더 이상 신사참배를 미룰 수 없는 입장에 처하였다. 그날 남장로회 소속 광주의 수피아 · 숭일, 목포에서는 본교 · 영흥, 순천에서는 매산학교, 전주에서는 기전 · 신흥학교 등의 7개교는 단호히 신사참배를 거부했다. 명예로운 폐교를 택한 것이다.

실제의 조치는 즉각적이었다. 6일 오후까지 참배 여부를 지켜보다가 오후 6시가 넘도록 정명 · 영흥 학생들이 나타나지 않자 그날 오후 7시 강제 폐교를 결정한 것이었다.

이튿날 학생들은 폐교를 예감하며 등교했다. 예감 그대로였다. 어수선한 가운데 오전 10시 전남도 당국으로부터 정식 폐교 명령을 받아들였다. 미국 장로교가 목포항에 들어와 근대교육을 시작한 지 34년만에 꿈을 접는 아쉬운 순간이었다.

이와 관련 당시 조선총독부 학무국장 염원(鹽原)은 "금일의 시국에 있어서 전 조선의 내선인(內鮮人)이 일체로 되어 황군(皇軍:일제의 군대)의 무훈(武勳)을 신사(神社)에 비는 때에 어떠한 이유가 있던지 간에 스스로 이것을 거부하고 참배를 제지하는 것과 같은 태도는 우리로서는 양해할 수 없는 일이다. 앞으로 단호한 방침으로 나아갈 방침은 물론이다"라고 강한 어조로 밝혔다.[184)]

전쟁이 한창 격해지는 시기에 피지배 민족인 한민족도 지배민족인 일본인과 같은 마음으로 전쟁의 승리를 빌어야 한다는 주장인데다가 그것도 일본인의 조상에게 정중히 절을 하며 빌어야 한다는 것은 기독교인으로서 뿐만 아니라 한민족으로서도 이와 같은 조선총독부의 요구를 받아들여야 한다는 것은 지나친 일이라는 차원을 넘어 기가 찰 노릇이었다. 일제의 방침이 단호했던 만큼 정명의 의지 또한 결연해 강제 폐교를 의연하게 받아들이고 더 이상의 구차한 요청 없이 자진 폐교하였다.

학교의 폐교로 인해 정명의 367명의 학생은 목포 제2공립 보통학교로, 영흥의 443명의 학생은 제1공립보통학교로 편입하게 되어 있었으나 이 과정에서 많은 학생들이 아예 배움을 포기하고 가사로 돌아가기도 하였다.

정명여학교는 기독교 학교로서 그동안 험난한 일제강점기라는 상황 속에서도 기독교 정신에 의한 충실한 근대적 교육을 진행해 왔다. 그리하여 큰 소득은 무엇보다도 민족의 자주와 독립을 갈구하는 민족의 역량을 길러온 것이라 할 것이다. 그러지 않고서야 어린 정명여학교 학생들이 어떻게 이미 인식해 온 바의 민족적 역량을 발산하려 했겠는가? 우리는 정명의 역사적 공간속에서도 교육의 위대한 힘을 감지할 수 있을 것이다.

184) 동아일보, 1937년 9월 8일자 관련기사 참조.

제5절 수피아여학교 설립과 그 항일민족운동

1. 배경

기독교의 전라도 전래 과정에서 선교회는 서기 1904년 봄 열린 선교회 연회에서 광주 스테이션(광주 선교부)의 설치를 결정하였고, 서기 1904년 12월 광주에 복음을 전할 배유지(裵裕祉;Eugene Bell, 서기 1868~1925) 선교사와 오원(吳元 또는 吳基元;Clement C. Owen, 서기 1867~1909년) 의사에게 맡겼다. 이들은 당시 목표에서 영산포까지 자그마한 목선을 이용하고, 거기서 광주까지는 교자를 타고 이동하여 도착하였다. 광주선교부는 양림리 동산에 자리 잡았는데, 당시 광주는 5천명 정도(8천명이라고도 함)이었다고 한다.

이들 배유지 목사가 광주에 온 것은 서기 1904년 겨울 12월 20일이었다. 그 당시의 이사온 상황을 부명광(夫明光;Dr.Brown)은 그의 저서에서 상세히 증하고 있다.[185] 다음 해인 서기 1906년 가을 광주 북문 안에 예배당이 완성 되기까지는 양림리 선교부 동산에 시급하게 마련된 배유지 목사의 사택에서 예배를 보았다. 광주의 첫 교회인 광주교회는 이처럼 배유지 목사의 사택에서 출발하여 북문 안에 예배당을 건축하여 북문 안으로 옮겨져 왔고, 그때부터 광주교회를 북문교회 또는 북문안교회라고 불렀다.[186]

배유지 목사와 함께 광주선교부를 창설한 오원 선교사는 목사이면서도 의사였던 관계로 광주에서는 복음선교 외에 의료선교를 일찍 시작하였다. 서기 1904년 내한한 의료선교사 놀란(J. Nolan,

185) Dr.Brown, Mission to KOrea, 61~62면.
186) 김수진, 광주 초대교회사 연구, 37면.

盧難)이 목포를 거쳐 서기 1906년 광주에 와서 양림리에 진료소를 개설한 것이 지금의 기독병원인 광주야소교병원의 시작이다.

당시 광주는 광주군 광주면으로서, 서기 1896년 이래 전남의 도청소재지였지만, 인구는 5천 명(일설은 8천명)에 이르지 못하였다. 동서남북에 성문이 있어 성안 출입을 하였던바, 동문은 지금의 전남여고 쪽에, 서문은 불로동 네거리에, 남문은 도청 옆 충장로 입구에, 북문은 충장로 파출소 옆에 있었다.

2. 수피아여학교의 설립과 그 발전

광주에 선교사부를 창설한 배유지 목사는 미국 켄터기주 출신으로 리치몬드 센튜럴 대학교 켄터기 신학교, 유니온 신학교에서 수학하고, 서기 1894년 4월 목사 안수를 받은 신학박사였다. 그는 그해 6월 결혼하고 서기 1893년 그의 부인과 함께 선교사로 임명받았다. 그리하여 그는 서기 1895년 2월 7일 센프란시스코를 출발하여 일본의 나까사키(長崎)를 거쳐 동년 4월 4일 부산에 잠시 정박한 후 4월 6일 제물포에 도착하였다. 이어 4월 8일 돛단배로 한강을 거슬러 올라가 그 다음 날 서울에 도착하였다.

그는 서울에서 조선어를 공부하며 본격적인 선교활동의 준비를 하다가 서기 1895년 3월 이눌서 선교사와 함께 말을 타고 호남지방 선교지 순회여행을 떠났다. 드디어 서기 1896년 9월에 나주 선교부 설치를 결정하였고, 그 책임자로 배유지 목사가 임명되었다.

광주선교부의 교육사업은 전주나 군산 목포 선교부보다도 늦었다. 이점에 대하여 부라운 목사는 그의 저서에서 다음과 같이 증언하고 있다.

서기 1904년 개설된 광주선교부는 다른 선교부보다 교육사업이 더디게 시작되었다. 1908년 이전까지는 학교사업이 시작되지 못했다. 그 해에 배유지 목사 부부가 작은 문간방에서 세 학생을 데리고 여학교를 시작하였다. 배목사 부인의 어학선생이 여가 시간에 선생으로 봉사하였다. 남학교도 같은 해에 배목사 집 사랑방에서 시작되었다.

1910년 이 두 학교는 타마자(J.V.N. Talmage) 목사와 구애라(Anna Mcqeen) 양이 도착함으로써 더욱 튼튼한 기초를 세웠는데, 이들은 각각 그 학교의 책임을 맡았다.[187]

또 이와는 달리 다른 문헌의 기록도 있다.

광주의 교육사업은 스테이션이 개설된 지 얼마 안 된 1907년에 조선인 직원들의 자녀와 교인들의 자녀를 몰아 놓고 배유지 목사의 사랑방에서 교육을 시작하였다. 1907년 교세가 발전하고 남녀 학생의 수가 증가함으로 여학생은 따로 변요한 목사의 사랑채로 옮겨가고, 남학생은 그대로 머물러 있다가 1908년 2월 1일 구한말 정부로부터 숭일(崇一)이라는 이름으로 인가를 받았다. 숭일이라는 이름은 유일하신 하나님 한 분만을 섬긴다는 뜻이다. 초대 교장에 변요한 목사가 취임하였다. 한편 변요한 목사의ㅣ 사랑채에서 공부한 여학생을 중심으로 해서 1908년 봄에 정식 학교로 출발하게 되었다. 수피아 여학교의 초대 교장은 엄언라(Miss Ella Graham) 선생이 취임하였고, 서기 1911년 미국의 스턴스(Mrs. M.L.Sterms, Jennie Speer)여사의 기금을 받아 희색 벽돌로 3층 교사를 짓고, 그의 이름을 기념하기 위에서 수피아(須彼亞)여학교라 이름하였다.[188]

---

187) G.T. Brown, 같은 책, 68면,

188) 김수진 · 한인수, 한국기독교회사(호남편), 158면, 광주수피아여자중 · 고등학교, 수피아 百年史, 2008, 179–180면, 재인용.

수피아여학교의 첫 학생은 목포에서 올라와 선교부 개설에 힘쓴 김윤수(金允洙)의 딸 김명은(金明恩)과 뒤에 목사가 된 최흥종(崔興琮) 장로의 딸 최 숙, 서병규 장로의 장녀 서영순과 배 목사 부인의 어학선생인 최재익(崔在翊)의 딸 최윤(崔閏玉), 이들 4명으로, 이들은 배목사의 사택(양림동 108-2)의 사랑방에서 공부하였다.[189]

서기 1920년 초에 발간된 자료이지만, 이 책에 의하면 광주여학교의 설립에 관한 중요한 설명이 나오고 있다.

1908년 봄에 배유지 박사와 배부인, 그리고 엄언라 양은 광주에 사는 총명한 어린 기독교 소녀들이 3R과 성경에 대하여 배우도록 몇 가지 방법을 강구해야 함을 결정했다. 이는 들어보지 못한 혁신이었는데, 왜냐하면 한국인들은, 기독교가 한국에 들어오기 전까지는, 소년들은 항상 교육시키되, 소녀들을 위한 학교는 필요하지 않다고 생각했기 때문이다. 처음에는 4명이었으나 뒤에는 12명의 소녀들이 배움의 전당에 모여들었다.

선교회 건물의 앞뜰에 있는 한국식 방안에서 그들은 한국의 전통 관습에 따라 바닥에 앉아서 큰 소리로 공부하였다. 그러다가 가끔 선교사가 그들에게 다가오면 그들은 보통 미국 학생들 같이 목소리를 낮추어 조용히 공부했다.

첫 번째 정규교사로는 훌륭한 미션학교를 졸업한 남궁 혁(南宮 赫)부인이었다. 이 학교의 첫 번째 감독관은 그래함 양이며, 두 번째는 윌슨씨의 부인이었다. 그리고 서기 1910년 맥퀸 양이 교장이 되었으며, 맥퀸 양이 미국으로 가벼렸을 때 오 원 부인이 학교를 맡았다. “와서 우리를 도우라” 라는 요청에 응답하여 1921년 9월에는 마가렛트 마틴 양이 도착하였다.

1911년에 스턴스(M.l.Sterns) 부인이 우리 학교 건축비로 5천 달러를 내놓았고, 그 녀의 여동생을 기념하기 위하여 이 학교를 〈Jennie Speer 기념학교〉라 이름 지었다.[190]

---

189) 수피아여중 · 고등학교, 같은 책, 180면.

190) Anna Mcqeen, Jennie SpeerSchool, Kwangju, Korea, 미국장로회 외국 선교집행위원회, 1923, 5~6면.

또한 김수진 목사는 《호남기독교사》에서 다음과 같이 기술하고 있다.

1907년 벨 부인(M.W. Bell, 배마르다)의 어학교사인 최재익의 아들 윤옥과 김윤수(선교부 직원, 광주의 초대 장로)의 딸 명은 등 어린이 3명을 모아놓고 벨의 문간 방에서 최흥종 목사를 교사로 하여 읽기, 쓰기, 셈하기, 성경공부 등을 가르치기 시작했는데, 이것이 오늘날 숭일학교의 모체가 되었다. 교세가 확장되고 남학생의 수가 증가함에 따라 남녀 학교를 따로 분립, 여학교는 그대로 머물러 있고, 남학교는 당시 광주군 효천면 양림리에 소재하고 있던 프레스톤(J.F.Preston,변요한)목사의 사랑채로 이주하였다. 그리하여 여학교는 수피아여학교로, 남학교는 숭일학교로 각각 발전하게 된 것이다. 서기 1908년 2월 10일 구한말 정부에서 '숭일(崇一)' 이라는 교명을 받음으로서 정규학교로 새출발하게 되었으며, 당시 임시교장으로는 설립자 벨이 취임하였다. 같은 해 선교사 프레스톤이 초대 교장으로 정식 부임하였으며, 초창기 교육사업의 여러 가지 사업을 확충해 가는 한편 교육의 내실에 만전을 기했다. 즉 1909년 여름에는 새 교사를 기공하였고, 그 이듬해 봄 지상 3층, 지하 1층의 건물을 준공(광주시 양림동 66번지 소재)하여 당시 광주시에서 몇 안 된는 시설을 갖추었다.[191]

이와 같이 기술한 바를 인식한다면, 우리는 서기 1907년 가을부터 배유지 목사의 사랑방에서 선교부 직원들의 자녀 4명에게 3R(일기, 쓰기, 셈하기)과 성경공부를 시켰는데, 그 다음 해인 서기 1908년 봄에는 선교부의 결정에 따라 남녀 미션학교를 설립했다는 것을 이해할 수 있다. 그러므로 수피아여학교는 배유지 목사가 설립자가 되고, 배 목사의 부인 마가렛트도 설립에 조력하였다고 할 수 있다. 그리고 선교부의 교육방침은 "불신자에게 복음을 전파하고 그리스도인을 교육한다."는 슬로건에 잘 나타난다. 요컨

191) 김수진, 호남기독교회사, 한국교회사 인물연감, 1984, 68면.

대 수피아여학교의 연원은 배유지 목사의 사랑방에서 서기 1907년 봄 남녀학생을 교육한데서 태동하여 그다음 해인 서기 1908년에 여학교로 설립된데서 비롯된다고 할 것이다.

이와 같이 출발한 수피아 여학교는 3년 후인 서기 1911년 구애라(Miss Anna Mcqueen) 교장의 노력으로 '수피아 홀'을 건축하면서 교명도 '제니 수피아 기념여학교'라 하는 등 학교로서 기초를 갖추었다. 3명의 학생으로 시작한 동교는 처음에는 보통과만 설치되었으나 3년 후인 서기 1911년에는 4년제 고등과를 설치했다. 그러나 서기 1914년 학제변경으로 6년제가 되었으나 서기 1928년 총독부에 의해 보통과를 폐지하고 동교 보통과를 '광산학교'로 개명 이관함에 따라 보통과 졸업생에 대한 자세한 상황이 전해지지 않는다.

서기 1911년 개설된 동교의 고등과는 4년제 중등과정으로서, 서기 1915년 3월 처음으로 제1회 졸업생을 2명, 서기 1916년 제2회는 3명, 서기 1017년 제3회 6명을 배출하였다. 서기 1918년 제4회 3명을 배출하였다. 서기 1919년부터 서기 1922년까지는 고등과 기록이 없다. 그때는 3.1운동으로 인하여 교사 2명과 학생 21명이 옥고를 치르는 일제의 고초를 당하던 시대이다.

3. 수피아의 항일민족운동[192)]

1) 서기 1919년 2월 중순경 김마리아(서기 1910년경 동교 교사 역임, 여성 독립운동가)가 당시 교사로 있던 그의 언니 김함나에게 2.8독립선언서를 전해주었고, 교사 박애순(朴愛順)이 만국강화회

192) 광주수피아여자중 · 고등학교, 수피아 百年史, 2008, 248~261면 재구성.

의 상황과 매일신보에 실린 독립운동에 관한 기사를 읽어주고 독립운동의 필요성을 일러주어 수피아 학생들의 독립운동에의 참여의 불씨를 던졌다.

서기 1919년 3.1운동의 움직임이 전국적으로 확산되고 있을 때 광주에까지 그 파장이 있었던 것은 3월 6일이었다. 그날 밤 광주 양림동 남궁 혁 목사의 집에서 숭일학교 교사 최병진을 비롯 수피아학교 교사 박애순, 진신애 등 12명이 모여 광주의 독립운동을 계획하였고, 거사 일을 3월 10일로 결정했다. 그리고 각자 맡은 일을 분담하는 등 세부 계획을 세웠고, 수피아에서는 박애순 선생이 학생을 동원하고 독립선언서를 배포하는 등의 책임을 맡기로 하였다.

한편 동교 교사 박애순은 3월 3일경에 동교 학생들에게 독립사상을 고취하기 위하여 매일신보의 기사를 읽어주고 "만국강화회의에서 우리나라도 독립이 승인되었으므로 각지에서 독립운동이 전개되고 있으니 우리들도 이 운동을 벌여 대한독립만세를 불러야 된다."고 말하므로써 학생들의 피 끓는 애국심을 불러일으키는 동시에 전교생의 적극적인 호응을 받았다.

여기서 우리는 박애순 교사에 대하여 잠간 좀 더 이해할 필요가 있다. 그는 3.1운동 당시 북문안교회 교인으로 당시 수피아의 교사였다. 그는 정명여학교(보통과 1회, 서기 1911년) 출신으로 광주에 와 수피아여학교 고등과(지금의 중학교,서기 1915년 3월 제1회 졸업)를 거쳐 서울에서 사범교육을 마치고 모교에서 교편을 잡고 있었다. 그는 애국심이 출중한 사람으로서 학생들에게 자주독립의 당위성을 강조했다. 그는 서울에서 독립운동의 밀령을 가지고 온 김철(金鐵 또는 金福鉉)과 숭일학교 교사인 김 강과 최병준 등과 함께 3월 10일에 있을 광주 독립만세운동의 계획을 세웠고, 이 거사를 앞두고 학생들에게 독립사상을 고취하기 위하여 매일신보를 읽어주고 만국강화회의에서 조선도 독립이 승인되어 각지에서 독립운동을 개시하고 있으므로 우리도 그 운동을 개시하여 독립만세를 불러야 한다고 설득한 분이다. 그는 체포되어 혹독한 심문을 받으면서도 조금도 흐트러짐 없이 당당한 모습이었다. 재판정에서 "나는 독립을 절실히 희망하였기 때문에 그 운동에 참가하였다."라고 말했으며 자신이 주도했음을 시인하여 징역 1년 6월의 언도를 받았다. 그는 복역 중 잔여기간 6개월을 남겨 놓고 모범수로 석방되었다. 그는 옥중에서 매일 조국의 광복을 위하여 간절한 기도를 드렸고 성경책이 닳도록 읽었다. 그 성격책이 지금 독립기념관에 전시되어 있다. 독립유공자로 대통령 표창장(서기 1986년 12월 16일)이 추서 되었다.

3월 9일 밤, 숭일학교 교사 최병준이 양림동 오 원 기념각에서 수피아 학생들에게 설교를 하였는데 그 내용은 대략 다음과 같은 요지였다. 즉 "그리스도는 일생을 희생하여 계급제도를 타파하고 자유를 위하여 헌신하였습니다. 신도가 된 우리들은 어떠한 장애라도 이를 배제하지 않고 이 목적 수행에 노력하지 않으면 아니 될 것입니다."

한편 최병준은 송흥진과 함께 숭일 학생들에게도 다음과 같은 내용으로 학생들의 분발을 촉구하였다. 즉, "서울 기타 각지에서는 벌써 독립운동을 개시했는데 이곳 광주에서만 이것을 좌시한다면 후일에 동지들의 조소를 어떻게 받을 것인가? 우리 이곳 광주에서도 마땅히 독립운동을 시작해야 한다."

그리고 최병준은 결행 당일 학생 중에서 몇 명을 골라 학생 한 명당 약 20매씩 독립선언서 등을 배부하였고, 박애순은 그날 김 강에게서 받은 독립선언서 약 50매를 수피아 여학생들에게 나누어 주었다.

광주에서 독립운동을 갖기로 했다는 소식을 들은 수피아 학생들은 기숙사 상급생들인 홍순남, 박영자, 최경애, 양태원 등이 주축이 되어 기숙사 지하실에서 밤 12시가 넘은 뒤 몰래 태극기를 만들었는데 태극기 제작 재료는 고종황제 인산 날 입었던 치마를 뜯어 한 사람이 10매씩 만들었다.

느디어, 3월 10일 광주의 직은 장날, 독립만세의 함정이 울려 펴졌다. 거삿 날 아침, 박애순 교사는 홍순만, 박영자에게 독립선언서 50부를 나누어 주고 오후 2시까지 부동교 밑 큰 시장으로 모이도록 했다. 그곳에서 오후 3시 30분 일반 시민, 숭일학교, 농업학교 학생들과 합세하여 독립선언서를 낭독하기로 하였다. 저마다 가슴에 태극기를 품은 수피아 여학생들이 양림동 쪽에서 광주천변으로 뛰어 내려와 장날에 모인 사람들에게 태극기를 꺼내주며 만세를 부르자고 부르짖었다.

일반 시민, 학생 등 1천여 명이 모여 독립선언서를 낭독한 뒤 태극기를 흔들며 서문통(현 광주우체국 앞에서 황금동 가는 길), 충장로 파출소, 금남로 구 병원에서 다시 우체국 앞으로 시위를 계속하다가 광두 경찰서 마당으로 들어서서 더욱 맹렬히 조선독립만세를 외쳤다.

일제경찰들이 총대로 군중들을 마구 후려칠 때 수피아 학생들은 검정 통치마를 둘러 쓰고 태극기를 흔들며 목이 터져라 만세를 불렀다. 일제경찰들이 "남들은 종이 태극시인데, 네 년들은 돈이 어디서 나서 베로 태극기를 만들었느냐. 서양 놈들에게 돈을 받았느냐."며 수피아 학생들에게 욕설을 퍼붓기도 했다.

광주에서 독립만세운동에 참가한 많은 사람들이 일제 경찰에 체포되어 고초를 당하고 재판에 회부되어 기 철, 정광호, 최병준, 김강, 최한영, 정상호, 주형옥, 김철주 등 만세운동을 선도했던 지도

교사들이 징역 언도를 받았다.

수피아 교사와 학생들 중에 16세 이상 23명은 구속 기소 되어 공판 결과 4월 30일에 형이 언도되었던 바, 그 명단은 다음과 같다.

박애순(23세, 교사, 징역 1년 6월), 진신애(20세, 교사, 징역 10월), 홍순남(징역 8월), 박영자(징역 8월), 최경애(징역 8월, 집행유예 2년), 양태원(징역 8월, 집행유예 2년), 김필호(징역 4월), 임진실(징역 4월), 고연홍(징역 4월, 집행유예 2년), 박성순(징역 4월), 이태옥(징역 4월), 김양순(징역 4월, 집행유예 2년), 양순희(징역 4월), 윤혈여(징역 4월), 김덕순(징역 4월), 조옥희(징역 4월), 이봉금(징역 4월, 집행유예 2년), 하영자(징역 4월), 강화선(징역 4월, 집행유예 2년), 이나혈(징역 4월, 집행유예 2년). 김안순(징역 4월, 수피아 출신 간호원), 최수향(징역 4월, 집행유예 2년), 홍승애(무죄)

서기 1995년 3.1운동 당시 전교생이 독립만세운동에 참여하고 23명이 옥고를 치룬 항일 저항의 역사를 기리기 위하여 수피아대강당 앞에 '광주 3.1 만세운동 기념 동상'을 건립하였다.

2) 서기 1929년 11월 3일 광주학생운동이 전국적으로 확산되고 각처에서 항일 동맹휴학이 전개되고 있던 시기에 3.1운동에 크게 참여했던 수피아여학교 학생들도 항일민족운동의 전통을 이어가게 되는데, 그것이 백청단(白靑團) 사건이요, 열세집 노래요, 반일회 활동이었다.

서기 1930년 2월 수피아 여학생들이 '백청단'이라는 비밀결사의 조직을 하였다. '백청단(白靑團)'이라는 뜻은 백의인(白衣人) 즉 백의민족의 한민족의 청년이라는 뜻이다. 일제경찰의 눈을 피하기 위하여 백청단 단원들은 은지환(은가락지)을 끼게 하여 서로가 한 단원임을 표시하였으며, 연락사항도 1:1로 주고 받았다.

초기의 회원은 조아라, 김수진, 염인숙, 김나열, 최풍호, 최기례, 서복금 등 8명으로 알려졌다. 당시 회장인 조아라가 단장이었다. 회원 수는 2년 만에 18명이 되었다. 그 활동은 기금을 모으는 데 힘썼으며, 단원들은 항상 태극기를 몸에 지니고 다니다가 장소, 시간 관계없이 동네 여인들이나 사람들이 모이는 곳이면 글을 가르치고, 태극기에 대한 설명을 하기 위해 준비하고 다녔다고 한다.

또한 단원들은 당시 상해 임시정부의 김구 선생과 직접 편지를 주고 받았으며, 수피아에도 백청단이 있음을 알렸다. 그런데 서기 1932년 12월경 단원중 한 학생이 사상혐의로 가택수색을 당하게 되었을 때 그 일기장에서 백청단의 단서가 발각되어 다음 해 정월 9일 다수가 피검되어 기소유예를 당하게 되었다. 그리고 학교에서는 무기 휴학으로 들어갔다. 동 백청단 사건은 학생들의 비밀 조직으로서 그 규모는 적으나 조국 독립운동의 한 모습을 드러내고 있다. 이렇듯 당시 맹렬했던 항일운동은 끊이지 않고 계속하였음을 우리는 인식할 수 있다.

백청단 단장이었던 조아라는 후일 회고록에서 그 당시를 다음과 같이 회고하고 있다.

1931년 3월 졸업(수피아 고등과)과 동시에 바로 학교의 주선으로 미국 여선교사(미스쉐핑)가 경영하는 일일학교(수피아 옆, 지금 계명여사 부근)에 교사로 취임하였다. 이 학교에는 학령이 초과하여 학교를 가지 못하는 사람 또는 과부나 이혼녀들이 다니고 있었는데, 수피아를 졸업한 우수한 졸업생은 거의 한번씩 이일학교의 교사로 재직하였다.

그 학교에 취임한 지 1년 10개월이 되던 서기 1933년 1월 어느 날 일경(日警)이 나를 교단에서 불러내어 연행하더니 경찰서 유치장에 가두었다. 갇힌 이유는 우리의 동지중 한 명이 다른 사건으로 가택 수색을 당했는데, 그의 일기장에서 내가 고3 재학 시인 1929년 11월 광주학생사건에 참여한 직후 발족된 비밀결사에 관련된 것이 적혀 있어 소위 '수피아 백청단 은지환 사건' 의 주동자로 주목받은 것이었다. 이것 때문에 동문 18명이 연행 조사를 받고, 나는 1개월 후 석방과 함께 교직을 박탈 당하고 요시찰 인물로 낙인찍이게 되었다. 그 이후로 해방이 된 그 날까지 나의 인생항로는 가시밭길로 변하고 말았다.[193]

3) 3.1독립운동 이후 1920년경부터 경향 각지에서 독립 만세를 불렀던 감격이 모든 사람의 가슴에 아직도 사라지지 않고 있을 무렵 수피아에서는 이성은 선생을 비롯 여러 선생의 지도하에 '열세 집' 이라는 가극을 만들어서 애국 애족의 정신을 고취 시켰다.

'열세 집' 의 '열 셋' 이란 조선의 13도를 말하고, 집은 우리나라를 가리켰다. 긴 머리를 풀고 깨끗한 흰옷을 입은 아름다운 수피아 학생들이 팔도강산의 모양을 뜬 틀을 가슴에 안고 잔잔한 음악이 흘러나오는 무대위에 등장한다. 가슴에 안아 고이 간직한 형형색색으로 단장한 땅덩이는 안에 불이 켜져 있고, 겉은 종이로 발라져 있다. 여학생들의 가슴에 안은 작은 집은 단심줄로 팔도의 큰집과 연결해 놓았다. 이제 한 사람이 각 도의 특유한 상징적인 노래를 부르면서 앞으로 나선다. 합창이 흘러나오고 여학생들은 땅덩이를 안은 채 노래에 맞춰 춤을 추면서 중앙에 짜여 있는 나라 전체의 모양으로 만들어진 틀의 제 위치에다 가져다 맞춰 놓는다. 이제 다른 도의 음악이 시작되면, 다른 여학생이 또 나타난다. 이렇게 해서 순서대로 팔도강산이 이루어져 나간다. 마지막 도를 갖다 붙여 팔도강산이 이루어지면 관중석의 불은 꺼지고 나라의 땅덩어리에는 오색찬란한 촛불이 켜지는데, 삼천리 금수강산, 우리나라의

193) 소심당 조아라장로 희수 기념문집, (광주, 1988), 382면, 수피아중 · 고등학교, 같은 책, 258면 재인용.

땅덩이는 단심줄로 잡아당김으로써 서서히 공중으로 솟아오른다.

잃었던 조국 강산이 떠 오르는 것을 보자 관중들은 그만 너무나 감격해서 여기저기서 흐느끼기 시작하였다. 나라 없는 슬픔에 눈물을 흘리며 피 끓는 민족애가 용솟음쳐 '오 원 기념각' 안은 흥분의 도가니가 되었다. 학생들은 음악에 맞추어 가운데로 모였다 바깥 쪽으로 흩어졌다 하며 팔도강산을 추겨들고 춤을 추며 노래하였다. 그때 부르던 노래는 다음과 같다.

열세집

우리의 웃음은 따듯한 봄바람/훈풍을 만난 무궁화 동산/빛나거라(잘 살아라)삼천리 무궁화동산/잘 살아라 이천만의 고려족.

북편의 백두산과 두만강으로/남편의 제주도와 한라산/동편에 강원도 울릉도로/서편에 조선의 (황해도) 아름다움을(장산곶까지)/우리우리 조선의 아름다움을 /맹호로 표시하니 십삼도로다

호랑이 잔등 위에 올라타고서/질풍처럼 종횡무진 달려 나갈 제/알프스 산맥도 막지 못하고/태평양 큰 물결도 두렵지 않다/호랑이여 달려라 용맹스럽게/백두산 정기의 힘이 솟는다.

단심줄

단심일세 단심일세/우리 마음 단심일세/청홍황색 사색줄을 곱게 땋아 줄을 꼬세/우리 손에 갈라 잡고/행보하며 나아갈세/우리 마음 우리 정신/십자가로(태극기로) 단심일세.

단심일세 단심일세/우리 마음 단심일세/뜻과 마음 같이하여/우리우리 단심일세.

항오를 잃지마라/동서남북 열세집에(여덟집에)/우리 마음 우리 정신/십자가로(태극기로) 단심일세.[194]

---

194) 김광선, 수피아 60년사9원고) 87∞88, 수피아여자중 · 고등학교, 같은 책 258~261 재인용.

또한 수피아여학교에서는 반일회(班日會)라고 하여 반에서 하루를 특별히 모여서 여러 가지 순서로 하루를 즐기는 행사를 하였다. 대개 졸업식 전야나 크리스마스 이브에 이 모임을 가졌는데 장발짱, 베니스의 상인, 바보 온달, 그리고 성극 등 학생들이 배운 것을 여러 사람 앞에서 공연하였다.

그런데 이 반일회는 '反日會' 즉 일본에 반대하는 모임이라는 숨은 뜻이 담겨 있어서, 수피아의 항일 민족운동의 전통을 은유적으로 이어가는 훌륭한 행사였다고 한다.

4) 수피아 여학교는 학교 창립 이후 줄곧 우리 글 '한글'을 아끼고 사랑하며 사용하여왔다. 뿐만 아니라 우리 글을 알지 못하는 사람에게 이것을 가르쳐왔다. 여름방학이면 학기봉사대나 계몽대를 조직하여 농촌에 나아가 또는 교회에 돌아가서 어린이들과 부녀자에게 한글을 가르치고 문맹퇴지, 농촌계몽에 헌신 봉사하는 것이 하나의 전통이기도 하였다. 이것은 개인적인 우리 글 사랑의 선을 넘어 문맹(文盲) 퇴치를 통한 민족의 혼을 깨우쳐 주는 민족적 계몽운동이라 하겠다. 그 때 부르던 '문맹타파가'는 다음과 같다.

일. 귀 있고도 못 들으면 귀머거리요, 입 있고도 말 못 하면 벙어리라지.
눈 뜨고 못 보는 글의 소경은, 소경에도 귀머거리 또 벙어리.
이. 듣는 대신 보란 글을 보도 못 하니, 귀머거리 이 아니고 그 무엇이며
말하듯이 써 낼 글을 쓰도 못하니, 벙어리가 이 아니고 그 무엇이뇨.
삼. 남과 같은 눈과 귀 입 다 가지고서, 한ㄴ평생 이 설움을 어찌 받으랴.
알기 쉬운 우리 글을 맘만 먹으면, 아무러한 둔재라도 다 깨우치리라.
사. 낫 놓고 ㄱ자를 누가 모르나. 창엣등 ㄴ은 절로 절로 알리라.
자들고 세로 재면 ㅣ자 되네. 홍두께 가로 놓으면 ㅡ자 되네.
오. 질맛가지 ㅅ에 코뚜레 ㅇ, 지겟다리 ㅠ자를 뒤집은 ㅛ자
고무래 쉬고 보고 ㅜ자 되고, 거구로 놓고 보니 다시 ㅗ잘세.

육. 세 발 가진 쇠스랑 ㅌ자라면, 자루 빠진 연 감개는 ㅍ되더라.
ㅋ은 두발 가진 모치랑 갈퀴, 허리 동인 족집게는 ㅂ이로군.
칠. 팔다리 벌리고 선 ㅅ보아라. 뱀처럼 몸을 서린 ㄹ도 있네.
측량판 벌려 노니 ㅈ자로 세. 등이 위에 솥뚜겅은 ㅎ아닌가.
팔. 꺽쇠는 ㄷ인데 모말은 ㅁ, 문고리가 가락진가 ㅇ자로세.
눈에 띄는 물건보다 글자로 뵈니, 암리 잊으려도 잊히지 않네.
구. 낫처럼 생긴 ㄱ지렛다리 ㅏ로 맞춰 놓으면 '가' 자 되고
모말 같은 ㅁ을 그 밑에 대면 새빨간 먹기 좋은 '감' 자가 된다.
십. 꺽쇠 같은 ㄷ과 광명ㅗ 그를 위아래로 이어 놓니 '도' 도 아닌가;
창앳등 ㄴ을 또 이어 놔라. 죽을 놈도 살려내는 돈이란 자다.
십일. 이와 같이 이리저리 둘러맞추면, 입으로 하는 말은 못 쓸 것 없네.
하루 한 자 이틀 두자 새새틈틈이, 이러구러 익혀 가면 나중 다 알리.

5) 수피아여학교는 교표에서도 수피아의 정신을 나타내고 있었다. 학생들은 그리스도 정신, 봉사정신, 나라사랑을 표시로 한 교표를 상의에 부착하고 다니며 항상 잊지 않으며, 또한 보는 이로 하여금 그 정신을 인식하게 하였다.

수피아의 교표는 서기 1928년 당시 김명신 교사의 고안으로 만든 학교의 뱃지(badgc)를 동년 봄부터 착용하였다. 모양은 하트형으로 되어 하고, 그 안에 동그란 원 속에 S형의 태극(太極)으로 왼쪽이 빨강, 오른편이 파랑으로 갈라져 있다. 빨강은 정열과 열심, 파랑은 순결과 희망을 표시했다. 가운데 위에 촛불이 있는데 촛불빛은 여덟 개로 우리 나라 팔도(八道)를 표시해했다. 그리고 촛불밑에 亞자는 이것은 십자가를 나타내고 있다. 태극은 국가와 민족정신을 상징하고 있다. 십자가는 그리스도 정신, 촛불은 봉사정신을 상징한다.

이 뱃지를 만든 후 김명진 교사는 여러 차례 경찰서에 불려가 왜

태극기를 넣었느냐고 추궁을 당하였다. 그때마다 당신들은 그것을 태극기로 보느냐? 그건 S자 아닌가? 그건 바로 Speer의 S자를 상징하고 있지 않는가? 하며 항변하여 모면하였다.

이 뱃지는 서기 1928년부터 서기 1937년 신사참배 거부로 폐교될 때 까지 10년간 상요하였다. 수피아여학교는 일제의 이른바 문화정치 기간에 이를 착용한 셈이니 참으로 의미심장한 것으로 학생들 마음 속에 항상 나라와 학교, 그리스도 정신을 넣어주고자 했던 것이다.

4. 신사참배의 거부와 폐교

1) 서기 1937년에 남장로회 선교부 산하 호남의 남장로회 선교부 산하 기독계 학교 수피아여학교를 비롯 10개교가 폐교하게 된 직접적인 이유는 일제가 강요한 신사참배를 방해했기 때문이다. 우리는 신사참배의 배경을 이미 앞에서 신흥학교의 신사참배 거부의 경우를 기술할 때 상술하였기에 여기서는 약하기로 한다.

부라운(Brown) 박사는 수피아여학교의 폐교에 대하여 다음과 같이 기술하고 있다.

5개월 동안 미션(misson)학교는 방해를 받지 않고 계속 운영하였다. 이 기간에는 이 기간에는 신사참배를 강요하지 않았다. 그러나 지속적인 그 평온에 예외적인 일이 광주의 수피아여학교에서 일어났다. 유화례 부인(Miss Root)은 학교가 계속되기를 요구하며 세 명의 교사가 만든 학생대표를 찾기 위해서 중간보고위원회의 회의를 마치고 광주로 돌아왔다. 유부인과 김필례 교감은 학생들의 발표를 듣기 위하여 윈스보로 홀의 강당에 모여 있는 동안에 선교회의 정책 결정을 한국어로 대충 번역하는 일을 했다. 유 부인은 다음과 같은 마음 아픈 경험담을 말하였다.

"나와 김 교감은 오후 6시 정각에 연단에 나갔으나 선생들은 아무도 나타나지 않았습니다. 조선인 형사가 사태추이를 알아보고, 주동한 학생을 명백하게 고무시키기 위해서 교무실에 있었습니다. 나는 김 교감이 발표문을 읽을 것이라고 학생들에게 말하였는데, 그것은 이 발표문이 초안에 불과했고, 그가 쓴 한문을 나는 읽을 수 없기 때문이었습니다. 학생들은 반대했으나 나는 마지막으로 이것이 유일한 방법이라고 말했습니다. 그래서 학생들은 조용히 들었습니다. 그 일이 끝나자 나는 모임이 끝났다고 선언했으나 그들은 떠나기를 거부하고, 이윽고 울부짖음이 시작되고 거의 쉬지 않고 한밤중까지 계속 되었습니다.

나는 그들의 기분을 알았을 때, 내가 남아 있는 것이 소용없다고 말하면서 연단에서 걸어서 떠났습니다. 그러나 학생들은 통로를 방해했으며, 나는 그들과 부딪치기 보다는 내가 앉았던 한 쪽 옆으로 걸어 돌아갔습니다. 몇몇 나이든 여학생이 주동자였는데 때때로 한 학생이 밖으로 나갔다가 세 교사 중 한 분의 지시를 듣고 돌아왔습니다. 그들은 내가 말하는 무엇인가를 들으려고 할 때마다 조용해졌는데, 나는 매번 그들이 원하는 것을 말하지 않았는데, 그러면 다시 소리를 지르곤 하였습니다. 나는 시끄러워서 귀를 막아야 했고 줄곧 신경이 날카로워졌습니다. 김필례 씨는 모든 일이 진행되는 동안 나와 함께 앉았었습니다."

결국 노라복 박사(Dr. Knox)와 광주의 교회지도자들의 중재로 문제가 해결되었는데, 그들은 학생들이 귀가하도록 계속 설득하였다.

그 동안에 학교의 법적 이사장이었던 김아각 박사(Dr. D.J

Cumming)가 전면에 나서서 남은 학기동안 모든 학급을 해산시켰고, 그래서 폐쇄하기에 이르렀다. 학교는 5월에 다시 열었으나 신입생은 받지 않았다.

모든 믯션학교의 마지막 폐쇄는 학교가 가을 학기를 시작한 며칠 후인 1937년 9월 6일에 갑자기 이루어졌다. 그 날은 대단한 신사참배일로서, 교직원과 학생들은 일제 군대가 중국에서 승리하도록 기원하기 위해서 신사(神社)에 나오도록 명령을 받았다. 이 일이 있자 풀톤(Dr. Fulton)이 명했고, 이미 계획했던 대로, 선교회는 모든 학교를 폐쇄하였다.[195)]

결국 신사참배 거부사건으로 호남지방에 광주숭일, 수피아, 목포영흥, 정명 등 네 학교는 폐교조치를 받았고, 순천매산, 전주신흥, 기전여학교는 자진 폐교 청원을 내고 문을 닫았으며, 군산 영명학교 역시 폐교되고 말았다. 호남지역에 신교육을 실시한 지 38년만에 당하는 비운이었다. 서기 1933년 가까스로 지정학교 인가를 얻어 발전 일로에 있던 학교 측에서 볼 때 이러한 처사는 너무나도 가슴 아픈 일이었다.

이로써 호남의 10개 중학교에 등록되어 있던 4,787명의 학생들은 학업을 중단할 수밖에 없었고, 광복이 될 때까지 교문을 밟을 수 없었다.

남장로교 선교회의 대담한 행동에 용기를 얻은 북장로교 선교회 측에서도 산하에 있는 학교들의 폐쇄를 자연스로운 일처럼 받아드렸다.

수피아의 폐교에 대한 당시 유화례 교장의 〈수치아와 나〉라는 '그 때 그 이야기'에 의하면 서기 1937년 그 날 밤 12시까지

195) G.T.Brown, Mission to Korea, 155~156, 수피아여자중 · 고등학교, 같은 책, 307~308면 재인용.

160명의 수피아 여학생들은 선교회의 폐교결정에 반대한다는 항의 시위를 벌였고, 양림교회에서 기다리던 김창국 목사와 주형옥 장로, 그리고 노라복 선교사의 설득으로 겨우 해산하기에 이른다. 수피아여학교는 학생들을 선동한 교사 3명을 퇴직시키기 위해서 잠시 휴교에 들어갔다. 고등과 18회 졸업생 27명은 졸업식도 못하고 교장실에서 졸업장을 수여할 수밖에 없었다. 5월 1일 다시 문을 열었을 때는 폐교문제로 불안한 학생들이 다른 학교로 많이 옮겨갔다.

드디어 파국의 시기가 닥쳐왔으니, 그것은 1937년 9월 6일 전국적으로 대대적인 신사참배가 거행되는 날이었다. 당국의 계획 일정에 따라 숭실학교 학생들은 그날 오전에 신사참배에 참가했기 때문에 책임을 맡고 있던 노라복 선교사가 학교 문을 닫았고, 오후에는 교사 2명과 학생 2~3명을 제외한 수피아 학생들이 예정대로 신사참배에 참가하였다. 유화례 교장은 이미 결정한 선교부의 방침에 따라 학교 폐쇄를 단행하였다. 남장로회 산하 기독교계 학교가 모두 학교문을 닫은 것이다.

서기 1908년 배유지 선교사의 사택에서 세 여학생으로 시작하여 일제의 많은 규제 속에서도 '불신자를 전도하고 신자를 교육하는' 기독교 학교로서 꿋꿋하게 전통을 지켜온 수피아여학교는 우상숭배를 강요하는 신사참배에 항의하여 자진 폐교한 것이다.

제6절 숭실학교의 설립과 그 항일민족운동

1. 숭실학교의 설립과 발전

1) 숭실학교의 설립 배경은 위의 절에서 기술한 수피아여학교와 같이 한다. 당시 시대의 자각을 느꼈던 광주선교부 광주교회 교인들은 서당식 교육기관인 벨 선교사의 사랑방에 모여들기 시작하였고, 또한 선교사들은 몰려오는 학생들을 그냥 돌려보낼 수 없어 서기 1907년 남녀 학생을 따로 분리하여 교육을 실시키로 하고, 남학생은 계속 벨 선교사의 사랑방에 머물러서 교육을 받게 하였고, 여자들은 프레스톤 선교사의 사랑방으로 옮기어 교육을 받게 되었다. 비록 교육 내용은 보잘 것 없지만, 애국만은 철저하였기에 서시 1908년 2월 1일 구한말 정부로부터 '숭일(崇一)'이라는 이름으로 인가를 얻게 되었다. '숭일'이라는 이름은 유일하신 하나님 한 분만을 섬긴다는 뜻이다. 이 이름은 평양의 숭실대학을 졸업하고 숭일학교 교사로 부임한 최득의 교사에 의해서 작명되었다.[196)]

이미 숭일학교는 출발부터 장차 일제에 도전할 것을 선포하고 나선 이름이었기에 수많은 청소년들에게 애국과 신앙을 넣어준 호남 유일의 학교로 출발했음을 이름으로 잘 보여주고 있다.

한편 숭일학교는 정부에서 인가를 받으면서부터 광주에서는 유일한 근대교육의 효시가 되었다. 동 교의 설립자는 광주 선교의 아버지라고 불리우는 벨 선교사였으며, 이 학교를 이끌어 갈 초대 교장은 프레스톤이었다.

동교는 서기 1909년 여름에 기공하여 이듬해 3층(8개 교실과 사

196) 광주숭일중 · 고등학교, 숭우, 1878, 11, 20, 37면.

무실 방 1칸) 현대식 건물로 준공을 보았고, 동교의 학제는 보통과 4년, 고등과 2년제로 편성되었다. 일제는 공립과 국립에 대해서는 철저히 식민지교육을 실시하였다. 또한 일제는 각급 학교의 교육과정을 통해서 그들의 식민지 교육을 시행함에 있어서 일본어, 수신, 역사(일본사), 지리, 그리고 실과 등을 중시했다. 그 중 특히 중시한 교과는 일본어 교과였다. 또한 보통학교 1교에 반드시 1명의 일본인 교원을 두어 교감으로 하고, 기타 학교에 있어서는 학감, 교수 등 수 명의 일본인을 채용하여 교수, 관리, 훈련, 기타, 제반 경영의 수뇌로 삼아 조선인 교원을 지도하여 모범교육의 운용을 그르치지 않도록 했다.[197] 그러나 기독교계와 기타 학교에 있어서는 비록 시설이 미비하였지만, 식민지화의 교육을 배격하면서 설립 목적을 관철할 수 있었다. 그 당시 사립학교의 귀착점은 일제의 포로를 벗어나 독립을 달성하려는데 있었다.[198]

보통과 4년제로 출발했던 숭일학교는 새 교사의 탄생과 기숙사 시설의 확보로 지방의 많은 학생들이 모였다. 그 중에서도 기독교의 가정에서 성장한 신자와 또 애국심이 강한 가정의 자녀들이 모여들었다. 또한 보통과 4년을 거쳐 고등과 2년제에 진학하여 서구식 교육을 받았넌 제1회 졸업생들은 사회활동과 교회활동에 항상 지도자적인 위치에서 활동을 하였다. 이리하여 광주 뿐만 아니라 다른 지방에서까지 숭일학교의 위치를 인정하여 주게 되었다. 이러한 발전은 해를 거듭할수록 교육의 필요성을 절감하게 되었다.

동교는 서기 1911년 6월 25일에는 고등과(고등소학교) 14명의 제1회 졸업, 그 다음해 6월 15일에는 고등소학교 제2회 졸업생 9명을 배출하였고, 이 제도는 제2회 졸업생으로 막을 내렸다.

---

197) 鄭在哲, 日帝의 對韓國植民地教育政策史, 一志社, 1985, 236면.

198) 學部, 韓國教育의의 現狀, 1910, 44면 참조.

다시 학제가 과거 보통과 4년을 초등과 6년제로 연장시켜 다른 관 · 공립 보통학교와 학제로 동일하게 하였고, 중학교 과정인 고등과를 4년제로 만들면서 교육제도는 계속 발전하여 정착하게 되었고, 이때 임시 교장으로 잠시 있던 벨 선교사는 다시 자신의 임무였던 선교부 전체의 책임과 농촌 교회를 돕는 일자리로 옮기게 되자 제2대 교장으로 녹스(R. Knox;노리복) 선교사가 취임하였다.

녹스는 교장으로 부임하면서 전인교육에 힘을 기우렸으며, 그는 새로운 학제에 맞추어 유능한 지도자 양성에 심혈을 기울였다. 그러나 그 당시 교육과정은 전해지지 않고 있다. 그러나 그 당시 타 기독계 학교의 교육과정과 거의 동일했을 것으로 추측된다. 아무튼 서기 1913년 3월 24일 동교는 4년제 고등과 제1회 졸업생을 배출하게 되었다.

녹스가 교장 재임시인 서기 1914년 6월 1일 2년제 특별과를 설치하였다. 이 특별과는 전문대학 교육과정으로 운영되었지만 2회만 배출하고 곧 폐지하였다. 한편 동교는 선교부의 교육정책과 조선총독부의 통제 때문에 더 이상 고등과를 지탱하지 못하고 서기 1926년 폐지되었으며, 그 대신 실업과를 창설하여 실업교육을 실시하였다. 그 당시 교장은 서기 1925년 취임한 레이놀즈였다. 그는 선교사로서 서기 1920년 순천 선교부에서 잠시 활동하다가 제5대 교장으로 추임하여 실업교육에 힘을 기울렸다. 당시 설치과로서는 목수과, 기계과(판금, 단순 기계 작업장, 자동차수리, 도금), 인쇄과, 농업과, 기타(잡역부, 사환, 병원 보조원) 등이었다. 이 실업과는 적어도 100명 정도 수용할 수 있었지만 40명 정도가 매진하고 있었다.

서기 1933년부터는 숭일학교는 보통과 과정만 운영하면서 신앙교육과 일반교육을 병행하였으며 각 지방 교회에서 운영하는 간이학교 출신들을 편입학시켜 교육을 하였다.

2. 숭일과 3.1운동

1) 광주의 3.1운동은 숭일과 수피아의 양교가 중심이 되어 전개되었다. 서기 1919년 2월 말 경에 서울에 있는 강팔수 목사는 독립운동의 연락원으로 광주에 와서 최흥종과 김철을 만나서 3월 1일 국장(國葬)을 계기로 대 운동이 전개될 것을 말해주고 광주 독립운동을 부탁하였다.[199] 한편 2.8독립선언서는 동경에서 유학하고 귀국한 전광도에 의해서 광주 기독교 청년들에게 전해졌으며, 이 때 청년들은 서서히 움직이기 시작하였다.

숭일학교 교사들과 학생들이 이 운동에 적극적으로 가담하게 된 동기는 평소에 교사들은 애국심과 독립심을 학생들에게 심어주었으며, 학생들은 늘 나라를 위해 기도해 왔기 때문이었다.

숭일학교 학생들은 교사의 지도하에 태극기와 독립선언서를 준비하는 데 거사 예정일인 10일 전날까지 꼬박 3일간을 식사를 거르며 거의 잠도 설치고 준비하몄다. 일하여 준비뒤 독립선언서와 태극기는 자그만치 6가마로 수만장이었다.[200]

인원동원에는 서정희가 일반 시민을, 김강은 교인을, 홍승애는 수피아 여자고등보통학교를, 숭일고등보통학교 교사인 최병준은 숭일학교를, 감태열, 최영균, 김용규 등은 산내의 각급 학교 학생을 각각 맡고, 독립선언서, 태극기 등의 인쇄는 최한영이 맡았으며, 준비자금은 대부분 이기호가 담당하였다.[201]

최병준은 열열한 애국자였다. 그는 거사를 앞두고 채플시간에 다음과 같은 설교를 했다.

---

199) 전라남도사편찬위원회, 전라남도사, 835면.
200) 전남일보, 서기 1979년 1월 6일 관련 기사 참조.
201) 위의 자료 참조.

그리스도는 자기의 몸을 희생하여 계급제도를 타파하고 자유를 위해 애쓰셨다. 기독교인인 우리는 어떠한 장애라도 배재하고, 그 목적의 수행을 위하여 노력을 해야 한다.[202]

이러한 설교를 들은 숭일학교 학생들은 그리스도의 삶을 재현시키고 또 그리스도처럼 남을 위해서 희생되는 삶이 고상한 삶으로 알았다. 그래서 이들 학생들은 비상한 결의를 갖고 최병준 교사의 인솔로 작은 장터를 향해 출발하였다.

즉, 3월 10일 오후 3시가 조금 지나서 양림동에서는 북문안교회 교인들과 수피아 여학교 서정희 등이 가마니에 싸들고 온 태극기를 휘날렸고, 숭일학교 학생들은 광주천을 따라 내려오고, 일반 시민들은 서문통으로, 농업학교 학생들과 또 다른 시민들은 북문통으로, 삽시간에 1천여 명의 인파가 작은 창터로 몰려 들었다.[203]

작은 장터에 모여든 군중들은 손에 손에 태극기를 들고 만세를 불렀다. 장꾼과 시민들에게 태극기를 나누어 주었던 숭일하교, 수피아여학교, 광주농업학교 학생들은 여간 바쁘지 않았다. 그런데 태극기를 받아 들었던 광주 시민들의 독립운동가가 한꺼번에 퍼져갔다. "터졌구나! 터졌구나! 조선 독립성 10년을 참고 참아 이제 터졌네!"[204]

광주 시민들과 학생들이 한데 어울려서 만세를 부르고 있을 때, 광주 교리에 있는 지산면 일곡리에 사는 이주성은 숭일학교 출신인 이윤호, 이창호 두 아들을 선두로 해서 역시 이날 작은 장터로 수 백명 군중들을 이끌고 시장에 나타났었다.[205] 어디 그뿐이겠는

202) 전남일보, 서기 1979년 1월 6일자 관련 기사 참조.
203) 광주시사편찬위원회, 광주시사, 56면 참조.
204) 전남일보, 1979년 1월 8일 관련기사 참조.
205) 전라남도사편찬위원회, 같은 책, 836면.

가? 온통 광주는 독립만세 소리로 들끓었으며, 심지어 조선인 경찰관도 총칼을 버리고 같이 만세를 불렀다. 이 일에 대하여 숭일학교 제19회 출신이며 독립운동가였던 최윤상은 광주 60년사에서 다음과 같이 증언하고 있다.

목이 터져라 하고 부르는 대한 독립 만세 소리에 호응하여 군, 읍 각처에서 모여든 수 천의 장꾼들은 일시에 장사 손을 놓고 열광적인 대한독립 만세를 소리 높이 호창하였다. 쌀 장사는 쌀 되를 들고, 생선 장사는 갈치를 치겨들고, 만세를 높이 부르는가 하면 시장간을 헤매든 거지들도 기며 날뛰며 이에 호응하고, 조선인 경찰 순사인 전용기는 차고 다니던 칼을 끌러 놓고 독립만세를 불렀으며, 고등계(정보계) 형사였던 송동일까지도 감격하여 대한 독립만세를 소리 높혀 외치던 판이었다.[206)]

총칼로 진압에 나섰던 일제 헌병들은 수천의 군중에게 감히 접근하지 못하였다. 시위 군중들은 만세를 부르면서 서문통과 우체국 앞을 지나 재판소 앞을 통과하여 광주경찰서 앞까지 행진을 계속하였다. 이때 위협을 느낀 일제 헌병들은 평화적인 시위 행렬에 무차별 총을 발사하고 말았다. 결국 닥치는 대로 체포하기에 이르렀으며, 구두발에 채이고 유혈이 낭자하였으나 일반 시민, 학생들은 조금도 굴하지 않고 우렁차게 함성을 불으며 독립만세를 부르는 투혼은 최후까지 변하지 않았다.[207)]

10일의 만세운동에서 많은 구속자를 내고 상처뿐 이었지만, 그 이튿날인 11일에도 만세운동은 계속되었다. 11일 오후 5시께 숭일학교 학생들과 광주농업학교 학생들이 선두가 된 3백여 명의 대열이 만세를 부르며 시위 행간을 벌였고, 13일 광주 큰 장날에는

206) 광주 60년사, 61~62면.
207) 위의 자료 참조.

장꾼들을 포함한 1천여 명의 군중이 만세를 부르고 일부는 시위행진도 했다.[208)]

숭일학교 학생들은 만세시위가 끝나면 다시 기숙사에 모여 다음날을 의론하고 계획하곤 하였다. 따라서 당시 기숙사는 숭일학교 학생들의 3.1운동에 대한 모의처이자 작전처이며 기도의 장소로 하였다. 그러기에 숭일학교 기숙사는 일제 경찰의 요시찰지역이 되기도 하였다.

광주지방의 독립만세운동으로 2개월 동안에 연 21회에 걸쳐 행했으며, 시위군중은 1만 2천 명, 일제 경찰의 총칼에 희생된 자 28명, 검거된 자는 자그만치 1,831명이나 되었다.[209)]

이 운동에 적극적으로 참여했던 숭실학교의 교사와 학생들은 수 없이 감옥에 갇히게 되었고, 일제 경찰관과 헌병들은 혹독한 탄압과 육체에 당할 수 없는 고통을 가하게 되었다. 결국 숭일학교 전문부에 다니던 송만춘은 시위 현장에서부터 부상을 당하고 감옥에 갇히게 되었다. 광주지방에서 구속된 자는 모두 77명으로 모두 재판을 받게 되었다.

당시 구속된 사람의 통계를 보면 다음과 같다.[210)]

숭일학교 교사 2명
숭일학교 학생 27명
수피아여학교 교사 2명
수피아여학교 학생 20명
농업학교 학생 5명
일반인 21명

---

208) 전남일보, 1979년 1월 8일자 관계 기사 참조.
209) 朴殷植, 韓國獨立運動之血史, 下, 178면.
210) 光州地方法院 判決文(大正 8年 558號) 참조.

이 외에도 숭실학교 최병준, 김 강과 시민 최한영은 3년 징역형을 받고 복역했으며, 또한 숭일학교 관리 직원 송홍진은 학생들의 선두에 서서 만세운동을 지도하다가 2년 징역형을 받았다. 그런가 하면 경찰서에 잡혀가 숭실학교의 애국 청소년은 아무 죄도 없이 3~4개월의 체형을 선고 받았다.

제7호 출판법 위반으로 제형을 받은 학생들의 통계를 보면 다음과 같다.[211]

체형 3년 김강 외 14명
체형 2년 송광선 외 9명
체형 2년 박외순 외 3명
체형 8월 김화순 외 8명
체형 6월 이나주 외 15명
체형 10월 김성민
체형 4월 박오기 3인

이들은 모두 대구 복심법원에 불복 항소하였다. 그런데 그 중 숭일학교 특별과(전문대학과정) 재학 중이던 송광춘은 만세를 부르다가 일제 경찰로부터 심한 다박싱을 입고 대구형무소로 이송되었으나, 서기 그해 12월 하순 추운 감방에서 옥사하고 말았다. 이 소식을 전해 들은 숭일학교 학생들은 물론 북문안교회 교인들 그리고 광주 시민들까지 슬렁거리기 시작하였다.

동 송광춘의 유해(遺骸)는 광주로 운구(運柩) 중 송정리에 도착한다는 말을 들은 사람들은 상여를 준비하여 광주까지 운구하려고 대기 중에 있었다. 송광춘의 유해가 송정리역에 도착하자, 숭일학생들을 비롯해서 광주청년회 2~30명은 동지들이 운구해 온 유해

211) 전라남도지편찬위원회, 같은 책, 836~837면 참조, 光州地方法院 判決文(大正 558호) 참조,

를 상여에 옮기어, 30리 길 광주까지 운구하였고, 그때 연도에 늘어선 많은 주민은 고(故) 송광춘의 상여에 고개를 숙여 애도하기도 했다. 이에 운구와 더불어 또다시 민심이 술렁거리기 시작하자 일제 경찰은 숭일중학교 지하실에 둔 유해를 압수까지 해 버렸다.[212)]

우리는 이상에서 개략적이나마 3.1운동 당시 광주의 운동 모습과 비록 여기에 지면관계로 소개는 못하였지만 판결문에 나타난 어린 숭일학교 학생들의 논리적이고 당차고 담대한 애국의 모습을 읽을 수 있다.

3. 신사참배 거부와 숭일학교의 폐교

우리는 이미 신흥학교의 신사참배와 거부에 관하여 일본의 신사(神社)와 그 참배의 거부 배경에 대하여 상세하게 기술한 바 있다. 다만 여기서는 약하기로 한다.

서기 1937년 7월 중 · 일전쟁 발발후 조선총독부에서는 9월 6일을 이른바 '애국일'로 정하고, 이날을 기해 전국 각급 학교에 대해서 신사참배(神社參拜)를 하도록 시달하였다. 전남북도의 지사들은 당년 9월 4일 관내에 있는 학교장들을 소집하여 애국일 행사에 관한 사전 협의를 하게 하였다. 그리하여 그 자리에 참석하고 있던 남장로교 선교부 산하 학교의 학교장들은 동방요배(東方遙拜)에는 참석할 수 있으나, 신사참배는 선교회의 지령에 의하여 참석할 수 없다고 단호히 말하였다. 선교부에서는 또한 학교의 직원들과 학생들에게도 이와 같은 방침을 시달하고, 학교 직원이나 학생들 중 그 누구도 학교를 대표하여 이 행사에 참여하는 것을 허용하지 않겠다고 공포하였다.[213)]

212) 전남일보, 서기 1978년 1월 8일 관련기사 참조.
213) 김경식, 딜제 강점기 民族私學 高敞高普 –그 심층적 탐색–, 고창군, 2019, 334면.

결국 일제가 말하는 애국일인 9월 6일, 숭일학교는 그 무서운 위협과 경찰의 탄압에도 불구하고 신사참배에 대해서 과감하게 불참하고 말았다. 이 일로 당국은 바로 숭일학교에 폐교라는 보복조치를 하고 신앙과 민족의 혼과 애국을 가르쳐 왔던 숭일학교는 문을 닫게 되었다.

이러한 보복조치를 받었던 학교는 비단 숭일학교만이 아니다. 수피아여학교, 목포영흥학교, 목포정명여학교이며, 순천의 매산남여학교, 전주의 신흥학교, 기전여학교, 그리고 군산의 영명학교와 맬본딘 여학교는 자진 폐교 청원을 내고 문을 닫았다.[214)]

이로써 호남지방에 있는 10개 기독교계 학교 재학생 4,787명은 학업을 중단하게 되었고, 재학생들은 가까운 학교에 편입시켜 교육을 계속할 수 있게 하였으며, 개중에는 일제의 교육을 받을 필요가 없다고 자진 자퇴해 버리는 학생도 많이 있었다. 숭일학교의 모든 재산은 일제에 의해 몰수되고, 미국의 선교사들 역시 서기 1940년 11월 철수하게 되었다.

제7절 매산학교의 설립과 그 항일민족운동[215)]

1. 매산학교의 설립 배경

미 남장로교 선교부는 변요한(Preston,John Fairman)[216)]과 배유지(Bell,Eugene) 선교사의 순천선교부 개설 건의에 따라 서기

214) 김경식, 위의 책, 335면.

215) 매산학교의 설립과 발전에 대해서는 순천매산중 · 고등학교, 《梅山(100년사》 196~372면을 대본으로 재구성하였음.

216) 변요한은 이미 서기 1906년 강진군에 '학명리 교회', 서기 1907년에는 해남에 '원진교회', 서기 1909년에는 해남군에 '맹진리 교회'를 세우는 등 맹렬하게 선교활동을 하거나 돌아보고 있었다.

1910년 순천 선교부의 설립을 결정하고 선교를 시작하였다. 그러나 선교부 설치에 앞서 서기 1908년부터 배요한은 한 건물을 매수하여 예배당으로 재건하고 선교활동을 벌인 것으로 보인다.[217] 서기 1910년 4월부터는 현재의 순천중앙교회의 구예배당(영동 108번지 소재) 인근인 119번지에서 변요한 선교사 등 미국 남장로회 소속 선교사들이 주로 순천중앙교회 교인들을 상대로 성경과 신학문을 가르치기 시작한 것이 본교의 모태였던 것으로 짐작된다.[218]

매산학교의 시원(始原)에 관하여 우리는 다음의 글에 주목할 필요가 있다.

변요한과 고라복(Coit, Robert Thornwell) 선교사는 매곡동(현, 매산중학교)에 천막교사를 마련하고 영동 한옥 사숙에서 시작한 선교교육을 더욱 본격화하였다. 이것은 영동의 한옥 사옥에서는 증가한 학생들을 더 이상 수용할 수 없다는 장소적인 문제도 있겠으나, 그 보다는 변요한 선교사가 안식년을 맞아 미국에 가서 '선교보고'를 통하여 약속 받은 왓츠(G. Watts) 박사의 순천선교부에 대한 기부금으로 장차 교사를 건립하려는 계획을 실현하기 위한 초석이기도 하였다.[219]

위에서 본 바의 영동의 한옥 사옥과 매곡동의 천막학교에서의 교육은 보조학교(subsidiary) 내지는 문법학교(grammar school) 정도의 수준이었다. 그러나 순천은 서기 1913년부터 선교부가 설치되었기 때문에 아직 선교사들은 상주가 아닌 순회의 형태로 활동하였을 것으로 보인다. 그리고 당시 선교사들은 조선어가 서툴렀

217) 이 점에 대해서는 실증적인 자료로서 우리는 순천매산 · 중고등학교, 《梅山 100年史》 170~172면에서 확인할 수 있다.
218) 순천매산중 · 고증학교, 같은 책, 172면.
219) 위의 책, 17면.

기 때문에 가르치는데 한계가 있었을 것이고, 성경을 중심으로 한 기초적인 영어교육이 이루어 졌을 것으로 보인다.

위에서 인식한 바와 같이, 순천선교부는 서기 1913년에 설치되었다. 순천선교부의 건설 부지는 순천읍성 북문 밖의 산언덕이었다. 그곳은 당시에는 공동묘지와 애기장터로 쓰이던 언덕으로 그 주변엔 몇 채의 가옥이 있을 뿐 한적한 곳이었다. 그곳은 서양인이 선호하는 언덕이라는 점도 있어서지만 그보다도 거의 버려진 땅으로 구매하기에 저렴한 비용[220]이 들기 때문에 조닝 프랜(zoning plan)을 적용하였고, 남녀유별의 윤리적 관념을 배려하여 남 · 여 학교로 분리하였으며, 선교사들의 독립적인 거주공간은 당시의 열악한 위생환경으로부터 격리시킴으로써 질병과 신병상의 안전을 도모하기 위한 조건들을 반영한 마스터 플랜을 가지고 건설한 것으로 보여진다.

2. 매산학교의 설립과 그 발전

1) (은성학교의 설립과 폐교) 순천선교부는 위에서 언한 천막학교를 모태로 하여 원대한 교육선교를 위하여 순천선교기지의 건설에 때맞춰 일제의 사립학교 규칙에 준하여 매산학교의 전신인 '사립 은성학교'를 인가받아 서기 1913년 9월 개교하였다.[221]

은성학교의 설립목적은 "하나님에 부르심에 거하여 하나님의 일꾼이 되게 가르치고, 그리스도가 이웃에 거하도록 가르치며, 자신의

220) 그당시 선교부 건설부지인 그곳은 10에이커(41,667m^2 ; 12,626평)으로 2,000달러가 미쳐 못들었다고 한다. 그 당시 2천 달러는 구조선 화폐로 당나귀 3마리가 실었다고 한다.

221) 기독신보, 서기 1922년 6월 14일자 '牧鶯學校彙報 순천매산학교(1) 참조.

직업에 의하여 자신을 부양할 수 있도록 가르치는 것을 목적"으로 하였다. 이러한 목적하에 설립한 교명은 '恩成學校(은성학교)'로 하였다. 그러나 교명에 관한 기록도 없기 때문에 그 내용을 확실히는 알 수 없으나 기독교계 학교임을 감안한다면 하나님의 은혜로 설립된 학교라는 것을 배제할 수 없을 것이다.

동교의 학제는 서기 1911년의 제1차 조선교육령에 의거하였던 바, 학제는 보통학교(3~4년)로서, 취학년령은 8세를 전후하여 그 폭이 다양했을 것으로 추측된다. 당시의 교과목은 알 수 없으나 서기 1909년 사립학교 학칙에 준하여 생각해야 할 것이나 성경공부와 찬송가 과목도 부인할 수는 없을 것이다.

은성학교 설립의 공헌자로서는 변요한과 고라복 두 선교사가 지목되고 있다.

은성학교는 개교한 지 불과 2년이 되지 못하여 일제 당국의 감시의 대상이 되었던 바,[222] 일제 당국은 서기 1911년의 '사립학교규칙'으로 인간의 교육사업에 대한 통제를 강화하였다. 선교사들에 의한 종교계의 학교에 대해서도 마찬가지였다. 서기 1915년 조선총독부는 그 부령 제24로 '사립학교규칙'을 개정하여 사립학교를 더욱 강력하게 규제하였다.

개정 사립학교규칙에는 교원에 대한 규정이 강화되었는데, 교원자격규정으로 일본어에 능통할 것이 요구되었고, 조선총독부의 '교원면허장'을 소유한 자로서 일본인 교원이 채용되도록 유도하기 위한 것이었다. 총독부가 정한 교육과정에서 조선사나 조선지리를 교수하지 못하도록 하였다. 또한 선교사들이 운영해 온 기독교계 사립학교에서 종교교육을 할 수 없도록 했다. 또한 일제 당국은 개정 사립학교규칙에 당황해하는 선교사들을 회유하기도 하고 협박

222) 기독교신보, 위와 같음.

하기도 했다.

일제 당국의 이러한 조치에 어쩔 수 없는 현실론으로 인가를 받은 종교단체도 적지 않았다. 그러나 성경을 마음대로 가르치지 못하는 학교가 도대체 선교에 무슨 의미가 있겠는가 하는 회의론도 우세하였다. 이러한 상황하에서 은성학교가 폐교를 선언하고 나선 것은 당시 개정 사립학교 규칙 하에서는 성경을 가르칠 수 없다는 것과 보통학교에로의 교명 변경 거부로 인한 것이 핵심적이었다. 그리하여 은성학교는 개교한 지 불과 3년만인 서기 1916년에 폐교를 선택하고 말았다.

2) (매산학교의 설립) 자진 폐교했던 은성학교는 약 4개월 10개월만인 서기 1921년 4월 15일 '매산학교(梅山學校)'라는 이름으로 다시 개교하게 되었다. 폐교한 은성학교가 다시 매산학교로 개교하게 된 것은 일제의 식민지 정책 초기 무단정책에서 3.1운동을 계기로 정책 전환을 한 이른바 '문화정치'의 상황 하에서 이루어진 것이다. 서기 1921년에 이르러 "마음대로 성경을 가르치며 학교를 운영해도 된다는 당국의 허락"을 받았다.[223] 그리하여 크레인(J.C. Crane) 선교사를 설립자로 하여 서기 1921년 3월에 인가를 받고, 4월 15일 개교식을 가졌다. 그리고 그 다음 해인 서기 1922년에는 6월 현재 고등과 학생 33명, 보통과 학생 207명에 이르렀다.

우리는 여기에서 매산학교의 설립 배경을 전해 주는 《순천시사》에 주목할 필요가 있다.

223) 맥미타(Meta · I, Bigger), '선교보고'(1922,5,5), 매산중 · 고등학교, 같은 책, 241면에서 재인용.

서기 1920년 6월이래 기독계 인사들은 사립학교를 설립하는데 힘을 모았다. 그 결과 사립순천매산학교와 사립순천매산여학교가 문을 열었다. 이 무렵 순천기독면려청년회도 활기차게 움직이기 시작했다.[224]

3) 은성학교와 매산학교의 가장 큰 차이점

서기 1913년 개교한 은성학교와 서기 1921년 개교한 매산학교의 가장 큰 차이점은 고등과의 개설이다. 매산학교가 개교할 당시 선교부는 재정적인 문제로 보통과만 설치하려고 하였다. 그러나 순천읍교회의 지도자들과 지방 유지들은 고등과 설치를 강력히 요구했다. 우리는 당시 동아일보의 서기 1920년 여름의 기사에 유의할 필요가 있다.

> 학교를 여전히 부활하기 위하여 금번 광주에 개최된 선교사회에서 차(次) 문제를 협약할 터인바, 경비의 관계로 고등과는 의문이라고 선교사의 논의가 유함으로 지방교우측에서 분기하야 경비 약간을 부담하고 기필코 고등학교를 설립하기 위하야 교회대표로 목사 이기풍, 장로 오영식, 유지 김양수 3씨를 선발하야 광주선교사회에 파견야하다더라.[225]

> 순천야소교 내에는 금번 보통학교급 고등학교 설립허가원을 제출하얏는데 차에 대한 경삐로는 조선교회측에서는 매년 천원씩을 담당하고, 기여는 미국선교사회에서 부담하기로 결정되얏다더라.[226]

매산학교로 다시 개교하는데 있어서 보통과는 설치 가능하였으나 그 경비의 문제로 고등과를 설치할 수 있는지 의문이라는 선교부의 말을 듣고 조선교회측에서 매산교에 매년 1천원씩을 부담한

224) 순천시사편찬위원회, 순천시사, 608면.
225) 동아일보, 1920년 6월 28일자 '순천고교부활호乎' 참조.
226) 동아일보, 1920년 8월16일, '학교설립원제출' 참조.

다는 것을 짐작할 수 있다. 고등과 문제를 해결하기 위하여 순천 지역의 대표자로 광주에서 개최되는 선교사회에 파견된 이기풍 목사, 그는 당시 순천읍교회 제3대 목사로 있었다. 이기풍 목사는 1920년 광주예수장로회 부총회장, 1921년 가을 제10회 총회에서 총회장으로 선출되었다. 오영식 장로는 순천읍교회 장로였다. 그리고 김양수는 순천기독면려청년회와 순천청년회의 간부였다.

4) 매산학교의 교육과정을 보면 다음과 같다.

서기 1921~1930년의 경우, 보통과(6년)는 성경, 수신, 국어(일본어), 조한(朝漢), 산술, 역사, 지리, 박물, 국한(國漢), 영어, 도화, 창가, 실업, 체조, 고등과(2년)는 성경, 수신, 국어(일본어), 조한(朝漢), 수학, 역사, 지리, 이과, 국한(國漢), 영어, 도화, 창가, 직업, 체조[227] 등이었다.

동교에서는 실업교육을 중시하였다. 이것은 기독교 학교에서의 실업교육은 자조(自助)와 그 정신의 배양이란 차원에서 더욱 강조된 것이다. 이것은 또한 학생들에게 기술을 습득시킨다는 교육적 목적 외에도 학비 마련이 어려운 학생들에게 자력으로 학비를 조달할 수 있는 기회를 제공한다는 측면에서 실업교육을 적극적으로 채택하였다. 한편 실업교육을 통하여 예컨대 그 부산물을 판매하여 학교의 재정을 확충한다는 부차적인 목적도 없지 않았다. 이 점은 동아일보도 그간의 사실을 증언해주고 있다.[228]

당시 학생 수는 증감이 있었겠지만, 서기 1922년도와 1930년도

227) 순천매산중 · 고등학교, 같은 책, 254면.

228) 동아일보, 서기 1930년 11월 8일자 관련지사 참조.

의 경우를 보면, 초등과는 206명, 고등과 30명, 서기 1930년의 경우는 초등과 108명, 고등과 24명으로 나타나고 있다.[229)]

3. 신사참배의 강요와 자진 폐교

1) (순천노회 신사참배 결의와 본교의 대응) 순천노회는 서기 1922년 10월 3일 전남노회로부터 분립하였다. 당시 순천노회의 창립회원은 선교사로는 변요한, 구라복, 목사로는 곽우현, 전태인, 조의환, 강병담, 장로로는 김억평, 오영식, 서병준, 장기용, 이기홍, 김일현, 장현중, 목치숙, 창창규였으며, 그 임원으로는 회장 곽영우 목사, 부회장 변요한 목사이었다. 그리고 시찰구역은 제1구는 순천, 여수, 곡성, 제2구는 광양, 구례, 제3구는 보성, 고흥으로 정했다. 이후 서기 1940년 11월 무렵까지 순천노회에 속한 교회는 100여 곳이 되었다.

주지하는 바와 같이, 조선총독부가 조선 교회에 대하여 신사참배를 요구하기 시작한 것은 서기 1938년 2월부터이다. 그 당시 신사참배 여부에 대한 의견은 엇갈렸다.

그런데 그 무렵 순천노회는 서기 1938년 4월 25일 구례예배당에서 개최된 제22회 순천노회 총회에서는 신사참배를 결의하였다.[230)] 이에 대하여 그에 참석하였던 매산학교의 교장 원가리 등을 비롯한 순천선교부 소속 3명의 선교사들은 당일 순천노회를 탈퇴하였다.

그리고 조선예수장로회 총회가 신사참배를 결의하자 미국 남장로교 선교부는 서기 1938년 9월 28일 광주에서 임시회의를 개최

229) 순천중 · 고등학교, 같은 책, 263면 참조.
230) 동아일보, 1938년 4월 29일자 관련기사 참조.

하고, 한국장로교와의 단절을 선언하고, 미국남장로교 선교부는 당시 미남장로교 선교사가 관여하였던 전북노회, 전남노회, 순천노회, 제주노회 등에서 탈퇴하였으며, 미국남장로회 조선선교회장 마로덕 선교사의 이름으로 탈퇴 선언서를 발표하였다. 이로써 매산학교의 교장 원거리 등 순천선교회 소속 선교사들 모두가 순천노회 및 조선예수교장로회와의 단절이 이루어졌다. 그리하여 그 이듬 해인 서기 1939년 5월 8일 순천성경학교에서 개최된 순천노회 제23회 총회 회의록의 보고안건 중 "선교사들이 총퇴진함으로 지방교회들의 어려움을 보고하다."[231]는 일도 발생하였다.

본교의 폐교는 본교의 책임을 진 순천선교부 소속 선교사들과 또한 미국남장로회 선교부의 신사참배에 대한 강경한 거부로 인하여 비롯된 것이다. 그 원인은 하나님 외 우상숭배는 어떠한 경우도 인정할 수 없다는 것이다.

2) **(매산학교의 자진 폐교)** 서기 1937년 9월 6일, 남장로교 소속의 광주에선 광주숭일하교, 수피아여학교, 목포에선 정명여학교, 영흥중학교가 강제로 폐교되자, 본교를 비롯 전주신흥학교, 기전여학교는 존폐 기로에 서게 되었다.[232] 그러나 매산학교는 일제 당국이 폐교명령을 내리기 전에 자진 폐교를 선택하게 되었다. 그리고 일제는 이를 받아들여 인가하였다. 또한 일제 당국은 본교의 자진 폐교에 따른 동요 등을 의식하여 전라남도 시학을 순천에 파견하여 학부형과 지방유지들에게 폐교에 따른 후속 조치로 매산학교의 남녀 500여 명은 순천보통학교에 편입시키고, 교사들은 촉탁교원으로 채용할 것을 약속하였다.

231) 순천노회, 《순천노회사》, 1992, 143면.
232) 동아일보, 1937년 9월 29일, 30일 2자 관련기사 참조.

동교는 이로써 이로써 두 번째의 폐교를 맞게 되었다. 첫 번째는 일제의 보통학교로의 교명 변경에 대한 압박과 성경과목을 가르치게 못하는 것에 대하여 거부하고 서기 1916년 6월 은성학교를 자진 폐교한 데에 이어, 이번에는 신사참배에 대한 거부로 또다시 서기 1937년 9월 28일 자진폐교를 하게 된 것이다. 그날의 상황을 동아일보는 다음과 같이 증언하고 있다.

누보한 바와 같이 二十여 년간 만흔 인재를 양성하여 조선의 유수한 교육가 실업가가 경향각지에서 활약케 한 순천매산남녀학교가 지난 二十八일로써 최후의 간판을 떼어버리게 되었다. 당일 남학교의 학생들은 선납한 二학기 월사금 四분지 三을 도로 찾아 손에 들고 최후의 발길을 참아 못 옮기고 웅게웅게 서있고 녀학교에선 오례택 선생이 교정에서 작별사겸 폐교선언이 끝났다.[233]

또한 원가리 교장은 당일 인터뷰에서 매산학교 등에 대한 매각을 하지 않을 뿐더러, 향후 남장로교 선교부에서는 기회가 오면 다시 교육사업을 하겠다는 것과, 매산학교 대신 성경학교를 운영할 것이며, 전도사업에 힘쓸 것이라는 것을 밝히고 있다.[234]

본교 자진폐교로 5백여 학생들은 순천보통학교로 편입하게 되었다.

---

233) 동아일보, 10월 1일, '梅山男女校 廢校式擧行' 참조.
234) 동아일보, 위와 같음.

제3장 근대 관학의 설립과 그 항일민족교육운동

본 장의 구성에 있어서 미리 밝혀 두어야 할 것이 있다. 관학(官學)은 국가 내지 정부에서 설립한 학교를 지칭하고 있다. 따라서 본 장에서 논의하고자 하는 것은 구한말 주권 상실 직전 설립한 광주농림학교를 일컫고 있다. 그러나 편의상 원래 출발은 민족사학으로 설계하였으나 곧바로 일제에 의하여 공립화한 광주고등보통학교와 전주고등보통학교도 본 장에 포함시켜 논의하고자 한다.

제1절 광주농림학교의 설립과 그 항일민족교육운동[235)]

1. 본교 창립 배경

본교 100년사에서 조차 "기울어져가는 국운을 다시 일으켜 세우기 위해서는 먼저 국가산업을 발전시켜야 되겠고 그렇게 하기 위해서는 우선 농 · 공 · 상 분야의 기술자를 양성하는 학교를 세워야 한다는 선왕의 유지를 받들어 융희 황제는 1도에 1개교 이상의 실업학교를 설립해서 국가산업을 진흥시켜야겠다는 의도하에 융희 3년(1909년) 이곳 광주에 우리들의 모교 광주농림학교창설하게 되었는데…"[236)]라고 하면서 본교 설립의 배경을 설명하고 있다. 아마 이것은 100년사 집필자가 서기 1895년의 고종의 '교육

235) 본절은 광주자연과학고등학교 · 광주농업고등학교, 《광주자연과학고등학교 100년사》, 2009.

236) 광주자연과학고등학교 · 광주농업고등학교, 《광주자연과학고등학교 100년사》, 2009, 467면.

조서'와 서기 1899년 '실업교육조서' 그리고 서기 1904년 '농공상학교관제' 만을 제도적으로 인식한데서 온 것일 것이다.

그러나 시대적 상황을 인식한다면, 서기 1904년 제1차 한일협약에 의한 고문정치, 서기 1905년 을사늑약(乙巳勒約)에 의한 외교권 박탈, 서기 1906년 통감부의 설치 그리고 서기 1910년 경술국치로 주권상실이라는 점을 인식한다면 융희 황제는 조선정부가 일제에 의하여 빈사(瀕死)의 상태에서 연명만 하고 있는 상황하에서 형식적으로 본교의 설립을 윤허했을 뿐, 일제가 사실상 정치를 통제하고 있는 상황하에서 본교의 설립이 우리 민족을 위한 기술자 양성이라는 것 보다는 일제에 의한 통감부의 교육정책하에서 본교가 설립했다고 보아야 할 것이다.

2. 본교의 설립과 그 발전

1) 본교는 서기 1909년(융희 3년) 4월 20일에 설립되었다. 이와 같은 실업학교가 설립된 것은 위에서 언급한 바와 같이 표면상으로는 융희 황제의 1도에 1개교 이상의 실업학교를 설립해서 국가산업을 진흥시키겠다는 의도에서 설립된 것이나, 실제적으로는 일제 통감부의 교육정책하에서 숨은 뜻이 들어 있었음을 부인할 수 없다. 그 설립과정을 보면 다음과 같다.

본교는 경술국치 이전의 설립된 농업계학교로서는 본교를 합하여 전국에 수개교에 불과했다. 처음 학교는 광주 서문 밖(구 광주적십자병원 후문통)에서 창립하였다. 창립 당시 교장은 전라남도 관찰사가 겸임하였다. 그 다음 해인 서기 1910년 11월 1일 본교 광주 농림학교를 '광주공립농업학교'로 교명을 변경하면서 수업년한도 1년을 감축하여 2년으로 하였다. 교장도 일본인 교장도 일본인인 전남도 장관으로 바뀌었다. 서기 1912년 11월 25일에는 광주시 임동 소재의 새 교사로 이전하게 되어 농업학교로서의 터전을 마련하게 되었다. 서기 1919년 4월부터는 수업년한이 3년으로 변경되었다. 그리고 다시 서기 1921년부터는 수업년한이 5년제로 되고, 전국 각도의 乙종 농교에서 甲종 농교로 승격이 되자 본교 4학년 편입을 희망하는 학생들의 경쟁이 극심했다고 한다. 당시의 학생수로는 1학년 69명, 2학년 51명, 3학년 47명, 4학년 37명, 5학년 30명으로 전교 281명이었다.

따라서 교실 신축이 불가피하게 되었다. 그리하여 서기 1925년 봄에 벽돌 2층 신축공사를 하게 되었던 바, 그 당시 광주의 사정으로는 광주의 10대 명물에 들기도 하였다. 동 교사는 2층에 5개의 교실이 있고, 1층에는 물리 화학, 실험실과 준비실, 그리고 박물교실이 양쪽 끝에, 가운데는 직원실 등 사무실이 배치되어 있었다. 이 외로 250명 수용가능의 대강당, 창고, 체육기구사, 교실 3개분의 양잠실, 제사실, 축사, 기숙사 등의 학교시설이 서기 1937년까지 많은 농업관계 지도자를 배출하였다.

서기 1938년 11월 22일에는 임동에서 광주시 서방면 용봉리(현, 전남대학교 농과대학 자리, 부지 121,696평) 신교지로 이전하였다.

3. 본교출신 최한영(崔漢泳)과 그의 항일운동

최한영은 서기 1901년생으로, 광주군 부동방면 사직리에서 한학자로 선비인 최진섭의 둘째 아들로 태어났다. 최한영은 서석보통학교를 졸업하고 서기 1914년 본교에 입학하였다. 신체도 건강하고 성적도 호탕하며 성적도 우수한 편이었다. 그는 서기 1916년 본교를 졸업한 후 여러 곳에서 그의 취직을 간청했으나 모두 사양하고 뜻한 바 있어 실업을 하겠다는 명목하에 동지 강석봉, 김태열 등과 함께 처음에는 신문잡지 종판소라는 간판을 내걸고 동지를 규합하여 조국 독립을 위해서 힘을 양성해야 하겠다는 각오와 의기로 후진양성, 상호토론, 관계서적 탐독 등을 계속하였다. 나이치고는 조숙한 편으로 비범하였다.

최한영은 일이 막히면 호남학회 친목회장 이병묵, 중앙노동공제회장 박강규, 최남선 등을 특별 초청해서 강연을 듣고, 질문을 하여 의심을 해소하는 방법으로 상호 독립정신을 고취하였다. 그 후 일본인들에게 탐지되어 일제 경찰에 의해 강제 해산되고 말았으나, 이에 굴하지 않고 다시 삼합양조장을 만들어 표면상으로는 주색에 타락한 것처럼 위장하여 일제 경찰이 오면 서로 멱살을 잡고 때리고 맞고 하는 등 교묘히 일제 경찰의 눈을 피하면서 소기의 목적을 달성하기 위하여 계속 노력하였다. 주간에는 유흥에 빠진 청년들처럼 하여 위장하고, 밤에는 제반 애국운동에 열을 올렸다. 서기 1916년부터 3년간 이러한 처세는 계속되었다.

서기 1919년 2월 8일 백관수가 초안하고 이광수가 작성한 조선청년독립단 명의의 독립선언서를 광주 출신 동경유학생 정지호가 그 독립선언서를 지참하고 광주에 와 최영한의 집에서 최정두, 박이구, 한길조 등과 함께 은밀히 은쇄, 보관하였다.

한편 3.1운동 때는 3월 10일은 광주 장날이어서 이날을 거사일로 정하고, 군중 동원 계획을 비밀리에 시달했으며, 독립선언서는 가마니에 넣어 요소요소의 상점에 상품인 것처럼 가장하여 보관해 놓고, 각 처에 독립만세의 불씨를 붙인 노력으로 순식간에 광주시가 조선독립만세의 시위현장으로 변했다. 쌀장사는 쌀 됫박을 높이 들고, 식육점 주인은 저울을 들고, 양은그릇 장사는 양은그릇을 두들기며 만세를 외쳤고, 광주농업학생들도 이에 가담하여 거리를 달리며 독립만세를 목이 터져라하고 불러 댔다.

최한영은 선두에서 독립만세를 외치며 시내를 누빈 뒤에 자진 광주경찰서로 들어가서 주동자임을 자수하여 수감 되었다. 최한영의 뒤를 따르던 수백명의 군중은 경찰서 마당에서 다시 만세를 절규하니 일제 경찰들은 총칼로 막 구타하기까지 하였다. 당시 수피아 여학생들은 치마를 뒤집어 쓰고 다시 만세를 불러댔다.

내 나라 내 민족의 독립을 위해 우리의 국토에서 민족 독립을 위한 만세와 절규가 무슨 죄인가? 애당초 우리는 힘이 없었기에 종이 한 장에 을사오적의 싸인으로 하루아침에 버젓한 왕조가 식민지로 전락한 것은 사실이나 이 분함은 어떻게 표현할 것인가? 제 나라 독립을 외쳤다는 가당찮은 조목으로 어린 학생들마저 형을 받아야 했고, 최한영 역시 3년간 광주 · 대구형무소에서 옥고를 치러야 했다. 최한영이 수감된 감방은 커서 140명을 수감하면서도 일반 잡범은 금했다. 그것은 잡범마져 이른바 불온사상에 물들게 하기 염려스러워서였다고 한다. 애국청년들이 140명이나 한 방에 동거하다 보니 그 중에는 안재홍 등 거국적인 인물도 있었고 또 웅변대회, 시낭송대회, 토론, 씨름, 장기 등 그야말로 시간 가는 줄 모르고 지낼 수 있었다. 그러나 겨울에는 추위와 싸워야 했고, 여름에는 더위, 모기, 벌레 등과 싸워야 했으며, 배식양이 적으므로 굶주림에 시달리는 등 말로는 형용하기 어려운 고통의 연속이었다. 그러나 마음만은 편했다고 한다. 그러나 3년의 형기를 마치고 출옥을 하고 보니 일제 경찰로부터의 요시찰로 지목되어 대소 사건에는 으레히 예비검속을 하여서 모진 고통을 받았을 뿐만 아니라 일체 사회활동에도 제한조치의 박해를 받아 가세마저 기울어졌다.

4. 광주학생 항일학생운동

성진회와 독서회라는 학생 비밀조직에 대해서는 여기서는 약하기로 한다.

서기 1928년의 광주농교와 광주고보의 대맹휴사건의 여진은 다음 해인 서기 1929년에도 꺼질줄 몰랐으니 수십명의 맹휴 퇴학생과 형기를 마치고 출옥한 20여 명의 동지들을 중심으로 재학생들과의 긴밀한 제휴 하에 보다 강열한 투쟁을 전개하기 위하여 전열의 재정비가 은밀하게 진행되고 있었다.

한편 학교 당국은 학생들의 이와 같은 움직임에 대비하여 여러가지의 방책이 강구되었으나. 즉 반항적인 기질이 농후한 학생들을 색출하여 "학교를 계속 다니다가 감옥신세를 지기보다는 차라리 퇴학하는 것이 현명하지 않겠느냐?"고 협박하여 자진퇴학을 권고하거나 성적이 우수함에도 불구하고 낙제를 시켜 소위 유시토학(諭示退學)이라는 명목으로 퇴학하게 하는 등 온갖 악랄한 음계를 실행해 갔다. 이러한 상황하에서 광주 학생운동이 일어났다.

이리하여 또한 광주학생운동 제1차나 제2차의 시위운동에 있어서도 농교는 타교보다 앞장서 광주고보와 어깨를 같이 했다.

제2절 광주고보의 설립과 항일민족교육운동

1. 광주고보의 창립과정

광주고등보통학교는 후일 광주서중학교, 광주일고라는 교명의 역사적 전통적 공간에서 그 모체를 이루고 있다.

광주고등보통학교의 창립의 중심에 선 사람은 당시 서기 1908년

~1911년 창평현감으로 와 있던 서울 출신의 김형옥(金衡玉)이었다. 그는 당시 창흥의숙(昌興義塾)의 운영을 보면서 호남인의 교육열을 목격하게 되었고, 이를 계기로 임기가 끝난 뒤 광주에 머무르면서 서기 1919년 사립 광주고등보통학교 설립 기성회장으로 고보개교를 위한 활동의 중심에 섰다.

김형옥은 일제의 통감부 시기 그리고 일제에 의한 강제적인 주권상실을 가져온 그 기간 지방수령으로 근무하면서 민족사학 창흥의숙을 보면서 민족을 향한 교육에 뜻을 두고 광주고보 창립에 몸을 던진 것으로 인식된다.

광주고보의 설립을 추진하게 된 배경으로는 우리는 다음과 같은 것을 지적할 수 있다. 즉, 개화기를 통해 유입된 신사조의 영향은 당시 광주지방의 새 교육의 필요성을 절감케 하였다. 이미 각 군과 읍 소재지에 소학교가 그것이 사립이든 공립이든 세워진지 오래고, 이들이 배출한 졸업생들의 중등교육과정의 수용기관이 현실적으로 요구되었다. 이러한 배경하에서 광주고보의 탄생이 있게 되었다.

이러한 배경하에서 김형옥은 3.1운동이 일어났던 봄 민족사학 설립을 위한 뜻을 세워 그 실천을 위한 노력을 경주하였다. 그리하여 전남 도내 유력자들에게 호소하고 설득하여 도내 50여명의 호응을 얻고, 이들을 규합하여 광주고보 설립을 추진한 지 5개월만인 서기 1919년 7월에 사립광주고등보통학교 설립기성회를 결성하였다.[237)]

기성회 발족에 따라 회장이 된 김형옥은 본격적인 모금운동을 전개하여 그 결과 서기 1920년엔 13만 5천원, 그 다음 해에는 3만 5천원을 투입하고 부족할 때는 그 전액을 그 자신이 부담한다는 단

237) 崔眞榮, 崔東文씨의 증언 참조, 광주시사 제2권 참조,

서를 붙이고 당시 광주군청 객사인 광산관을 임시교사로 한다는 등 복잡한 조건을 갖추어 설립인가 신청서를 제출하였다. 당시 사립광주보고 설립에는 도내 유력자 50명이 참여했다고 증언하고 있다.[238] 그러나 그 정확한 명단은 기록상으로는 현재까지 밝혀져 있지 않다. 광주고보 설립을 추진하던 비슷한 시기에 호남은행도 설립을 준비하고 있었다. 따라서 상당 수의 재력가들이 개화기에 필요한 은행과 중등교육기관의 설립에 동시에 참여했을 가능성이 컷다는 것을 우리는 배제할 수 없다. 이 점은 당시 서기 1922년 4월 광주 유지들에 의해 개교한 광주사립보통학교 설립추진위원회가 김형옥이었고, 최진선, 최상현, 조만선, 지응현, 현준호, 정덕범, 정낙교 등 광주의 재력가들이 위원으로 참여한 것이 이를 방증하고 있다.

사립광주고보의 창립은 서기 1920년 6월 4일 총독부의 인가를 받음으로써 이루어졌다. 인가 당시 학교 규모는 8학급 400명이었으며, 수업연한은 4년이었다. 당시 동 교의 인가에 대하여 동아일보는 다음과 같이 증언하고 있다.

전라남도 광주군 광주면에 사립 광주고등보통학교를 동 면에 거주하는 김형옥(金衡玉)씨가 설립하야 인가출원 중이더니 4월 6일 인가되었다는데 우교(右校)는 도내 유력자 50여명이 출자하야 대정 9년도에 13만 5천원을 지출하고, 동 10년도에 3만 5천원을 지출하고 그 외에 부족이 유(有)할 시(時)는 창립자인 김형옥(金衡玉)씨가 부담한다 하며, 수업연한은 4개년이요 학생 수는 4백 명을 수용할 계획이라더라.[239]

이로 보면, 광주고보의 창립 주체는 1개인에 이루어진 것이 아니

238) 동아일보 4월 14일자 참조.
239) 위와 같음.

라 김형옥 전 창평현감의 담양인이 설립운영하는 창흥의숙에 감화되어 광주에서 민족사학의 설립을 세우고자 하는 설립의 중심에서 당시 도내의 뜻을 같이하는 인사들에 의하여 창립되었음을 인식할 수 있다.

동 교는 인가 즉시 학생모집에 들어가는 한편, 임시교사로 상용할 건물을 마련하여 교실로 개조하는 개교를 준비하였다. 학생모집 결과 104명을 모집하는데 일본인 학생 8명도 끼어 있었다. 응모 학생은 전남도내 뿐만 아니라 전북, 영남 그리고 강원도 출신까지 모여들었다. 당시로서는 고보가 많지 않아 향학에 뜻이 있는 젊은이는 어디고 찾아가는 경향이었다.[240)]

사립광주고보는 서기 1920년 5월 1일 임시교사 광산관(光山館; 동헌 개사, 현 충장로 1가 소재)에서 역사적인 개교를 하였다. 창설의 주역 김형옥을 임시 교장으로 하여 성대한 개교행사를 하였다. 이리하여 지사인 도장관(道長官)을 비롯하여 각급 기관장들의 축사 속에 전 도민의 축복을 받으면서 출범하였다. 광산관에서 갑, 을 두 반으로 나누어 수업을 진행하였다. 광산관의 시설만으로는 부족하여 흥학관(興學館)[241)]도 사용하였다.

광주고보생들은 현재의 누문동 캠퍼스 교사가 신축 되기까지는 임시교사인 광산관과 흥학관에서 수업을 하며 생활하였다. 교과

240) 교유회지 제5호에는 96며을 선발하였다고 기록되어 있으나, 이는 조선인 학생을 이르는 것이고, 당시에는 일본이 학교인 광주중학교(전, 광주동중학교)가 설립되기 전이므로 일본인 교사나 광주에 거주하는 일본인 기관장 유지의 자제도 입학생이었던 것으로 보인다.

241) 흥학관은 당시 사동의 갑부 최명귀(崔明龜)가 서기 1912년 1만원을 기증하여 청년들이 사용할 수 있도록 세운 건물로 동구 광산동 구청자리에 있었음. 이 건물은 당시 청년들의 집회장으로 계몽운동에 활용되어 강습회, 토론회, 강연회 등 사회 활동이 활발하게 진행되었다. 서기 1929년 광주학생독립운동을 전후에서는 각급 사회단체들이 이 흥학관을 중심으로 민족운동을 전개하여 일제의 주목의 대상이 되었다.

목으로는 영어, 일어, 한문, 산술, 식물학, 수신(修身) 등이 중심이었다.

교사로는 일본인 4명과 구한말 군대에 있었던 이종묵(李鐘默), 송홍(宋鴻) 선생이었다. 특히 송홍 선생은 한문을 맡었으며, 민족교육을 하여 당시 학생들의 존경을 받았다. 개교 다음 해에 두 번째 신입생을 모집할 때는 지원자가 많아 치열한 경쟁이 있었다. 당시 학생 중에는 서당에서 한학을 배우다가 들어온 학생들도 많았다. 그중에는 이미 사서삼경을 공부한 20세가 된 청년들도 있었다. 이미 결혼을 하여 가정을 가진 학생도 있었다. 그리하여 이때부터 동급생간에 경어(敬語)를 쓰는 전통이 형성되었다.

2. 일제에 의한 공립화

광주고보가 탄생한 지 얼마 안 되어 조선총독부는 일본인 야와노(栗野傳之丞)라는 일본인을 초대교장으로 추천하였다. 비록 설립 당시 '임시'이기였지만 교장은 역시 엄연한 동 교 창설의 주역 김형옥이었다. 더욱이 도민의 힘을 모아 만든 민족사학(民族私學)에 일본인 교장이라는 것은 청천벽력 같은 통지였다. 이것은 결국 총독부의 학교 접수를 예고하는 중대한 사건이었다.

3.1운동 이후 일제는 이른바 문화정치라는 명목하에 조선교육령의 개정으로 조선인의 사학설립을 어렵게 만들었고, 이미 설립된 학교에도 많은 제재를 가하고 있었던바, 이는 그들의 식민지정책의 수행을 위함이었다. 따라서 일제는 당시 조선인의 민족사학에 많은 간섭을 하게 되었음은 주지의 사실이다. 이러한 예견은 당시 동아일보가 다음과 같이 증언해 주고 있다.

제목 ; 광주보고 변경-명년도부터 관립으로

전라도에 재(在)한 사립광주고등보통학교는 명년도에 2,3 관립고등보통학교의 증설과 동시에 차(此)를 관립(官立)으로 변경하야 명년 신학기부터 개학할 예정이더라.[242)]

이에서 보듯 민족사학으로 출발한 광주고보는 창립한시 몇 개월도 안 되어 일제의 수중으로 먹이게 되었다. '관립(官立)'이란 총독부가 설립 내지 운영함을 말한다. 동 교의 창립의 설립인가에 '정식' 교장을 보류하고 '임시' 교장을 설정한 것도 모두 총독부의 계산된 조건이었다. 초대교장으로 앞에 지적한 일본인 아와노가 부임한 것은 실질적으로 정식 교장으로 몇 개월 늦게 부임한 것이었다. 이리하여 민족사학으로 출발한 광주고보는 이제부터는 일제의 수중으로 그 운영이 넘어가 버리고 말았다. 통탄할 일이지 않은가? 참으로 애석한 일이다.

당시 아와노 교장은 평양숭실전문학교 생물학 교수 출신으로 당시 조선총독 사이토(齊藤 實)와는 선대로부터 특별한 관계에 있었던 인물이다. 그러기에 서기 1922년 11월 21일 신축교사가 낙성된 뒤 그 사이토 총독이 동교를 방문한 것도 다 그러한 연유가 있었기 때문이다.

사립광주고보는 서기 1922년 일제에 의한 관립으로 있다가 그 다음 해인 서기 1923년부터는 공립학교로 개편되었다. 이것은 민족사학 광주고보를 총독부가 운영하다가 지방관할로 이전했다는 의미이다. 얼마나 계획적이었는가? 이러한 술책은 총독부의 치밀한 사립학교 흡수정책의 일환이었다. 당시 총독부는 일제의 문화정책의 일환으로 각 도에 고보를 설립하는 계획을 정책적으로 결정하고, 우선 함북의 경성(鏡城), 황해도의 해주(海州), 경남의 부

242) 동아일보, 1920년 11월 3일자 참조.

산(釜山) 그리고 전남의 광주(光州)에 고보를 신설하기로 계획하고 있었다.[243] 사립 광주고보가 창립된 지 1년도 못 되어 관립으로 되었다가 공립으로 흡수된 것은 이러한 일제의 치밀한 계획에 의한 것이었다. 일제의 입장에서는 그들의 식민지 정책의 수행에 조선인의 사립학교 경영은 방해요인이 되고 골칫거리였기 때문이다. 이리하여 애당초 민족사학으로서 도민의 열망 속에 출발은 산산조각이 나고 일제의 관할로 되어버렸다.

이러한 일제의 강제적인 관립화한 광주고보의 교사신축은 총독부가 관립으로 관할권을 이전하려는 음모를 구체화 하기 시작하던 서기 1920년 가을부터 시작되었다. 초대교장 일인 아와노는 학교부지를 선정했던 바, 당시로서는 광주천 하천부지였던 오늘의 광주제일고 자리인 광주면 누문리 144번지의 1만 3천여평의 대지를 선정하고 공사를 주도해야 할 기성회는 별 간여를 하지 못하는 가운데 전남도청 주도로 속속 진행되었다. 그 비용조차 찬조형식으로 도민 유지가 낸 것이다. 당시 보도에 의하면, 순천의 김학모(金學模)라는 분은 벼 5천석에 해당하는 찬조금을 냈다고 한다.[244] 이러한 사실로 미루어 볼 때, 일제는 돈 한 푼 안 들이고 사립학교를 관립화하여 그 학교 건설비 조차 찬조비 명목으로 조선인을 수탈한 꼴이었다. 여기에서도 우리는 일제의 잔인한 그들의 일제 식민정책 수행의 일면을 엿 볼 수 있다.

교사 신축 후 광주고보생들의 염원인 과학관이 완성된 것은 서기 1932년이었다. 이는 당시 중등학교 실정에 비추어 상위급 규모로 전국 어디에서도 손색이 없는 시설이었다. 그러나 이러한 시설이 완공되기까지는 끊임없는 동맹휴학과 수백 명의 학생들이 퇴학과

243) 동아일보, 1921년 1월 14일자 참조.

244) 광주제일고등학교 · 광주제일고등학교동창회, 「光州高普 · 西中 · 一高八十年史(1920-2003)」, 91면.

정학을 당하는 희생이 뒤따라야 했다. 이는 당시 차등교육을 실시하고 있던 일제와의 투쟁 끝에 얻어낸 산물이며 다른 한편으로는 후배들을 위해서는 돈으로는 헤아릴 수 없는 값진 성과물이었다. 애당초 당시 과학관은 ㄱ자형 단층건물로 형식적인 시설이어서 줄곳 학생들의 항의를 받어온 터였기 때문이다. 일제 강점이후 중학교 육에 있어서 교육내용은 물론 시설에 면에 있어서도 줄곧 일본인과 차별을 두고 있었기에 우리 학생들은 항상 불만이 컸고, 맹휴나 시위가 있을 때마다 이 교육시설 확충문제는 항상 거론되던 당시의 상황이었다.

광주고보의 이러한 불만이 있게 된 것은 영민한 학생들의 눈에 일제의 차별이 현실적으로 목격되었기 때문이다. 맨 처음 시설 확충문제를 제기한 것은 서기 1927년 만주지역으로 수학여행을 간 학생들이 귀로에 평양고보를 견학하면서 과학교육시설과는 너무나도 격차가 심한 것을 확인하고, 학교 당국에 확충을 요구하며 동맹을 들어갔으나 학교 당국은 말로만 무마하려고 하였다. 특히 당시 경쟁상대인 일본인 학교인 광주중학교는 광주고보보다 뒤늦은 서기 1923년 개교하면서도 시설 면에서 그 차이가 너무나 커 고보생들의 불만은 들끓고 있었디. 이러한 경우의 불만은 결국 서기 1928년 6월 26일 대 동맹을 일으킨 요인의 하나가 과학교육시설의 강화였다. 다음 해인 서기 1929년 11월 12일 광주학생독립운동 제2차 시위에서도 이 문제가 제기되었던 바, 이미 학생들의 가슴 속에는 외형적인 과학시설의 문제가 아니라 일제 식민지 정책에 반대한 민족적 양심의 발로였다.

또한 초창기의 본관 건물 뒤편 목조 강당은 서쪽으로 옮겨 무도장으로 사용하고, 그 자리에 서기 1939년 12월엔 벽돌로 된 대 강당도 축조했다. 그러나 일본인 교장의 전교생을 대상으로 한 훈화에서 민족적 차별성의 훈화로 학생들의 반일감정을 조장했고, 이어 학생들은 맹휴를 벌일 때 자주 사용되었다. 또한 광복 후에도 화랑단이라는 동창회를 조직하여 친일파를 응징하는 장소로 사용되기도 했다.

3. 광주서공립학교시기(서기 1938~1945년)

광주고보가 창립된 이후 광복되기까지의 학제나 그 규모에서는 별 변동이 없었다. 그것은 한민족을 우민화(愚民化)하고자 하는 일제 식민지 교육정책하에서의 식민지교육의 상황은 전국 어디서나 열악한 교육의 상황이었다는 것은 본서 제1권에서 상세한 설명이 있었으므로 여기서는 약하기로 한다.

서기 1930년대를 기준으로 광주에는 광주고보 외에 광주농업학교, 광주사범학교, 광주여고보, 광주중, 광주여중, 광주숭일학교, 광주수피아학교 등이 있었으나 30년대 이후 새로운 중등학교는 증가되지 않은 상황이었다.

광주고보에 대해서 일제 당국이 인색했던 것도 동맹휴업투쟁을 비롯하여 학생독립운동을 일으켰고, 일제가 패망할 때까지 줄기찬 항쟁을 계속하였으니 일제 당국의 입장으로서는 당연했을 것이다.

모집정원이 20여년 이상 동결되다 보니 매년 입시경쟁률이 상승하는 결과를 가져왔다. 광주고보가 학생독립운동으로 유명해진 후 입학을 기피하는 경우도 없지는 안 했지만 대부분의 지망생들은 광주고보에 입학하는 것을 명예롭게 생각하였다. 초창기 3대1 정도였던 것이 서기 1930년대 들어서면서 5대1, 7대1, 한때는 10대1의 경쟁률을 넘긴 때도 있었으니 광주고보의 그 위치를 짐작할 것이다.

서기 1938년 또다시 개정조선교육령의 개정에 의한 학제의 변경에 따라 광주고보를 '광주서공립중학교'로 개명하였다. '서공립중학교'로 개명한 것은 일본인 학교인 광주중학교가 위치상 동쪽에 있었고, 광주고보가 서쪽에 있었기 때문이었다. 이와같이 '고보'를 '중학교'로 바꾼 것은 전국이 동일했던 것으로 형식상 일본 본토와의 것과 동일하게 한 것이었지만, 그것은 이른바 내선일체(內鮮一體) 정책에 이어 동화정책(同化政策)에 따른 것이었다. 그러나 거기에는 무서운 음모가 숨겨져 있었으니, 곧 황국신민(皇國臣民)으로서 학생들마져 전쟁에 끌어내어 총알받이로 삼자는 것이었다.

서기 1942년 태평양 전쟁이 일어난 다음 해에야 1학급 증설로 3학급에 정원 180명이었으나 그것도 일제 징용제도가 실시된 후 동원 인력의 필요성 때문이었다.

우리는 여기서 전국적으로 벌어졌던 식민지교육에 따른 차등교육과 특히나 서기 1937년 중일전쟁 이후 조선의 병참기지화 그리고 태평양전쟁 발발 이후 전시체제화 교육에 있어서 한민족 교육의 수모는 이루 말할 수 없는 것으로 전국적인 현상이었던 바, 이의 서술은 약하기로 한다.

4. 민족의 얼을 심은 스승

개교이후 일제강점기에 있어서 학교생활 속에서 민족의 교사들은 학생들에게 많은 교훈을 주어 민족의식을 갖게 했다. 우리는 그 중 특기할 분 몇 분만 소개하기로 한다.

학교 초창기 민족교사로서는 이종묵(李鐘默), 송홍(宋鴻), 유강열(劉康烈) 선생은 잊을 길이 없다.

한문을 담당했던 구한말 군대 출신의 이종묵은 한문을 가르치면서, 그리고 유일한은 구한말 사관학교 출신의 대위로 조선어, 한문, 체조 등을 가르치면서 은연중에 학생들에게 민족주의 사상을 가르쳤다.

그런데 일제강점기 광주고보에 있어서 운인 송홍(雲人 宋鴻;서기 1872~1949) 선생을 특히 기억하지 않을 수 없다.

송홍 선생은 광주보통학교, 광주농업학교 교사를 거쳐 광주고보에서 학생들에게 민족의식을 심어준 선생이었다. 선생은 전남 화순의 도암면 조선조 명문의 집안에서 태어나 어려서부터 천성이 효우(孝友)하고, 자질이 수미(粹美)하며 강직영명(剛直英明)하였고, 어렸을 때부터 뛰어나 장래가 촉망되는 신동이라는 찬사를 받았다. 엄격한 유학자 가계의 후예인 선생은 명문의 전통답게 정직, 예의, 근면으로 평생 정도만 걸었다.

일제강점기 초 일제의 황무지 개간이라는 미명하에 국토를 잠식할 때 한 일본 상인이 우리 국토의 산림과 하천부지 등을 50년 기한으로 전부 차용하려는 계획을 세워 정부 당국과 교섭 중이라는 사실을 알고 전 승지 윤병(尹秉), 이범창(李範昌), 전 군수 홍필주(洪弼周), 전 주사 이기(李沂) 등과 함께 공론(公論)을 일으키고, 남촌(南村)의 초당(草堂)에 소청(疏廳)을 설치 5차에 걸쳐 그 불가함을 상소하였다. 그러나 조정에서는 "그 일은 취소되었다."고 광고문으로 발표했을 따름이었다. 선생은 또다시 전 참판 홍종영(洪鍾永)과 이번창(李繁昌), 윤흥섭(尹興燮) 등과 대한문 앞에서 복합상소(伏閤上疏)하고 황제의 윤허를 종일토록 읍소하였다. "그대들이 물러가면 선처하겠다."는 막연한 전지(傳旨)가 있을 뿐이었다. 당시 대한문 앞에는 통곡의 소리가 진동하였고, 일시에 몰려든 수만의 군중이 의분을 참지 못하여 함께 울었다. 그때 일제 헌병대가 출동하여 전원 체포되었고, 모여 있던 군중의 아우성으로 대한문 앞 광장은 아비규환의 전쟁터를 방불케 했다. 당시 헌병대에 연행된 선생들은 10여 일간의 고초를 당하기도 했다.

이에 풀려나 선생은 망국의 비운을 참지 못하여 중국으로 들어가 천진, 상해, 북경 등지를 전전하면서 그곳 정객, 학자들과 교유, 세계 그러나 지도층의 대세를 논하고 구궁의 길을 모색하기도 했다. 그리하여 선생의 결론은 신학문과 문명을 도입하여 정치사회의 개혁을 단행하는 길이라고 생각하였다. 민족의 진로에 대한 확신을 얻은 선생은 서둘러 귀국하여 교육개혁방안을 제시하고, 그 실천에 노력하였다. 그러나 호응이 부족했을 뿐만 아니라 지도층의 몰이해, 재정의 어려움 등으로 그의 노력은 좌절되고 말았으나, 선생은 자신만이라도 후진양성을 위해 교육에 헌신하겠다는 결의 신념으로 서기 1909년 개교한 광주보통학교(현, 광주서석초등학교)에서 교단생활을 하기 시작하였다. 그다음 해 종이 한 장에 강제로 서명함으로 나라가 통째로 넘어가는 이른바 조선의 합방으로 교단을 떠나려 했으나 그대로 10년간 민족교육에 전념하였다. 그 뒤 광주 농업학교가 설립되었을 때 그곳으로 옮겨 혹독한 일제 강압의 통치하에서도 항일사상과 조국광복을 위한 독립정신을 꾸준히 학생들에게 투입시켰다.

서기 1919년 3.1운동이 일어나자 선생은 분연히 일어나 동포에게 보내는 격문을 지었다. 이 일로 일제 헌병의 체포령이 내리자 미국으로 망명하였다. 3.1운동 후 일제가 그 식민정책을 이른바 문화정책으로 바꾸고 또한 광주고보가 개교되었다는 소식을 듣고 귀국하여 광주고보에 부임, 학생들에게 민족혼을 불러일으켰다. 서기 1929년 11월 3일 역사적인 광주학생독립운동이 일어나 광주고보 전교생이 거의 검거와 수감, 퇴학처분 등의 비극을 맞자 선생은 병을 칭하고 장기결근으로 항거하다가 마침내 일제의 강요로 그 다음해 2월 28일 20여 년간의 교직생활을 마치고 말았다. 그 후 선생은 초라한 서동(西洞)의 자택에서 오직 독서와 서도(書道)에만 전념하다가 8.15 광복 후로는 다시 교단에서 서중과 광주의대에서 한국사를 강의하다가 서기 1949년 6월 18일 세상을 떠났다.

5. 학생들의 집단적 항일행위[245)]

우리는 여기서 학내 학생들의 집단적 항일민족행위만 기술하기로 하고. 타 학교와 연계된 비밀결사나 이른바 광주학생독립운동은 각각 본서를 달리하여 기술하려고 한다.

1) **최초의 고보생과 일본인과의 싸움** : 일본인 구두수선공의 차별대우에서 발단되었다.

서기 1923년 봄 광주고보생 김창식이 일본인 구두수공업자 시바하라와의 싸움이 벌어졌던 바, 그 이유는 김창식이 "같은 값으로 구두를 맞추는데도 일본인 중학생의 구두는 좋게 만들어주고, 우리 고보생의 구두는 나쁘게 만들어 준다."고 항의하자, 이에 일본인 수선공이 핀잔을 준 것으로 싸움이 발단되었는데, 이웃 식료품 가게를 운영하는 일본인이 응원했다. 이에 격분한 고보생들이 김창식의 편을 들면서, 이를 계기로 조선인과 일본인의 싸움으로 확대되었고, 경찰은 조선인 학생을 잡으려 시내 곳곳을 흩어지는데서 큰 화제거리가 되었다.

---

245) 光州第一高等學校 · 光州第一高等學校同窓會, 같은 책, 156~196면에서 발췌하여 정리하였음.

2) 야구경기로 촉발된 맹휴(서기 1924년) : 광주고보의 본격적인 맹휴투쟁은 서기 1924년 6월에 발생하여 9월에 끝났다. 동 사건은 서기 1919년 3.1운동이후 광주고보생과 일본인과의 최초의 정면충돌이었다. 이것은 단순히 일본인에 대한 시비가 아니라 그동안 쌓여 온 일본인에 대한 민족적 감정의 촉발이었다.

서기 1924년 6월 중순 광주고보 야구팀은 재광 일본인 선발팀인 '스타'팀과 광주고보 운동장에서 친선야구대회를 하게 되었다. 일본 스타팀은 성인으로 구성된 팀으로 훨씬 고보팀보다 앞섰다. 그러나 동 경기에서 막상막하의 경기를 벌이다가 결국 고보팀이 1대 0으로 승리하고 경기는 종료판정이 나버렸다. 이러자 우리 조선인 관중 4백여명은 만세를 부르며 좋아하였다. 이 순간 응원석에 앉아있던 스타팀 단장을 맡고 있던 안도(安東 進)[246]가 경기장으로 뛰어내려가 주심을 힐책하더니 다시 투수를 때리자 투수는 그를 내동이치면서 싸움은 시작되었고, 당시 응원석에 앉아있던 일본인과 4백여명의 조선인까지 합세하여 순식간에 아수라장이 되고 말았다. 이 와중에서 안도는 부상당하여 그의 이마에 스파이크 자국이 있고 출혈하여 경찰은 고보 선수들을 가해자로 보고 출전 선수 9명을 경찰서에 연행 구금하여 버렸다. 이에 고보생들과 수 많은 시민이 몰려가 항의하고 울분을 참지 못한 고보생들은 학업을 거부하고 맹휴(盟休)를 단행, 경찰을 비난하며 일제에 항거하기 시작하였다. 이 맹휴는 선수들이 석방되던 그해 9월까지 계속되었다. 이 맹휴로 4명의 학생이 퇴학을 당하는 희생을 겪어야 했다.

동 맹휴는 광주고보생들이 본격적으로 전개한 최초의 항거였고, 이후 광주학생운동과 연결되어 전국적으로 파급되는 학생운동의

246) 안도는 당시 개업의로서 형무소 공의로 수석 의무관을 맡고 있었던 인물로 일본인 사이에 상당히 영향력 있었고 우월감을 갖고 있어 조선인들 사이엔 교만 방자한 자세를 보여 미움을 사고 있었던 인물이다.

기폭제 역할로 항일항생운동적 의의를 가지고 있다.

3) 서기 1927년에는 과학시설의 확충을 요구한 맹휴 : 이에 대해서는 전술한 바 있다.

4) 이경채(李景采)의 항일투쟁 : 서기 1928년 3월 중순경 광주고보 5학년생 이경채는 가까운 친구 박병하, 윤해병과 함께 항일 유인물을 배포하기로 하고 동년 3월 28일 밤 그들 모교인 송정리보통학교 사무실에서 등사판과 등사에 필요한 도구를 가져다가 박병하 집으로 옮긴 뒤, 4월 4일 3종류의 유인물을 제작하여 4월 11일 밤 광주 역전파출소 게시판, 광주보고 앞 전신주, 광주우체국 벽, 송정리 역전 전주, 송정리 일본인 신사 게시판 등 10여 곳에 부착하였다.

동년 4월 17일경에는 동 유인물을 전남도 내 각급학교 교장과 경찰서장 등 20여군 데로 우편으로 발송하였다. 동 유인물의 내용이 과격하고 일제에게는 불온하다고 판단되는 것이라 당시 일제 경찰서로서는 긴장하지 않을 수 없었다. 결국 이경채 군은 붙잡혀 구속된 사건이다. 이를 계기로 일본인 교장은 권고퇴학을 종용했으나 그의 친이 이에 불응하자 학교 당국은 6월 19일 이경채를 퇴학처분하였다.

한편 광주고보 교실에서는 이경채가 반에서 차석을 하고 있는데도 출석을 부를 때 그를 호명하지 않는 것을 의아해 한 학생들은 출석부를 확인한 결과 퇴학처분 처리되어 있었다. 영문을 모르는 반 학생들은 학교측에 이경채의 퇴학사유를 밝힐 것을 요구하며, 같은 반 학생들은 수업시간에 교장이 출석하여 해명해 줄 것을 요구하며, 책상에 얼굴을 파묻고 수업을 거부하였다. 그러나 학교장은 너희들은 공부나 하라며 관여할 일이 아니라는 무성의한 답변에 급장인 박철수(朴哲洙)의 주도하에 다음과 같은 질의서를 학교장에 전달하였다.

첫째, 이경채의 퇴학처분 사유를 밝힐 것.

둘째, 이경채를 사법 당국의 조사결과 무혐의라면 복교를 보장하겠는가?

그러나 학교장은 이는 매우 중대한 일인 만큼 학생들은 관여치 않는 것이 좋겠다는 태도로 나가자 학생들은 더욱 반발을 사게 되었고. 급기야는 학부형회까지 소집하여 이러한 이경채의 사건을 무마하려 하자 학생대표들이 학부형 회의장에 몇 가지의 요구사항을 내걸었다.

그 요지는 다음과 같다.

① 지난해 5월 2, 3학년 학생들이 일동 동맹휴학 때 요구했던 물리, 화학실 신설의 약속을 지키지 않고 있는 것은 학생들을 기만한 것이다.

② 조 · 일 교육제도가 너무나도 차이가 많다.

③ 교내의 도서실을 설치하여 우리들에게서 극히 적은 경비에서 고취(膏取)한 돈으로 우리들에게 필요한 조선어 서적과 조선문 신문 1부도 구입할 것.

④ 충실한 수업을 실시하여 실력을 양성하여 주도록 할 것.

⑤ 기타 사항

이러한 내용을 토대로 학부형들은 다음과 같은 공식적인 의제로 하여 다음과 같이 결의하였다.

① 기히 약속한 물리, 화학실을 속히 시설할 것.

② 이경채가 무죄로 되면 복교시킬 것.

그러나 당시 일인 교장은 난처한 입장에 놓이게 되자 아무런 응답이 없었다.

이리하여 학부형들에게 진정서를 제출한 학생대표들은 6월 24일 밤 김영찬 집에 모여 이 일을 논의하고는 다음 날인 6월 25일 아침 조회가 끝난 뒤 4, 5학년생들이 휴게실에 앉아 토론을 하고 있었다. 교사들이 교실에 들어가 수업에 참여하라는 몇 차례의 설득을 하였으나 받아들이지 않고 오히려 2, 3학년 대표들이 연락을 해왔다. 2학년은 2교시에, 3학년은 3교시부터 각각 교실에서 토론에 들어갔고, 교사들이 설득했으나 이에 끔적도 하지 않았다. 이어 교장이 각 학년을 순회하며 훈계했으나 듣지 않고 저녁 7시경 귀가했다.

이날 학교 당국으로 진정서를 제출한 각 반 대표자, 정 · 부 급장 등 11명의 학생대표들에게 근신처분을 내려버렸다. 이들 11명은 모두가 급장이었고 전체 학생들에게 영향력 있는 대표였다.

6월 26일 등교한 2 · 3 · 4 · 5학년 전 학생들은 강당에 집합하여 대책을 논의하고 다음과 같은 요지의 진정서를 작성하여 학교장에게 제출하였다.

① 교유회(校友會) 자치권 인정.

② 물리, 화학교실 증축.

③ 이경채의 제적사유 해명과 무죄시에 복교시킬 것.

④ 하세가와(長谷川) 외 6명의 무자격 일본인 교사 축출.

⑤ 조선인 교유의 채용.

⑥ 조선인 문법의 강의.

⑦ 상기 요구조건을 실현시킬 수 없을 경우에 사라이 교장 인책 사퇴할 것.[247)]

---

247) 양동주, 광주학생독립운동사, 호남문화사, 1953.에서는 이 내용 외에 * 사라이 교장은 기만적 행동을 반성할 것. * 학부형회의를 개최하여 사상 선도를 의뢰한 것은 부당함. * 조선 역사를 교수할 것. * 대신 일본어 시간을 감소시킬 것. * 4, 5학년 급장 11명에게 내린 근신처분을 즉각 취소할 일. * 이에 관한 회답을 학부형 대표를 통해 6월 29일 오전 12시까지 우리에게 보내줄 것 등이 포함되어 있다고 서술하고 있다.

학생들이 진정서를 제출하자 당황한 교직원들이 강당으로 몰려오자, 학생들은 오전 8시 40분 전체회의를 서둘러 마친 뒤, 함성을 지르며 교문 밖으로 뛰쳐나가 버렸다. 교사들은 이날 밤 10시 30분까지 회의를 거듭하였으나 별 대책을 찾지 못하였다.

결국 1학년을 제외한 2 · 3 · 4 · 5학년생 전원은 학생대표의 주장에 동조하여 6월 26일부터 대 맹휴에 들어가고 말았다.

이렇게 해서 5개월에 걸친 맹휴는 막을 올렸다.

한편 이경채를 비롯한 유인물 사건 관련자들은 서기 1928년 10월 12일 광주지방법원으로부터 8명이 실형을 선고받았다.

이상과 같은 이경채 사건은 광주고보 · 광주농업학교의 대 맹휴 사건으로 연결되는 충격적인 결과로 발전되기도 하였다.

5) 대 맹휴투쟁(서기 1928) : 서기 1928년 맹휴는 단순히 이경채 사건만으로 발생한 것은 아니었다. 기술한 바와 같이, 학생들이 제출한 진정서 내용에서 보듯, 이경채를 포함하여 일제의 식민지교육을 반대하는 내용이 그 주종을 이루고 있다. 이로 미루어 보면 이경채 사건이 계기가 되기는 하였지만 맹휴의 주목적은 반일(反日)이었고, 민족의식의 발로였다.

광주고보의 대 맹휴를 전후하여 전국의 중등교육기관에서도 여러 형태의 맹휴가 있었던바, 서기 1927년 11월 서울의 경성제일고등보통학교, 서기 1928년 4월 경성여자상업학교, 동년 5월 4일 함흥고등보통학교, 진주고등보통학교, 동년 6월 진주농업학교, 서울의 양정고보, 부산의 제2상업학교, 전주농업학교 등 이들 학교의 맹휴는 크게 보아 반일교육에 그 촛점을 두고 있었다.

이러한 일련의 학교 맹휴사건이 언론보도 등으로 속속 광주고보 학생들에게도 알려졌다. 더구나 당시 사라이 일인 교장의 학교시설 증설 약속마저 지켜지지 않는 형편이었으므로 서기 1928년의 6.26투쟁은 약속된 것이나 다름없었다.

이 대 맹휴를 통해 학생운동의 방향성과 단결성 그리고 당시 조선 학생들이 가지고 있던 생각들이 여실히 나타나 끝내는 서기 1929년의 광주학생운동으로 발전하여갔다.

여기서는 편의상 학생들이 주장한 내용과 투쟁 방향성을 개관하기로 한다.

서기 1928년 6월 28일 학교 당국은 긴급 직원회의를 열고 이경채 사건과 관련하여 맹휴에 관여 정동화, 나풍현, 김영찬, 양병우 등 27명을 주모자로 몰아 퇴학처분하고, 박세영, 김기권 등 281명을 무더기로 무기정학에 처하였다. 이 숫자는 당시 전교생 500명 중 300명이 넘는 학생을 처벌하였으니, 맹휴에 참가하지 않은 1학년을 제외하면 거의 전학생을 처벌한 것과 같은 결과를 초래하였다. 당시 맹휴가 폭력시위 더욱이는 파괴행위를 한 것도 아니었는데 거의 전교생을 징계했다는 사실은 당시 일제의 조선인에 대한 교육방향이 무엇이고, 얼마나 무자비한 탄압을 하고 있었던가를 바로 짐작케 하는 것이었다. 일제 식민지 통치방식이 서기 1910년대의 무단정치에서 3.1운동 후 서기 1920년대의 이른바 문화정치의 방식으로 바꾸었다는 것도 역시 강압적인 근성은 버리지 않고 있었다는 하나의 증거를 우리는 광주고보 학생에 대한 대량 징계조치에서도 읽을 수 있다.

일제가 이렇듯 가혹한 징계를 하면서도 주동자 중 한 사람이었던 임주홍(林周弘)만은 제외시켰다. 그것은 임주홍이 당시 전조선 중등학교 정구선수권 보유자로 동경에서 열릴 예정인 전 일본 정구대회 출전대표로 확정되었었기 때문이었다. 그러나 성진회 회원이었으며 누구보다도 민족의식이 투철했던 그가 일제의 교활한 뜻을 모를 바 아니었다. 그는 단연코 출전을 거부하고 항쟁대열에 참여하였다.

한편 광주고보의 대 맹휴와 대규모 학생징계가 발생하자 동아일보, 조선일보 등 국내 언론들이 대거 보도하자, 맹휴는 전국적으로 확산되어 갔다.

한편 6월 30일 오후 3시 학부형회를 열어 일단 학생들의 의사를 들은 후에 입장을 결정하기로 하고, 7월 30일 학부형회에서도 학교 당국의 처사에 대하여 강경한 입장을 보였었다. 또한 7월 1일에는 동창회가 몇 가지의 결의 사항을 내 놓았다.

맹휴가 계속되는 동안 학교 당국은 학부형과 학생 개개인에게 접근하여 온갖 수단 방법을 동원하여 회유하였으며, 맹휴를 다시 하지 않겠다는 서약서도 강요하는 등 별별 수단방법을 동원하였으나, 이것은 교육적인 차원에서가 아니라 식민지 통치적 차원에서 가능한 한 모든 방법과 술수를 동원한 것이었다.

이와같이 다양한 방법이 동원되자 학생들 사이에 동요가 일어나고, 학교 당국에 서약서를 제출하는 일부 학생들도 속속 늘어나기 시작하였다. 이리하여 맹휴학생들은 동료학생들을 스스로 제재하는 방법을 취하기도 했고, 비밀누설을 방지하기 위하여 맹휴 배반자를 엄중히 감시하는 한편, 배반자가 발생했을 때는 철저히 응징할 것을 결의한 바도 있다. 이리하여 어떤 경우는 학생들의 이탈을 방지하기 위하여 경비대를 조직 비밀리에 일인교사, 극장, 술비 주변에서 학생의 본분을 벗어난 행위를 막고 배반자를 색출하기 위하여 그들의 활동을 강화하기도 했다.

7월 3일과 4일, 1학년 100여 명은 이틀 동안 학교와 양림(楊林里 ; 현 양림동) 등지에서 학생 자신들의 방향에 대하여 숙의하기도 하였다. 이를 눈치챈 학교 당국은 7월 5일 1년생 전체에 대하여 1주일간 휴교를 선언하기도 하였다. 그러나 1년생들은 이에 굴하지 않고 2년이상 상급생을 즉시 등교시킬 것과 폭압을 철폐할 것 등의 진성서를 학교 당국에 제출하고 맹휴에 가담하고 말았다. 결국 학생 전체가 맹휴에 돌입한 셈이 되었고 학교는 폐문상태나 다름 없었다.[248)]

이러한 가운데 서기 1928년 7월 8일, 전교생이 휴교상태에 있는 가운데 전남의 각 부군(府郡)의 학부모까지 70명이 본교에 모여 학부모대회를 열고 맹휴에 대한 해결방안을 논의하기도 하였고, 그다음 날은 집행위원 6명이 전남도청으로 찾아가 학교 당국의 부당한 조치를 호소하며 학생들에게 내려진 퇴학조치를 철회해 줄 것을 요구하기도 했으나 허사로 끝났다.

한편 당일 오전 11시경 30여명의 학생들은 운동장 주변에서 만세 삼창하고 해산해 교사를 긴장시키기도 했다. 이러한 상황 속에서 7월 10일 학교 당국은 사태가 점차 위기로 치닫자 맹휴 중인 1년생들 가정에 7월 20일까지 휴학을 계속한다는 통지를 발하고는 학생들의 출신 보통학교 교장에게 학생사상선도 의뢰서를 발송하는 등 별의별 방법을 강구하기도 하였다.

이러한 상황하의 7월 11일에는 학부형대회 집행위원들은 제1차 학부형 집행위원회를 열고 금번 광주고보 3백 여명의 일제히 동맹휴학을 단행함은 그 책임이 전적으로 학교 당국에 있다는 것과 사라이 일인 교장의 사직 권고 등을 결의한 바 있다.[249)]

서기 1928년 7월 10일 맹휴에 들어간 정동화, 박세영, 이만동, 서재호, 김기권, 임주홍, 최규창 등 학생대표는 최규창의 하숙인

248) 동아일보, 서기 1928년 7월 7일자 해당기사 참조.
249) 동아일보, 1928년 7월 12일자 관련 기사 참조.

전남여관에 모여 결속을 다짐하며, 조직적인 투쟁을 위해 중앙본부를 설치하고, 학부형에게 보내는 통고문, 맹휴생에게 보내는 경과보고와 격문(檄文)을 작성하기도 했다.

학부형들에게 보내는 격문에서는 학생들의 맹휴는 일제의 식민지 노예교육정책 밑에 유린당하고 있는 5백명 학도의 최후의 비유이란 섯과 그 배후에는 도 당국과 경찰의 절대적 권력이 도사리고 있다는 것을 강조하면서 학부형께서는 어떠한 꾀임에도 속지 말라는 당부 등이 담겨 있다.

이와 함께 학생 교우들에게 보내는 글은 다음과 같다.

4백의 용사(勇士)들이여! 우리의 투쟁은 끊임없이 계속되어간다. 그리고 우리의 투쟁은 광고나 전남에만 한한 일이 아니다. 전국 수백만 학생대중이 함루갈망(含淚渴望)하고 있는 바다. 용사들이여! 결사적으로 싸우라! 우리의 승리는 곧 피압박 백의민족 해방의 실마리가 되고 소생의 원천이 될 것이다.

용감한 투사여!……중약……

1. 우리는 우리의 전부가 계속할 수 있는데 까지 싸우자.
2. 우리들은 우리들의 몸으로 견고한 철성을 포위하자.
3. 학교 당국에 서약서를 제출하는 자는 우리를 좀 먹는 역적(逆賊)이다.
4. 서약서를 제출하는 자는 박멸(撲滅) 배상하라.
5. 우리들의 싸움을 저해하는 5학년 000을 박멸하라.

주의 사항

1. 본 맹휴회비 80전 미납자는 속히 납입할 일.
2. 수업료 미납자는 학교 당국에서 어떠한 통지가 있더라도 문제가 해결될 때까지 절대로 바치지 말자.

우리는 위와 같은 중앙본부의 학부모에 보내는 격문과 자신들의 격문내용을 보면 그들의 맹휴가 단지 학내 문제가 아니고, 일제 식민지교육을 반대하는 반일운동으로 나가고 있음을 말해주고 있다는 것을 인식할 수 있다.

이어 재동경 광주고보 졸업생들은 '모교 분규사건 대책 강구회'를 동경에서 설립하고 특파원 3명을 광주에 파견하는 등 모교 후배들의 맹휴에 동참하였으며 또한 이러한 재동경 동창회의 노력으로 광주지역 동창회도 움직이기 시작하였다. 또한 재동경유학생 학우회의 항의문도 학교 당국에 보내기도 하였다.

이어 맹휴중앙본부는 동년 8월에 들어서면서 계속 학생과 학부형에게 보내는 격문과 사라이 교장에게 보내는 경고문을 보내면서 학생들의 맹휴를 격려하면서 다른 한편 당국에 대하여 학생들의 변함 없는 의지를 밝혔다. 여기서도 노예교육의 폐지를 주장하고 있다. 또한 동 지도부는 '광주고보 맹휴단'이라는 이름으로 일제와 사라이 교장을 규탄하는 격문을 학부형과 학생에게 발송 배포하기도 하였다. 더 나아가 맹휴중앙본부는 중앙본부의 해결 이전에는 타교전학을 금할 것, 중앙본부의 명령에 절대복종할 것, 우리의 운동을 자해하는 자를 매장할 것, 노예교육의 아성을 분쇄하고 간적(奸賊) 사라이 교장을 매장할 것 등의 실행요목을 만들어 학생에게 보냈으며, 학교측과 타협하려는 학부형회 대표에게 엄중한 경고문을 발송하는 한편 격려문을 대량인쇄하여 시가에 살포하기도 하였다.

광주고보의 맹휴에 대하여 그 해결을 위한 각 계의 노력에도 불구하고 8월 22일 광주경찰서의 검속활동이 더욱 확대되어가고 강화해 갔다.[250)]

여러 가지 우여곡절 끝에 서기 1928년 9월 17일 개학은 하였으

---

250) 동아일보, 8월 24일, 26일, 28일자 관련기사 참조.

나 학교분위기는 뒤숭숭하였고, 이날까지 서약서를 제출하지 않은 학생만도 12명이나 되었다. 다음 날인 9월 18일 다시 맹휴상태에 들어갔다. 다음 날 등교한 3학년은 16명에 불과했다. 학부형회가 경찰서에 구속되어 있는 학생들의 석방을 요구하자 학생들은 그제서야 등교하였다. 9월 20일부터 23일까지 일본인 교사의 수업시간에 교과서를 내놓지 않고 태업에 들어갔다. 동월 28일에는 학교측은 다시 4학년 학생 4명, 3학년 학생 3명은 유시 퇴학처분을 하였다.

대맹 투쟁으로 희생된 학생은 이경채 사건 징역 1명, 맹휴 책임처형자 7명 징역, 맹휴 주모 퇴학자 27명(5학년 12명, 4학년 10명, 3학년 3명, 2학년 2명), 재반자 재재사건 실형자 징역 7명, 맹휴선동 퇴학자 2명, 서약서 제출 불응 퇴학자 2명, 서약서 취소 퇴학자 8명 등이었다.

이 서기 1928년의 대맹휴는 5개여 월의 진통 끝에 다시 수업이 시작되기는 하였으나 학교와 일제 당국의 일방적인 계획에 따라 외면상으로만 수습된 것이었다. 학생들이 주장한 요구조건은 하나도 반영되지 않았기 때문이다. 대 맹휴의 5개월 동안 그리고 그 이후에도 계속 학교 당국은 간교한 술책과 위협으로 많은 학생을 희생시키고 교문을 연 것이었다.

6) 유시퇴학과 교장실 포위사건

순진한 학생들의 수수한 욕구와 주장을 무참하게 짓밟아 버린 일제 당국의 더욱 놀라운 것은 이른바 유시퇴학(諭示退學)을 추진하고 있었다. 이것은 의식있는 학생들을 교장 직권으로 학교에서 내몰아내는 하나의 방법이었다. 일제 그들의 생각으로 불온하다고 판단될 때는 온갖 방법을 동원하여 학교를 못 다니게 하는 것이었다. 말하자면 적당한 이유를 붙여 자진 퇴학을 유도하는 방법이다. 학생이나 학부형이 학교 당국의 권고에 불응하면 유시퇴학을 시키는 것이다. 서기 1929년 봄 유시퇴학으로 학교를 떠난 학생이 상당히 많았다. 대 맹휴로 퇴학을 당했다가 다시 재입학한 학생들이 많았는데, 유시퇴학의 대상은 바로 이들이었다. 그러나 해당 학생들의 입장에서 본다면 유시퇴학으로 학업의 길까지 박탈당하면 더 이상 배울 수 없기 때문에 강력히 반발하는 것은 당연한 것이었으니 학교가 조용할 리가 없었다. 분위기가 험악해지고 남아서 공부하는 학생들 간에도 기회가 있으면 들고 일어날 기세였다. 이러한 상황하에서 3월 23일 학년말 종업식을 갖게 되었다. 사라이 교장이 졸업식 훈화를 하기 위해 등단하는 순간 한 학생이 갑자기 일어나 힐책했다. 그것 "교장선생님은 최근 학생들이 유시퇴학으로 학교를 나오지 못하는데 어떤 이유 때문에 이런 비교육적인 유시퇴학제도를 활용하는 것입니까? 그 사유를 밝히시오." 그러자 식장에 있던 학생들은 일제히 함성을 지르며 호응하고 나섰다. 분위기가 험악해지자 겁을 먹은 사라이 교장은 훈화를 중단하고 교장실로 들어 가버렸다. 이에 학생들은 교장실로 몰려가자 사라이 교장은 문을 잠그고 학생들이 들어오지 못하게 하자 학생들은 문을 부수고 들어가는 소동이 벌어졌다. 이에 당황한 교장은 전화로 경찰의 출동을 요청하여, 경찰은 학생들을 연행하여 갔다. 이들 중 주모자로 지목된 4명은 결국 서기 1929년 4월 26일 광주지방법원에서 징역 6월 형을 언도 받았다. 참으로 어이없는 일이었다.

제3절 전주고보의 창립과 그 항일민족교육운동[251)]

1. 전주고보의 창립과정

(사립으로 추진하였으나 일제 간계에 의한 공립화) 전주고보가 설립되던 당시로서는 전주에는 인문학교로서는 기독계로서 천주교가 세운 서기 1891년에 설립된 세칭 전주여학교(현, 전주성심여고 전신), 개신교가 세운 학교는 1900년의 전주신흥학교, 서기 1901년의 전주기전여학교,[252)] 실업학교로서는 공립학교인 서기 1910년 전주농림학교, 서기 1916년 전주직업학교(현 전주공고의 전신)이 있을 뿐이었다.

이러한 상황에서 본교는 잉태되었다. 즉, 서기 1917년 12월 도, 부, 군 참사 및 실업가대회 개최를 계기로 이에 참석한 유지들은 전주에 사립고등보통학교(현 중등학교) 설립하기로 의견을 모으고, 이들은 또한 학교설립에 따른 필요한 기부금 모집을 허가해 줄 것을 당국에 신청했다.

설립에 필요한 기부금은 토지 10결(結) 이상 또는 이에 상당하는 자산을 가진 도내 유지인사 501명이 설립자가 되어 갹출하기로 하였다. 이로 보면 몇몇 개인이 그 주체가 된 것이 아니라 도민이 설립 주체가 되었다고 할 수 있다. 개인당 기부액은 토지(자산) 10결당 10원씩을 표준으로 하고 매년 출자 총액 약 12,977원 약 1만 3천원과 이에 학생들의 수업료를 더해 학교 유지비에 충당하기로 하였다.

우리는 여기서 당시 설립계획, 조선총독부에 제출안 설치원 및

---

251) 전주고 · 부중총동창회, 《전주고 · 북중 100년사》, 2020, 54~161면을 대본으로 재구성하였음.

252) 김경식, 한민족교육문화사, 교육과학사, 2008, 478면 도표 참조.

고등보통학교 설립안을 살펴봄으로서 당시 전주고보의 모태를 인식하고자 한다.

우선 설립계획을 보면 다음과 같다.

개교는 1918년 4월(뒤에 1919년 4월로 변경)로 하고 수업년한은 4년, 학생정원은 200명(매 학급 50명, 4학급)으로 한다.

창립비, 유지비는 △1918년도에 11,267원, △1919년도 9,766원, △1920년도 9,498원, △1921년 11,600원으로 이 계획을 달성하기 위하여 기부금 총액을 5만원으로 예정하고, 전도 1부, 1군에 배당하여 1918년도에 2만원, 1919년도와 1919년도에 각각 1만 5천을 모금하기로 하였다.

그리고 전북 14개군 중에서도 전주군은 최다 모금액이 7천원이 배당되었다. 이와 같은 계획하에 설립자 총대표 박기순, 이강원, 정석모의 명으로 서기 1918년 3월 3일자로 조선총독부에 '사립고등보통학교 설치원'을 설립위원장이 이강원, 부위원장 정석모, 위원 최승일, 유직양, 김홍도, 이진호(전라북도 장관), 박철희(전주군수), 김성규(전주면장)의 명으로 제출하였다. 설립설치원 요지는 당시로서 도내에 30여개 보통학교가 있는 바, 이를 졸업하여 사립학교에 진학하려는 희망자는 매년 증가하고 있는 바, 이에 대응하자는 것이었다.

그런데 동년 3월 14일 총독부 당국은 도 관계자에게 급히 상경하라 명령했고, 그 직후 전라북도는 '중앙통첩' 관련, 설립위원 모두의 긴급동의를 요구했다. 도가 요구하는 요점은 학교설립을 '사립'에서 '관립'으로 전환 가능하니 긴급 모금을 하자는 것이었다. 이러한 도의 입장은 총독부의 의견에 따랐을 것으로 인식된다. 이것은 당시 식민지정책은 사립학교의 증설을 원하지 않은데다가 도민들의 고등보통학교 창립의 열의를 이용하여 '관립'으로 설립하려는 의도가 엿보인다. 이것은 당시 총독부의 '고등보통학교 설립에 관한 건'에서 읽을 수 있다. 즉 그 2항을 보면, 서기 1919년도는 당국에서 관립 고등보통학교 1교의 증설 계획이 있음. 고로 사립고등보통학교 설립을 보류하고 이 자금 2개년분을 전부 헌납한다면 전주에 설립할 수 있을 전망이 예상, 각 출자의 동의를 요구함. 3항은 본건을 비밀로 할 것을 내용으로 하고 있는 바에서 우리는 총독부의 의도를 읽을 수 있는 것이다. 무엇 때문에 비밀로 했겠는가?

이리하여 설립위원회는 원래의 계획과는 달리 총독부 당국의 의중대로 '사립'에서 '관립'의 추진을 타의적으로 할 수밖에 없었다. 이로부터 9개월 후인 서기 1918년 12월 27일자 전라북도 장관이 총독부 요로에 보낸 진행사항 및 모금보고는 다음과 같다.

① 기부금의 현재 모금액 23,820원 73전.
② 차후 모금 예정액 및 그 시기 6,179원 27전, 1919년 1월 말일.
③ 부지 매수비, 6,254원 97전.
④ 정지공사비, 8,000원.

즉 기부는 잔액 3만원으로 완료하고 잔액 1만 5천원으로 미리 총독부 교육 당국 동의를 얻은 바 있는 우천체조장 겸 강당을 지을 수 있는 땅을 학교 부지로 선정, 추진한다는 것이다. 여기에서 우리는 일제 당국의 기만적인 심정을 읽을 수 있다.

아무튼 설립위원회는 모든 것을 참고 전주 이동면 노송리(현 전주고 소재지)에 신축할 수 있도록 부지제공과 설계를 신청하였다.

2. 개교와 그 기반 조성

그 후 개교 작업이 진행되어 서기 1919년 2월 신입생 모집에 착수했으나 3.1운동에 의하여 관립학교는 일제히 휴교령이 내려졌기 때문에 개교는 불가피 연기 할 수밖에 없었다. 그러나 개교 일자만 제외하고는 그 외 사항은 차질없이 진행죄었다. 칙령 제59호(1919.3.31.)로 '관제개정의 건'이 발포되어 전주고등보통학교(全州高等普通學校) 지원 정원과 이날부터 시행된다는 요지가 공시되었고, 4월 1일 초대 교장으로 일본인 고선인목(高木善人) ; 경성중학교 교유)가 취임하였으니, 애당초 민족사학을 설립하려던 옛 어른들의 착잡했을 심정을 읽을 것만 같다. 이어 동년 4월 19일 '관립정주고등보통학교임시사무소'를 전주시 중앙동에 위치한 전 전북도청 구내 구 비장청(裨將廳) ; 전주시 중앙동 141번지 소재 ; 전라감영 소재)에 꾸렸다.

동년 4월 16일 현 전주초등학교의 전신인 전주제일보통학교에서 본교 입학시험을 실시하였으며, 이어 5월 28일에는 학칙 인가신청에 이어 마침내 6월 16일에는 오전 10시 전북공회당(구, 전주부림도서관; 현, 전라일보 소재)에서 개교식을 갖고 첫 수업을 시작하였으니, 이 날이 해 마다 기념하는 오늘날의 바로 개교 기념일이다. 그날 첫 입학생은 2학급 96명이었으나 개교식에 참석한 신입생은 5명이 결석한 채 91명이 참가했다.[253)]

학교부지로 신청했던 전주군 이동면 노송리(현, 노송동)의 교사본관은 개교 2개월 전인 4월 20일에 이미 기공식을 했으며, 우천체조장(건평, 250평) 등 일부를 먼저 준공하여 당년 12월 27일 시내의 임시교사에서 그곳으로 이전하여 본격적인 수업을 진행하였

253) 전주고보 교우회, 《학교일지 초(抄) 20년사》 10호, 1940, 86면.

다. 본관 등 나머지 교사와 직원관사 (경원동 소재)도 곧 국비로 신축하여 전주 유일의 관립고등보통학교가 되었다. 그리하여 전국에서 관립학교로서는 5번째로 개교하였다. 그러기에 '제5고보'라고도 했다.

그 당시 교직원 직제를 보면, 교장, 주임(奏任), 교유(教諭), 전임(專任) 4명, 판임(判任), 서기(書記) 전임(專任) 1명으로 구성되어 있었다.

서기 1920년 말, 통계자료에 의하면 주임관(奏任官) 1명(일본인), 판임관(判任官) 7명(조선인 2명, 일본인 5명), 촉탁(囑託) 4명(조선인 1명, 일본인 3명)과 학급편성으로는 1학년 2학급 76명, 2학년 2학급 74명 계 150명, 입학자 102명, 중퇴 40명, 입학정원 100명이었다. 교장(教場) 기타 건물은 40명이었다.[254)]

서기 1911년 조선교육령이 서기 1922년 개정으로 고등보통학교의 학제도 4년에서 5년으로 변경되었다. 따라서 본교도 이에 따라 1년 연장되어 5년으로 됨에 따라 복잡한 셈법이 나타났다. 즉, 서기 1919년 첫 입학생 가운데 서기 1911년 조선교육령에 의거 4년 수업연한을 마친 학생 26명은 서기 1923년 3월 22일 구법령에 의한 제1회(4년제)로 첫 졸업생을 내게 되었으며, 나머지 24명은 서기 1922년 개정 조선교육령에 따라 1년 연장 뒤 서기 1924년 3월 10일 개정조선교육령 제1회로 졸업했다. 조선교육령에 따른 서기 1922년 입학생 17명도 4년 수업연한을 마치고 서기 1924년 제2회로 졸업하였고, 나머지 16명도 서기 1925년 3월에 조선교육령에 의거 제3회로 졸업하면서 조선교육령 적용 졸업생의 마지막 횟수가 되었다. 이후 입학생들은 개정령에 의거 5년의 수업연한을 마치고 졸업했다.

254) 전주고 · 전주북중, 같은 책, 66면.

이러한 학년 연장의 학제에 따라 4년제 고등보통학교에 입학한 전환기에 처한 제학생들은 뜻밖의 검정시험을 거친 합격자는 5년제 고등보통학교 상당 학년에 편입하게 됐다. 또한 본교는 창립 당시에는 조선인 학생만을 수용하는 학교였으나 서기 1922년 개정된 재차 조선교육령에 따라 수업연한이 4년에서 5년으로 변경됨에 따라 조선인 학생 90%에 일본인 학생 10%의 비율로 입학생 100여 명의 학생을 모집, 입학시켰다. 그리하여 서기 1922학년도부터는 갑, 을조로 편성하여 갑조는 조선인 학생, 을조는 일본인 학생을 편성하였다. 조일학생 공학은 이 같이 서기 1922학년도부터였으니 그 첫해 졸업생은 서기 1926학년도부터 였다.

서기 1926~서기 1933학년도 졸업학생을 보면 다음과 같다.

※ ( )은 일본인 학생.

서기 1926	제4회 졸업,	26명(7)
1927	5	21(3)
1928	6	15(7)
1929	7	30(0)
1930	8	32(20)
1931	9	36(5)
1932	10	41(9)
1933	11	36(4)

3. 시련의 연속화

서기 1929년 광주학생운동의 물결은 전국적으로 확산되었고, 이에 따라 일제 당국의 간담을 서늘하게 하였다. 이리하여 학생의 동태에 대한 감시가 심해져 갔다. 이러한 상황의 연속선에서 이어 일제는 서기 1931년 만주사변을 일으켜 대륙침략의 교두보를 확보하면서, 그 무렵 일제 당국은 한민족을 일제 이른바 신민화(臣民化)에 열을 올리기 시작했고, 본교에서도 그 무렵 일본인 석천리언(石川賴彦)이란 자가 교장으로 부임해 왔는데 본교생의 신민화를 위해 수단방법을 가리지 않았다. 더욱이 일제는 중일전쟁을 일으킴에 따라 전국을 병참기지화했고. 학원에도 이러한 바람은 새게 불어 학도군사훈련이 강화되어가면서 조선총독부는 조선어 사용금지와 일본어를 국어로 강요하고, 이른바 국체명징(國體明徵) 내선일체(內鮮一體)' 라는 시정방침을 발표해 본격적인 일본화, 이른바 '황민화(皇民化)' 정책을 강요하기 시작했다. 또한 교육면에서도 전시체제에 부합한 서기 1938년 제3차 조선교육령을 개정하여 일본 본국과 한반도의 당시 식민지 교육을 동일시한다는 명분하에 하게도 일본 본국과 같이 하고 중등학교 교명도 '고등보통학교' 에서 '중학교' 로 변경하게 하였다. 그리하여 '전주고등보통학교' (전주고보)가 '전주북공립중학교' (전주북중)으로 변경되었다. 그리고 태평양 전쟁을 발발시킨 후로는 전국토가 병영화 함에 따라 학교가 병영화하고 고된 군사훈련을 실시하였고 각종 노역에 동원되기 까지 하였다. 이러한 것은 전국적인 현상으로 본교도 그 예외는 아니었다. 이러한 기막힌 상항은 일제의 항복으로 끝났다.

서기 1939년 당시 본교의 상황을 보면 다음과 같다. 이에 관해서는 당시 개교 20주년에 발간한 교지인 《회지(會誌)》에 의거하였다.

학교부지로는 14,619평으로 학생 1인당 24평에 상당했다. 건물구성에 있어서는 보통교실 10개 교실이었으며 6개교실이 신축중이었다. 특별교실로는 박물교실 35평, 물리교실 30평, 화학교실

30평, 도서교실 22평, 우천체조장 100평, 신축 강당 180평으로 구성되었다. 운동장은 5,041평이어었으며 각종 운동시설이 갖추어졌다. 실습부지로는 전 3,261평, 논 1,330평, 학교림은 4,672평이었다.

본교의 교직원 구성을 보면, 교장, 주임교사 3명, 판임(判任)교사 17명, 서기 2명, 강사 2명, 계 25명 외에 배석 장교 2명이었다.

당시 학생 수는 총 613명이었으며, 학년별 학급편성은 1, 2학년이 각 3학급, 3,4,5학년이 각 2학급으로 모두 12학급이었다. 그러나 서기 1943년에 학급수가 증가되면서 각 학년 3개 학급으로 모두 15개 학급이었다. 학생수는 800명으로 전망되었다.

학생들의 출신지역을 보면 다음과 같다.

※ 이하 613명 기준

군산 4, 전주 174, 완주 60, 진안 16, 금산 10, 무주 3, 장수 10, 임실 40, 남원 33, 순창 16, 정읍 47, 고창, 10, 부안 10, 김제 43, 옥구 18, 익산 91, 경기도 1, 충남 12, 전남 11, 경북 2, 함남1, 만주 1.

학생들의 통학별 상황을 보면 다음과 같다.

자택 273, 기숙사 21, 친척집 88, 지인 집 54, 하숙 177, 기차통학 85, 자전거 통학 22.

서기 1919년 개교이후 개교 20주년을 맞이하기 까지 졸업생 총 831을 배출하였다. 그중 상급학교 재학 128명(대학 예과 본과 42,전문학교 84, 사범학교 2)교원 1관공서 166, 경찰 11, 금융조합 94, 은행 42, 의사 13, 실업 기타 145, 사망 39, 미상 26명이었다,

4. 학생 항일운동

본교는 뜻있는 분들이 거도적인 사립고등보통학교로 출발하려 했으나 총독부의 간계한 정책에 매몰되어 관립학교로 출발했다. 그러나 그 뒤 그러한 사정을 몰랐을 망정 본교를 입학했고, 수학한 영민한 준재들의 영혼인들 각성하지 않고 있었겠는가? 천지신명 인들 여기 조국을 삼킨 일제를 징벌하는데 방관하고 있었겠는가? 본교의 준재들 역시 이미 청소년기에 우리의 조국이 하루아침에 일제에 넘어 갔고 3.1운동을 혈기 왕성한 시기에 경험한 준재들로서 일제의 불의에 대한 심정을 잠재우고만 있었겠는가? 일제의 불의에 대한 불타는 민족의 잠재적 의지는 개교 3년 후부터 나타나기 시작했다.

1) 그러한 의지는 4년제 학제에서 5년제로 바뀌는 전환기에 4년제 학칙에 입학했던 학생들은 가뜩이나 일제식 교육이 불만스러운데다가가 수학연한이 1년 연장되는 신학제에 대한 불만과 검정시험을 거쳐 상당 학년으로 편입하게 되는 부담감, 교사진의 정규대학 출신 3명이라는데에 대한 불만, 그리고 일본인 학생들과 갈등을 겪는 등 전환의 소용돌이 속에서 항일에 대한 잠재의식의 발로는 갈수록 거세져 갔다. 그러하여 당시 한문 담당 백용희(白庸熙) 교사의 민족사상 고취에 힘입어 첫 전교생 300명의 '동맹휴학'이라는 강수로 일제에 항거했던 것으로 본교생의 항일운동의 단서를 열었다. 그러나 일인 교사였지만 덕망있었던 학생주임의 설득으로 검정시험에 응함으로써 일단락 되었다.

서기 1924년 4월 또 다시 중간고사를 거부하고 동맹휴학을 벌이자는 논의가 시작되었다. 그 표면적인 이유는 조선인 학생들이 우리말을 쓰면 그 벌로 변소 청소 등 이른바 '당번청소'였다. 그러나 실은 3.1운동에 대한 일제 탄압으로 좌절감을 달랠 길이 없었던 잠재의식의 발로였다. 그리하여 교원조직에 대한 불만으로 무자격 교사를 유자격자로 대체해 줄 것[255]을 들고 일어났다.

이 동맹휴학의 주동자들은 3학년이 자처하고 나섰다. 선배들인 4,5학년들의 진학과 취직에 지장이 없도록 하기 위해서였다. 얼마나 지혜로운가?

동 동맹휴학사건으로 3년생은 무더기 퇴학을 당하기도 했다. 다시 명퇴학(命退學 ; 학교의 명령으로 퇴학) 16명, 자원퇴학 6명, 동 자원퇴학으로 처리됐지만 그 사유가 '불온(不穩)한 행위'로 기재되었다.

당시 이 사건은 지역사회뿐만 아니라 전국적으로도 커다란 파문을 일으켰으며, 사태의 추이는 학부형은 물론 일반인에게도 커다란 관심이 되었다. 그것은 전북의 준재들이 모인 학교에서 일으킨 맹동휴학이었기 때문이었다. 당시 동아일보는 장문의 진정서 제출 후 동맹휴학이라는 제하에 '동맹사건 점점 험악', '학생의 요구조건과 전반 학생이 다 동요', '교장에 대한 것', '교육에 대한 불만과 흠점이 무할 사', '2학년생 70여명 전부 가맹 진정서 제출' 등으로 나누어 소상히 보도하고 있다.[256] 동 지는 사건을 상세히 보도하고 있는바, 학생들을 은근히 격려하고 또한 민족혼을 불어넣고 있었음을 인식할 수가 있다. 동 동맹휴학의 교내의 여진은 동년 10월까지 가시지 않았다.

---

255) 초창기 입학생들은 사서삼경(四書三經)의 한문을 읽고 온 나이 든 학생들이 많아 한문 실력에 있어서는 일본인 교사의 수준을 능가하고 있었기 때문에 교사의 질 문제에 있어서는 심각한 문제로 등장하였다.

256) 동아일보, 1924년 4월 8, 4월 10일, 4월 11일, 6월 29일, 7월 1일 10월 11일자 관련기사 각각 참조.

2) 상술한 전국적으로 파문을 몰고 왔던 서기 1924년의 동맹휴학이 발생한지 2년만인 서기 1926년 또다시 항일 동맹휴학이 대대적으로 진행되었다. 그 이유는 신임 일본인 교장의 평소 조선민족은 저질 민족이라고 비난하고 걸핏하면 "맹휴했다간 폐교해 버릴 것이라"는 언동은 학생들을 자극했고 급기야는 민족적 감정을 촉발시켰다. 이리하여 교장을 추방시킬 길 밖에는 없다 판단하고 서기 1923년 일본 교사 구타 사건에 연루되어 퇴학당한 이용기(李龍基) 등 동문 선배들의 민족혼 고취에 힘입어 몇몇 맹휴 주모자들은 그 비리에 오목대, 이목대, 다가산 등으로 전전하면서 구수회의를 거듭한 끝에 거사 일을 정했다.

역시 3학년이 주동이 되어 50여 명의 이름으로 다음의 5개 사항을 제시하고 6월 2~4일 시한부 맹휴에 들어갔으며, 학교 당국의 답변을 들은 뒤 추후 태도를 결정하기로 했다. 그 요구 조건의 중요한 것들은 ① 학생들의 교장 및 교원 배척 요구를 무시하지 말 것, ② 기숙사 설치, ③ 유도, 검도를 교수케 해 줄 것 등이었다.

일단 자신들의 입장을 밝힌 학생들은 이 문제를 학부형들에게 일임하고, 학생 본연으로 돌아가 6월 5일부터 등교했다. 그러나 학교 당국은 아랑곳 없이 학생들을 탄압하기 시작하면서 그 정도가 가열화하자 사회와 시민들의 관심이 집중되는 가운데 학부형과 학생들은 학교 당국 및 관계요로에 보기 드문 항쟁을 펴 나갔다. 그러나 그간의 노력에도 불구하고 아무런 성과가 없고 학생들의 감정을 더욱 자극했다. 당시 일인 교장은 학생들에게 맹휴에 대한 소감을 차례차례 묻고 맹휴 당위론을 주장한 학생에 대해서는 퇴학 처분을 했으며, 한민족에 대한 막말과 멸시 언동을 더욱 심하게 하였다. 이에 격앙된 학생들은 그 교장을 교문 밖으로 강제 추방할 것을 최후 결심하고 2학년 학생들도 가담시키는 등 치밀한 계획을 수립하였다. 당시는 서기 1926년의 6.10만세운동의 여진이 지속되고 있는 참이라 본교 학생들은 오목대에 올라 '북향 요배식(北向 遙拜式)'을 갖고 비통한 심정에 젖어 있었다. 이 얼마나 의미심장한 일인가? 그때 마침 고창고보 학생 50여 명이 '봉도식(奉悼式)'에서 돌아가는 길에 '조선독립만세'를 외쳤다는 소식을 접하고는 본교생들은 더욱 심각한 민족감정을 촉발하여 과감하고도 치밀한 계획을 수립하였다. 그들은 전화선을 미리 절단할 절단팀, 운동장 주변 경비팀, 교직원 자전거 튜브 바람 빼기팀, 숙직실 경비팀, 독려팀을 꾸리고 임무를 부여했다.

마침내 서기 1926년 7월 1일, 그날은 행동 개시의 그 날이었다. 아침 8시 5분 타종을 신호로 전교생은 우천체조장[257]에 예정대로 집결했다. 행동대원인 3학년생인 이문기 등 8명과 2학년생 김부영 등 2명 도합 10명은 순식간에 교장실에 뛰어들어가 일본인 교장의 팔 다리를 네 명이 붙들고 이문기는 엉덩이를 쳐들어 올려 130m 가량 떨어져 있는 교문까지 끌어낸 뒤 "나가 버려라!"라며 추방해 버렸다. 그 일본인 교장은 혼비백산 맨발로 전북도경과 내무국 학무과로 뛰어가 사건의 전말을 하소연했다. 그 비도덕적이고 비교육적이었던 일본인 교장의 그 꼬락서니를 상상해 보라. 얼마나 가련한가! 이 같은 본교의 학생들의 거사를 까마득이 모르다 뒤늦게 인지한 일제 경찰은 즉시 출동하여 본교생이면 무차별 포박 연행하였다. 포박하면서 포승이 부족하여 심지어 전주농업학교에서 비치하고 있는 모내기의 못줄까지 가져다 포박했다 한다.

7월 2일 오후 4시 폭우가 쏟아지는데도 2학년 학생 30여 명은 전주경찰서에 몰려가 '학원문제에 관한 경찰의 간섭'과 '구속

257) 당시 강당이 없었던 까닭에 비 오는 날 조회, 체조, 검도수업을 하던 곳이었다.

학생에 대한 혹독한 심문' 등을 집단 항의하기도 했다.[258] 그리고 1,4,5학년생 중 뜻을 같이하는 학생들은 학교 당국과 일제 경찰에 항의하면서 2,3학년의 저항에 동조하여 일제히 동맹휴학에 들어 가니 사태는 더욱 확대되어 갔다. 이와 관련 7월 8일에는 전주시민대회가 계획되었으나 좌절되었고, 대신 전주청년회가 시민유지회를 열어 '전주고보 교장 추방' 사건은 마침내 전주시민 전체의 관심사와 사회문제로 등장 비화하였다.

동 사건으로 일제 경찰은 결국 주동자 10명을 색출하여 이른바 '치안유지법 위반'이라는 이름 하에 검찰에 송치하였고, 기타 관련자는 '명(命) 퇴학' 또는 '자퇴' 형식으로 학교를 떠나야 했으니 그때 그들은 고창고보와 서울의 중앙고보 등으로 전입되었다. 당시 교장추방 사건 주모자는 옥구출신 3학년생 장태성이었으며, 동 사건으로 인해 서기 1926년 5월 30일자로 처분받은 본교생의 숫자는 다음과 같다.[259)]

▶ 명 퇴학자 : 3학년 33명, 2학년 35명, 1학년 7명.

▶ 자원퇴학 학생(자퇴로 처리되었으나 정학 처분 후 시차를 두고 퇴학 처분된 학생) : 1학년 3명, 2학년 3명, 3학년 3명.

▶ 개별 처리된 학생 : 1학년 8명, 2학년 15명, 3학년 2명, 4학년 1명.

동 사건의 주된 것은 그 몰상식하고 비도덕적이고 비교육적이었던 그 일본인 교장의 추방을 둘러싸고 벌어진 것이지만, 그 저변엔 항일 민족의식의 발로였다. 동 맹휴로 인해서 학부형, 지방 유지, 청년들이 결속하여 배후에서 지원함으로써 학교 당국과 학무 당국

258) 동아일보, 1926년 7월 4일자 '전주고보 맹휴생 20여명을 검속' 관련기사 참조.
259) 전주고 · 북중 총동창회, 같은 책, 74~75면, 명단에서 통계 냈음.

은 물론 일제에 대한 한민족적 여론을 과시함과 동시에 한민족 스스로에도 여론을 환기 시켜 각성을 촉구하는 하나의 기폭제가 되도록 주력하였음. 역시 주목할만한 사실이라는 것을 배제할 수 없을 것이다.

당시 한 졸업생의 이야기지만, 졸업 후 장수군청에 취직이 되어 갔는데, 마침 군수가 맹휴 때 그 퇴출 일본인 교장이어서 곧바로 사직서 제출하고 나와 버렸다는 이야기, 그 일본인 교장이 얼마나 가슴에 맺혔으면 그랬을까?

그 당시 동 맹휴 사건에 대하여 동아일보와 조선일보는 누차 다음과 같은 제목으로 보도했다. 그 당시로서는 지방에서 일어난 한 고보의 맹휴사건이었지만 전국적인 이슈가 되었던 것 같다.

전주고보 교원배척으로,[260] 전주고보 맹휴생 등교,[261] 학생들 학교 전체를 경계 후 전화통을 지키고 교장에 야료,[262] 전주고보 맹휴생 경찰이 검속,[263] 맹휴학생의 처지가 가혹하다고 학생 전부 동요 일제 맹휴,[264] 54명 학교 당국이 돌연히 출학처분을 명령,[265] 3학년 13명에게 구류처분하고 계속 취조, 전주고보 맹휴 속보, 취조하던 학생 중 9명은 검사국으로 보내[266] 시민 유지 결의위원 6명에게 교섭 전부를 일임[267] 시민 유지 대표 도 당국을 방문 전주고보 사건으로[268] 교장 들어낸 학생 아홉 명 상해와 협박죄로 기소해

260) 동아일보, 1926년 6월 6일자.
261) 동아일보, 1926년 6월 9일자.
262) 동아일보, 1926년 7월 3일자.
263) 동아일보, 1926년 7월 4일자.
264) 동아일보, 1926년 7월 5일자.
265) 동아일보, 1926년 7월 6일자.
266) 동아일보, 1926년 7월 15일자.
267) 동아일보, 위와 같음.
268) 동아일보, 1926년 7월 16일자.

야,[269] 전주고보 맹휴생 공판 다음은 8일[270] 맹휴생 아홉명 공판 검사는 최고 십개 월 구형해[271] 피고 학생 전부에게 집행유예 언도를 유예, 전주고보생 판결,[272] 교장 그대로 출근함으로 밀의중 발각되어 주모자 취조,[273] 교장과 도지사의 비행성명을 결의, 전주고보와 시민대회[274] 검사 공소로 학생 아홉명 재차 심리, 전주고 맹휴사건 후문,[275] 일심보나 과형언도, 전주고보 맹휴생 복심 언도[276] 등이다.

3) 본교는 개교 초기 조선인 학생 90%, 일본인 학생 10%로 출발하여 조 · 일 학생 공학의 유지에서 조선인 학생이 월등이 많았는데도 대다수의 조선인 학생을 차별대우하는 일본인 교사들의 횡포로 조선인 학생의 불평은 나날이 심화되고 누적되어 가면서 민족저항의식이 팽배해 갔다. 조선인 학생들은 시간표에 '국어(일본어를 지칭)' 라고 되어 있는 것은 '일어' 라 쓰고, '조선어' 라고 되어 있는 것은 '국어' 라고 써 책상머리 벽에 놓기도 하였다. 바로 항일의식의 표현이라 할 것이다.

하생들의 차별대우에 대한 불만이 커지고 항일 민족의식이 잠재적으로 축적되어 가고 있는데, 일제 당국은 조선인의 교육을 무력화하고 일본화에 치중하여 조선인의 교육열을 억제하기에 모든 수단을 동원하고 있었다.[277]

---

269) 동아일보, 1797년 7월 27일.
270) 동아일보, 1926년 8월 14일자.
271) 동아일보, 1926년 8월 20일자.
272) 동아일보, 1926년 8월 27일자.
273) 동아일보, 1926년 9월 6일자.
274) 동아일보, 1926년 9월 7일자.
275) 동아일보, 1927년 1월 25일자.
276) 동아일보, 1927년 2월 3일자.
277) 조선인의 사학의 재원이던 시장세를 탈취하여 그들의 기관인 도지방비에 넘기고, 사립학교령을 무기로 조선인 사학과 학생 수를 줄이며, 조선역사와 조선어를 가르치지 않고, 지식의 수준에서도 초급 지식에 중점을 두어 교육하였다.

이러한 상황 속에서 본교 전주고보의 학생들은 항일의식과 투쟁은 전주 시내 학교들의 선봉이 되었다. 저항의식이 강한 일부 학생들은 '노송대(老松臺)'라고 하는 학교 뒷산의 언저리에 서 있는 노송 밑에서 열변을 토하거나 우국성토를 하곤 했다. 이러한 것은 그 당시 비밀리에 성행하던 독서회 같은 모임의 영향 하에서가 아니고, 대부분 어떤 뚜렷한 목표나 어떤 규약도 없이 학생 특유의 열정으로 전개 되었다.

서기 1929년 3월 9일 본교에서는 일본인 교사들이 자주 구타하는 사건이 발단되어 학생들이 학교 당국에 다음과 같은 사항을 제시하고 그 개선을 요구하였다.

① 조선 역사를 교수케 할 일.

② 조선어 시간을 연장할 일.

③ 교우회에 자치권을 부여할 일.

④ 시험제도를 변경할 일 등.

이러하여 이에 대해서 학교 당국은 사태를 수습하기 위하여 서기 1929년 5월 19일 학부형 총회를 열고 회의하는 동안 자치를 요구하는 19명의 학생을 교장실에 연금시키고는 학부들의 회의는 학교에 동조하는 결론을 얻게 되고, 한편 고등계 형사들은 학교 내외에서 포위하여 위협하니 학생들은 우선 일제 경찰의 학원 침입을 항의하기에 이르렀으며 또 일대 시위를 벌어야겠다고 생각하기에 이르렀다.

그리하여 서기 1929년 5월 22일 주동이 된 학생 19명은 노송대에 매복하여 일대 거사를 은밀히 계획하였다. 이들은 전화선을 단절, 독려, 연설자, 행동대, 포스터 점검 등으로 부서를 나누어 분담하였다.

동일 10시에 일제히 행동을 개시하여 일부는 친일 학생들을 구타하고, 교무실에 뛰어들어 전교생을 운동장에 집합시킨 후, 일인 교사 축출, 일인에 대한 저항, 민족 단결을 위하여 총 궐기할 것을 연설하자 어떻게 연락이 되었는지 본교생이면 닥치는대로 붙들어 포승으로 결박하여 경찰의 검도장인 이른바 무덕관으로 끌고 가 주동자를 색출하기 시작하였다. 그러나 주동자 격인 권용훈, 김재환은 재빨리 피신하여 체포되지 않았으며, 또 연행된 학생들도 서로 "내가 주모자"라는 항변에 결국 피신한 위 두 학생을 주모자로 주목하였다.

학교 당국은 학생들 중 주동적인 역할을 한 학생들에게 정학처분을 내렸는데, 이튿 날 학생들이 이에 항의하여 일부 학교의 기물을 파괴하자 40여 명의 경찰이 동원되어 140명을 검거하였다.

결국 이들 중 18명은 재판에 넘겨져 징역 1년 2월에서부터 징역 6월 집행유예 2년의 선고를 받았다. 그리고 자퇴 형식으로 본교를 떠난 학생은 25명, 기타 사유로 명퇴처리된 학생은 12명이었다.

본교의 동 사건에 대하여 동아일보는 서기 1929년 3월 5일부, 서기 1931년까지 9차에 걸쳐 상세한 보도를 한 바 있다.[278)]

4) 서기 1929년 11월 3일 광주학생운동의 여진은 전주라서 왜 없었겠는가?

그 다음 해 1월 24일, 본교 3학년 유돌기(柳乭基)가 광주학생운동 관련자로 검거됨에 자극된 학생들, 4학년 은학기(殷學基), 김후수(金後琇) 등이 주동이 돼 일본인 배척운동을 위한 시위를 계획했다. 그러나 동 계획은 친일학생의 밀고로 사건이 탄로되어 수업시간에 많은 학생들이 일제경찰에 연행되어 갔다. 동 사건으로 1~4

278) 동아일보, 1929년 3월 15일자, 5월 24일자, 6월 14일자, 6월 18일자, 6월 23일자, 7월 5일자, 8월 14일자, 8월 27일자, 1931년 6월 2일자 각각 관련기사 참조.

학년 학생 14명이 퇴학 또는 자퇴를 강요당해 학교를 떠났거나 정학을 당했다.

이 무렵 본교와 전주농업학교가 제휴하여 동시에 각각 거사를 단행하기로 전주농업학교 스케이트장에서 모의하기도 했는데, 이 또한 발각되어 주모자가 검거됨에 따라 전주농업학교 학생 6명과 함께 본교 5학년생 고정동(高晶東)을 비롯한 10여 명이 경찰에 구속, 퇴학되거나 혹은 자택에서 감시를 받았다.

그러나 남은 학생들은 또 다시 기원절(紀元節; 일본의 건국절)을 기해 시위를 결행하기로 은밀히 모의하고 극비리에 각자가 태극기를 만들어 남학생은 상의단을 타고 여학생들은 치마단을 타서 감추어 넣어 등교하였다. 그러나 그 중 한 학생의 부주의로 경찰에게 태극기가 발각되어, 이에 연유하여 전국에 비상이 걸렸으며, 본교는 물론 전주신흥학교, 전주기전여학교, 전주여자고등보통학교 등 학생들이 노상에서 몸수색을 당하고 수백 명이 검거, 구속되었다.

5) 주지하는 바와 같이, 조선총독부는 서기 1937년부터 조선어의 사용금지와 '일본어'를 '국어'라 하여 일본어의 사용 강요와 국체명징(國體明徵) 내선일체(內鮮一體)라는 시정방침을 발표하여 본격적인 일본화 이른바 황민화(皇民化) 정책을 강요하기 시작하였다. 이에 앞서 이미 서기 1936년부터 본교에서는 이에 따라 일본어를 국어로 하여 그 사용을 강요했고, '정진일지(精進日誌)' 작성을 강요하여 학생들의 사상을 사찰했다.

그 당시 본교 19회 이철승(李哲承 ; 서기 1922~2016)에 주목할 필요가 있다. 그는 1학년 신입생부터 '정진일지(精進日誌)'[279]

279) 이는 학교당국이 학생들에게 매일 가정생활에서 부모에게, 교사에게, 친구간에 착한 행동을 매일 매일 기록하여 잘 못된 일을 무조건 반성하라고 하는 것이었다. 이것은 사실 학생들의 매일 매일의 동태를 사찰하기 위한 것이었다.

작성을 거부한 것은 물론 교내에서 일본어를 사용하지 않고 조선어만 사용했기 때문에 서기 1937년 '가정 근신'이란 처벌을 당해 조행(품행)이 낮은 병(丙)이 되었다. 그때부터 그는 불온한 요시찰 학생으로 학교 당국의 감시를 받게 되었다.

그가 2학년 때인 서기 1937년 중 · 일전쟁이 발발했고 총독부는 진시세제령을 발표하여 조선의 문화 말살과 일본인화에 극에 달하고 있었다. 이러한 상황은 오히려 이철승에게 애국, 민족을 위한 항일투쟁의 의식을 불러일으켰다.

그는 일본인 학생들이 민족적 우월감을 표출한다던가 조선인 학생을 괴롭히면 무조건 두들겨 팼다. 그의 2학년 때의 일이다. 당시 전주남중(일본인 학교 ; 서기 1928년 일본인만을 위한 학교로 설립) 학생의 거두를 자처하며 북중의 하급생들을 상습적으로 괴롭히던 일본인 학생을 목검으로 구타했다. 이 사건으로 이철승은 정학처분을 당하여 조행(品行)이 최하급인 丁으로 평가되어 낙제를 당하여 2학년을 2번이나 다녔다.

이철승, 그는 어린 나이에도 일제가 서기 1935년부터 강요해 오던 이른바 신사참배에도 의도적으로 불참했고, 서기 1940년부터 시행한 이른바 창씨개명도 거부하였다.

농구부 주장을 맡았던 그는 그와 가장 가까웠던 동문 김도(金燾)의 증언에 의하면, 방과 후 농구부 연습이 끝나면 부원중 비교적 체구가 큰 하급생 몇몇을 불러놓고 당시 국내 독립운동가였던 부친 이석규(李錫圭)와 숙부 이석주(李錫柱)로부터 들어온 민족지도자들의 국내활동을 들려 주어 독립사상을 고취시켰다고 한다.

서기 1942년 그가 5학년 때 한 역사 지리 교사로 일본인 교사가 부임해 왔다. 그 교사는 중일전쟁에 참전, 부상당한 상이군인으로 제대한 자로, 일제의 이른바 황도역사를 신봉, 식민지 교육의 잔

위임을 자처하며 조선인을 극도로 멸시해 평소 입버릇처럼 "조선인은 야만족이고 한글은 야만인의 부호 같다."고 중얼거리며 다녔다. 그런 그가 어느 날 지리시간에 교실에 들어서자 마자 이철승의 옆에 있던 송경진(宋京鎭 ; 전주송외과 원장, 제5대 전고, 북중 총동창회장 역임)과 말다툼 끝에 분노를 터뜨린 그 일인교사는 목검을 치켜들고 쫓아와 송경진을 내리치려 할 때 이철승은 벌떡 일어나 그 일본인 교사가 가지고 있는 목검을 빼앗고 바닥에 내덩이쳐 버렸다. 이 같은 소동이 벌어지자 일본인 교장이 달려 오는 등 학교는 발칵 뒤집혔다.

동 사건을 계기로 이른바 '사상이 나쁜' 이철승을 퇴학시키자고 주장했다. 그러나 그의 담임인 착한 야마다(山田大五郎)와 조선인 교사 정학모(鄭學模)는 이철승을 옹호했다. 특히 정학모는 "철승이를 퇴학시킬 것이 아니라 그 일인 교사(노다)를 먼저 처벌해야 한다"고 목소리를 높혔다. 그 당시 이철승의 동급생인 5학년들도 특히 그중에서도 2반은 상급학교 진학을 지원하는 학생들로만 구성된 '특수반' 격으로 북중의 명예가 달린 진학반이었다. 교내에서 이철승의 퇴학이 거론되자, 2반 50여 명은 모두가 "철승이를 퇴학시키면 전원 자진 퇴학하겠다."고 결의하는가 하면 하급생들까지 이에 동조 전교생이 들고 일어설 기세였다.

문제가 대외적으로 확산될 경우, 조선총독부의 이른바 '황민화' 정책에 중대한 영향을 끼칠 뿐만 아니라 진학반 학생들이 모두 자퇴하여 상급학교에 합격자가 나오지 않은 경우 교장은 물러나야 하고 학교 존립까지 관련될 수 있으므로 이에 당황한 학교 당국은 거듭된 교무회의 끝에 이 문제의 확대를 막고 5학년 2반의 집단 자퇴를 무마하기 위해 이철승을 무기정학에 처했다.

당연히 퇴학을 예상했던 이철승은 이로써 졸업 직전 정학이 해제되 간신히 졸업장을 받게 되었다. 후일 서기 1980년 제19회 이철승의 동기들의 초청으로 귀국했던 그 담임교사는 그 때의 일을 회상하며 그 때의 사건을 학적부에 기재하지 않았던 이유는 만일 '이철승의 상급학교 입학원서 소견표에 이 사실이 기제되어 세상에 알려지면 학교가 큰 타격을 받게 되므로 기재하지 않았다'고 술회했다.

일제는 이른바 황민화 정책의 일환으로 학교군사교육(교련)을 실시 학내를 병영화 했다. 그 당시 이철승은 이 군사교육을 극구 반대하며 교련시간을 자주 빼먹었다. 이에 따라 졸업후 당연시되던 '교련검정학격서'도 받지 못했다.

이에서 보듯, 이철승은 일제의 입장에서 보면 "사상이 나쁜 불온한 학생이었다." 하지만 그는 암흑했던 서기 1941년 '조선사상예방구금령' 등 철통 같은 일제 경찰의 감시 속에서도 구속되지 않고 학교를 졸업했다. 이는 그를 감싸준 제19회 동기들의 동포애의 발로이자 애교, 애족정의 연장이었다. 이철승의 동기들은 "이철승은 항일 가문의 출신으로 갖을 것은 다 갖춘 당시 문재학생이자 민족주의 리더"라고 입을 모았다.

6) 우리는 여기서 일본의 수학여행을 통한 젊은이들의 예리한 눈에 비친 일제의 기만성 폭로로 일인 교장 및 교사들의 간담을 서늘하게 한 사건을 들지 않을 수 없다.

서기 1937년 중일전쟁 직전 당시 5학년(15회)의 일본 동경으로의 수학여행보고회에 엄숙한 의미와 기대를 걸고 학교 당국은 5학년 수학여행 학생중 모범학생을 엄선하여 전교생이 보는 앞에서 보고회를 가졌다. 그것은 학교 당국은 일본 문화의 선진화와 이른바 '내선일체(內鮮一體)'라는 그들의 식민정책에 내심 교육적으로 그에 동조했다는 것을 수학여행 학생들의 입을 통해서 전교생에게 인정시키려는 간계한 짓이었다.

수학여행을 다녀온 모범생들의 요지는 대략 다음과 같다.

첫 번째 등단한 학생부터 일본의 야만성을 폭로하고, 일본인의 조선인에 대한 멸시관념이 노골적이어서 학생들이 지금까지의 교사들에게서 배워온 내선일체(內鮮一體)니 문화일본이니 하는 따위의 언행은 전적으로 그리고 상상 밖으로 격차가 있어 이제까지 우리는 교사들의 기만적 교육, 사기적 교육을 받아 왔음을 실제로 견문(見聞)했다고 보고했다.

이러니 교장은 물론 그 단임 교사마저 놀랜 것은 그만두고 장내는 물을 끼얹는 듯 적막함만 흘렀다.

두 번째 등단한 학생은 첫 번째 보다 더욱 구체적으로 학교교육의 허위 및 일본인과 조선인의 차별적 생활상과 일본인이 대조선관이 기만적이며 악독하기 이를데 없다고 사사건건 폭로했다.

"일본이 아름다운 나라라더니 무엇이 아름다운가? 후지산(富士山) 같은 곳은 조선에도 얼마든지 있다. 금각사(金閣寺)니 은각사(銀閣寺)니 하고 일본예술문화를 자랑하지만 그 따위 절은 조선에는 부지기수다. 조선이야말로 절마다 예술이요, 가는 곳마다 절경이다……"이러니 일본인 교사들은 아연질색 노골적으로 분통을 터뜨리며 하단을 명령하고 말았다.

뒤이어 일본인 교사들은 세번째 학생을 지명했다. 이 학생 역시 격한 언성으로 보고를 시작했다. 우리는 조선에 와 있는 일본인을 무시해 본 일이 없다. 우리는 일본인과 역사적으로 동조동근(同祖同根)이라고 배웠다. 그러니 조선과 일본은 일체라고 생각해 왔고 그렇게 믿어 왔다. 그런데 그런 친근감에 찬물을 끼얹고 배반당했다고 느꼈을 때 우리의 마음은 얼마나 아팠겠는가? 대중교통 등에서 빈 자석에 우리가 같이 앉으려고 하면 일본인들은 우리를 마치 도적이나 전염병 환자처럼 기피하고 자리를 떠나더라. 심지어 어느 일본 여인은 자기 아들이 무슨 위험물 곁에나 앉은 것 마냥 정신없이 아이의 손을 이끌고 우리의 곁에서 떨어져 달아나듯 딴 곳으로 데리고 가더라. 그들에게서 '내선일체'니 '일시동인(一視同仁)'과 같은 느낌을 어떻게 찾아 볼 수 있겠는가? 어떤 사람은 우리가 조선에서 왔다니까 조선이 어디냐고 되묻더라. 이게 '내선일체'인가? 여관에 들어보니 이게 또 가관이다. 여관주인은 우리에게 "무슨 놈의 밥을 그렇게 많이 먹냐?"며 핀잔이다. 밤에 그에게 요를 달라니까 "조선인도 요를 까느냐?고 비웃었다."고 분통을 터뜨렸다. 상황이 여기에 이르자 "다음 학생은 좀 낫겠지."하고 기대했던 담임 교사가 더 이상 참지 못하고 단상을 향하여 내려오라고 소리치는 바람에 결국 일본 수학여행 보고회는 중단되고 말았다. 그것도 그렇치 언제는 보고하라 하고, 귀에 거슬리면 제자의 말을 차단하고 내려오라고 하는 교사의 모습, 그게 더 문제였다.

우리는 위의 학생들의 보고를 통하여 인식할 수 있드시, 젊은 그들은 예리한 눈으로 현실을 보고 일제 그들이 노리고 있는 내선일체니 일시동인이니 동조동근이니 그러한 주장이 조선의 일본화란 기만적인 것을 수학여행이란 현실을 통해서 확인, 자각하게 되었고, 이것은 결국 그들의 일본인 교사들의 교육이 기만적이었고 허구적이었다는 사실을 일인 교장과 및 교사들과 전교생에 알린 것이었다. 이 얼마나 장중하고 예리한 일제 자신들에게 일제를 고발한 것 아니고 그 무엇이겠는가?

그러나 이 장중한 사태는 발표한 학생들이 학교 당국의 조사와 힐책을 받았다는 그 어떤 소문도 없이 조용히 넘어갔다. 그들의 심혈을 기우리고 있는 내선일체니 일시동인이니 동조동근이니 라는 그 허구성을 이론이 아닌 사실 속에서 비판했는데도 말이다. 그러나 사건이 조용히 넘어 간데는 일본인 교사 한 사람이 깊이 개입하여 조선학생의 처벌을 완강히 반대했었다는 후문과 그 주인공이 일인 체육교사라는 등 또는 과학교사였다는 말이 분분하였다.

동 보고회는 일인 교장 및 교사들 앞에서 끝내는 일제 교육의 허구성을 그들에게 확인시켜주는 격이었고, 점잖은 항일운동의 한 켠을 장식하고 있다 할 것이다.

제4장 민족사학 고창고보의 창립과 항일민족교육운동

호남에서 최초 근대사학의 설립은 주권침해기에 들어서이다. 당시 독지가들은 사력이나 몇몇의 협력으로 또는 개량서당(改良書堂)이나 향교(鄕校)에 기반하여 초등정도의 근대사학을 설립하였다. 그 예를 본다면 전남지역에서는 서기 1905년 강진의 사립금릉학교(私立金陵學校)이다. 동 교의 설립배경에 대해서는 밝혀진 기록은 없으나, 이 지방의 항일독립운동투쟁의 주축을 이루었던 인물들이 모두 동 학교의 출신이란 것을 미루어 볼 때 동교의 교풍을 생각할 수 있다.[280)]

그리고 동년에 여천 가문도의 사립낙영학교(私立樂英學校)가 창립되었다. 을사늑약에 의한 주권침해 직후 구한말 정부관료였던 김상순은 관직을 버리고 귀향하여 교육구구의 일념으로 자신의 사재를 털어 학교를 세우고 직접 교장이 되어 교육을 담당하였다.[281)] 장흥의 사립명진학교(私立明進學校)도 동년에 설립되었다. 그 후 호남에서도 계속 민족사학이 창립되었으나 모두가 초등정도였다.

우리는 중등사학의 최초의 민족사학으로서 고창고보의 창립과 동교의 항일민족교육에 대하여 상론하고자 한다.

제1절 고창고보의 창립과정

고창고보의 창립은 서기 1910년대 기독교 신자로 당시 전북의 김제평야를 무대로 토지를 수탈한 일본인 마스도미가 전북 고창

280) 江津鄕土誌, 1978, 102~106면, 참조.
281) 文炯滿, 교육철학 및 교육사, 서울:형성출판사, 1991, 202면.

군 부안면 오산리(鰲山里)에 서기 1919년에 세웠던 '오산고보'의 3년 후인 1921년도 말에 폐교를 선언[282]한 것을 인수하여 고보를 창립하자는 것을 그 배경으로 하고 있다.

당시 오산고보의 교감이었던 양태승은 우선 자기가 근무하고 있는 폐교 선언한 오산고보의 사정 설명하고, 이를 인수하여 학교를 창립하자고 고창군 유지들을 설득하는 일에 앞장섰다. 당시 고창군수 천장욱을 찾아간 양태승은 이 일은, 고창군민의 뜻을 모아서 해야 하는 일이며, 그것이 고창군의 발전과 연관되는 사업임을 강조했다. 양태승의 열정적이고 적극적인 설득력에 마음이 움직인 천장욱은 고창고보의 설립에 직접 참여하게 되었고, 그런 가운데 고창군이 민립학교 설립운동은 탄력을 받게 되었다. 그리고 지역이 재력가인 유지들을 설득하는데 성공하여 이들로부터 상당한 기금을 모금할 수 있게 되었다.

이와 같은 양태승의 열정과 계획하에, 드디어 고창군수 천장욱과 당시 군내 유지들인 이휴열,[283] 홍종철,[284] 강대직,[285] 김재종,[286]

---

282)

283) 이휴열(李休烈), 성내면 출신, 재산가(1천석이상)며 흥동장학계 계원으로, 흥동장학계에서 서기 1922년 성내보통학교를 설립할 때 주도적 역할을 하였으며, 후일 고창고보 설립 후에도 고창고보 졸업생 중 성적이 우수한 대학원생에게 많은 연구비를 지원하기도 했다. 서기 1914년 항일투쟁의 군자금을 지원하기 위하여 백낙윤(白樂允), 이순열(李舜烈), 이석열(李錫烈), 황상익(黃尙翼), 백관수(白寬洙), 이갑수(李甲洙), 황서구(黃瑞九) 등과 더불어 부안군 내소사 청연암에 모여 비밀리에 발기하였다.

284) 홍종철(洪鍾徹), 아산면 출신으로 한학을 수학, 재산가(2천석 이상), 흥동장학계 계원으로 비밀리에 상해임시정부 독립군자금 지원함.

285) 강대직(姜大直), 성송면 암치 출신으로 재산가(6,7천석)로 주위 흉년시 구휼(救恤)에 진력, 흥동장학계 계원, 상해임시정부에 독립군 자금 지원, 서기 1918년 암치사립학교(성송보통학교 전신) 설립에 주도적 역할.

286) 김재종(金在鍾), 고창읍 도산리 출신, 재산가(3천석 이상)으로, 구한말 의병을 일으켰던 장성의 송사 기우만(松沙 奇宇萬)의 수제자, 동생, 장남과 더불어 흉년시 구휼(救恤)에 진력하며 인덕이 많은 선비.

오자환, 최용균, 김승옥[287] 이형승, 김재석 등의 지지 찬동을 얻게 되었다.

양태승은 폐교 선언한 상황 하에, '오산고보'라는 근대학교의 틀을 고창에서 유지하기 위하여, 천장욱 전 군수와 그의 평전에서 근대학교 유치라는 설득의 대상으로 거론된 당시 고창군 유지들은 당시 재산가(1천석 이상)들로서, 흥동장학계 계원으로서, 비밀리 항일민족구구운동에 참여하고 있거나 유림(儒林)으로서 비밀리에 상해 임정에 독립자금을 보내거나 또는 민족의식 계몽운동가들로서 당시 고창에서 존경을 받던 분들이었다.

여기에 등장하는 고창군수 천장욱의 기술에 있어서 양태승이 협력을 구했던 그의 군수 재임 기간은 서기 1914~1921년이었다.[288] 그러므로 양태승이 그에 협조를 요청할 때는 현직 군수이었으나, 서기 1922년 고창군민대회를 개최할 당시는 후임군수 김상호(金相鎬 : 재임기간 서기 1922~1925년)였다. 「양태승 평전」이나 「고창고보 60년사」 그리고 「성혼」지에서는 한결같이 천장욱을 당시의 현직 군수로 잘못 표기하고 있다. 이 점은 집필자들이 자료 분석에 세심한 주의를 기울이지 않은 데서 온 것일 것이다.

천장욱은 김옥균을 도와 갑신정변에 투신했다가 실패하자, 김옥균과 함께 중국 상해를 거쳐 일본 동경에서 오랜 망명생활을 하다가 귀국한 청년 정객이었다. 그는 김옥균과 친분이 두터운 바로 보

287) 김승옥(金升玉), 민족의식의 계몽가, 은규선, 신기업 등 동지 혈서동맹을 함께 주도한 이들과 고창청년회와 야학(夜學)을 조직해 민족의식을 키워 나갔다. 고창청년회 및 노동학원장을 맡아 고창지역의 청년, 노동운동을 주도 민족사상 고취, 3.1운동 시 고창에서 만세운동 주도함.

288) 高敞鄕校, 高敞鄕校誌 2005, 812면 '일정군수' 참고.

면 당시 개화파 인물로 보여진다. 그는 귀국하여 정계에 복귀하여 광양군수를 역임한 바도 있지만, 그는 망명 중 일본 정계에 지면 인사가 많았고, 특히 당시 조선총독으로 와 있던 재등(齋藤 ;사이토)과는 일본 망명시절 중부터 친숙한 사이였다고 한다.

위에서 보듯, 오산고의 폐교 예정이라는 배경하에 고창군민의 출연에 의한 민족사학 설립을 위한 대 주제로, 양태승의 설득과 전군수 천장욱의 노력으로 서기 1922년 2월 2일 고창군민대회가 열렸다. 고창군민대회가 열리기까지는 고창청년회원들의 힘이 컸다. 즉, 인문계 기독교계 사학인 오산고등보통학교가 형편에 의해 폐교된다는 말을 듣고, 이 폐교선언한 오산고보의 제도적인 틀을 고창으로 옮겨 '고창고등보통학교'로 개명 인가의 절차만 거쳐 고창군민의 성금으로 조성되는 민립학교를 사실상 창립, 고창의 자력으로 민족사학으로 발전시켜 나가겠다는 확고한 결의를 보여드려야겠다며, '고창고등보통학교 유치운동본부'를 설치하고 군민의 설득에 이바지했다는 하나의 전설도 있다.[289)]

동 대회는 오산고보의 인수를 만장일치로 결의하였고, 아울러 '고창고보'창립과 그에 따른 소요자금 30만원과 교사 신축비 5만원의 모금도 결의하였다. 당초에는 20만원을 목표로 하였으나, 크나큰 건설을 위해 30만원으로 규모를 키웠다.

그러나 지역유지들의 출연(出捐)만으로는 미흡하여, 마침내 전군민으로 확대하여, 군민으로 군내에 소유한 토지의 법정지가의 100분의 6,50이라는 근거가 산출되어 학교기금 30만원, 교사건

289) 이기화, '고창고등보통학교 설립비사(3)', 주간해피데이 530호, 2019년 5월 2일자 9면 참조.

축비 5만원 도합 35만원을 조성할 것을, 군민대회에서 만장일치의 결의를 얻게 되었다. 이와 같은 고창군민의 만장일치는 민족사학을 설치하겠다는 군민의 합동적 의사표시며, 고창고보의 창립의 근거를 말해주고 있는 것이라 하겠다.

이러한 고창군민대회 상황에 대하여 동아일보는 대회 당일인 서기 1922년 2월 2일자 신문에 다음과 같이 보도하였다.

고창고보유지현위

전북 고창군 부안면에 있는 사립 오산고등보통학교는 일본인 승부안좌위문씨의 열성으로 설립된바, 설립 이래 성적이 양호하여 萬口同聲하던 터인데, 금년 4월부터 고등보통학교에 그분의 형편상 부득이한 관계로 중지할 경우에 至한 바, 군수 金相鎬, 경찰서장 笠間三男씨는 이를 심히 애석히 생각하여 열성으로 지방 유지인사에게 교육의 필요를 역설함과 共히 동교를 유지할 이 군내 인사의 당연함을 주지케 하여, 다수 인사가 찬성한 결과 유지 방침을 연구 중인데 동교를 고창읍에 둔다 하며, 이에 관하여 2월 2일 고창공립보통학교 내에 협의회를 개최하고 동 고보교의 영구적 유지에 대한 구체적 협의를 하리라더라.

서기 1922년 2월 3일에는 고창읍 청년회관에서 천장욱의 사회로 학교존치집행위원회를 개최하여 각 임원을 선정하였다. 동 위원회가 고창청년회관에서 열리게 된 것은 홍종철이 당시 청년회 회장으로 있었기 때문일 것이다.

동 위원회에서는 학교 기본금 30만원 내외로 하여, 지방주민으로 토지가격 50원 이상 소지한 자에게 분담하기로 할 것과 본교 개설은 동년 4월 1일로 한다는 것을 결의했다.[290)]

290) 東亞日報 1922년 2월 11일자 참조.

동년 2월 10일 고창의 청년회관(靑年會館)에서 사립 고창고보 존치문제 특별집행위원회를 개최하고, 동년 4월 1일부터 본교를 개설하기로 하였다. 한 바, 불일간 유력자 20인 이상이 연대채무로 식산은행(殖産銀行)이나 또는 척식회사(拓植會社)로부터 차금(借金)하자는 것을 만장일치로 결의하였다.

〈다 음〉

1. 부담방법 : 서기 1922년 2월 1일 현재로 본 군내에 거주하는 조선인에 한함.

2. 부담액 처리방법 : 본 부담금은 서기 1922년 2월 1일 현재로서 결정된 자인 즉, 동일 현재의 토지를 소유한 자로서 설혹 타처에 이주하는 자가 유할지라도 이의 부담은 반드시 이행할 책임이 유함.

3. 부담액 모집방법 : 부담인의 출금방법을 편리하게 하기 위하여 다음 3종에 분함.

가. 부담액은 되도록 현금으로 제공할 사.

나. 현금을 제공하기 난한 사람은 부동산의 담보물을 제공하면 군 당국의 원조를 얻어 은행 혹은 기타에서 연부차입금의 편리를 도모할 사.

다. 부담액을 토지로써 제공하고자 하는 자는 감정위원회를 선정하여 이의 평가로서 제공할 사.

4. 지가(地價) 50원 미만자와 또는 토지 소유자 아닌 자라도 상당한 생활을 하는 자에 대하여 기부금을 요구하는 방법은, 각기 항에서 등급별 1개년 소득액의 영업 상태를 사정한 조사서를 본 회에 제출케 하여 본 회에서는 이에 대하여 안분한 금액을 각 면에 기부금으로 배정할 자로 함.[291)]

---

291) 동아일보 1922년 2월 25일자 관련기사 참고.

우리는 여기에서 하나의 주목할 사항이 있다. 위의 '분담 방법'에서 보는 바와 같이, 분담금을 군내(郡內) 거주자(居住者)로 한정하고 있다는 점이다. 당시 학교설립이라는 큰 사업을 놓고 어려운 상황에서도 분담금을 군내 거주자 한정하고, 그것도 조선인(朝鮮人)으로 한다는 것은, 앞으로 창립할 학교는 고창군민(高敞郡民)이 참여하여 창립한 민족사학(民族私學)이라는 점을 암시하고 있는 대목이다. 이는 당시 국적(國籍)마저 강탈당하고 있는 당시 상황하에서, 민족구국운동이 한민족(韓民族)의 민족사학의 설립의 양상으로, 개인이 아니라 고창군민의 의지로 나타났다고 할 것인바, 여기에 고창고보 창립의 민족교육사적 의의가 있다 하겠다.

그 후 동 위원회는 같은 달 20일에 위원회를 개최했다. 군수와 경찰서장의 축사가 있었고, 학교재단 설립 방법에 대하여 노인과 청년대표들의 열변이 있었으며, 학교재단설립 실행위원과 고문을 각각 선정하였다.[292] 또한 그 달 28일에 동 위원회는, 교사 초빙문제는 오산고보 양태승 주임교사와 군 당국에 일체 위임하기로 결의하였다.[293] 따라서 고창고보 창립에 있어서 교사의 구성과 초빙행위는 양승태와 고창군 당국과의 합동행위로, 이는 바로 고창고보존치집행위원회의 대리행위였다 할 것이다.

그리하여 동 위원회는 같은 해 4월 1일 사립 오산고보를 인수함과 동시에 그 날짜로 오산고보 교주 겸 교장이었던 마스도미(그해 3월에 1만 5천원 기부)[294]를 교장으로, 양태승을 교장대리로 각각 임명하였다.[295] 이러한 임명행위를 두고 혹자들은 고창고보가 오

292) 동아일보 1922년 2월28일자 관련기사 참고.
293) 동아일보 1922년 3월12일자 관련가사 참고.
294) 동아일보 1922년 3월 9일자 관련기사 참고.
295) 聖魂, 79면.

산고보의 연속이라는 그럴듯한 말을 하고 있으나, 이는 잘못된 인식이다. 그것은 마스토미와 양태승을 각각 교장과 교장대리로 신규 임명한 것은 오산고보재단이 아니라, 신생 민족사학 고창고보 주비위원회라할 수 있는 고창고보존치위원회이기 때문이다.

동 고창고보존치위원회의 오산고보 인수와 마스토미의 교장 임명은, 동 위원회가 동년 발효한 이른바 제2차 조선교육령의 입법 취지를 잘 인식한 행위인 것으로 판단된다. 그것은 제2차 조선교육령 발효 당시로서는 조선인의 학교법인 설립이 어려웠던 상황이었던바, 하나의 민족사학 창립을 위한 편법으로, 이를 타개하자는 데 그 진의가 있었다 할 것이다.

앞에서 기술한 군민대회의 만장일치는 고창고보를 창립하자는 고창군민의 합동적 의사표시이며, 고창고보 존치집행위원회는 고창군민의 합동적 공동의사표시에 근거하여 설립한 고창고보의 창립을 위한 일종의 주비위원회로서, 장차 설립할 고창고보의 초대 교장을 마스토미로, 부교장을 양승태로 임명했을 뿐 그 이상의 의미도 없다.

고창고보 창립을 위한 오산고보의 인수와 교장 · 대리교장의 임명은 '오산고보'의 폐교(廢校) 부활전이 아니다. 또한 오산고보의 인수행위는 고창고보 창립에 있어서 조선인의 사학 신설이 어려운 당시의 상황에서 제도적으로 '근대사학의 틀'을 이용하자는 것이었지, 그것은 교명의 변경행위가 아니다. 고창군민이 창립한 고창고보를 고창중 · 고 동창회마저도 한낱 일본인 토지수탈자인 기독교인 마스토미가 세운 기독교계 학교인 오산고보의 연속으로 보고 있는 데서 한 번 습관에 젖으면 고치기 어렵다는 사실을 발견할 수 있다. 또한 고창고보는 오산고보의 연속이라는 맹목적인 편협한 생각은 결국 명문 민족사학 '고창고보' 창립마저 부정하는, 자기의 모태(母胎) 부정의 사고가 결국 서기 1919년 오산고보 창립 100주년을 가져오게 했다는 사실도 부정할 수 없을 것이다. 참으로 안타까운 일이 아닐 수 없다.

「고창중고 60년사」 집필진, 고창고 90년사인 「성혼(聖魂)」 집필진과 고창고등학교 및 고창고 동창회 그리고 일부 마스토미 찬미자들은 한결같이 오산고보와 고창고보의 동일성 · 계속성을 주장하며, 서기 2019년 봄에는 고창중 · 고는 개교 100주년 행사까지 성대하게 거행하였다. 물론 개교기념일의 관례적인 행사라 하겠으나, 적어도 명문사학 고창고보의 전통을 이어받은 고창중 · 고라면 그 개교기념일의 진위에 대하여 한 번쯤은 심사숙고했어야 할 것이었다. 서기 1919년을 고창고보의 창립연도로 보는 것은 결국 한 토지수탈자 일본인이 설립한 기독교계 오산고보를 백년 세세 기념하는 꼴이 될 것이다. 그러니 참으로 통탄스러운 일이 아닐 수 없다.

고창고보 창립과정에서 그해 4월 23일 홍종철(洪鍾澈)은 고창고보 창립에 대하여 원래 기부하기로 했던 1만원 외에 지가(地價) 100원 이하 50원 상당의 소유자로 고창군내 사는 3,300여 명의 부담금 1만6천여 원을 단독으로 부담하겠다고 위원회에 제출하여 주위에 많은 감동을 주기도 하였다. 또한 성송면의 강대식(姜大湜)은 본인 부담금 3천원 외에 교내 강습소 설치에 대하여 제반기구 대금으로 약 300원의 금액을 희사하기로 하였다.[296] 이와 같은 홍종철과 강대식의 적극적인 지원 의사표시는 고창고보 설립준비에 많은 힘을 주었다.[297]

296) 동아일보 1922년 5월 3일자 관련기사 참고.
297) 동아일보 1922년 5월 3일자 관련기사 참조.

동년 5월 23일에는 위원장은 회의를 열고, 장래의 진행방침 및 그간 총독부 학무국 및 본 도지사에게 타협한 상황을 진술했으며, 부위원장 홍종철의 성심토록 사업을 협력하자는 인사에 이어 군수와 경찰서장의 축사가 있었다. 동 회의에서 명칭을 '재단법인 고창고등보통학교 설립준비위원회'(약칭, 준비위)라 개칭하고 고창고보 법인을 청원했다.

당시는 일제의 이른바 '문화정치' 정책의 시기로, 그 이전의 '무단정치' 때보다는 겉으로는 유연한 듯했지만, 실제로는 규제가 심했고 학교설립도 극히 제한하고 있었다. 고창고보의 재단법인 설립인가 역시 납득할 수 없는 이유로 보류되었다. 이 무렵 고창군청 참사 강대직(姜大直)은 전주에 있는 전북도청 학무과장을 만나 담판을 짓는 사건이 벌어졌다. 당시의 상황을 「고창중 · 고 60년사」는 다음과 같이 전해 주고 있다.

강대직 선생은 고창군 성송면 출신으로 강대식 이사님의 사촌 아우 되시는 분이었는데, 마침 군청 참사직에 계실 때 고창고등보통학교 설립인가 신청서류가 도청에서 보류당하자, 직접 전주 도청에 나가셔서 당시 일본인이었던 학무과장의 담판에서 선생이 말씀하시기를 "마스토미라는 일본인 한 사람이 제출한 서류가 인가됐던 학교를, 고창군민 14만명(당시 고창군민의 총수)의 결의로 제출된 서류는 인가되지 않는 것은, 한국인 14만 명의 소리가 일본인 한 사람의 소리만도 못하는 것인가! 이 엄중한 사실은 비단 사소한 학교문제 인가에서 그치는 것이 아니라, 일본제국주의 야성의 발로라고 보여지니, 서울에 가서 총독부와 언론기관에 반영해야겠다." 고 크게 소리치며 자리를 박차고 나오려 하니, 그 일본인 관리가 혼비백산하여 일언지하에 인가를 얻어냈다는 이야기도 있었는데(6대 교장 신직수의 증언), 그때가 1922년의 일이었다. 일개 군청 참사가 직속상관인 왜인 과장 앞에서 보여주신 그 기개야말로 우리의 피를 끓게 한 용기를 안겨주었으며, 이런 인재들이 계셨기에 우리 학교는 그 어려운 환경에서 확고한 터전을 닦았음을 알 수 있다.[298)]

위와 같은 고창고보 설립인가에 얽힌 일화에서 우리는 강대직 개인의 기개도 읽을 수 있겠지만, 한편 그를 통한 고창군민들의 고창고보에 대한 열정과 일제에 대한 잠재적인 분노가 어떠했는지를 보여주는 대목이라고 하지 않을 수 없을 것이다.

기술한 바와 같이, 고창고보의 설립 토대가 마련되자, 동년 즉 서기 1922년(壬戌年) 5월 3일에는 '고창고등보통학교(高敞高等普通學校)'라는 간판을 걸고 고창읍내에서 사상 최초로 근대 중등사학이 들어서게 된 것이다.

당시 마스토미가 폐교를 선언한 부안면의 오산고등보통학교 전교생 180명의 학생을 전입 수용한 것이다. 이 중 제4학년은 동년에 졸업을 못하고 제2차 개정 조선교육령에 의하여, 수업연한이 서기 1922년 2월 2일자로 4년제에서 5년제로 변경되므로, 고창고보는 서기 1923년에 제1회로 졸업생을 배출하게 되었다.

여기서 우리는 하나의 문제를 인식하게 된다. 위에서 보듯 제2차 조선교육령에 따라, 학제 변경은 고등보통학교는 서기 1922년 2월부터 수업연한은 4년제에서 5년제로 변경되는 바, 서기 1922학년도 입학생은 폐교를 선언한 오산고등보통학교에서 선발하였

298) 고창중 · 고 60년사, 220~221면.

는가 아니면 동년 5월 3일 개교를 보게 된 고창고보에서 선발했는가에 대하여 「고창중 · 고 60년사」나 고창중 · 고 90년사인 「성혼」은 아무런 언급이 없다. 그러나 서기 1921년 오산고보가 폐교를 선언하고, 또한 고창군민대회가 서기 1922년 2월 1일 오산고보를 인수하여 고창고보를 설립하기로 결의하고, 이어 동년 2월 11일 고창고보 존치집행위원회를 결성한 경우를 인식한다면, 서기 1922학년도 입학생 선발은 고창고등보통학교가 시행한 것으로 보아야 할 것이다.

아무튼 서기 1922년 5월 3일 '고창고등보통학교(高敞高等普通學校)'라는 간판을 내건 새로 창립된 민족사학에 오산고보 전교생 180명이 고창고보로 편입되었다. 전학생이 신생 민족사학 고창고보에 편입되었다는 것은 학생들에게도 중대한 의미를 갖는다. 그것은 기독계 사학의 학생신분을 버리고, 고창군민이 창립한 민족사학의 학생 신분을 획득했다는 것이다. 여기서 하나 문제를 인식할 수 있는 것은 당일 편입생 수에 대하여 「고창중 · 고 60년사」는 180명이라 하고,[299] 고창중 · 고 90년 사인 「성혼」에서는 4학년 4학급 60명이라고 하고 있다.[300] 그러나 제1회 졸업생 수가 7명이었었다는 점을 감안하면 60명설이 타당할 것 같다.

다수의 학생이 편입한 당장의 문제는 수업을 진행할 교실의 문제였다. 학교는 창립되었으나 정상적인 교실이 없어 임시방편으로 향교(鄕校)의 명륜당(明倫堂)과 사마재(司馬齋) 그리고 부속건물을 임시 학습장소로 하였으나 책상도 없이 맨바닥에서 공부하게 되었으니 그 고생이야 이루 말할 수 없었다. 한 공간에서 2개 학년

299) 고창중 · 고 60년사, 223면.
300) 聖魂, 81면.

이 학습했다고 한다. 교무실이나 교장실도 마련 못한 것은 당연한 형편이었다. 그러던 중 때마침, 모양성 내에 있었던 군청이, 신축한 군청(현, 고창군청 터)에 신축하여, 이사함에 따라 고창고보 측은 그 건물을 임시교사로 사용하게 되어 조금은 형편이 나은 듯하였으나 정식교사가 없는 고충은 여전했으리라 생각된다.

90년사인「성혼(聖魂)」에 의하면, 서기 1924년 3월 10일에는 제1회 졸업생 7명을 배출한다. 이러고 보면 고창 · 고 개교기념일을 사립오산학당의 설립인가일인 서기 1919년 4월 14일로 보고 있는 것은 중대한 착오가 있다. 왜냐하면「고창중 · 고 60년사」집필진이나 90년 사인「성혼(聖魂)」집필진 모두 오산고보 4학년까지 전교생이 180명이든 60명이든 간에 서기 1922년 5월 3일 고창고보에 편입했다면, 제4학년생은 서기 1922년에는 제5학년생으로 1년간 수학한 후 서기 1923년 봄에 졸업하게 된다. 그것은 제2차 조선교육령(제7조)에 의하여 고등보통학교는 서기 1822년부터 5년제로 학제변경이 있었기 때문이다.[301] 그렇다면 제1회 졸업생은 서기 1924년이 아니라 1923년 봄에 배출하게 된다. 그러나「고창중 · 고 60년사」는 제1회 졸업생은 서기 1923년 봄에 졸업했다고 한다.[302] 이의 견해가 논리상 타당한 견해라고 생각한다.

서기 1923년 7월 7일 고창고보는 마침내 호남 최초의 민족사학 고등보통학교의 재단법인으로 정식인가를 받았다.[303]

---

301) 제2차 개정 조선교육령 제7조 참조, 동 교육령은 서기 1922년 4월 1일부터 시행했음.

302) 고창중 · 고 60년사, 233면.

303) 동아일보, 1923년 7월 13일자 참고.

고창고보가 설립 인가를 받던 시점에서 보면, 고등보통학교 수준의 중등사학(中等私學)은 호남에서는 전주의 속칭 전주여학교(현 성심여고 전신), 신흥학교, 기전여학교, 전북 고산의 화산중학교(華山中學校), 광주의 수피아여학교, 목포의 정명여학교(貞明女學校)등 몇 개 교만 있었을 뿐이었다. 또한 관립 고등보통학교로는, 전주의 전주고보, 광주의 광주고보에 불과하였다.[304] 이런 점으로 볼 때, 시골 벽촌인 고창에서 전 군민이 모금하여 고창고보를 세운 것은, 한국사학사(韓國私學史)상 그야말로 하나의 획기적인 사건이었다. 그러나 고창고 일부 출신들이 말하듯, 고창고가 한반도 첫 민립사학(民立私學)이었다고 언론에까지 말하고 있는 것은, 한국교육사 기본 교과서마저도 읽어보지 못했다는 자기도취의 표현일 것이다.

일제강점기 민족사학을 상징적으로 대표하는 말로, "북선(北鮮)에 오산고보(五山高普: 남강 이승훈(李昇薰)이 설립), 남선(南鮮)에 고창고보(高敞高普)"라 하였다. 그러나 정주(定州)의 오산고보는 남강 이승훈의 개인 주도로 세운 것이었으나, 고창고보는 고창 군민이 합심하여 세운 학교라는 점에서 그 성격이 다르다.

그동안 고창고보의 산파 역할을 했던 고창고보 설립위원회는 서기 1923년 총회를 열고 다음과 같은 새로운 재단 임원을 선출하였다.[305]

이사 : 홍종철(洪鐘轍) · 강대식(姜大湜) · 김재종(金在鍾) · 이휴

304) 김경식, 한민족교육문화사, 교육과학사, 2008, 476, 479면 참조.
305) 동아일보, 1923년 7월 21일자 관련기사.

열(李休烈) · 박창진(朴昌鎭) · 마스토미 · 오자환(吳滋煥) · 김재석(金在錫) · 정봉주(鄭鳳柱) 등 9명.

감사 : 강대직(姜大直) · 이만수(李晩洙) · 천장욱(千章郁) 등 3명.

평의원 : 백관수(白寬洙)외 27명.

동 재단 이사에 마스토미를 포함시킨 것은 동 고창고보 재단이 오산고보의 연속이라는 의미에서가 아니라, 일제의 이른바 문화정치라는 질곡의 상황에서 하나의 방패였을 것이다.

* 기부토지 및 기부금액[306)]

서기 1923년 1월 19일, 1923년 5월 12일, 1926년 1월 31일, 1928년 8월분만 조사 기록되었으므로 조사되지 못한 부분도 많으리라 생각되오니 더욱 조사 확인이 필요할 것임.

<table>
<tr><th>성 명</th><th>토 지</th><th>금액(원)</th><th>성 명</th><th>토 지</th><th>금액(원)</th></tr>
<tr><td rowspan="3">홍종철(洪鍾澈)</td><td rowspan="3">답 300두락
연 50석</td><td rowspan="3">2,500
7,000
(33,919)
15,000</td><td>진명섭(陳明燮)</td><td>15</td><td></td></tr>
<tr><td>임기옥(林基沃)</td><td>12</td><td>220</td></tr>
<tr><td>김진숙(金振淑)</td><td>10</td><td></td></tr>
<tr><td rowspan="3">강대식(姜大湜)</td><td rowspan="3">답 119.5두락
연 50</td><td rowspan="3">1,000
(15,988)
15,000</td><td>배헌종(裵軒鍾)</td><td>10</td><td></td></tr>
<tr><td>박태호(朴泰鎬)</td><td>10</td><td></td></tr>
<tr><td>김양권(金良權)</td><td>5</td><td></td></tr>
<tr><td>김재종(金在鍾)</td><td>70두락</td><td>1,000</td><td>정휴택(鄭休澤)</td><td>8</td><td></td></tr>
<tr><td>정필환(鄭弼煥)</td><td>59</td><td></td><td rowspan="3">마스토미(桝富安佐衛門)</td><td rowspan="3">264
전100</td><td rowspan="3">1,120
3,000
(17,934)
5,000</td></tr>
<tr><td>박용순(朴龍淳)</td><td>25</td><td>800</td></tr>
<tr><td>박창진(朴昌鎭)</td><td>50</td><td></td></tr>
<tr><td>박학종(朴鶴鍾)</td><td>50</td><td></td><td>김재만(金在晩)</td><td>2</td><td></td></tr>
<tr><td>진임번(陳任樊)</td><td>45</td><td></td><td>김상길(金相吉)</td><td>2</td><td></td></tr>
<tr><td>이공우(李孔雨)</td><td>35</td><td></td><td>조면승(曺冕承)</td><td>1</td><td></td></tr>
</table>

306) 高敞中 · 高等學校同窓會,聖魂, 2007, 91~94.

오연필(吳然必)	30	200	유제남(柳濟南)	8	
박주엽(朴柱燁)	27	200	이한영(李漢英)	3	
강대술(姜大述)	25		조석의(曺錫儀)	2	
오위선(吳緯善)	25		정방규(鄭枋珪)	26.3	
이휴열(李休烈)	20	780 1,500 (3,383) 7,268	오자환(吳滋煥)	51.4 전 20	500 (3,969) 1,000
이석규(李錫奎)	18		유봉내(柳奉乃)	1	
민영득(閔泳得)	30		김덕수(金德洙)	산 3	
김몽문(金夢文)	8		유성옥(柳成玉)	1	
손재서(孫在西)	6		유효일(柳孝一)	1	
손재성(孫在成)	7.4	50	유종성(柳鍾成)	2	
손재평(孫在平)	10		고자성(高子聖)	4.5 전3	
진태현(陳泰鉉)	15		조문기(曺文機)	3	
이현승(李鉉昇)	18	200 500 (1,710) 5,000	김봉암(金奉岩)	1	
			변인옥(卞仁玉)	1	
			임춘성(林春城)	전4	
이현필(李鉉弼)	10		곽병주(郭炳周)	3	
진사준(陳士俊)	7	200	곽호익(郭浩益)	전3	
김영준(金寧駿)	3		정복수(鄭卜水)	전2	
이필승(李弼承)	7	600	김영구(金永久)	17	
이규승(李奎承)	5		신용하(愼鏞夏)	7	
이형승(李馨承)	5		윤환경(尹桓卿)	8	
이의시(李義是)	3		김영헌(金永軒)	4	
임낙준(任樂準)	30		최락균(崔落均)	10	
유희철(柳凞徹)	5		박영하(朴永夏)	3	
유철준(柳徹駿)	10		심은택(沈銀澤)	4	
고순진(高舜鎭)	4		윤병도(尹炳渡)	5	
김군익(金君益)	10		김재석(金在錫)	15	
김상열(金相烈)	3		김영권(金永權)	5	
주평호(周平鎬)	5		김영태(金永泰)	24	

주기호(周起鎬)	9		김정빈(金正彬)	5	
김영돈(金永暾)	1		김문채(金文采)	9.5	
양봉춘(梁奉春)	11		오병수(吳秉壽)	2.5	
이길하(李吉夏)	18		오치환(吳致煥)	27	
이은석(李銀奭)	17		이문영(李文永)	3.5	
김용성(金容聲)	17.5		황주익(黃周翼)	7	
정명수(丁命秀)	11		백락형(白樂馨)	3	
송연경(宋然京)	9		황상익(黃尙翼)	12	
유경여(劉京女)	7		이명래(李明來)	5	
김제병(金濟炳)	3		김성윤(金成允)	4	
이덕운(李德云)	5		유희우(柳熙雨)	전11	
정봉진(鄭奉辰)	전2		유정규(柳正奎)	1	
정춘경(鄭春京)	전2		이경상(李敬相)	2.5	
유희열(柳熙烈)	전5		이환숙(李桓淑)	전18	
임노태(林魯泰)	3		유희식(柳熺植)	1.5	
임춘석(林春錫)	8		김대규(金大奎)	3	
이옥수(李玉洙)	2.5		김점득(金点得)	전1	
이강열(李鋼烈)	6		황용익(黃龍翼)	6	
이재익(李載翼)	1		김창옥(金昌玉)	9	910
정성열(鄭成烈)	전4		이태하(李台夏)	4	
황종관(黃鍾寬)	5		이진하(李鎭夏)	1	
고갑용(高甲龍)	1.5		김원국(金元國)	2	
이두영(李斗永)	1.5		이종분(李鐘焚)	10	
한윤집(韓允執)	2		탁병선(卓秉先)	15	
김낙균(金洛均)	11		서창옥(徐昌玉)	2	
김사문(金士文)	2		신극조(辛克祚)	1	
염종규(廉鍾奎)	3.5		신미근(辛徵根)	전1.5	
염종신(廉鍾信)	3		신미수(辛微守)	0.8	
오치장(吳致璋)	3		정경헌(鄭京獻)	2	
김영규(金榮奎)	1		김연수(金連洙)	10	
김봉석(金鳳錫)	4		정계원(鄭桂原)	전5 28	
유종열(柳鍾烈)	2		정기찬(鄭琪燦)	2	

김기문(金箕文)	2		정방언(鄭方彦)	1	
김성필(金成弼)	4		유성순(柳星順)	15	
유장규(柳章圭)	65		김영득(金永得)	2.5	
강대직(姜大直)	25 전30	500	한준교(韓濬敎)	전1.5/1.5	
			정재봉(鄭在鳳)	2	
이갑수(李甲洙)		90	성종수(成鍾修) 외 5인	7,618원	
정영원(鄭榮源)	10		이은규(李恩奎) 외 5인	910원	
정휴선(鄭休璿)	10		이종환(李宗煥)	200원	
정영기(丁永祺)	전23				

누계

답 950.5 두락
1,161.4 두락
전 219 두락
현금 6,700원
3,770원

답 2,111.9
전 219
현금 1만 4백 70원

위에서 보듯, 고창군민은 고창고보 설립기금으로 많은 재산을 기부하여 민족사학 고창고보의 창립을 보게 되었다. 그러나 기부에 일부 차질이 있어 재단은 계획상 곤란을 면할 수 없게 되자, 일부 이사들은 또다시 기부금을 내놓았다. 이에 동아일보는 서기 1928년 3월 다음과 같이 소식을 전하였다.

*** 고창고보 서광, 이사들이 또 기부**

재단법인 고창고등보통학교는 거금 6년 전에 고창군민의 열정으로 설립되었는데, 설립 당시에 군내 거주 조선인 地價(지가) 백원 이상 소지한 지주에게 地價(지가) 1원두에 6전 5리의 환산으로 기부를 배정하여, 기본 재산 30만원으로 인가를 받아, 재단부에서는 기부를 정리하여 개교 진행 중 경비상 부채도 불무하여 오는 중 작춘 전무이사 김상호 씨 부임이후, 미완 기부와 부채정리에 대대적으로 활동 중 去(거) 2월 13일 동교 이사회의에서 의론한 결과 이사 제 씨는 전자 부담 기부 이외로 특별기부를 여좌히 한다더라(고창).

서기 1923년 12월 10일에는 고창읍 교촌리 246번지인 성산 기슭 남쪽의 티에, 7,346평의 교지(校地)를 매입하였고, 2년 후인 서기 1925년 건평 290평의 2층 교사(校舍)를 신축하기 시작했다. 공사는 중국 화교인 세칭 강 서방이란 사람이 맡았다. 건물에 사용하던 붉은 벽돌도 현장에서 구어 냈다. 당시 공사감독은 교장대리인 양태승이 맡았다. 그는 벽돌 한 장도 덜 구워진 것이 없도록 철저히 점검함은 물론, 건축 목재에도 세심한 검사로 옹이 있는 것을 가려냈고 치수도 제격에 맞추도록 했다.

학생들도 체력을 단련할 운동장을 닦았다. 공사를 맡은 강 서방도 양태승의 학교에 대한 애정에 감동되어, 수지타산을 떠나 평생의 기념이 될 반한 건물을 지어 주기로 결심하고, 양태승과 의기투합되어 견고히 지어갔다.

그러나 뜻대로 되지 않아 공사 기간도 지연되었지만, 재단 조성이 원만치 못하여 공사대금이 제대로 지불되지 않아, 강 서방은 그만 파산하고 말았다. 더구나 강 서방이 정신이상까지 되었다고 하니 참으로 애석한 일이었다.

공사는 오래 걸려 서기 1925년 6월 20일에야 완공되었다.

근 20개월이 소요되었다. 이와같이 완공을 보게 된 것은, 그야말로 실질적 교주(校主)라 할 수 있는 다음과 같은 여러분들의 피땀 흘려 노력한 결과였다.

당시 군내 재산가 13명(당시 1천석 이상 재산가 1인당 균일하게 1만원 희사)을 비롯한 5,500여 명의 재정적 후원을 아끼지 않은 고창군민들, 군수로 있다가 학교설립에 공헌하기 위해 군수직을 사임한 천장욱, 학교설립에 최대의 기금을 희사하며 주위를 독려하던 홍종철, 강대식, 그리고 교장 대리로서 실제 공사를 감독했던 양태승 등의 노력 결실이었다.

건물이 완공되던 날, 학생들은 비좁은 가교사를 벗어나 본 건물로 이사를 했다. 이로써 민족사학 고창고보 학생들은 새로운 교실에서 새로운 꿈을 키워가기 시작했다. 그 뒤 숙직실과 창고 등의 31평의 건물은, 10월 10일 착공하여 다음 해인 서기 1926년 4월 23일 완공되었다.

교사 준공 당시의 교직원을 보면, 마스도미(교장), 양태승(교장대리), 이종오(이화학, 생물, 실업), 송태회(국어, 한문), 심준섭(교무주임:일어), 김연건(영어), 이혁(일어 · 일본역사), 藤田眞淵(일어), 유찬식(수학), 정신승(영어), 이병학(체육), 진규상(서무), 홍순복(영어), 이세종(교의, 생리위생) 등 14명이었다.

본교 교사 낙성식은 준공 되던 날인 서기 1925년 6월 20일에 가졌던 바, 그날 행사는 이병학 교사가 진행했다. 내빈으로는 재등(齋藤) 당시 총독과 도시자가 참석했다는 것이 눈에 뜨인다.

마스토미는 고창고보 창립 이후 교장으로 재직하는 동안 거의 학교에 나오지 않는 명예교장격이었지만, 그날 낙성식에서는 형식상 교장으로서의 식사(式辭)를 하였던바, 그 내용은 다음과 같다.

오늘은 재등(齋藤) 총독 각하를 비롯하여 와타나베 도지사 각하 그 밖의 내빈 여러분을 모시고 본교 교사의 낙성식을 거행하게 된 것을 감사드립니다.

옛말에 "일년의 계획을 세우는 데는 곡식을 심는 데 있고, 십 년의 계획을 세우는 데는 나무를 심는 데 있고, 백년의 계획을 세우는 데는 사람을 심는 데 있다"고 하였습니다. 또 성자 나자레의 예수는 "사람이 전 세계를 얻을지라도 생명을 잃는다면 무슨 소용이 있으랴"고 말씀하셨습니다. 이와 같이 사람 한 사람의 생명은 실로 귀중한 것입니다. 그러나 이 귀중한 사람도 그 사람의 수양 여하에 따라 또는 교육 여하에 따라 옥이 될 것이 기왓장이 되어버리기도 합니다. 정말로 수양이나 교육에 힘쓰지 않으면 안 된다고 생각합니다. 그렇다면 조선(朝鮮)의 교육은 어떠한가라고 생각해 봤을 때, 내가 말할 것도 없이 (A) 총독정치(總督政治)의 덕택으로 실로 장족의 진보를 해 왔습니다. 보통교육에 있어서는 대만(臺灣)에 앞서 경성(京城; 서울)에 대학(大學; 京城帝國大學)이 설립된 것 등은 조선인의 행복으로 특기할만한 일입니다. 이 깊은 산 속인 고창군에까지 고등보통학교가 설립된 것을 보더라도 대세는 알 수가 있습니다.

이 백성의 교육을 위하여, 나는 1912년 김제군에서 고창군 부안면에 이주했으나, 그때 내가 살고 있던 사방을 살펴보고 참으로 마음 아프게 생각하여 동정의 눈물에 젖었습니다. (B) 대체 이 부근의 사람들은 몇 백년이나 뒤떨어졌다는 말인가? 이렇게 생각하고 보통학교의 설립에 노력했습니다. 그로부터 14년이 지난 오늘을 생각할 때 옛일같이 변해버렸습니다. 본 고창고등보통학교는 1922년부터 미력한 나 일 개인의 경영에서 벗어나, 고창군 유지의 교육에 대한 각성에서 온 열성에 의하여 경영되고 있습니다. 또 선생님들의 아름다운 희생정신에 힘 입어 교풍(校風)이 새로워지고 있습니다. 그러나 조선의 과도기의 교육사업은 쉬운 것이 아니라고 생각합니다. 참으로 이와 같은 산간벽지에 있는 이 사업은 그 경영에 곤란이란 상상이외였습니다. 가령 경영자금을 태산같이 쌓아 놓더라도 좋은 교풍을 만들기 위해, 또한 훌륭한 교원들을 모셔 오는 데는 적지 않은 곤란이 있다고 생각하며, 본교와 같은 조직으로 설립되었을 때에 그 경영에 있어서도 또한 각별한 걱정이 있습니다. 특히 1924년 대 한발에 있어서는 재정상의 심각한 타격을 받았습니다. 나는 가족들의 사정으로 많은 날을 일본에서 보내게 되어 늘 부재하여 진실로 본의는 아니라고 생각하는데, 1922년이래 오늘날까지 그 동안에 있어서 학교 교무담당 선생님들의 많은 수고와 재단이사 여러분들과의 노력은 참으로 이루 말할 수 없는 상태였습니다.

그러나 위로는 총독 각하를 위시하여 도청, 군청, 식산은행 등과 당국의 좋은 이해와 동정을 얻은 것과 군민 여러분으로부터의 열열한 성원에 힘입어 오늘과 같은 낙성식을 갖게 된 것이라고 생각하여 실로 마음 깊이 감사드리는 바입니다. 내가 견문이 적은 탁인지는 몰라도 조선에 있어 (C) 군민 유지의 뜻이 모아 나의 하나의 고등보통학교가 경영되고 있다는 예는 다시없다고 생각하여, 이 고창고등보통학교의 경영은 군민유지에게는 실로 막대한 희생이 아닐 수 없습니다. 또 커더란 책임입니다. 장래의 경영에도 결코 낙관을 불허함 동시에 추가 건축해야 할 공사도 많습니다. 이러한 판국에 여기에 종사하는 우리들은 배움도 적고 재목감도 되지 못하여, 덕도 부족하니 (D) 군민 유지 여러분께서는 이 학교를 세우시려고 하실 때 결심하신 그 애교심을 더 새롭고 아름답게 하여 본교의 완성에 노력해 주시기를 바라마지 않습니다. 또 총독 각하를 비롯하여 지사 각하 그 외의 여러분께서도 이 학교의 존재를 기억해 주시고 금후에도 더욱 가르치심과 협조가 계시기를 바라마지 않습니다.

본교를 위하여 총독 각하에게 기념으로 글을 주시기를 청원했던 바. 영광스럽게도 승낙을 해주시고 써 주신 것이 '本立而道生'의 액자입니다. 참으로 좋은 선물이라고 마음속 깊이 감사드립니다. 우리들 교직에 당하고 있는 우리들, 그리고 성원해 주시는 군민 유지 여러분! 또 재학생 제군들은 우리들 서로가 어떠한 마음을 가져야 할 것인가를 총독 각하로부터 물으심을 받았을 거라고 생각합니다. 이것이 학교 내외의 제반 문제에 영향될 것이기에 아무쪼록 우리들의 생활이 근본이 될 마음을 올바른 신앙 위에, 올바른 사랑 위에, 올바른 희망 위에 두고 나아가렵니다. 이와 같이 하면 길은 반드시 생기겠지요, 그리고 길은 반드시 트이게 될 것입니다. 각하의 이 말씀을 우리들은 잘 되새겨 좋은 교풍을 만들고 좋은 경영을 하여 여러분들의 기대에 보답하고자 합니다. 이것으로 경과의 대략을 밀씀 드리고 따뜻한 지도와 사랑에 감사드리고 장래에 대한 성원을 부탁드리면서 인사말씀을 드렸습니다.

위의 마스토미의 식사에서 보듯, 우리는 몇 가지 점에 깊이 생각해 보아야 할 대목이 있다.

첫째 마스토미와 사이토(齋藤) 총독과의 관계이다. 당시 조선총독부의 위상으로 보아서 총독이 시골의 일개 사립고등보통학교의 낙성식에나 내빈으로 참석할 한가한 자리에 있는가의 문제이다. 물론 고창고보 설립에 헌신했던 천장욱과의 돈독한 친분관계가 있었다 하지만, 재등의 내빈 참석 이유에 설득력이 없다. 그렇다면 재등이 내빈으로 참석한 것은 당시 36세의 청년 마스토미와의 관계일턴데, 그것도 총독이 아무리 자기와 같은 일본인이라지만, 낙성식에 참석한 것은, 마스토미의 하오산 사과농장에서 일박까지 하고, 그다음 날 학교 낙성식에 참석하였다는데, 과연 그 이유는 무엇일까? 마스토미는 그 당시 김제에서 부재지주(不在地主)로서 많은 토지를 침탈하고 있었는데, 그러한 토지 침탈과 어떠한 관계가 있었지 않았는가에 그쪽에 더 많은 무게가 실린다. 그 점은 한 향토연구자[307]가 동경에서 마스토미의 미망인을 방문했을 때도

307) 전 고창문화원장 이기화는 서기 1971년 동경에서 한일문화교류회의 참석차 도일했을 때 마스토미의 미망인을 방문하였다. 방문했을 때 마스토미의 미망인을 방문했을 때의 증언이다. 서기 2019년 4월 18일자 주간해피데이(제528호) 특별기고 '유사이래 한반도 최초의 민립교주인 고창군민에게 고창고등보통학교 설립시비를 공개한다' 참조.

그 미망인의 대담에서 보듯, "…더욱이 부안면 하오산 과수원으로 당시 조선총독이던 사이토가 심방한 연유는 숫제 의문투성이인데, 자기 남편이 타계할 때까지 함구한 연유를 모르겠다 하면서, 행여 한국인들과 상충 점이 없었느냐고 나에게 되묻는 것이었다."고 말한 것에도 우리는 마스토미와 사이토 총독의 깊숙한 관계가 있었음을 외면할 수 없다. 바로 이에서 우리는 마스토미의 정체의 한 면을 색안경으로 볼 수 있다. 아무튼, 사이토(재등) 총독이 고창고보 낙성에 다녀감으로써 당시 왜경들은 학교 부근에는 얼씬도 하지 못했다고 한다.

둘째, 위의 식사(A부분)에서 보듯, 마스토미는 "총독정치(總督政治)의 덕택으로 실로 장족의 진보를 해 왔습니다. 보통교육에 있어서는 대만(臺灣)에 앞서 경성(京城; 서울)에 대학(大學; 京城帝國大學)이 설립된 것 등은 조선인의 행복으로 특기할만한 일입니다."고 말하였는 바, 이 점은 「고창중 · 고60년사」 집필자들이 식사 내용은 상세히 소개하면서도 한마디 말도 없이 스치고 있다. 더구나 고창중 · 고 90년사인 「성혼」 집필진은 그것 마저도 소개하지 않고 있다. 이는 바로 일제강점기 토지수탈자인 마스토미가 그 자그마한 기독계 학교 오산고보를 설립한 것에는 찬양할 줄만 알지만, 그 정체를 짐작 조차 못하고 있다는 것이다. 그러한 것들은 한국교육사에 대한 안목이 없는 데서 연유한 것으로 보인다.

마스토미가 말한 "대만에 앞서 경성에 제국대학이 설립된 것은 조선인의 행복으로 특기할만한 일이다"라고 한 것, 이것이야말로 마스토미는 사이토 총독의 이른바 '식민지 문화정책'을 찬양하면서 당시 한민족의 민립대학(民立大學)의 설립을 방해함에 동조하고 있었음을 말해주고 있다는 사실이다. 어떻게 해서 경성제국대학의 설립, 그것이 조선인의 행복으로 특기할만한 일인가? 이러한 것은 당시 한민족의 민립대학의 설립운동과 그 계획을 인식한다면, 자연히 마스토미의 정체를 반사적으로 이해할 것이다.

민립대학(民立大學) 설립운동은 실은 서기 1900년대에 들어서서 일제가 우리의 교육을 간섭할 때 나타났지만, 본격적인 것은 서기 1920년대 초에 들어서서 전국적으로 전개되는 것이다. 즉, 3.1운동을 계기로 여러 가지 민족운동이 전개되고, 민족의 각성으로 설립된 애국단체가 100여 개에 달하였던 바, 민립대학 설립운동은 그 중 조선교육회(朝鮮教育會)가 주도한 것이다. 동학회는 순전히 조선인의 재력과 노력으로 교육을 일으켜야 한다고 주장하여 서기 1922년 1월 이상재(李商在)를 대표로 발기인을 구성 '조선민립대학 기성준비회'를 결성하였다. 그리하여 민립대학기성회 발기총회가 열리고[308] 연이어 이틀 동안에 '민립대학발기취지서'를 발표하였다.

동 발표에 의하면, ① 제1기에는 자본금 400만원으로 5만 평의 대지 매입과 10개 동(棟)의 교실과 강당을 신축하며, 개설 학과로는 법과(法科)·문과(文科)·경제과(經濟科)·이과(理科) 등의 대학 및 대학예과, ② 제2기에는 자본금 300만원으로 공과(工科)신설, 이과와 기타학과의 충실을 목표, ③ 제3기에는 자본금 300백만원으로 농과(農科)·의과(醫科)의 신서로 되어 있다.

결국 자본금 1,000만원으로 한민족의 종합대학을 설립하겠다는 한민족 의지의 발로였다. 당시 1천만 원은 고창고보의 창립 기금 35만원의 거의 30배가 되는 거금이었다. 당시 벼 1섬 가격이 20원이었으니 그로 보면 50만석에 해당하는 거금이었다.

이 민립대학 설립운동은 성공하지 못하고 중도에 좌절되었다. 그

308) 東亞日報, 서기 1922년 12월 16일자 참고.

원인은 서기 1923~24년 양년에 걸친 대홍수의 발생과 한재 발생하여, 구호문제로 기금 모집에 애로가 있었던 것도 그 한 이유가 있기는 하였지만, 주된 원인은 총독부의 끈질긴 방해와 제약이었다.

민립대학 설립운동을 좌절시킨 총독부는 결국 조선인의 민심수습책으로 또 한편 대학교육기관 설치에 대한 한민족의 열의에 자극받아 서기 1922년 개정 조선교육령에 의거 서기 1923년 경성제국대학 창설위원회를 설치하고, 다음해에 경성제국대학 관제를 공포하고, 경성제국대학을 설치하였다. 그것도 법문학부와 의학부의 제국대학이었다.[309] 이게 한민족의 민심수습과 식민지교육을 위한 것이지, 마스토미의 말과 같이 경성제국대학 설립이 무슨 조선인의 행복을 위한 것으로 특기할 만한 일이겠는가?

셋째 총독이 낙성식에 기념으로 써준 액자의 '本立而道生'라는 문구에 대한 것이다.

본 문구는 「논어」(學而篇 2)에 나오는 말로 "근본이 서면 나갈 길이 생긴다."는 내용의 말이다. 이는 군자(君子)가 근본(根本)을 세우고자 애쓰는 것을 말하는 것으로, 결국은 그 근본이라는 것은 인(仁; 인간의 존엄과 가치가 충만 된 인간애)을 기본으로 인간의 직분(職分)으로 효(孝)의 애정(愛情;즉 육친애를 기점으로 한 인인애(隣人愛)으로 밀고 나가 치국(治國), 평천하(平天下)의 길이 생긴다는 것으로 유교(儒敎)윤리 실현의 기본방식의 선언이라 할 것이다.

마스토미는 총독이 써 준 액자의 이 글귀에 대하여 위 식사에서 보듯 다음과 같이 받아드리고 있다.

309) 김경식, 韓民族敎育文化史, 교육과하사, 2008, 584~588면 참조.

참으로 좋은 선물이라고 마음속 깊이 감사드립니다. 우리들 교직에 당하고 있는 우리들, 그리고 성원해 주시는 군민 유지 여러분! 또 재학생 제군들은 우리들 서로가 어떠한 마음을 가져야 할 것인가를 총독 각하로부터 물으심을 받았을 거라고 생각합니다. 이것이 학교 내외의 제반 문제에 영향될 것이기에 아무쪼록 우리들의 생활이 근본이 될 마음을 올바른 신앙 위에, 올바른 사랑 위에, 올바른 희망 위에 두고 나아가렵니다. 이와 같이 하면 길은 반드시 생기겠지요, 그리고 길은 반드시 트이게 될 것입니다.

이 글귀에 대하여 「고창중 · 고 60년사」는 이에 대하여 「논어」와 유교윤리 그리고 이 글귀에 대하여 2면을 할애하여 해석만 하고 말았다. 그러나 이 글귀를 써 준 사이토 총독은 일제의 해군 대장을 지낸 열열하고 철저한 일제의 식민통치주의자로 조선 식민지 경영에 있어서 조선인의 순응과 일본인화에 힘을 쏟고 있는 자였던 바, 그런 그가 "本立而道生"이라는 원래 유교윤리 기본방식의 정신대로 말했겠는가? 그리하여 필자는 아마도 그 재등 총독 의중에는 그 글귀를 "식민정책이 서면 그 수행하는 길이 생긴다."는 식의 변칙적인 인식이 깔려있다는 것도 배제 못할 것이고, 그러기 때문에 마스토미도 이에 대하여 식사에서와 같이 말했을 것이라고 생각된다.

넷째, 식사 중 (C)와 (D)부분에서 보듯, 우리는 마스토미 자신도 고창고등보통학교는 오산고보의 연속이 아니라 독립적으로 고창 군민이 창립했다는 것을 말해주는 것이라고 이해해야 할 것이다.

제2절 고창고보의 발전

이미 기술했듯이 서기 1922년 재단법인의 설립과 함께 고창고보는 5년제 정규 사립고등보통학교로서 발전의 기점을 다졌다.

초기의 학생들은 오산고보에서 넘어온 학생들이었다. 오산고보 폐교의 위기로 서울의 여러 고등보통학교로 전학을 준비하고 있었던 학생들이, 단 한 명의 이탈자도 없이 모두 고창고보의 학생이 된 것이다.

혹자는, 고창고보의 설립에 주도적 역할을 했던, 오산고보의 양태승과 오산고의 설립자 마스토미(桝富), 존치위원회의 폐교위기에 처한 오산고의 인수, 그리고 고창고보 초기 학생들이 모두 오산고보의 학생을 채워졌다는 점을 들어, 오산고보의 바로 역사가 고창고보로 온전히 이어진 것은 분명한 사실이라고 한다.[310)]

또한 「고창중 · 고 60년사」는 '제2장 창립기(1906~1919)'를 설정하여 마스토미와 오산고보에 대하여 많은 지면을 할애하여 기술하고 있다.[311)] 고창중 · 고 90년사인 「성혼(聖魂)」 역시 사립오산고등보통학교의 창립에 대해 많은 지면을 할애하고 있다.[312)]

그러나 사립고창고보의 역사의 기산점은, 고창고보존치위원회가 학교의 명칭을 '오산고보'라는 이름을 버리고 새로운 교명으로 '사립고창고등보통학교'라는 간판아래, 종전의 오산고보의 전학년을 편입시켜, 고창에서 우선 향교의 명륜당과 부속 건물을 임시교사로 사용한 서기 1922년 5월 3일로 보아야 한다.

이 점은 교가의 제2절에 나오는 "임술(壬戌)"이 바로 서기 1922년 임술년(壬戌年)이며, 이 해는 바로 폐교를 선언하고 나선 기독교계 사학 오산고보의 근대사학의 틀을 배경으로, 고창군민이 새로운 민족사학을 존치하기로 만장일치로 결의하고, 이에 의거 새

310) 매하 양태승평전, 108면.

311) 고창중 · 고 60년사, 155~208면.

312) 聖魂, 49~68면.

로운 민족사학 고창고등보통학교가 창립되고, 고창고보 재단을 설립한 역사적인 해이기 때문이다. 그러므로 "광명의 따뜻한 봄빛이 성산에 비추었고, 모두 항일민족정신에 의하여 고창군민들이 흥학구국(興學救國)의 건학이념으로 민립(民立)학교를 만들려고 일어서 모여 나섰다."[313]고 기술한 바도 이를 뒷받침해 주고 있다.

고창고보의 창립이 폐교를 선언한 오산고보의 인수라는 터전에서 그 기반이 조성된 것은 사실이다. 그러나 설립 배경과 창립은 엄연히 구별해야 한다. 오산고보의 역사가 고창고보로 온전히 이어졌다는 것은, 사리에도 맞지 않고 학교의 성격도 당연히 문제가 된다.

전술한 바와 같이, 부안면에 있었던 오산고보는 민족사학(民族私學)이 아니며, 한 기독교인에 의하여 설립된 근대 기독교계 사학으로 보아야 한다. 그러나 고창고보는 당시 폐교를 선언하고 나선 오산고보라는 기독교계 근대사학의 틀의 기반 위에서 고창군민이 참여하여 창립한 민족사학이다. 학교설립에 있어서 전 군민이 참여했다는데서 사학(私學) 설립의 역사상 그 유례를 찾아볼 수 없는 것이다.

우리의 근대 사학의 설립은 설립주체에 따라 대개 3개의 유형으로 나누어진다. 첫째는 관학(官學)으로서 정부가 설립한 것이며, 둘째는 기독교사학으로서 기독교인이나 기독교단체에서 기독교 정신에 바탕 하여 설립된 것이며, 그리고 세 번째는 민간사학으로서 민간인이나 민간단체가 설립한 것이다. 이들 유형의 시초를 본다면, 관학은 서기 1886년에 정부가 설립한 육영공원(育英公院)이며, 둘째의 경우는 서기 1856년 천주교신부 매스트르(Maistre)가 충북

---

313) 위의 책, 218면.

제천군 봉양면 구학리에 세운 '베론 성(聖)요셉 신학당'이다. 셋째의 경우는 서기 1883년에 원산부민이 세운 원산학사(元山學舍)이다.[314]

위의 설립주체의 유형으로 보면, 오산고보는 둘째의 경우이고, 고창고보는 셋째의 경우이다.

근대사학의 설립에 있어서, 재정위기에 있는 학교를 인수하여 새로운 민립사학을 창건한 경우는 많다. 그렇다고 해서 인수한 학교의 역사까지 인수하는 것은 아니었다. 더구나 전술한 것과 같이 민족사학 고창고보를 일개 기독교인인 일본인이 세운 기독교계 학교와 결부시키는 것은 언어도단이다. 민족사학 고창고보가 기독계 사학과 관련이 있는 것은 다만 폐교를 선언하고 나선 오산고보라는 근대사학의 틀을 고창군민이 민족사학을 창립하기 위하여 인수하였다는 그 점 뿐이다.

막상 고창고보가 출발은 했지만 애로가 많았다. 그것은 학교의 위치가 당시로서는 '고창'이라는 농촌벽지였고, 신설인데다가 더구나 공립이 아닌 사립(私立)이었기 때문이었다. 제일 시급한 문제는 교사충원의 문제였다. 이는 앞으로 내실 있는 발전 여부를 가름하는 중대한 문제였다.

더욱이 갑오개혁 이후 서기 1900년대 우후죽순(雨後竹筍) 격으로 개설된 근대사학으로 인하여, 근대적 학문의 교사(敎師)는 태부족한 현상을 초래했다. 교사 중에도 특히 영어교사의 충원은 시골학교인 고창고보와 같은 학교에서는 그 충원이 매우 어려웠다.

고창고보 창립 당시는 오산고보의 교사들을 대부분 충원했다. 교

314) 김경식, 韓民族敎育文化史, 2008, 470~478면 참조.

사들 중에서도 일본 북해도제대 농과를 졸업하고 수원고농 조교수로 있다가, 서기 1916년 오산고보에 부임한 이종오(李鍾旿)(훗날 서기 1929년 교무주임을 그만두고 동래 일신여고 교무주임으로 전근하게 되자, 이를 막기 위해 학생들은 2주간이나 동맹휴학했다), 서기 1920년 4월 1일에 오산고보에 부임하여 조선어, 한문, 습자를 지도했던 화순사람 동몽(童蒙)진사 송태회(宋泰會) 등이 유명하였다.[315)]

그리하여 고창고보 설립 후 교장대리로 학교를 이끌고 있던 양태승은 우수교사를 확보하기 위하여 서울 원정에 자주 나섰다. 오죽했으면 당시 "고창고보 양태승이 서울 전동여관(양교장이 상경하면 늘 유숙하던 여관)에 나타났다 하면, 시내 학교장들이 비상을 걸고 교원단속에 여념이 없었으며, 교원수호 작전을 폈다."는 소문이 널리 퍼질 정도였다.[316)]

이에서 보듯 당시 서울에 집중되고 있던 우수교사에 대한 초빙은 적극적이었다. 몇몇의 교사 초빙의 사례를 보면 다음과 같다.

서기 1923년 10월 제2고등보통학교 교무주임 심준섭(沈駿燮: 제3대 교장), 영어교사 김영건, 역사교사 전남 담양의 이혁(李赫: 후일 역사학자로 전남대학교 문리대 학장 역임), 박희성(朴希聖: 후일 서울대학교 상대교수 역임) 등이었다. 또한 서기 1925년에는 연희전문에서 우등으로 졸업하고 도미유학을 채비하던 정인승(鄭寅承: 대표적인 한글학자, 후일 전북대학교 총장)의 초빙으로 고창고보의 숙제였던 영어교사 초빙문제는 해결되었다. 그리고 동경

315) 「고창중 · 고 60년사」 254면.
316) 매하 양태승 평전, 109~110면.

물리학교의 수재요, 당대 5대 수학자로 불린 유찬식(劉燦植: 후일 광복 후 전남도 학무국장), 학생시절 평양축구단을 인솔하고 일본 체육학교 재학시절에 실기와 지도력, 그리고 주먹으로도 명성을 날리던 이병학(李丙學: 후일 고려대 교수와 대한체육회부회장 역임)이 스카우트 되었다. 또한 서기 1926년 3월에는 유찬식의 인맥으로 홍순복이 영어교사로 부임했다. 마지막으로 서기 1927년 9월 신태수(申泰洙: 후일 건국대학교이사장 역임) 등이었다.[317)]

양태승이 초빙했던 교사의 수준은 전국적이었다. 이처럼 우수교사의 영입에 적극적이고 심혈을 기우린 까닭은, 그가 고창고보를 운영하는데 있어 가장 중시했던 것이 '교육의 질' 이었기 때문이었다. 이것은 바로 그의 교육철학의 반영이었다.

양태승교장과 고창고보에 근무한 적이 있는 박희성(전 서울대 상대교수)은 양태승을 평하여 "대해(大海)를 한 입에 삼키고도 꼼짝도 않는 배짱을 지녔으며, 청년들을 퍽 좋아하고 사랑했다"고 회과하고 있다.[318)]

아무튼 양대승의 노력으로 고창고보의 교육은 더욱 내실을 기해갔고, 서기 1926년에는 본교의 교사도 완공되었다. 그 당시로서는 신식 건물로써 우람하게 성산기슭에 자리 잡게 된 고창고보의 본관건물은, 불과 몇 년 사이에 명문고보로 자리 잡게 되었다.

고창고보의 정신이 압축된 교훈은 至誠 · 勤勞 · 實踐(지성 · 근로 · 실천)이었다.

교가는 다음과 같다.

---

317) 고창중 · 고 60년사, 255면.

318) 매하 양태승평전, 114면.

1. 갈재맥 받아온 성산기슭에
우뚝이 서 있는 웅대한 집은
나날이 자라는 고창 밭일세.

* 갈재맥 : 노령산맥을 가리킴

(후렴)

이 밭에서 자란 보리
십삼도 근역에 두루 퍼지고
이 밭에서 자란 보리
온 세계 곧곧이 씨가 되겠네.

* 근역(槿域) : 우리나라를 달리 이르는 말
* 곧곧이 : '곧다' 의 부사형 곧다(휘지 않고),(마음이)바르다

2. 임술의 봄빛이 성산에 들 때
잠 깨는 종소리 높이 울리니
십여 만 농부들 괭이를 들고
이 밭을 갈려고 모여 들었네.

* 임술(壬戌)은 즉 서기 1922년을 가리킴

3. 반등산 오르는 붉은 햇빛은
사시를 비추어 삶의 힘주고
황해로 흐르는 인내 물결은
주야로 굽이치어 북돋아 주네

* 반등산: 방장산을 가리킴

4. 수려한 반등의 무궁한 힘을
유구한 인내의 무궁한 힘을
우리가 본 받아 자강불식에
고원한 이상을 도달하겠네.

위의 교가는 서기 1923년 10월 4일에 교무주임(교감: 일본어, 음악 담당)으로 부임한 심준섭(훗날 제3대 교장대리를 역임함.) 이 작사하고 현재명이 작곡하였다. 교가가 언제 작사되고 작곡되었는

지 정확히 알 수 없으나, 심준섭이 본교에 부임한 서기 1923년 10월 이후로 보아야 할 것이다.

제3절 학생들의 수용과 그 관리

설립 당시 고창고보는 벽촌에 존재하다 보니 학교운영에는 어려움이 많지만, 성적관리만큼은 빈틈이 없어 소정의 규정에 미달하면 어김없이 낙제시켰다. 그러다보니 학급인원 60명의 정원은 어떤 때는 정원의 3분의 1도 못되는 인원이었다. 그 결과 학생들의 수업료에 의한 학교운영비도 예산에 영향을 주어 학교의 사정은 더욱 어려웠다. 그리하여 매년 보결생을 모집하기로 하고 전국에 널리 홍보하여 전국적인 인재를 모으기도 했다.

서기 1919년 3월 1일에는 서울과 평양을 비롯한 각지에서 독립만세운동이 일어났으며, 서기 1924년에도 3월 1일을 기해서 각지의 학교에서 기념집회들이 열렸고 그 과정에서 많은 학생들이 체포되는 사건들이 계속해서 일어났다.

서기 1926년에는 6.10만세 사건이 일어나, 이에 연루된 학생들이 학교를 떠나는 일들이 계속해서 일어났다. 학교를 떠난 그들을 받아들일 곳은 전국 어디에도 없었다. 사립학교들도 일제의 매서운 눈초리를 의식하여 그들을 받아주지 않았다. 그러나 그때 그런 학생들을 하나도 거절하지 않고 그대로 다 받아들여, 자신들의 뜻을 세워 성장할 수 있도록 배려했던 학교가 바로 고창고보였다. 이후 애국애족의 독립운동을 벌이다가 퇴학 처분을 받은 학생들이 끊임없이 고창고보로 찾아들었고, 학교에서는 이들을 모두 받아들였다.

또한 후술하겠지만, 고창고보는 서기 1937년에는 일제의 신사참배 지식에 불응하여 폐교당한 전주 신흥학교의 전교생을 받아들이는 놀라운 결단을 내리기도 했다.

이러한 고창고보의 민족교육관은 학생들의 민족혼을 일깨워, 학교에서 학생들은 민족적인 정취를 마음껏 누릴 수 있었다. 이후 학생들의 반일정서는 일시적인 울분 이상으로 발전해 갔으니, 바로 여기에 고창고보의 진면목이 있었던 것이다. 광복이후 각 학교에서 국어교사를 모집할 때 고창고보 출신이라면 무조건 채용했던 일화는 이와 같은 고창고보의 역사적 전통을 반영한 결과였다.

보결생 모집 때 선발기준에서도, 교사들은 공부를 잘하거나, 품행방정하고 특기를 가진 학생들을 선호했지만, 특히 양태승이 선호하는 학생은, 항일투쟁을 하다가 퇴학당한 학생이었다.

여기서 우리가 주목해야 할 것은, 항일민족운동을 하다가 퇴학당한 학생들은 무조건 받아들여 입학시켰다는 점이다.[319)]

당시에는 당국에서 항일운동으로 퇴학당한 학생명단을 전국 학교에 내려보내, 절대 입학할 수 없도록 엄중하게 조치 되어 있었다. 이러한 상황을 인식한다면, 당시 고창고보의 설립이념과 학교교육지표를 이해할 수 있을 것이다. 타교의 퇴학생을 입학시킨 숫자는, 그에 관한 학적 기록부의 미비로 정확히 확인하기 어려우나, 일부 남아있는 기록이지만 서기 1925~1927년경의 보결생 명단의 일부를 보면 대략 다음과 같다.

319) 「聖魂」, 115면.

경성 중동학교 고등과 퇴학 1명
평양 숭실중 퇴학 3명, (서형남 박사: 외과의사)
함남 홍원군 출신(학교명 미상) 2명
전남 화순군 출신(학교명 미상) 1명
전북 정읍군 출신(학교명 미상) 1명
황해도 해주고보 출신 1명 (한갑수: 9대 동창회장)
경성 사립중앙고보 퇴학 2명(서정주: 시인)
평양 평양고보 퇴학 1명
경기도 사범부속공보 퇴학 1명
경북 대구공보 퇴학 1명
경남 함양군 출신(학교명 미상) 1명 (정범석: 건국대 총작역임)
평양 정주고보 퇴학 1명
함흥 영생학교 퇴학 3명

전북 전주고보 퇴학 9명
함흥 영생학교 퇴학 3명
전북 전주고보 퇴학 9명
일본 동경 순천중학 퇴학 1명
전남 광주고보 퇴학 4명
경성 경기공립중학 퇴학 1명
학교명 미상 1명[320)]

이상의 통계에서 우리가 인식할 수 있는 일은, 당시 고창고보의 보결생 선발은 가히 전국적으로 이루어졌다는 것과, 또한 도저히 전학할 수 없는 항일애국학생을 고창고보에서는 모두 받아들였다는 점이다.

이와 같이 보결생 선발에 있어서는 관대했다 하더라도, 항일민족

320) 「聖魂」, 116~117면, 명단을 학교별 출신별로 작성.

정신이 투철한 지식인을 양성한다는 신념하에서 그 성적관리는 매우 엄격하였다. 이리하여 각 과목 성적 중 1개라도 40점이 미달하거나, 전 교과 평균이 60점에 미달하면 가차 없이 낙제시켰다. 더욱 확고하고 철저했던 것은 유찬식 선생의 수학과 정인승, 홍순복 선생의 영어 과목은 그 예습 · 복습의 철저로 유명하였다. 성적관리가 엄격했다는 것은 다음과 같은 사례에서도 알 수 있다.

우등생도 한 학기를 어물어물하다가는 낙제하여 6년이나 7년을 다녀야 했고, 야구선수로 뽑혔다가 학과목에 소홀하여 유급 당했거나, 나팔에 미쳐 어느 학생은 3년을 다녀도 2학년에 못 올라가 규정에 따라 퇴학을 당했던 경우도 있었고, 5년을 개근했어도 3학년에 진급을 못하고 전학했던 경우가 있었다.[321)]

제4절 항일민족정신의 발아(發芽)

민족사학으로 설립을 위한 출발 단계부터 주목을 받기 시작한 사립고창고보는, 서기 1920년대 조선인의 애국계몽운동이 전개되는 동안에도 계속해서 세인의 주목을 끌기 시작했다. 그것은 고창고보가 당시 우리 민족이 지향했던 '실력양성운동'의 성과로 평가될 만한 좋은 사례였기 때문이었다. 또한 고창고보 재학생들의 자부심과 저항의식은, 일제에 항거하는 민족운동의 불씨가 되었다. 우리는 이러한 사실을 다음과 같은 사례에서도 인식할 수 있다.

1925년 음력 정월 대보름날을 맞아 민속놀이를 하는데, 짚으로 꼬아서 만든 줄을 어른과 아이가 서로 잡아당기는 줄다리기 행사였다. 고창읍내는 보통 마을과 달리 동부와 서부가 줄다리기를 해왔으나, 서부의 숫자가 많아 줄다리기 승부는 뻔한 것이어서, 나중에는 패싸움이 되어 판을 가리

321) 「聖魂」, 117~118면.

게 되었다. 섣달그믐부터 밤마다 농악을 울리고 기세를 올리다가 대보름에는 큰 소동이 벌어지므로, 학생들 사이에도 이 행사는 흥미로운 일이었다.

그런데 동부 군과 서부 군이 맞닥뜨리게 되었는데, 그것이 바로 일인들의 상점이 많은 중앙통이었다. 왜경들이 몰려오는지라 동부 군을 돌리려 했지만 동부 군이 말을 듣지 않았다. 칼을 빼들고 동부 군을 돌리려는 왜경들의 모습이 학생들의 눈에 비치자, 왜경들을 혼내주자는 의견이 나왔고, 양 군이 스치려는 길에 학생들은 모른 채하고 왜경들을 짓밟기 시작했다. 학생들은 속 시원한 일이었지만, 다친 왜경들이 가만히 있을 리가 없었다. 그중 악질이라 불리는 스즈끼 부장이 크게 다쳐 다음 날 학교까지 찾아와 학생들이 끌려가게 되었다.

당시에 출타했다 돌아오던 매하(양태승의 호)는 이 광경을 보고는, 일찍이 볼 수 없을 정도로 격노했다.

"학생들은 자식들과 다름없는데, 학생을 왜놈 손에 맡기고 편안히 앉아 있을 수 있느냐" 는 것이었다. 이미 심준섭 교무주임의 항의에도 속수무책이었던 터라, 매하는 곧장 경찰서로 달려가서 "신성한 학원에 구둣발로 침범했으니 학원에 대한 모독이요, 증거 없는 구금은 학원을 탄압하려는 간계이니 용서할 수 없다"라고 하며 엄중한 항의를 했다. 왜경들이 들은 체도 아니 하자 매하는 분연히 자리를 박차고 일어나 그 길로 전주로 갔다.

학생들은 영문도 모르고 교장 선생님이 납치를 당했다고 일대 소동이 벌어진 것은 말할 것도 없었다. 그런데 다음 날 경찰서장의 대동 하에 학생들이 풀려나 내용을 알아본 즉, 매하가 경찰서에서 즉시 전주에 있는 도청 학무과로 찾아가 경찰의 노골적이며 무법적인 탄압을 강력하게 항의하여 사태를 해결한 것이었다.

이 사건을 계기로 경찰서장이 경질되고, 경찰 간부들이 사과까지 하게 되었으니, 이후 고창군수, 경찰서장은 고창고보와 말썽을 일으키면 좌천되고 협조하면 영전된다는 말까지 나오게 되었다.[322)]

---

322) 「고창중 · 고 60년사」, 294~298.

우리는 위에서 보듯, 고창고보 학생들의 항일민족정신의 원초적인 그 발아의 모습을 인식할 수 있으며, 특히 양태승의 그 당당한 일제에 대한 논리적인 항변의 모습을 읽을 수 있다. 이와같이 당시 고창고보의 학생들과 양태승의 항일민족정신은, 생활 속에서 은연중에 발아(發芽)되어 충만되었다 할 것이다.

제5절 항일 자주적 교육전개

고창고보는 우선 서기 1929년도부터는 당국의 승인도 없이 6학급으로 학급을 증설하여 1학년을 2학급 120명을 모집하였다. 이것이 문제가 되어 당시 교장이었던 유찬식은 도청 일본인 내무부장에게 호출되어 갔으나, 학급증설의 위법성에 대하여 조금도 굴하지 않고 정원 확보를 위한 묘책으로 알고 시행했다는 것과, 이는 학무과(과장: 일본인)에서도 묵인되고 있는 사실이라는 것을 그 일본인 부장에게 이야기하니, 만일 위법성을 따지면 그 위법사항을 묵인해 준 일인 과장도 책임지는 경우가 된다는 기지를 발휘하여, 주무 과인 학무과도 결국 잘해보라는 것으로 일단락되었다. 이와같이 당시 고창고보는 당시 일제의 법규를 알면서도 아랑곳하지 않고 자주적으로 학교를 운영하였다.

당시 일본인 교사 배치는 거의 모든 학교에 의무적이었다. 그러한 경우에도 고창고보에서는 일인 교사 임용에 상당히 신중을 기하였다. 당시 일인들의 성향을 보면 한국태생이 제일 질이 나쁘고, 한국에 가까운 지역 출신자들도 저희 출신지역에서 얻은 선입관이 있어서, 질이 나쁜 자가 많았기 때문에 임용 후보자를 일본의 동경(東京) 출신으로 한정하고, 동경에서 대학을 갓 졸업한 자로서 총각이어야 하며, 학교가 빠져나가기 위해서는, 대신으로 기준을 맞는 인물을 선정하여 들여놓아야 한다는 조건이 엄존했다.[323)]

당시 학교에서 교수 용어는 일어(日語)로 사용하며 학교생활에서도 일어를 사용하도록 일제 당국은 강요했다. 그러나 당시 고창고보는 일어를 담당하는 심준섭 교무주임만이 일어 교과 시간에 일어를 사용할 뿐이었다.

일본유학까지 했던 양태승, 신태수 선생의 일어 실력은 별것이 아니어서 일어 반, 조선어 반, 그런 식으로 수업을 이끌어 나갔다.

특히 정인승 같은 분은 영어를 가르치지만, 당시 학생들이 우리말도 제대로 못 쓰는 것을 보고 영어시간이지만 몰래 학생들에게 우리 한글을 가르치기도 했다. 당시 교사들 중에는 일어보다는 우리말로 가르치는 것이 더욱 편했던 것은 사실이다. 유찬식은 수학시간에 학생들에게 이해를 돕기 위해 아예 우리말로 강의했다. 그리고 송태회는 한학자로 조선어를 가르쳤다. 그는 학생들이 조금 이해를 한다고 짐작이 가면 끝내는 것으로 하였고, 더욱이 조선말 독본이 상급학교 시험과목에 포함되지 않았기 때문에, 남은 시간은 황의돈이 지은 조선역사(이문당 출판, 1923)를 가르쳤다.

학생들이 원하는 자치(自治)를 위하여 그들의 자치기구인 '학우회'를 운영하도록 하였고, 그 운영을 위하여 1년에 6원의 회비를 모아 자치능력을 기르고 있었다. 이렇게 하여 최대한의 자치가 허용되어 총회가 열리면 일반회원인 학생과 특별회원인 교사들은 같은 회원자격으로 열띤 토론을 전개했는데, 학원의 자치를 다져가

---

323) 「聖魂」, 232면.

던 회의 진행 과정 등이 원숙하였다. 당시 회의에 등장하던 말들은 '민족자결주의(民族自決主義)'니 '자치(自治)'니 '자주독립(自主獨立)' 등이니 하는 용어들로, 이로 추리해 보면 당시 학생들의 사상의 모습을 인식할 수 있을 것이다.

일제의 교육칙어(敎育勅語)는 서기 1890년 10월 일제의 당시 왕이었던 명치(明治)가 발표한 것이었다. 이는 명치가 20세부터 시강(侍講)으로서 절대적 신임을 받고 있던 원전영부(元田永孚)는 우리나라의 퇴계(退溪) 선생을 흠모하고 퇴계사상을 연구하였던 바, 이 퇴계사상에 근거하여 교육칙어를 초안하여 당시 서구풍의 공리주의와 실리주의가 전성했던 명치 초기에 일본 교육방침을 시정하는데 크게 공헌하였다. 말하자면 퇴계사상은 이 '교육칙어'의 연원으로 되었다고 할 수 있다.

그는 전에 "정주학(程朱學)은 조선의 퇴계에 전해졌고, 대총퇴야(大塚退野:자기의 스승)의 소찬(所撰)인 「주자절요(朱子節要)」를 읽고 초연히 얻은 바 있었다. 지금 나는 퇴계의 학을 전하여 이것을 금상(今上: 명치왕)에게 받들어 들인다"고 했다고 한다.[324]

교육칙어는 일제 헌병경찰 정치가 한창 무르익던 서기 1917년 조선총독부가 일본 동경에서 5개 국어로 번역해 인쇄하여, 서기 1945년 일제가 패망할 때까지 일본 근대교육의 최고이념으로 간주 되었다. 일제는 왜 우리들에게 이것을 읽히게 했는지는 독자들이 '교육칙어'의 전문을 읽어보고 판단해야 할 것이다. 이 '교육칙어'의 내용을 보면 다음과 같다.

---

324) 김경식, 같은책, 399면.

저는 우리 일본이 선조들의 도의국가(道義國家)의 실현이라는 원대한 이상을 기초로 하여 생겨난 나라라고 믿습니다. 그리고 우리 국민들은 충효(忠孝)라는 양대 기본을 주축으로 전 국민이 합심하여 노력한 결과 오늘날에 이르는 훌륭한 성과를 이루게 된 것입니다. 이는 원래 타고난 일본의 국체가 훌륭하기 때문이라고 말하지 않을 수 없습니다만, 더불어 저는 교육의 근본 또한 도의입국(道義立國)을 달성하는데 있다고 믿습니다.

국민 모두는 자식은 부모에 효를 다하고, 형제자매는 서로 힘을 합쳐 도우며, 부부는 사이좋게 지내며, 친구는 서로를 믿으며, 그리고 자신의 언동을 신중하게 하고, 모든 사람들이 사랑의 손을 뻗어 학문에 힘쓰며, 직업에 전념하고, 지식을 쌓으며, 인격을 닦고 더 나아가 사회 공공(公共)을 위해서 공헌하며 또 법률이나 질서를 지키는 것은 물론이며, 비상사태가 발생했을 경우에는 신명을 다 해서 나라의 평화와 안전을 위 봉사하지 않으면 안 됩니다. 그리고 이것들은 선량한 국민으로서 당연한 것 뿐만 아니라 도 우리들의 선조가 지금까지 물려준 전통적 미풍을 한층 밝게 하는 것이기도 합니다.

국민이 걸어가야 할 이 같은 선조의 교육으로써 반드시 지켜야 합니다. 이것은 시대와 장소를 불문하고 변하지 않는 바른 가르침이기 때문에 나도 국민 여러분과 같이 조상의 가르침을 가슴에 안고 훌륭한 일본인이 되도록 마음으로부터 염원합니다.

교육칙어는 어떤 의식이나 행사 식전에 최고의 엄숙한 태도로 정중히 낭독되곤 했다. 이는 일본교육만이 아니라 조선의 보통학교 교육을 포함한 식민지교육 전반의 최고이념으로 부상하였다. 보통학교에서의 식민지 교육은 요컨대 충성스럽고 선량한 제국 국민을 육성하려는 '교육칙어'의 이념을 조선인에게 주입하는 것이라 할 수 있다.

학교에서는 무슨 행사만 있으면 이것을 먼저 읽고 진행하는 것이어서 그렇게 정중히 모셔 낭독하는 것이었다. 그러나 고창고보는 그렇지를 않았다. 칙어보관도 아무데나 두었다가 가져오고, 아무나 두루마리 통 하나를 한 손에 들기도 하고 대수롭지 않게 여기곤 했다. 그리고 우리말로 민족교육을 하였다.

서기 1938년 3월 '신조선교육령'(일제칙령 제10호)은 동년 4월 1일을 기하여 이른바 '국어사용령'(일본어)을 발표하여 다음과 같은 규정을 발표하였다.

1. 일체의 관공서에서는 조선어 사용을 금지할 것.
2. 조선인 고관과 유력자 등은 가정에서도 일본어를 사용하여 시행 여부를 각서하게 할 것.
3. 일체의 회의석상에서 일본어를 사용하도록 강제할 것.

위의 규정내용을 보면 일제의 의도하는 바를 설명할 필요 없이 알 수 있을 것이다. 일제의 서기 1910년 이후 약 30년을 일제문화 부식에 노력했으니, 이제는 일본어는 일상생활 다 통용할 수 있으니, 한민족의 말을 봉쇄하여 민족혼을 말살하고 기술한 바 있는 '교육칙어'에서 구상하는 것처럼 조선인을 일본인화 하자는 것이다. 일제의 이러한 태도는 조선의 침략을 넘어 인류의 문화를 파괴하는 선언이었다.

이러한 악법에 따라 고창고보에서 '조선어'라는 이름의 우리의 국어시간이 폐지됨에 따라, 그 담당교사였던 염재 송태회(念齋 宋泰會)도 교단을 떠나야만 했다. 구한말 동몽진사(童蒙進士)로 그 영특함을 칭송받던 한 지식인이 나라가 침탈되고 나서는, 이리저리 교사 전직으로 생활해오던 그의 모습을, 역사적 공간 속에서 보면서 나라를 침탈당하는 것은 개인마저도 그 기량을 원대로 발휘

할 수 없게 된다는 하나의 교훈을, 16세에 진사시(進士試)에 합격한 송태회의 일생에서 읽을 수 있을 것이다.

고창고보에서는 '신교육령'의 조선어(朝鮮語) 사용금지라는 이성을 잃은 식민지주의 교육정책에 장기적인 저항운동으로 맞섰다. 그리하여 학생들은 신교과서를 받으면 책명인 '朝鮮語(조선어)' 책의 '朝鮮' 두 글자를 지우고 '國'자로 써 넣어 '國語' 교과서라 불렀고, 일본어 교재 이른바 '國語'라는 책명에서 '國'자를 지우고 그 자리에 '日'자로 대치하여 넣어 '日語' 책이라 했다.[325] 이러한 사실은 사소한 것 같지만 당시 고창고보생들의 기지와 민족의식을 말해주고 있다할 것이다.

일제는 출판물에 대한 감시도 철저히 하였다. 서기 1926~1930년간에 발간된 전국의 교지(校誌)로는 '고창', '배재', '연희', '숭실', '오산', '경신', '휘문', '이화' 등이 발간되는 대표적인 교지였다. 이 교지들을 중심으로 학생들의 사상의 경향을 조사하고 감시하며 통제하였다. 당시 조선총독부 경무국 도서과 1931년 편찬 조사자료 제25호에서 '출판물상으로 본 한국인 학생의 사상적 경향'을 보면 고창고보 교지 「고창」에 대해서는 다음과 같은 글이 실렸다.

'오늘과 나'(맹을룡), '동맹스트라이크'(스리에스 생), '교문을 나서는 형들에게'(고순영), '지평선 위에 타는 해'(무명씨). '선구자의 그대'(정우성)등이 감시 대상에 올랐다. 이러한 감시를 고창고보에서는 역이용하여 연간으로 발행되는 교지의 발행인을 일본인 교사로 하여 검열관이 꺼

325) 「聖魂」, 230면.

리고 의심쩍게 여기는 제목과 내용에 대해서는 그가 지성인으로 내용을 비판할 때 문제될 것이 없다고 그 당위성을 주장하여 자기가 책임지고 선도하겠다고 하여, 수정 없이 검정을 받도록 하여 교지 발간의 검열의 어려운 문제를 해결해, 매년 계속하여 교지의 명맥을 유지시켜 왔다.[326)]

바로 위와 같이 발행인을 일본인으로 이용하는 것이 당시 민족사학 고창고보생의 지략(智略)이었다. 요즈음 일부 좌파들이 만일 이와 같은 사실을 안다면, 당시 고창고보생도 친일경향이 있었다고 할는지 참으로 가소로운 심정이 아닐 수 없다.

제6절 고창고보의 항일학생운동

우리는 여기서 서기 1920~30년대 고창고보 학생운동과 관련한 동아일보와 조선일보의 당시 기사를 통하여 당시의 고창고보 학생운동의 모습을 인식하고자 한다.

1) 고창고보에 맹휴사건-원인은 교원 배척(서기 1923년 11월 9일)

전북 재단법인 고창고보에서는, 금월 9일 오후에 3,4,5학년 학생 전부가 돌연히 동맹휴학을 단행 하였는데, 원인은 교원 모씨를 배척하여 새로 적당한 교원을 채용하여 달라고 동교 교장에게 진정서를 제출하였다. 동교장 양태승씨는 전 학생에 대하여 4,5학년은 12일, 3학년은 13일까지에 자기의 잘못된 것을 자복하고 등교치 않으면 정당한 퇴학처분을 하기로 결정하였는데 학생들의 태도는 잘못 강경하여 잘못하면 1,2학년까지도 참가할 염려가 있다더라(고창).[327)]

---

326) 「聖魂」, 231~232면.
327) 동아일보, 1923.11.4.일자 관련기사.

2) 일본인 나까니시 교사의 배척 – 민족 차별 –

1924년 3학년 영어를 담당하였던 나까니시 교사는 경성고상(필자 주: 서울상대의 전신) 출신이었으나 영어 발음도 일본어식으로 형편이 없고 교수방법도 서툴렀다. 그리고 서울 수학여행의 인솔자로서 같이 행동하기를 계면쩍어 하는 민족 차별적 행동을 했기 때문에 귀교하자마자 우리 민족을 멸시하며 민족을 차별하는 교사에게 배울 수 없다 하고 바로 맹휴로 들어가 축출해 버렸다.[328)]

3) 고창고보 맹휴(1927년 5월 16일)

고창고등보통학교에서는 지난 16일 돌연히 4학년생 전부가 동맹휴학을 단행하였다는데 원인은 동교에 유도부아 물리화학기계 설치와 물리영어 선생배척의 4개 조건을 학교 당국에 지난 15일 제출하고 16일부터 동맹휴학을 단행하였다고 하는 바 동교 직원회의 결정으로 타교로부터 전학생 5인 외 1명, 전과 6명은 무기정학 처분을 하였다고 하더라.(고창)[329)]

4) 2학년 전부에 무기정학 처분 – 고창고보 분규 –

고창고등보통학교에서는 지난 3일 동교 2학년이 동교 교장에게 일본인(일본어, 한문, 도서) 두 선생 배척의 3개 조건과 5개 요구의 진정서를 제출하고 당일부터 2학년 전부가 동맹휴학을 단행하므로 여러 선생들은 등교하도록 권하여 오던 중 지난 5일까지 등교치 않으면 무기정학 처분을 하겠다고 발표하였건만 동일까지 한 사람도 등교치 않으므로 6일 오후 6시경에 이르러 2학년 전부에게 무기정학 처분을 단행했는데 동교 당국자는 말하되 7일까지 달래보아 듣지 않으면 주모자 6,7명에게 최후의 처분

---

328) 고창중고교 60년사, 289면.
329) 동아일보, 1927.5.19.일자 관련기사.

을 하리라더라.(고창)[330]

5) 11명 출학처분 – 맹휴생 전부 정학 –

23개조의 요구 진정서를 제출하고 2,3학년 전부가 맹휴해서 경찰도 간섭 (1928년 10월 18일)

전북 고창고등보통학교에서는 지난 16일에 2,3학년 전부가 교원 배척과 학우회 전권을 학생 측에 달라는 등 기타 23개조의 요구 진정서를 제출하고 당일부터 동맹휴학을 하였다는데, 학교 당국은 등교하라고 말하였으나 등교치 아니함으로 18일 오전 중에 주모자를 4학년에 3인, 3학년에 3인, 2학년에 5인 도합 11명의 퇴학처분을 하는 등 동시에 맹휴생 전부 58명은 무기정학 처분을 단행하자 돌연 당시 경찰은 학생의 몸이 아닌 만큼 폭행할 염려가 있다 하여 퇴학생 중 8명을 즉시 검속하고 타처와 연락유무를 엄중 취조하던 지난 20일에 폭행 않겠다는 시말서를 받고 방면하였다는데 일반 맹휴생은 등교 될 가망이 막연하고 문제는 더욱 확대되는 중에 지난 21일 밤에는 전기 검속하였던 퇴학생 8명을 또 다시 선동한다는 혐의로 재 검속하었다는데 학교 당국은 제2차로 주모자 2,3인을 처분할 모양이므로 지금의 현상으로는 양편 태도가 상경하여 해결될 희망이 막연하다더라(고창).[331]

6) 고창서 활동, 학생 2명 검거 – 모 사건과 관계가 없는가 하여 전국에 성명서 발표관계(1928년 12월 10일)–

조선학생으로 공산당 사건이 발생한 이래 경찰은 취재를 가일층 엄중하게 하며 전북 고창고등보통학교에서는 지난 9월중 동맹휴학의 주모자 퇴학 처분에 대하여 학생 측은 당국의 가혹한 처지를 분개하여 성명서를

330) 동아일보, 1928.10.25.일자 관련기사.
331) 동아일보, 1927.11.8.일자 관련기사.

전 조선 각 중학교에 발부하였었는데 한 달이 지난 지금에야 새삼스러이 퇴학생 중 성명서 기초자 두 명을 고창경찰이 홍원경찰서에 촉탁하여 함남 홍원군 김한주는 지난 10일, 동 군 박택렬은 16일 고창에서 검속되어 취조중이라는데 모사건의 연락이나 없는가 하여 엄중 취조 중이더라.(고창)[332]

7) 고창고보생 홍원(洪原)서 검거(1928년 12월 13일)

지난 13일 오전에 동원면 연하리에 원적을 두고 문제 많던 고창고보 동맹휴학 사건의 주모자를 사건 발생 당시로부터 여러 차례 옥중에서 신음하다가 고창에서 체류 금지를 받고 본적지에 돌아와 있는 동교 4학년생 박택렬을 홍원경찰서에서 검거하였다는데 무슨 사건의 관계인지 아직은 비밀에 부치는 모양이더라.(홍원)[333]

지난 13일 함남 홍원에서 고창고보 맹휴사건의 주모자로 어람전에 퇴학을 당하고 그 원적지 홍원군 공원면 연화리에 와있는 박택렬을 검거하였다 함은 기보한 바이어니와 이제 또 다시 전기 고창고보 맹휴사건 주모자로 박택렬과 함께 퇴학당하고 그의 향리 안동군 경포면 좌상리에 와있는 김한주를 검거하여 동서에 유치하였다가 그 이튿 날인 14일 오후 6시 청진역 발 남행열차에 고창으로 압송 하였다는 바 일반은 사건 진전을 매우 궁금하게 여긴다너라.(홍원)[334]

8) 고보생 송국(送局) 고창에서

기보와 같이 지난 9월중 고창고등보통학교 동맹휴학에 퇴학처분을 당한 학생 중 학교 당국의 가혹한 처지를 전 조선 중학교에 성명서를 발부

332) 동아일보, 1928.12.18.일자 관련기사.
333) 동아일보, 1928.12.15.일자 관련기사.
334) 동아일보, 1928.12.16.일자 관련기사.

한 것을 전북 경찰서로부터 별다른 사건의 연락이나 있나 하고 고창경찰서에서는 지난 12일경 퇴학 중 성명서에 대한 주동자인 함남 홍원의 박택렬, 김한주, 경북 진주의 차영수 3명을 고창경찰서에 검속하고 각가지로 엄밀히 취조하였으나 별다른 재료를 얻지 못하고 단순히 성명서 문구가 불온이라는 이류로 24일 소관 정읍 검사국으로 전기 세학생을 압송한다더라.(고창)[335)]

9) 고창고보생 시위계획 발각

전북 고창고등보통학교에서는 이십일일에 만세를 고창하며 시위운동을 하려다가 미리 발각되어 이십일부터 학생 집을 일일이 수색하고 각 사회단체를 엄중 포위한 청년과 학생을 검거하고 방금 취조중이라는데 경찰의 활동으로 사태는 더욱 악화되는 중이다.(고창)[336)]

10) 고창고보 돌연 무기휴학

(고창) 고창고등보통학교 전반생도에 대하여 동교 당국과 당지 경찰은 무한 주목 중이던 바, 지난 20일에 돌연 동교 교원 일동이 동일 첫 새벽부터 각 생도의 기숙사를 방문하고 금번 사건으로 인하여 무기휴교를 선언하고 각기 자기 집으로 돌아가서 학교의 통지를 기다리라고 전하여 동교는 20일부터 돌연 휴교를 선언하였다 한다.[337)]

11) 고창고보생 20여명 검거

(고창지국전보) 전북 고창고등보통학교에서는 최근 학생문제로 무기 휴학 중에 동교 2,3,4학년생들이 시위행렬의 계획을 세워 가지고 23일 장

335) 동아일보, 1928.12.19.일자 관련기사.
336) 조선일보, 1928.12.19.일자 관련기사.
337) 동아일보, 1930.1.30.일자 관련기사.

날을 이용하여 동 지 고창보통학교생들과 서로 연락을 취하여 만세를 부르고 시위행렬을 하려던 중에 20일 밤에 경찰서의 활동으로 고창군 고창면 성두리의 어떤 학생의 집을 가택 수색하여 다수의 깃발과 격문 원고와 것을 등사하려던 백지 일만 장을 압수하는 동시에 고창고보생 20여명을 검속하였다는 형세는 아직도 험악하여 계속 징계중이더라.[338)]

12) 고창고보생 21명 취조

전북 고창고등보통학교생 2백여 명이 지난 19일 오전 종소리가 나면서 일제히 만세를 부르며 일대 시위를 하기로 계획하였던바 사건이 미연에 발각되어 20일 밤에 17명을 검거하는 일명 삼각형 붉은 기 40개와 격문 삐라를 인쇄하려던 용지 1만 여장을 압수하고 동시에 경찰은 더욱 날카로운 활동으로 21밤에 와서는 2명을 석방하고 3명을 검거하여 18명을 유지, 취조 중이라 함은 기보한 바이거니와 또 3명을 검거한 결과 23일 현재로 21명이 방금 엄중한 취조를 받는다는 데 아직도 경찰의 경계는 여전한 모양인데 1년생과 5년생 중에는 검거된 학생이 아직 없는 모양이더라.(고창)[339)]

13) 고창고보 생도 7명 구류처분

청년과 학생을 아직도 수색 중 전북 고창고등보통학교생 200여 명의 만세 시위사건이 미연에 발각되어 당지 경찰은 지난 19일부터 학생들을 검거하는 일편 20일 밤에 이르러 모 학생의 고백으로 고창면 성두리 조모라는 생도 집에서 물적 증거로 삼각적기 50여개와 격문 삐라 인쇄하려던 용지 1만여 장이 압수가 되고 이어서 엄중한 취조를 받는 학생이 23일 밤까지 20여명이라 함은 누보한 바이어니와 지난 24일 오후에 신도종

---

338) 동아일보, 1930.1.30.일자 관련기사.
339) 조선일보 1930.1.23.일자 관련기사.

외 9명은 무사 석방되었으며 그 나머지 11명중 유일석 외 7명에 대하여는 서자의 즉결로 20일[340] 이하 10일까지 각각 구류처분을 내렸는데 아직도 청년 1명과 학생 3명을 검거하려 하나 종적이 묘연하다더라.(고창)

14) 고창의 학생시위 사건

고창고등보통학교생 전체가 지난 19일에 만세시위를 하려던 것이 경찰에 미연 발각되어 지난 20일 밤부터 고창면 성두리 일대를 습격하여 학생 15명을 검거하는 일변 사각형 불온 기 550개를 압수하고 엄중한 취조를 계속하던 중, 연일 계속적으로 경찰은 날카로운 경계를 하여 가며 학생 2~3명씩을 검거하는 동시에 격문 삐라를 찍으려던 흰 종이 장 8천여 매도 압수하고 24일 아침 현재로 사건의 관계자인 19명의 학생이 검속 취조를 받은 바 그 날 오후에 당지 경찰서장의 즉결로 10명만은 학부형과 선생에게 뒷일을 책임지어 내보내고 11명은 10일 이상 25일 이하의 구류처분을 하였는데 방금 검거에 노력할 뿐 아니라 경계도 여전하다 하며 현재 당지(當地) 경찰서 쓸쓸한 감방 안에서 구류기일을 채우고 있는 학생들의 씨명과 구류기한 급 석방생들을 표시하면 아래와 같더라.

4년생 유일석 25일, 2년생 유금동, 윤정하, 2년생 이재천 각각 20일, 2년생 윤준호, 조순옥, 전기용, 서봉열, 박우, 김기갑, 각각 15일, 2년생 이자록 15일(이상 구류된 학생).[341]

15) 고창고보생 11명 정학

(고창) 기보=고창고등보통학교에서는 금번 학생 동요 사건에 미연의 방지책으로 지난 21일 전교생도에게 무기 휴교를 시킨 후에 2차 계획으로 20일 시위 행렬계획이 당일에 당지 경찰에 발각되어 20여 명의 검속

340) 조선일보 1930.1.27.일자 관련기사.
341) 조선일보 1930.1.29.일자 관련기사.

자가 생기자 지난 26일 동교 직원회의를 열고 금번 사건의 협의 학생 11명은 무기정학 처분과 10명에게는 근신 명령을 내리고 오는 31부터 개교할 것을 각 처 재학생도에게 통지를 발부하였다.[342)]

16) 고창서의 활동 및 검거개시

(고창) 기보= 고창고등보통학교 학생만세 사건에 20여명 학생이 지난달 20일경에 당지 경찰에게 구류처분을 받고 동 유치장에 있던 중, 동 서에 전일 순사로 근무하던 김혁기는 동 군 부호 진모에게 사기죄로 고소를 당하여 동 서 유치장에 학생들과 1주일이나 한 간방에 있게 되었는데, 김혁기는 자기도 주의자라 말하고 갖은 수단을 쓰는 바람에 학생 중에 이재천은 그 먼 만세 계획사건의 전말과 기타 전남, 전북적으로 학생 결사운동을 선동하던 문은종과 동 교 재학 상시에 학생운동을 계획하던 임명까지를 통정한 일이 있었는데, 그 후 김혁기는 지난 10일경에 소관검사국으로 압송을 당할 즈음에 전기 학생의 사건을 모 형사에게 밀고하고 갔으므로 동 서는 각 처에 검거망을 늘리고 전기동 교생으로 현재 경성방면에 재학 중인 생도와 또 구류가 만기되어 출감되어 자기 고향에 돌아갔던 학생 기타 여러 사람을 재검속하는 등 문제는 의외로 중대화하여 현재 검거된 학생은 아래와 같다.

양회영, 서봉열, 이재남, 유금동, 윤옥섭외 수 명.[343)]

17) 고창고보생 5명은 검사국에

(고창) 기보=고창고등보통학교 생도 **운동사건으로 고창서에서 대 활동을 개시하여 생도 10을 검거, 취조 중이더니 지난 22일 오후 4시경에 극비리 자동차도 유일석, 유금동, 윤욱하, 이재천, 이재남 등 5명은 관할 정읍검사국으로 호송하고, 남은 조호중, 이교욱, 서봉열, 박부길, 이영규

342) 동아일보 1930.1.30.일자 관련기사.

343) 동아일보 1930.2.19.일자 관련기사.

는 석방되었다.[344)]

18) 고창고보생 4명 가출옥

(고창) 기보=고창고등보통학교 제1학년생 김영덕, 김선근, 천성현, 박동희, 4명이 일본인 요리점 벽에다 불온한 문구를 쓴 사건으로 지난 22일 고창경찰서에 검거되어 각각 15일간 구류를 살 던 중 지난 26일에 가출옥의 형식으로 석방되었다.[345)]

우리는 위에서의 신문 기사를 통하여, 당시 고창고보 학생들의 항일학생운동을 인식할 수 있다. 이처럼 고창고보 학생들의 끊임없는 투쟁정신으로 인하여 일제강점기에는 "남선에 고창고보, 북선에 오산고보"라는 말이 생겨났다. 이 말은 북에서는 남강 이승훈이 설립한 민족사학 오산고보가 항일항생운동의 중심축을 이루었고, 남에서는 그에 견줄만한 학교가 고창군민의 참여 속에 창립된 고창고보였음을 뜻한다고 하겠다. 두 학교는 사실상 아무런 관계가 없다. 다만 민족사학으로서 공통점이 있을 뿐이었다.

오산고보(五山高普)를 생각하니 20여 년 전 내 사장어른이 돌아가셨을 때, 장례예식장에서의 일이 생각난다. 내 사제(舍弟)가 당시 백발이 성성한 한 건장한 노인 한분을 소개하며 "저의 백씨입니다. 백씨께서 고창중학을 졸업하였습니다."라고 소개하자, 그 백발노인은 초면의 필자를 보며 "김 동지! 나 오산고보 출신이요"하며 덥석 껴안는 것이 아닌가? 나 역시 순간 형용할 수 없이 가슴이 뭉클했다. 그분은 내 사제의 처 고모부 되는 분으로 전직

344) 동아일보 1930.2.25.일자 관련기사.
345) 동아일보 1930.3.1.일자 관련기사.

중앙정보부 국장 출신이었다. 필자는 고창고등보통학교 출신도 아닌데 고보출신인 그 분의 가슴엔 아마도 '북선에 오산고보. 남선에는 고창고보' 출신이라는 그 감정의 그 무엇이 흐르는 것만 같았다.

위에서 인식할 수 있듯이, 고창고보가 항일학생운동의 본거지가 되다시피 한 것은 한글학회 이사를 역임했던 고창고보 10회 졸업생 한갑수(韓甲洙)는 다음과 같이 증언하고 있다.

저는 1930년 광주학생 독립운동이 일어나자 동조, 시위로 황해도 해주공립보통학교에서 제적되자 고창고보 3학년으로 편입했습니다. 당시로서는 항일독립운동하다 제적되면 갈 곳이 없었는데, 고창고보와 오산고보만이 이런 학생들을 받아주는 유일한 학교였지요. 그러다 보니 학생운동을 하다 제적당한 학생들이 이곳으로 자연히 몰리게 된 것입니다.[346)]

또한 서울 중앙고보에서 학생운동으로 퇴학, 다시 고창고보에 전학 후 또다시 학생운동으로 중퇴한 시인 서정주(徐廷柱)는 당시 학생운동에 관하여 다음과 같은 증언을 하고 있다.

학생운동을 하다 제적된 사람을 받아주는 데가 고창고보라 하기에, 서울 중앙고보에서 1930년에 투옥되었다가 제적되자 무작정 고창고보로 갔지요. 그때 내가 그곳에서 갔을 때는 나와 비슷한 경우로 온 학생이 7,8명쯤 정도이었어요. 거기서도 동맹휴학을 일으키자 일제 경찰이 학교에 압력을 넣어 중퇴했고, 결국 나중에야 명예 졸업장을 받았습니다.[347)]

---

346) 매하 양태승평전, 130면.
347) 위의 책, 130~131.

제7절 시련과 도전의 고창고보

1) 시련과 갈등의 시기 : 창립기의 고창고보가 민족교육의 요람으로 된 것은 전술한 바 있거니와 전 군민의 참여 속에 지원과 학교에서의 양태승의 지도력을 중심한 전 교원의 헌신적인 노력 때문이라고 할 수 있다. 그러나 고창고보도 한 때는 시련과 갈등의 시기가 있었다. 이러한 것을 야기한 것에 대해서는 몇몇의 이유가 따랐다.

우선 지적할 수 있는 것은, 고창고보 창립에 걷기로 했던 기부금의 일부가 계속해서 미납으로 남아 있는 탓에, 학교경영에 어려움이 뒤따랐다는 점이다. 이에 대해서는 당시 동아일보는 다음과 같이 증언해 주고 있다.

1924년 갑자년이다. 그해는 가뭄이 들어 곡식이 대흉작이었다. 그로 인하여 경작료는 물론 기부금 증수가 어려워 운영상 어쩔 수 없이 은행의 기채에 의지할 수밖에 없었다. 그와 아울러 형편이 어려워지므로 임원진들로 별 대책이 없었기는 하나 임원들의 성의가 없음인지, 기부재산의 정리도 아직 마치지 못하던 중 거대한 교사 신축은 되고 있었으나, 유지 방침조차 확실치 못하므로 교원들은 유지 방침에 대한 불안해서 건의문을 9월 16일에 이사회에 제출하고 22일까지 회답을 기다렸으나, 아무런 확답이 없음으로 동월 23일에 교원 전부가 총 사직서를 제출하고, 24일부터 휴교상태였던 바, 교장 양태승씨의 간곡한 권고와 이사회의 책임 있는 대답으로, 서로 양해하고 동월 25일부터 교수를 다시 시작하였다.[348)]

또한 일부 평의원과의 불화로 분규가 발생하기도 했다. 그 사연

---

348) 동아일보, 1924.9.29.일자 관련기사.

인즉, 서기 1926년 1월 17일 개최된 평의원회의에서 평의원 유춘석은 교장이하 봉급을 평의원에 거치지 않도 처리했다는 것과 교원봉급과다 등 기타 여러 가지 문제에 대한 과격한 질문이 이었고, 당시 간사직을 맡고 있는 양태승에 대한 교장자격이 없다는 등 모욕적인 발언으로 사퇴하고 말았는데, 이러한 평의원의 처사에 대하여 분개하여 교직원은 총사직이란 분규가 있었다. 그러나 당시 군수 서병주 등의 조정과 이사회와 평의회의 교섭으로 교원들이 제시하는 본 재단의 기본재산을 공고히 할 것과 본교 임원은 교원의 인격을 존중하고, 학교 경영에 이해를 가진 인사를 선임할 것의 2가지의 조건을 수용하기로 하고, 1월 25일부터 수업을 재개하였기도 하였다.[349] 우리는 한 경우를 들었지만 서기 1926년도에는 평의원회와 교사 간에 분규의 연속이었다.[350]

또 하나의 기부금 날패 때 영세지주 3,300여명의 분담금을 단독으로 맡아 부담하여, 고창고보의 창립에 크게 기여했던 홍종철이 돌연 사퇴하는 문제가 발생했다.

이리하여 미제기부정리(未濟寄附整理) 처리문제로, 불거지기 시작한 고창고보의 내부갈등은 정상적인 학교운영에 지장을 줄 정도로 커지게 되었다.[351]

때마침 4학년과 2학년, 1학년생들의 동맹휴업사건이 발생하였고, 이사회의 재구성에 대한 이사들의 문제 제기도 연이어 발생하였다.

그리고 고창고보 창립에 있어서, 주도적 역할을 했던 양태승 교

---

349) 동아일보, 1926.1.29.일자 관련기사.

350) 동아일보, 1926.2.6.일자, 3.1.일자, 5.22.일자, 6.29.일자, 7.8.일자, 10.12.일자, 10.14.일자 각 관련기사 참조.

351) 동아일보 1924.9.29.일자, 1925.1.4.일자, 1926.1.21.일자 각 관련기사 참조.

장대리의 대구 계명학교로의 전출이다. 그의 전출은 당시 학생, 교사진만의 충격은 아니었다. 그는 또 하나의 학교경영을 위하여 전출이었지만, 고창으로서는 훌륭한 민족교육의 지도자를 잃는 셈이었다.

2) **고창고보와 한글교육** : 일제는 명치유신 이래 한반도를 거점으로 한 대륙진출을 줄기차게 시도해 왔다. 서기 1910년의 강제적인 조선의 강탈을 기점으로, 10년간 무단통치의 위협 하에 토지수탈 등 조선인의 무력화(無力化)에 힘을 기울였고, 3.1운동을 겪은 후 서기 1937년까지는 이른바 '문화정치' 시기로서, 이는 앞서 무단정치의 강압에서 기만적인 통치로 바뀐 시기이다. 이 시기는 제2차 조선교육령이 실시되던 시기이다. 일제의 식민지 교육정책은 조선인의 격화된 반일감정을 무마하려는 유화책에 불과할 뿐, 그 기저에 깔린 동화주의(同化主義)와 차별주의(差別主義)에는 변함이 없었다.

오히려 기만적인 회유정책은 이른바 '일시동인(一視同仁)', '내선일체(內鮮一體)', '내선공학(內鮮共學)', '일선융화(日鮮融和)', '내지준거주의(內地準據主義)', '내지연장주의(內地延長主義)' 등의 정책 슬로건을 내세우면서, 우리 민족에 대한 동화주의 교육에 박차를 가하는 결과가 되었다.[352]

이러한 시기에 일제는 우리의 말을 말살하려고 학과 비중을 가볍게 한다는 구실을 내세워, 조선어 및 한문은 일본어 및 한문에 비하여 시수(時數)가 1,2학년 3:8, 3학년 2:6 4,5학년 2:5로 하였

352) 鄭在哲 著, 日帝의 對韓國植民地敎育政策史, 一志社, 1985, 342~343면.

다.[353] 그리고 제3차 조선교육령시대인 1936~1943년까지는, 주간 교수 시수에 있어서는 국어(일본어) 대 조선어의 시수를 대비하면 1,2학년은 7:2, 3학년은 6:1, 4,5학년은 5:1이었다.[354] 이러한 상황 하에 정인승은 송태회가 담당하던 조선어 시간을 이어 받아 '한글'을 가르치는데 온 정력을 다하였다.

한글은 일제 탄압정책의 희생물이 되어, 일정한 통일 없이 버려져 학술적인 체계도 없이 혼탁해 가니, 일제는 우리말을 그 말살을 서두르자 한글학회에서는 한글 통일안을 완성 시키는 데 온 노력을 경주하였다. 그리하여 주시경은 1933년 10월 29일을 기하여 '한글맞춤법통일안'을 완성하여 발표하기에 이르렀다.

정인승은 한글맞춤법통일안이 확정되기 전인, 서기 1932년부터 맞춤법 시안을 마련하여 우선 조선어 시간을 빌어 가르쳤다. 담당하던 영어시간만 해도 힘들었지만 6학급에 3시간씩 수업시간을 추가하여 강의하였다.

이처럼 첫 시간부터 6교시 마지막 시간까지, 더구나 복도까지 뒤따라오며 질문하는 학생들의 열의와 함께 정인승의 한글강의는 참으로 내실 있는 수업이었다.[355]

당시 고창고보는 정인승(鄭寅承)의 민족적인 열성으로 한글 맞춤법을 배우기 시작하여, 마침내 그다음 해인 서기 1933년 10월 29일부터는 '맞춤법 확정안'을 배우게 되었다. 더욱이 서울에서 손

353) 高等普通學校 各學年別 '朝鮮語 및 漢文' 對 '日本語'의 週當 授業時數表(1922~1938) 참조. (補註)국어교과의 명칭을 '朝鮮語及漢文'이라 하고, 많은 수업시수를 '한문'에 충당하였던 점을 유의해야 한다.

354) 中學校 敎科課程 및 每週敎授時間表(1938~1940) 참조.

355) 「고창중 · 고 60년사」, 406면.

수 구입하여 온 '통일안'을 학생들에게 나누어 주며, 일제가 어떤 방법으로든지 말살하려 들지 모르니 잘 간직해야 하는 귀중한 책이라는 것을 당부하기도 했다. 뿐만 아니라 하교 시에는, 교사들도 다 맞춤법 통일안을 마련하여 연수를 받자, 삽시간에 이 운동은 번져 보통학교 교사들의 강습소까지 생기고, 고창은 정인승의 한글교육이 바다같이 물결쳤다.[356] 이것이야 말로 민족의 언어교육을 통한 민족의 얼을 지키자는 구국운동의 한 모습이 아닐 수 없다.

3) 고창고보와 국사(國史) 교육

일제강점기 이후 교육과정에 있어서, 일제는 한국의 '역사 및 지리' 교과를 각 급 학교의 교육과정에서 완전히 배제함으로써, 한민족의 역사의식과 민족의식을 말살하려 했다. 당시 교육과정에 있어서 '역사(歷史)'란 '일본사(日本史)'를 지칭한 것이다.

고등보통학교의 '역사' 교과의 경우를 보면, 고등보통학교규정 제13조에 다음과 같이 규정하고 있다.

> 역사는 역사상 중요한 사적을 알라고 사회의 변천 및 문화의 유래하는 바를 이해시키는 동시에, 특히 아국(我國: 필자 주: 일본)의 발달을 상세히 밝혀, 국체(國體)가 특이한 까닭을 밝히는 것을 요지(要旨)로 한다. 역사는 일본사 및 외국 역사로 하고, 일본 역사에 있어서는 주로 국초(國初)부터 현시에 이르기까지의 중요한 사역(事歷)을 교수하며, 조선(朝鮮)에 관한 사항을 상세히 하고, 외국 역사에 있어서는 세계 대세의 변천에 관한 사적(事蹟)을 주로하고, 인문의 발달 및 아국의 문화에 관계가 있는 사적의 대요를 교수 한다.

위에서 보듯, 우리의 역사인 조선사(朝鮮史)는 아예 배제하고,

356) 동아일보, 1932.10.31일자 관련기사.

다만 조선에 관한 사항을 상세히 한다고 했지만, 그것은 자기들의 문화에 관련된 부분에만 한정하고 있으니, 이는 결국 한민족의 역사를 부정함으로써, 한민족의 삶의 궤적을 부정하고, 그러함으로써 한민족의 얼을 말살시키자는 것이었다.

이러한 시대적 상황 속에서, 고창고보에 있어서는 초기부터 송태회가 한문과 국어와 고전을 가르치면서도, 우리의 역사책인 황의돈이 쓴 「조선역사」를 중심으로 우리의 역사를 가르쳐, 우리 민족의 뿌리와 정신을 통한 한민족의 얼을 견지하게 하였다. 당시 역사담당이었던 신태수는 역사시간에 일본사를 가르치는 척하면서, 조선의 역사를 가르쳐 민족의 혼을 각성시켰다.

당시 보통학교에서는 5,6학년이 되면, 일본인 교장이 이른바 국사(國史)라 하여 왜곡된 일본역사를 가르치며, 우리의 역사를 날조하여 견강부회(牽强附會)하는 거짓 역사를 가르쳤는데, 고창고보에서는 일본 역사 시간에 책을 읽어주고 덮으며 “사실은 그게 아니라….”하며 고쳐서 가르치던 엄청난 사실들은 일제에 대한 분노를 자아내는 선동적이었다.

개국(開國) 년대에 있어서도, 몇 백 년의 가짜 숫자가 끼어들어 있고 반면에 우리 역사의 연대를 줄여 제나라의 유구함을 주장했다. 이런 것들을 당시 고창고보 역사담당 교사들은 가르치면서 지적해 주어 학생들은 일본 역사의 허구성을 알게 되었고, 그에 따라 강한 민족의식을 인식하기에 이르렀다.

염재 송태회(念齋 宋泰會) 같은 교사는 조선조 최근세사의 산 증인이었으니, 한문(漢文)과 조선역사(朝鮮歷史)의 실감 있는 강의는 학생들에게 많은 감명을 주어 민족의 혼을 깨우쳤다. 교사 신태수(申泰洙)는 일제가 펴낸 일본 역사는 의례 펴지도 않고, 이순신 장군의 임진왜란의 「난중일기(亂中日記)」 등 사실적인 우리의 역사를 강의해 주어[357] 모교에 대한 사랑과 민족에 대한 사랑의 마음을 갖게 했다.

위에서 보아 왔듯이, 당시 고창고보생들은 자기들의 모교가 고창의 전 군민들이 참여하여 창립한 민족사학(民族私學)이라는 데에서 모교애를 발휘하고, 자랑스러워 했으며, 정규과정에도 없는 우리의 역사를 타 과목 시간에 수업을 받음으로써, 민족의 자랑스러운 역사에 긍지를 가지게 되었다. 또한 민족정신의 자각과 민족을 위해 투신해야 할 민족의 사명을 인식하게 되었다. 그런가 하면 한글강의를 통해, 민족의 얼을 또한 각성하게 되었다. 이러한 전통에 젖은 고창고보생들은 세계 2차 대전의 종전이 다가올 무렵, 이른바 '내선일체(內鮮一體)'를 부르짖게 하고 '창씨개명(創氏改名)'을 강요했어도 스승들의 가르침을 귀감으로 삼아 일제의 탄압에도 굳건히 버티며 민족을 생각하는 기상을 갖게 되었다.

4) 민족사학 정신의 발휘 : 전주신흥학교(全州新興學校) 전교생 전입 수용

기독계 사학 전주신흥학교는 신사참배(神社參拜) 거부로 자진 폐교하고 전교생이 서기 1937년 9월 22일 폐교식을 마친 후, 고창고보로 전학하였다. 신사참배는 특히나 기독교계 사학에 있어서는 종교적인 면에서 우상숭배로 인식되었다. 그러기에 신사참배의 강요에 맞서 전주신흥학교는 자진 폐교를 선언하였다. 이 점은 종교적인 차원을 떠나 항일민족운동의 한 모습이기도 하다. 이에 민족사학 고창고보는 신흥학교가 비록 기독계 사학이라지만, 학교의 성격을 떠나 항일민족운동의 차원에서 전교생을 전입, 수용하였던

357) 「聖魂」, 271면.

바, 이러한 사례는 그 예를 찾아 볼 수 없다.

동년 9월 14일에는 고창고보 교장 김종흡이 도 당국을 방문하여 신흥학교 고등과 246명 전원을 고창고보로 1주일 안으로 전입하기로 결정을 하였는데 고창고보로의 전학문제도 순탄치만은 않았다.

고창고보 측에서는 19일 평의원회의를 개최하였던 바, 신흥학교 고등과 200명의 전입학의 건에 대하여 제안자인 홍종철 전임이사의 설명이 있은 후, 전북도 당국의 고안 설명과 또는 동교 경영권이 20년 동안에 재정난이나 생도 측의 빈번한 동맹휴학 등으로 폐교지경의 위험기를 여러 차례 겪은 나머지, 겨우 이즈음에 와서야 동교 경영재단이 정비되고, 생도측도 정돈으로 안정된 현실에 있어 돌연 신흥교생 200여명을 인수한다는 것은 일대 중대 문제라고 이구동성으로 장내의 공기는 극도로 긴장하기도 하였다. 그러나 다음날 속개된 회의에서 도당국과 고창군수의 설득으로 재정지원 등의 조건하 신흥학교 학생의 전입을 승낙했다.[358)]

이리하여 고창고보로 전학하게 되는 생도는 9월 22일 12시 반까지, 전교생 246명 가운데 197명이었다. 나머지 49명은 학자(學資), 기타 학교에 내는 일시금이 150원 가량 되는데, 이것을 물지 못하여 전학하지 못하게 된 것으로, 도 당국에서는 학교당국으로 하여금 그 실정을 조사케 하는 한편 그 대책을 고려중이다.

추억 깊은 모교를 떠나 전학 가는 생도들의 사항을 보면 이날 오후 2시에 버스 3대로 3학년생 75명을 보내고, 23일 오전 6시에 25명과 그 날 오후 3시에 25명, 24일 오후 2시에 50명, 25일 오후 2시에 25명을 보내기로 되었으며, 신흥학교 교원 중에서 고창고보로 전근된 것이 다섯 명이다.[359)]

358) 동아일보 1937.9.25.일자 관련기사.
359) 조선일보 1937.9.22.일자 관련기사.

위에서 보듯 신흥학교 학생들이 단체로 전학을 했고, 선생님들도 김태훈, 김교문, 박준영, 최주남, 김병수 등 다섯 분이나 함께 왔기 때문에 아주 낯설지가 않았다. 거기에다 당시 고창고보 교장인 김종흡은 신흥에서 교무주임을 하다가 서기 1934년 9월에 고창고보로 왔기 때문에 친근감이 있었다.

고창고보 측에서는 교사와 학생들이 교문 밖 정읍에서 고창으로 들어오는 도로 양편에 도열하여 신흥에서 전학 오는 학생들을 박수로 따뜻이 맞아 주었으며, 이후 기존 학생들과 전학 온 학생들 사이에는 작은 마찰도 없었다. 오히려 고창고보는 신흥학교 학생들을 맞이함으로써 학교가 더욱 번창하였다. 신흥의 학생들이 고창고보로 온 이후 고창고보는 전북 체육대회에서 연 4승을 했다는 사실만으로도 당시의 사정을 충분히 짐작할 수 있을 것이다.[360)]

제8절 수난 속의 고창고보

1. 이른바 '황민화(皇民化)'라는 가시밭길

미나미(南次郎) 총독은 서기 1936년 우카기의 뒤를 이어 총독으로 부임하여, 앞으로 해야 할 동양정복을 위하여 우리 민족을 말살하려고 들었다. 그는 일제 군벌의 극렬분자였다. 그가 총독으로 부임해서는 한반도 식민지정책 수행에서 마지막으로 한민족의 목을 죄는 마지막 몸부림이었다.

일제는 대륙침략의 야욕을 만주사변(서기 1931년)에서 드러낸

360) 신흥중 · 고등학교, 같은 책, 134면.

후, 그 야욕은 노골적으로 본격화되어 서기 1937년 중 · 일전쟁을 일으켰고, 이에 따라 한반도는 대륙침략의 병참기지화 하였다. 이리하여 육군지원병제도를 만들어, 조선인 청년을 전쟁으로 몰아가는 근로보국대를 조직하여 군사시설과 공업에 강제 동원하였다.

또 일제는 서기 1938년에는 방공협회(防共協會), 서기 1940년에는 국민총동원령(國民動員令)을 발동하고, 서기 1941년 세계평화를 유린하는 제2차 세계대전을 일으키어 징병제를 실시하고 학도 동원, 징용, 훈련 등을 강요하였으며, 모든 활동에 있어서 조선인은 절대 복종만이 강요되는 노예적인 상황이었다.

이러한 일련의 상황 속에서 '조선교육령'이 제3차로 개정되고 전시교육제제의 교육으로 재편성되었다. 이른바 황민화교육(皇民化 敎育) 이라는 그 기간은 서기 1938년으로부터 1945년에 이르는 8년간의 가시밭길이었다.

2. 공립화 직전 학교의 상황

우리는 공립화 직전 그 당시 서기 1943년 5월 31일 현재 고창고보의 상황을 다음과 같은 통계에서 인식할 수 있을 것이다.[361)]

(1) 학급 편성 및 생도수

학급	제1학년		제2학년		제3학년		제4학년		제5학년		계
	갑조	을조	갑조	을조	갑조	을조	갑조	을조	갑조	을조	10학급
생도수	60	60	60	60	59	58	55	55	57	56	580

361) 「고창중 · 고 60년사」, 511~519면 참조.

(2) 교과 및 수련과정(제1학년은 신제, 제2학년 이상은 구제)

교과 \ 학년	제1학년	제2학년	제3학년	제4학년	제5학년
국민과 수신 일 어 역사 지리	1 3 5	2 일어한문 7 3	2 6 3	수신공민 3 6 3	3 6 3
이수과 수학 물상 생물	4 4	4 4	5 5	4 6	4 5
체련과 교련 체조 무도	3 4	2 3	3 2	3 2	3 2
예능과 음악 서도 도화 공 장	1 1 2	1 1 1	1 1	1 1	1 1
실 업 과	2	2	2	2	3
외 국 어 과	4	5	5	4	4
수 련	3	2	2	2	2
매주 수업 총시수	37	37	37	37	37
외국어는 영어로 한다					

(3) 자 산

대 별	종 류	적 요	수 량	가 격
갑. 기본자산	1. 토지 및 현금	1. 밭	349,101평	128,216원
		2. 논	731,647평	583,617원
		3. 대 지	31,522평	13,493원
		4. 저수지	652평	65원
		5. 잡종지	479평	47원
		6. 현금		5,500원
		계		725,438원
을. 시 설	1. 건 물	1. 교사본관	290평	87,099원
		2. 교사 별관	270평	81,267원
		3. 강 당	97평	24,457원
		4. 도 서 관	35평	9,778원
		5. 무 도 관	94평	27,000원
		6. 총 기 고	29평	5,880원
		7. 농 구 사	28평	2,352원
		8. 기 숙 사	164평	9,882원
		9. 부속건물	133평	13,900원
		계		261,615원
	2. 부 지	1. 기 숙 사	803평	2,409원
		2. 운 동 장	6,015평	18,045원
		3. 학교기타 부지	1,185평	3,555원
		계	8,003평	24,009원
	3. 실 습 지	1. 실 습 밭	628평	753원
		2. 실 습 논	241평	313원
		계	866평	1,066원
	4. 비 품	1. 도 서		6,784원
		2. 기계 및 표본		20,999원
		3. 기 구		25,046원
		계		52,829원
자 산 총 액				1,039,892원

(4) 재단법인

이사 : 신수달(전입이사), 홍종철, 강대식, 김상호, 이휴열, 오균성, 정세환, 정영식, 신태수

사무원(회계) : 김경열, 유재기, 이정팔

(5) 교직원

직 명	성 명	담임학과	교무분장	연맹 역원	본교취직년월일
학교장	신태수	수신		이사장	1927.9.15
교무주	김봉일	수학, 실업	교무계	총무부장, 서무부장	1935.4.3
임	김교문	역사, 지리	서무계		1937.9.25
서무주	모기윤	영어, 음악	도서계 5. 갑.	문화부장, 음악부장	1937.4.4
임	박노홍	도화, 습자	담임 사감	전장운동부장	1938.4.20
교 원		영습, 실업			
	강택수	일어, 한문	도서계 5. 을	수양부장체조유도부장	1939.1.8
	박종재	체조, 무도	훈육계 4. 을	풍기부장, 체련부장	1939.3.31
	채규창	이과,박물,실업	작업계 4. 갑	근로보국부장, 원예부장	1939.4.1
	장성균	영어, 한문	2.을 담임	사격부장	1939.6.8
	이종표	물리, 화학	문서제	특기부장	1939.10.12
	이희갑	체조, 일어	위생계 1. 을	학생부장,육상운동부장	1940.3.12
	심재원	수학	행사계 2. 갑	행군부장	1940.5.38
	박병남	수학	3. 갑 담임	검도부장	1940.10.23
	이영구	수신,공민,실업	3. 을 담임	씨름부장	1940.11.5
	문장욱	영어, 역사	1. 갑 담임	수영부장	1941.6.16
		일어, 한문			1941.11.28
	오오마찌 우다로오	교련		국방훈련부장, 총검도부장	1943.2.11
서 기	진규상				1925.6.1
서 기					1941.7.14
교 의	이상규				1934.10.15

3. 고창고보의 강제적인 공립화

서기 1944년 3월 31일은 고창고보로서는 치명적인 날로 기억되고 있다. 그것은 전 군민들의 적극적인 참여로 민족사학 고창고보로 출발했던, 서기 1922년 5월 3일부터 22년의 역사를 간직하다가, 재단법인의 재산이 일제에 의하여 몰수됨은 물론 금고도 빼앗기고 학교는 '고창공립중학교(高敞公立中學校)'로 교명마저 변경당했기 때문이었다.

사립학교를 폐쇄하려면 재단법인의 정관에 따라야 하는 것은 상징적인 일이다. 즉 재단법인 정관에는 평의원회와 이사회가 있어서 사립학교의 폐교에는 모두 이 정관에 따른 결의가 있어야 한다. 더구나 고창고보는 창립단계에서부터 고창군면의 재산출연과 적극적인 참여로 이루어졌으니, 적어도 고창군민에 대한 의견도 실질적으로 수렴해야 하는 것이다. 그러나 고창고보의 공립화 전환은 일제에 의한 일방적이요 강제적이었다. 임원을 강제로 감금하고 강압적으로 '공립화(公立化)' 결의를 하도록 숙박시키고, 탄압했던 것이다.[362)]

우리는 그러한 경우를 그 당시 고창고보재단 이사였던 홍종철의 강제 연행된 경우를 그 한 예로 들기로 한다.[363)] 당시 고창고보 강제적 공립화 조치가 얼마나 위협적이었고 관권이 동원된 일제의 수법이었는지 짐작할 수 있을 것이다.

홍종철은 서기 1942년 3월경부터 신병으로 고창군 아산면 소재 선운사(禪雲寺)에서 복약(服藥)하고 있던 중 불의에 자동차를 가지고 와서 군수와 서장이 곧 출두하라 한다하여 부득이 즉시 출발

---

362) 「聖魂」, 333면.

363) 반민족해위특별조사위원회 추송서, 사건송치번호 4282년, 사건 제173호 참고.

하여 군청에 도착한 즉, 내무계에 학교 역원 7,8인이 회합하였기에 그 이유를 물어 본 즉, 모두들 알지 못한다하여 서로 의아하게 생각하던 차, 군수실로 오라하여, 들어간 즉, 강보형(姜寶馨) 군수와 와전(窪田) 서장이 열좌하여 말하기를 "도시자 특명으로 제군을 곧 상도(上道)시키라 하여 자동차를 준비하였으니, 곧 출발하라"하여, 그 이유를 물어 본 즉, '도지사 방침에만 순응하라'는 부탁만 듣고 출발하여 전주에서 일박한 후, 그 이튿 날 오전에 도청 지사실에 안내되어 들어가니, 지사, 내무부장, 경찰부장, 참여관, 학무과장이 열좌하여 지사 김대우(金大羽) 감(監)으로부터 인사말이 있은 후, "현 시국 하에 교육은 공립(公立)이라 함에 절대적 방침인 즉, 고창중학을 공립(公立)으로 이관함이 지당하다."하여, "고창중학교를 말하면, 1,2개인이 설립한 것도 아니요, 전 군민이 피와 땀을 모아 설립한 학교인 만큼 용이한 문제가 아니요, 또는 공립, 사립을 막론하고 다 같이 총독부 방침에 의하여 교육하는데 무슨 구별이 있느냐"고 하며 반대하였으나 "종내(終乃) 자기 주장만 하여 좌우간 이사회와 평의원회도 있고, 또는 군민대회라도 개최하여야 할 문제이며, 일단 최고 책임자, 전무이사 신용식(愼鏞植)이 출차미참(出他未參)하였으니, 우리 몇 개인으로는 가부를 논할 수 없다."하였더니 즉시 곧 귀교하여 역원을 소집하여 결정하라기에 그대로 고창에 돌아왔더니, 서장이 성화같이 역원회를 소집하라 하며 일방으로 각 주재소(현 파출소)와 연락하여 역원을 흡사 죄인 압송하듯이 전원을 회동시켜 놓고 강압적으로 의사진행 시켜서 3,4일을 끌다가 필경에는 강제로 결의를 시켜 공립으로 이관되었다.

그 당시 도청에 출두된 사람은 홍종철 외 신헌수(申憲洙), 정영식(丁永植), 김경열(金敬烈), 오동균(吳東均), 이상규(李常揆) 등이었다.

위에서 보듯, 이 얼마나 강압적인 수단으로 이사회의 결의를 시킨 짓이겠는가?

고창고보의 공립화 당시, 재단 이사는 9명, 평의원은 16명이었다. 당시 전북도 당국은 강제로 회의를 소집해 정관상의 일정한 절차를 거치려 했으나, 이사나 평의원이 대부분 회의에 참석하지 않아 늘 정원 미달이었다. 그리하여 경찰들이 임원들을 강제로 고창읍내에 연금을 시키는 등, 우여곡절 끝에 결국 회의를 강제로 열게 하여 사립고창고보를 공립으로 전환시켰다.

그러나 이휴열(李休烈) 이사는 끝까지 서명을 거부하며, 찻잔에 자기 도장을 넣어 경찰서장의 얼굴에 들이대며, "다 가져다가 마음대로 해먹어라!"고 고함을 치며 통곡을 하여, 참석자들이 다 같이 울었다 하니, 참으로 기가 막힐 노릇이었다. 일제는 강제적으로 고창고보를 공립으로 전환시키고는, 항일 민족정신을 길러주던 교사들을 강제로 퇴임시키고 친일교사를 임명하여 이른바 황민화(皇民化) 정책을 강행했다. 조선어 금지는 물론이고 우리의 역사교육도 없애버렸으며, 심지어 창씨개명(創氏改名)을 강행하여, 우리의 성과 이름까지 일본식으로 바꾸도록 강요했으니, 당시 우리 민족이 겪어야 했던 민족적 수모와 서러움은 이루 다 헤아릴 수가 없었다.

공립화 후 재단은 해산되고, 자산은 몰수되어 전북도로 이관되었고 학교는 이름마저 '고창공립중학교'로 바뀌었다. 말하자면 일제는 민족사학마저 해체하면서 일체의 학교의 재산을 몰수하다시피 했다. 어디 그뿐인가? 서기 1944년 4월 1일, 서울의 경복중학교 교두 고오도오가 교장으로 부임했고, 군산중학교의 구로다가 교두로 오자, 신태수 교장, 김봉일 교무주임을 위시하여 뜻있는 교사들은 학교를 떠나고 몇몇의 교사만 남았다.

그때까지 학교에 남았던 교사로서는 진규상, 모기윤, 김교문, 박노홍, 강택수, 백종재, 채규상, 장선균, 이희갑, 심재원, 박종남, 이

영규, 문장옥, 이영해 그리고 몇 명의 일본인 교사였다. 그리고 서기 1945년에 고오도오 교장이 떠나고 구와다 교장이 부임하였다.

일제는 미국을 상대로 태평양전쟁을 일으켜 놓고, 조선에 전시동원령을 내려, 우리 민족의 재산과 노동력을 모조리 착취해갔다. 이런 상황 속에서 학생들 또한 고난의 연속이었다. 전시 동원령이 발동된 상태라 학생들은, 군사시설이나 방공호구축작업장에 강제 동원되기가 일쑤였다.

또한 학교에는 현역장교가 배치되어, 혹독한 군사훈련은 물론, 매년 1회씩 도 전체로 연합 군사훈련을 하게 하였다. 말하자면 일제는 민족사학의 재산을 몰수하여, 학교를 군사훈련을 실시하는 병영화되었다. 그러나 고창중학 학생들은 고의적으로 군사훈련 명령을 등한시하여, 그 결과 훈련은 엉망이었고, 최종 군사훈련 강평 때는 언제나 최하위였다고 한다. 이러한 고창중학생의 태도는 집단적인 무언의 반항심이 내재했으리라 생각된다.

서기 1944년 3월 31일 학교의 공립화 이후, 일제는 이성을 잃고 군사훈련 등 혹독한 고생을 학생들에게 안기며, 그들은 전쟁수행에만 미쳐 있었다. 그로부터 17개월 15일 후, 그들은 연합군에 항복을 하였고, 우리는 광복을 맞이하세 뵘이었다.

민족사학 고창고보는 '고창중학교'라는 이름으로 일제에 피탈(被奪)되었지만, 민족사학 고창고보는 역대 여러 교사들의 민족적인 헌신에 의하여 수많은 졸업생을 배출하고 광복을 맞이하였다. 다만 고창고보 창립 이후 광복을 맞이할 때까지 교사 중에는 연이어 22여 명의 일인 교사들이 있었지만, 이들은 민족적인 불편한 관계를 조성하였다. 그러나 그들의 행동은 결과적으로는 반사적으로 학생들에게 항일 민족정신을 불러일으키는데 한 몫을 하였다 할 것이다.

제5장 호남인의 민족사학 창립 · 지원

호남지방에 있어서 민족사학의 창립의 주도적 인물은 그 지방 부호이거나 그 배후에 당시 지방 부호들의 주도적인 협력하에서 이루어졌다는 것을 인식해야 할 것이다.

주권상실기 부호(富戸 : 부잣집)들은 대체로 3개 유형으로 나눌 수 있다. 첫째는 일제를 등에 업고 서기 1900년 초 이후 형성된 친일파 계통의 부호들이고, 둘째는 구한말 지방 지주들로 독립운동과 관련하여 특히 북간도 지방으로 이주한 부호들이다. 셋째는 구한 말부터 지방에서 자수성가(自手成家)하여 대대로 부를 누려온 부호들이다.

첫째 유형의 부호들은 민족의 혼도 없이 일제에 아부하며 일제의 앞잡이로서 사치와 교만과 반민족행위를 한 자들이다. 문제는 셋째 유형으로서 국내에서 자기 지방에서 부를 축적하고 근면과 성실로 일관하며 자신들에게는 구두쇠처럼 검소한 생활을 하지만 인근의 주민들이 재난이나 흉년에는 당연한 의무로 알며 구휼(救恤)하며 덕(德)을 베푸는 것을 공통점으로 지적할 수 있다. 호남지방에서 흔히 볼 수 있는 선덕비(善德碑)의 주인공들이 바로 그 경우이다.

다른 지방은 모르겠으나 호남지방의 부호들은 필자의 안목으로 보면 선덕비의 대상 주인공들이 많다. 그러나 이러한 유형의 부호들은 주권상실기에 친일(親日)로 오해받아온 경우가 허다하다. 물론 친일이냐의 옥석을 가리는 것은 도도히 흐르는 역사 속에서 밝혀질 것이다. 그러나 요즈음 같이 일부 편협한 진영 논리에 입각하여 국민들로부터 어떠한 친일 판정 권한의 위임장도 없이 여론몰이로 인민재판식으로 불우했던 역사적 공간에서의 행적을 들어 친일파로 매도하는 것은 극히 삼가야 할 것이다. 다 같이 겪어야 했던 주권상실기 일제의 피해와 객관적으로 보면 일제강점기라는 역사적 공간 속에서 이 땅에서 그 수모를 겪어야 했던 것은 어찌 보면 친일행위에서 벗어 날 수도 없었고 자유로울 수도 없었다. 한반도 이외에서 활약했던 몇몇 독립운동가를 제외하면 누가 친일파였고, 누가 반일파였는가? 오늘에 와서 친일파를 규정한다면 적어도 객관적 친일행위도 중요하지만 그럴 수밖에 없었던 기대불가능성(期待不可能性)도 심사숙고해야 하고, 전 생애를 통하여 민족을 위한 헌신도 생각해야 할 것이다. 따라서 이제 우리는 심각한 반성으로 역사 앞에 서야 할 것이다.

필자가 본서에서 논의한 인촌 김성수 선생도 친일파라는 누명에 자유로울 수는 없었다. 오늘날 좌파시각을 가진 자들은 결과적으로 부(富)를 누린 부호나 자본가들은 부가 불공평하게 축적되었고, 그들의 근김이나 성실로 이룬 부의 형성과정을 인민들의 노동력을 착취하여 이루었다고 한다. 그리하여 주권상실기의 부호나 자본가들을 모두 친일파로 매도하고 있다. 한 예로서 인촌이 설립한 고려대학교의 일부 학생들마저도 인촌을 친일파라고 몰아붙였으니, 할 말을 잃고 말 수밖에 없다. 물론 인촌이 서기 1940년대 초 제2차 세계대전이 한창이던 중 조선총독부를 드나들었던 것도, 학도병 입대의 촉구를 발언했던 경우도 부인할 수는 없다. 그러한 동기도 따져 봐야 함은 물론 인촌의 그 이전까지를 매도해서도 안 된다. 혹 외형적으로 봐서 친일적인 행위가 있다 해도 당시 불가항력적인 사회상황도 생각해야 할 것이다. 국내에서 민족교육 · 문화운동을 하면서 표면으로까지 북간도에서 일제와 싸우던 것과 동일시의 행위는 불가능했음은 상식적인 이야기일 것이다. 인촌을 친일파라고 몰아붙였던 일부 고대생들은 왜 다른 대학에 지원하지 않고 그들의 말대로 친일파인 인촌선생이 세운 학교에 다녔는지 그 이유를 알 수가 없다. 인촌을 친일파라고 몰아부친 학생들이 그들 말대로 친일파가 세운 학교에 다니기에 수치심을 느끼고 자퇴했다는 말 역시 들어보지 못했다. 또한 그들의 학부형이나 조부모는 과연 얼마나 배일에 철저했고 일제시 학교에 다니면서 신사(神社) 참배를 거부하며 얼마나 억센 항일을 했는지, 또 그들이 말하는 왜 친일의 최일선에 섰던 전국 방방곡곡의 구장(區長 ; 오늘날 이장)은 한결같이 거론 않고 있는지, 그리고 한 인물에 대하여 친일로 규정하고 친일행위를 거론하면서 왜 또 민족을 위한 행위까지 거론하고 있는지 그것을 알고 싶다.

필자는 광복되던 해에 국민학교 1학년이었다. 아침 조회시간에 신사참배하던 일이 희미하게 생각난다. 광복이 되어서는 미군을 따라다니며 초콜릿을 얻어먹었다. 6.25동란 중 서울의 돈암국민학교 6학년 때는 '박헌영 선생 노래' '김일성 장군 노래', 또는 빨치산 노래도 신나게 불렀다. 수복이 되어서는 "무찌르자 공산오랑캐"의 노래를 또 신나게 불러댔다. 그렇다면 필자의 정체성은 무엇인가! 좌파시각을 가진 자들에게 묻고 싶다.

한 특정인을 친일파라고 할 때는 그들의 소행의 문제이겠지만 당시의 사회적 상황도 생각하여야 할 것이다. 친일적인 행위가 있다해서 친일파라고 규정하는 것도 좋으나 다만 당시의 상황이 사회적으로 불가항력적이었고 친일행위 이전까지의 행위도 무의미하게 해서는 안 될 것이다.

한때 친일파라는 누명에 자유로울 수 없었던 호남의 한 부호들과 그들이 세웠던 민족사학 설립 또는 민족을 위한 교육활동을 본 연구에서 소개하고자 한다. 그들이 바로 김성수, 현준호 등이며, 이를 비롯한 민족교육가 김종익, 문재철 등의 부호들이다. 다만 인촌 김성수는 장을 달리하여 기술하고자 한다.

제1절 송원 문재철과 그의 교육활동

1. 송원 문재철(서기 1883~1955)[364]의 생애와 성장

19세기 말 목포개항(서기 1897) 이후 목포지방을 무대로 활동했던 염상(鹽商)에서 당대에 4만 석의 대지주로 성장한 문재철은 전국에서도 알려진 호남지방 대부호의 한 사람이었다.

문재철(文在喆)은 전남 무안군(務安郡) 암태면(岩泰面) 수곡리(水谷里)에서 서기 1883년 12월 24일 남평 문씨(南平 文氏)의 후예로 조선조 말 중추원(中樞院) 참의(參議)를 역임한 바 있는 태현(泰炫)의 4남 1녀 중 장남으로 태어났으며, 그의 아호는 송원(松園)이다.

남평 문씨 가문이 암태도에 처음 입도(入島)하여 수곡리에 살게 된 것은 적어도 18세기 초라고 추정되고 있다. 문씨 가문이 어떠한 연유로 이곳에 이주, 정착하였는지는 모르겠으나, 이후 수곡리(水谷里)는 문씨의 동족 마을로 누대(累代)를 이어 존속하고 있다.

수곡리의 자연환경은 농사에 유리한 농촌임과 동시에 바다에 인접해 있는데다가 간만의 차가 심한 리아스식 해안지대로서 무제(貿堤) 염전으로 제염업이 가능한 자연조건을 갖추고 있다. 문씨가

364) 광주일보. 1970년 4월 27일(월요일)자, 3면 '地閥', 글 朱命洙 참조. 정근식 외 3, 근현대의 형성과 지역 엘리트 (새길신서 40), 새길, 1995, 17~22면, 참조. 박천우, '문태학원의 설립배경', 문태학원 개교 50주년 기념 세미나, 1991, 5, 11. 발표집 5~11면.

문은 아마도 이러한 수곡리의 자연조건을 최대한 이용한 것 같다.

문씨 가문의 배경을 보면 암태도에서 농사와 제염에 종사하면서 면학(勉學)에 열심하였다. 문씨가문이 지주층으로 성장할 수 있는 기반을 이룩한 것은 문씨 입도조(入島祖)로부터 6대인 문동귀(字 洛瑞, 서기 1808~1804)대에 이르러서였다. 그는 독서제(讀書齊)를 세워 가문의 자제들을 교육하였으며, 특히 아들 3형제에 대한 교육은 엄히 하였다. 그 결과 철종(哲宗) 년간에 이르러 그의 장남 진현(振玄, 아호 學愚堂)은 사마시(司馬試)에 합격하여 태학관(太學館) 진사(進士)로 있었다. 이때 그는 지배계층과 밀접한 관련을 맺게 되었다. 낙서(洛瑞)를 암태도에서는 '문둔장(文屯長)'이라고 부른 것으로 보아 암태도는 궁장토(宮庄土)와 밀접한 관계에 있었던 것임을 알 수 있다.[365] 바로 이 시기가 문씨가문이 부(富)를 축적할 수 있는 사회 · 경제적 기반을 마련하는 계기가 되었다.

송원의 부친인 태현은 낙서의 차남으로 역시 부친의 엄한 교육을 받으며 성장하였다. 그는 20세를 전후하여 이재(理財)에 뜻을 두어 암태도의 좋은 입지조건에 있던 농제염에 종사하기 시작했다. 더욱이 그가 상선(商船)에 의한 염상활동은 문씨가 지주로 성장할 수 있는 경제적 계기가 되었다.

문씨 가문이 지주로 성장할 수 있었던 가장 직접적인 활동은 염

365) 암태도와 궁장토는 문씨가문과 밀접한 관련을 맺고 있었다. 송원의 부친은 운형궁장토가 암태도에 설치되었을 때 궁방(宮房)의 고직(庫直)을 지내며 궁(宮)과 밀접한 관계를 맺고 있었다. 또한 그는 나주목 관아 궁방을 지내면서 궁태도의 재정을 총괄하기도 했다. 서기 1905년에는 송원의 숙부인 학현(學玄)이 선희궁 암태도 감관(監官)을 지냈으며 송원의 당숙 인옥(仁玉)은 암태도 초대 면장을 지냈다. 이와 같이 문씨가문은 구한 말 암태도의 궁방, 감관, 고직 등을 역임하면서 사회계층의 중간계층으로서 지주로 성장할 수 있는 가시적으로 사회 경제적 배경을 이루었다.

전(鹽田)의 경영[366]과 선상무역(船上貿易)이었다.

이러한 문씨 가문의 이재(理財) 활동은 주권상실기 비금도 등지에까지 점점 확대되어 서기 1930년대 이후에는 간척지 개간사업으로 지도, 자은도에까지 염전을 두어 경영하였다. 그 후 염전 사업은 계속 발전하였다.[367]

한편 송원의 부친 문태현은 생산 또는 수합된 백염을 자신의 범선인 상매선(商買船)으로 직선 선상무역을 하였다. 목포개항 전에는 영산포, 강경포, 목천포 등지에 염 선상무역활동을 전개하였다. 그리고 이러한 선상무역활동을 원활히 하기 위해 수곡리에서 암태도 남쪽 남강포구로 이주하였다. 이곳은 인근 도서지방의 요충지로 많은 선박이 이곳을 통과, 정박하는 지점이었다.

문씨 가문은 이른바 선주, 포구주, 염주, 지주로서 이 지역의 상권을 장악하였다. 서기 19세기 후반에는 그는 자기 소유의 염전과 토지 그리고 인근지역에서 생산된 염과 곡식을 큰 선박인 상매선(商買船)에 적재하여 충청도와 전라도 경계선 근방인 강경포, 전남의 영산포, 목천포, 경상도의 하동 등지로 선상무역을 하였다. 특히 그가 주도 왕래하였던 곳은 강경이었던 바, 그가 돌아올 때는 도서지역의 생필품을 싣고 돌아와 판매함으로써 이중으로 무역 차액의 이득을 얻었다. 그리고 그 수익을 토지매매에 투자하였다. 서기 19세기 암태도에서는 상품화폐경제의 발달로 인하여 토지매매

366) 수곡리 앞 해변에는 개터(介基), 포도(浦島) 등의 염전이 있었다. 이 중 개터염전은 무제 염전으로 만조시에도 조금밖에 침수되지 않아 대부분이 해수면상에서 노출되는 극히 평탄한 해안 퇴적지형으로 천연적인 조건을 갖춘 염전인 바 이를 문씨 가문에서 경영하였고 송원의 부친은 이곳에서 제염의 방법으로 자작경영하면서 그 규모를 확대해갔다. 송원의 부친도 염전의 규모가 확대됨에 따라 경영을 자작경영에서 소작(小作; 임대차)경영으로 전환하였다. 이로써 염전의 소유전이 집중화되어 염주(鹽主), 염작인(鹽作人)의 관계가 생성되었다.

367) 광복을 전후하여서는 간척지 확장으로 그 면적은 수십만 평에 이르렀으며 서기 1950년대에는 지도면에서 선일제염조합이 설립되기도 했다.

현상이 일반화되어가고 있었다.

상술한 배경하에서 염전경영 및 염선상무역활동은 목포개항 이후에 이주한 송원에 이르러 더욱 활발해졌다.

송원은 직접 선상(船商) 활동에는 참여하지 않았다. 그러나 그는 목포에 '선일사'라는 상회를 설립하여 객주(客主)[368]로서 활약하였다. 송원의 객주활동은 그의 부친의 상업 · 토지자본을 이용하였다.

19세말 개항장이었던 부산 · 원산 · 인천 등과 같이 목포 역시 대외무역의 상품은 미곡(米穀)으로 주대상국은 일본이었다. 따라서 미곡은 지주에게 높은 이익을 부장했을 뿐만아니라 상인으로서 내륙의 미곡 유통로를 장악하며 하나의 사회적 세력으로 부상해갔다.

더욱이 서기 1914년 이후 일제의 토지수탈을 위한 첫 행보인 토지조사사업(土地調査事業)과 일제자본주의의 성장, 제1차 세계대전의 발발 등의 요인에 의하여 미가(米價)의 등귀(騰貴)현상은 송원이 대지주(大地主)로 성장할 수 있는 여건을 제공하고 있었다.

서기 1915년까지 문씨가문은 지주 경영지가 560여 정보(1정보는 3,000평임; 답; 1,166,991평, 전; 268,541평, 대지 7,588평, 염전 38,695평)에 이르는 대지주로 성장하였다. 이러한 가문에서 송원이 그의 부친으로부터 처음 상속받은 것은 매년 기백석(幾百石; 2~3백석, 3~4백석이 있다)을 받는 토지에 불과하였다. 그는 개항 이후 새로이 전개된 농업경제환경과 절절히 대응하고 평소 근검하고 규모있었으며 이재(理財)에 대한 수단이 남달라 서기 1915년경에는 5,000석 군의 대지주로 성장하였다.

368) 객주상인(客主商人)의 뜻. 상인의 물건을 위탁받아 팔거나 매매를 거간(居間)하고 또는 그 상인을 치르는 영업을 일컫는다. 조선조 후기 객주의 위탁판매 상품은 곡류 · 담배 · 우피(牛皮) · 어류 등이었다.

송원은 수도작(水稻作) 중심의 농업에 종사하면서 전작(田作)에도 소홀히 하지 않았다. 그것은 나주, 영암, 무안 등지는 전남 중서부지역으로 면화경작면적이 총 면적의 40%를 차지하는 면화다작지역이었다. 당시 면화는 일제가 우리에게 강요했던 원료제품의 하나였다. 이러한 상황하에서 송원은 서기 1924년 목포에 제면(製綿)을 하기 위한 소면공장(梳綿工場)을 설립하였다.

한편 작심(作心)하면 한발도 뒤로 물러설 줄 몰랐고, 한 번 옳다고 여기면 무슨 일이 있어도 밀고 나가는 성격의 송원은 서기 1910년에는 이미 목포금융조합 설립위원이 되어 지방금융계에 두각을 나타내기 시작했고, 서기 1919년에는 목포창고금융주식회사를 설립하여 창고업에 손을 대면서 그의 부(富)에 대한 명성은 목포지방은 물론 호남 전 지역에 알려지게 되었다. 그리고 그 익년에 설립된 호남은행에 관계하여 상업 · 금융자본으로 전환하기로 했다. 또한 서기 1924년에는 남일운수 주식회사를 설립하여 운수업계에서도 투자하였다.

송원은 이러한 위와 같은 사업을 전개한 것은 지주 경영에 바탕을 둔 식민지 농업체제 속에서 일진한 기업활동이었다. 이와 같은 기업활동을 통하여 얻은 이익으로 송원은 지대수입의 감소를 만회하는 한편 토지 집적을 계속해서 진행시키고 있었다.

송원이 어느 정도의 토지를 소유하고 있었는지 정확히는 알 수 없다. 다만 광복 이후 농지 개혁 때 답(논)이 724.6정보, 전(밭)이 211.7정보로 나타났으나, 실제로는 그 이상으로 추산되고 있다. 서기 1940년대 송원의 토지는 전남의 신안, 무안, 영암, 나주, 진도, 해남, 장성, 광산, 함평, 담양, 전북의 고창, 부안, 충남의 당진, 그리고 심지어는 강원도 철원, 양구, 경기도의 광주, 시흥, 수원에까지 산재했었다.

일익 부의 성장을 가져오던 송원에게도 시련은 있었다. 그것은 바로 서기 1923년 8월 송원의 땅을 소작으로 벌던 농민들이 소작회를 구성하면서 시작되었다. 그리하여 소작쟁의로 서기 1925년 도초도, 그 다음해 자은도, 그리고 서기 1927년 지도의 소작쟁의로 이어지면서 지주의 입장에서는 큰 시련이었다. 그러나 그 소작쟁의라는 것도 그 타결의 과정에서 보면 오히려 소작인 보다도 송원의 손해를 보는 협상안으로 받아들였다.[369] 그리하여 송원은 먼저 토지경영의 형태를 마름[370] 중심에서 농감(農監) 1인 중심의 농장(農場) 체제로 개편하였다. 그리하여 서기 1935년에는 경영합리화를 더욱 철저하기 위하여 선일합명회사와 그 다음해에는 선일척산 주식회사를 설립하기도 하였다.

서기 1940년대 송원의 지주경영은 큰 변동을 겪게 되었다. 그것은 서기 1937년 중일전쟁의 발발, 서기 1941년 이후 태평양전쟁으로 인하여 한반도는 일제의 전시체제하에서 인적 · 물적 수탈을 당하는 것이었다. 그리하여 그 당시 모두 그랬듯이 송원도 수입의 상당부분을 헌납당하고 벼의 공출도 당했다. 그리고 광복 후에는 토지개혁에 의하여 송원의 지주경영은 일단락되었다.

송원은 천자(天資)가 영특하고 뛰어난 이재(理財) 수단으로 한때 재산이 4만석[371]에 이르렀다 할 때 전남도 평의원 등을 역임한 바 있으나, 일제의 회유에 의한 것이었지 자의적인 것은 아니었다. 이러한 점 등과 부호를 연계하여 송암이 일부 좌파적인 시각을 가지고 있는 사람들로부터 '친일'이라는 누명에 자유로울 수가 없었다. 그러나 당대 부호들로서는 표면적으로 일제에 회유되면서도

369) 송기숙, 소설 《압태도》 참조.

370) 지주의 위임을 받아서 소작권(小作權)을 관리하는 사람.

371) 총 재산이 4만 석이 아니라 매년 지대 등 총 수입이 4만 석이라 하여 4만 석 군이라 하였다.

내면적으로는 일정한 한계를 긋고 극비에 독립운동 자금 모금에 연계하는 민족의 양심을 심중에 갖고 있는 자들도 허다하였다. 송원도 그 경우이었다. 송원이 거리에 나서면 태산이 움직이는 것처럼 위엄이 있었다고 한다. 그의 풍채는 6척 거구에 주먹처럼 굵은 단장을 짚고 거리에 나서면 기세등등했던 왜인(일본인)들도 그 당당한 풍채에 눌려 허리를 굽신거렸다.

송원이 일본 시찰에 갔을 때, 이 거구의 이른바 '센징(鮮人; 조선인)'을 대하는 왜인들은 공손한 인사를 올리기 일쑤였다 한다. 사람됨과 풍채가 이러고 보니 인촌의 양부인 원파(圓坡) 김기중(金祺中)도 송원을 보자 땅바닥에 앉아 "나도 저런 아들 하나 낳았으면"하고 탄식했다는 일화도 있다.

2. 민족사학의 보성전문과 상해 임정의 지원

송원의 반일사상이 우회적으로 처음 노출된 것은 그가 전술한 바 있는 면화회사를 실립할 때였다. 그는 동 회사 설립을 왜인들이 방해를 놓자, 의기와 무서운 패기로 꺾어버렸다. 그리고 인촌이 보성전문학교 교장으로 재직할 때 재단이 약하다는 이유로 조선총독부로부터 압력을 받고 있음을 알자 흔연히 보강 이사로 들어서서 총독부의 간섭을 꺾어 버리기도 했다.

보성전문과 송원의 가문과 관련하여 송원의 손자 문익수(文益洙)[372]는 서기 2008년 1월 담론할 때 다음과 같이 증언해 주었다.

제가 아주 어렸을 때 할아버지께서 돌아가시어 기억이 희미합니다. 다만 할아버지께서 지금 생각해보면 풍채가 좋았다는 것이 어렴풋이 기억에 있습니다. 저는 1남 1녀의 2남매로 아버지의 뒤를 이었습니다. 선생

372) 현 문태중 · 고 이사장, 고려대학교 사범대학 체육학과 교수 역임.

님의 말씀과 같이 선대에는 틀림없이 세교하는 집안이었을 것입니다. 그런데 저는 어려서부터 선친으로부터 가끔 할아버지의 이야기를 들어왔습니다. 제가 현재 고대에서 봉직하고 있습니다만 무척 고대에 애착이 갑니다. 선고의 말씀에 의하면 할아버지께서는 인촌이 보성전문 설립할 때 나락 6천석을 조건 없이 내놓았다고 합니다. 당시 호남지방의 보성전문 자금모금을 책임진 분(그분의 이름은 잊었음)이 영수증인가 뭔가 써주려고 하자 할아버지께서는 세교의 집안 친구가 하는 큰일인데 그런 건 필요 없다고 하셨다 합니다. 할아버지께서는 근검 · 절약을 몸소 가르치셨고 의롭고 큰일을 위해서는 금전을 생각하지 말고 처신하라고 항상 선고에게 타이르셨다고 합니다.

이로 보면 송원은 당시 일제 식민지하에서 벗어나기 위한 민족을 위한 심정이 부풀어 가고 있었음을 추론할 수 있다. 4만석 군의 말을 듣던 송원 그가 호의호식은 커녕 무명양말을 즐겨 신고 일이 바쁠 때면 점심조차 거르던 그가 "돈이란 1원이나 만원이나 똑같이 중하다"면서 차표 한 장 사려 해도 구겨진 지폐는 당신이 손수 일일이 펴서 사용했던 송원이었다. 그러나 송원을 아는 이들은 보성전문 인수 당시 벼 6천석을 내놓았을 때 과연 송원다운 행동이었을 것이라고 송원을 평했을 것이다.

송원은 암태 농민운동, 신간회에 관여하면서 솜장수로 가장하여 상해임시정부를 위한 정치자금을 조달하던 박봉영을 통하여 벼 200석, 보리 100가마, 누룩 50통에 상당하는 거액을 독립자금으로 제공하였다.

3. 민족사학 문태중학의 창립

송원이 활동하던 무렵 서기 1930년대 전반, 목포에는 조선인을 위한 학교가 초등 2개교, 중등은 실업학교만 있었다. 일반 중등학교로는 영흥학교와 정명학교가 보통과와 고등보통과를 겸한 정명학교와 영흥학교가 있었으나 이마저 서기 1937년 신사참배 거부로 폐교되었다. 그러니 설립 당시로서는 목포지방에는 중학교가 하나도 없었다.

고향에 학교가 없다는 현실에서 오는 영향도 있었겠지만, 그는 식민지하에서 나라를 구하는 길은 교육에 있다는 것을 인식한 것은 나이로 보면 년하의 세교의 사이인 인촌으로부터 영향도 컸을 것이다. 송원이 교육사업에 직접 나선 것은 서기 1941년 4월 문태중학교의 설립이 그것이다.

송원이 문태중학교를 설립하던 서기 1941년을 전후한 시대적 상황은 일제의 식민지 정책 수행에 있어서 이른바 '황민화(皇民化) 교육정책기였다.

이 시기는 이성을 잃은 일제가 침략의 세계적 확대를 위한 준비 · 수행으로서 종래의 소국적 방법에 의한 것에서 무력 · 강압적 방법에 의한 정책의 전환으로 전시체제로 들어갔고, 교육정책 역시 그 예외는 아니었다.

당시 조선지배의 최후적 단계로 나타난 조선교육령의 개정은 서기 1938년 3월 3일 칙령 제103호로 공포되었던 바, 그 요지를 살펴보면 다음과 같다.[373)]

첫째, 교명(校名)의 개칭으로 교육제도상으로 보아서 조선인과 일본인 간에 차별대우가 차별되었다고 하나 그 실상은 일본인이 사립학교의 교장이나 교무주임의 자리를 차지하도록 하는 방침이었다. 그리고 사립을 공립으로 전환시키려는 의도도 내포되어 있었다.

---

373) 김경식, 같은 책, 187~189면.

둘째, 교육목적을 뒷받침하는 교육내용으로 일본어, 일본사, 수신, 체육 등의 교과가 강화되었다.

셋째, 조선어를 사용하지 못하게 했다.

넷째, 사립학교 설립을 불허하였다.

다섯째, 기독계 학교의 성경과목을 폐지시켰다.

이러한 상황 속에서 사립학교설립은 그만 두고라도 이미 있는 사학의 운영도 극도로 곤란하였다.

송원은 일제의 침략초기에 치안유지와 민심수습의 차원에서 만들어진 전남 평의원 참사를 지낸 바 있지만, 이는 '친일'보다는 당시 부호였던 재산가로서는 어쩔 수 없는 상황이었을 것이다. 그러나 그는 서기 1930년대 들어 민족교육과 독립운동 지원에 행동화했으니 오늘날 좌파시각을 가지고 있는 자들의 "일제부호=민중착취=친일파"라는 항등식으로써 송원의 행동을 어떻게 해석할지 모르겠다. 분명 그들은 좋은 시각을 가지고 있지는 않을 것이다. 그러나 좌파들의 적폐청산 내지 친일파 단정의 자세는 좀 더 거시적이고 깊이 반성해야 할 것이다.

송원은 또한 서기 1939년 7월 28일 전남도 학무국을 방문하여 사립중학교 설립안을 제출하였다. 그는 자기의 전 재산 145만원 중 70만원을 쾌척하여 사립중학교를 설립하겠다는 것이었다. 이 점은 당시 여러 신문에 대서특필됐다.[374] 그리고 송원은 동 사업을 시작하기로 한 것은 자기 아버지의 유지를 받는 것이라고 전제하면서 중학교의 위치 문제와 기타 모든 문제는 전남지사에게 일임하였다.[375]

374) 동아일보, 1939년 8월 27일자, 조선일보, 1937년 8월 25일자, 매일신보, 1939년 8월 25일자 관련기사 참조.

375) 동아일보, 서기 1939년 10월 10일자 관련기사 참조.

한편 송원이 농장을 경영하면서 잠시 거주하였던 장성에서도 소원이 설립하고자 하는 중학을 유지하기 위하여 도청을 방문하여 진정하는 등 중학교 유치에 적극적으로 나섰다.[376] 그러나 목포에서는 학교유치를 위해 더욱 열성을 보여 동 중학교 목포설치 전속 위원회를 조직하고 총독부 정무총감, 학무국장, 학무과장, 전남도청 내무부장, 지빙과장, 학부과장 등 요로의 당국자에게 타전하는 동시에 도당국을 방문하여 지원하기로 결의하고 동 중학 설치위원을 선출하기도 했다.[377]

송원의 100만원이 넘는 사재[378]의 기부와 목포주민들의 노력으로 서기 1940년 인가를 얻어 마침내 그 다음 해인 서기 1941년 4월 28일 재단법인 문태중학교가 설립되고, 동년 5월 12일 구 공립 목포상업학교(현, 전남제일고등학교)에서 개교식이 거행되었다. 교육목표는 외부적으로 발표할 수는 없었지만 송원의 내심은 민족자존(民族自尊), 교육구국(敎育救國) 바로 그것이었다. 이로써 목포지방에 처음으로 민족사학의 길을 열었다. 송원이 민족사학을 설립할 당시 목포에는 중학교가 1개교도 없었다. 당시 목포에 거류하는 일본인 번영회는 자신들도 설립하지 못하는 중학교를 조선인이 세우려 한다고 맹렬히 반대하였다. 이는 수년에 걸친 진정, 방해 공작에서도 드러났다. 그러나 송원은 이에 굴하지 않고 민족사학을 일궈냈다.

동년 8월 12일 초대교장으로 요꼬다마미네사부로(横田峰三

376) 동아일보, 1939년 10월 14일자, 관련기사 참조.
377) 동아일보, 1939년 10월 29일자 과련기사 참조.
378) 총독부 관보에는 1,029,259원으로 기록되어 있다.

郎)[379]이 부임했다. 그는 조선인을 사랑과 인격으로 대했으며 학생들에게도 관대하고 자상한 교육자였다. 당시 법령으로는 조선인은 학교장을 할 수 없었다. 초창기 유명한 교사로는 음악교사로 조병학, 그는 와세다대학 정치과를 나와 다시 음악을 공부한 분으로 광복후 우리 국악에 최초로 악보를 붙이는 큰 일을 했다. 영어교사로는 안현필,[380] 그는 광복 후 경기중학교에서 스카우트 할 정도로 실력이 최고였다. 미술교사 문재적 교사, 그는 서양화가로 목포지역 제1호 서양화가로 평가받았다. 동경체대 출신으로 유도 5단, 검도 4단의 임광학 교사 등이 유명했다.

신축한 동교 건물에 '돌' 33개를 쌓아 2층 석조로 건축했는데, 이는 3.1운동 민족 지도자 33인을 추모하여 기린다는 뜻이 내포

---

379) 이는 일본의 광도사범을 졸업한 수재로 서기 1928년 춘천고등보통학교(현, 춘천고등학교) 2대 교장, 함경남도공립사범학교장, 함흥공립그등보통학교장을 역임한 바 있다. 동경체육대학 출신 당시 유도 5단 검도 4단 철봉 등 기계체조로도 기량이 뛰어난 임광학 체육교사는 저녁에 혼자 술을 마시다가 일본 헌병대 8~9명과 시비가 있어 싸움이 있었다. 그때 '조센징' 이라고 무시했기에 화가 치밀어 임광학교사가 먼저 선창가에서 헌병대 1명을 바다에 던져버리고 다른 대원들은 돌맹이로 두들겨 팼다. 그 이튿날 전교생 240명(1,2학년 각각 120명)에게 이 소문이 자자했다. 곧 헌병대들이 학교에 들이닥쳐 조선인학교라 만만하게 보고 교장실로 들어가 체육선생을 잡아오라고 했다. 교장은 "영장을 가지고 오시오, 그럼 내주겠다." 면서 "내 부하 직원을 함부로 내 줄순 없다"고 강경대응하니 일본 헌병대 대장이 교장을 괘씸하게 여기며 돌아갔다. 교장은 한국인을 사랑과 인격으로 대했으며 학생들에게도 관대하고 자상한 교장이었다. 그래서 공복이 되어 일본인은 쫓기다 싶이 조선을 떠났을 때, 그는 시민들에게 환송을 받으며 서기 1945년 10월 30일 임기를 마치고 조선을 떠났다고 한다.

380) 서기 1913~1999년 생존, 제추 출신, 13세에 일본에 건너가 청산학원대학 영문과 졸업, 대학졸업후 홋가이도(북해도) 삿포로교 교사(당시 조선인으로는 최초로 일본 고교의 담임교사 역임) 이후 경기고, 서울고 영어과 주임, 한국외대 교무과장, 서울대 사범대학 강사 역임, 그는 최초로 입시학원 E.M.I학원 설립자 겸 원장이기도 하다. 1950~1970년대 베스트셀러 영어교재 저자로 대표작으로 「영어실격 기초」, 「영어삼위일체」, 「영어기초오력일체」 등이 있다. 필자도 서기 1954~56년 고등학교 시절 그의 저서로 탐독한 바 있다.

되어 있다. 또한 교모에는 2개선의 테두리가 있는데 그중 윗선은 1.5cm, 밑선이 0.5cm로 윗선과 아랫선의 비율이 3:1로 되어 있고 중학교 교기의 외줄선도 33개 선으로 되어 있다. 이러한 사실을 생각하면 송원이 무엇을 생각하고 있었던 가를 추론할 것이다.

또한 문태중학교의 수학여행은 반드시 국토순례(國土巡禮)가 주류를 이루었다. 이는 조국의 사랑과 자존을 위한 것이 아니고 무엇이었겠는가? 여기에서도 송원의 숨겨진 뜻을 이해할 수 있을 것이다. 일부 학교에서는 일본 동경 아니면 만주의 봉천 등지를 다녀왔다. 일본 수학여행은 이른바 황궁, 나라공원, 신사 등 제국주의 위용이 드러난 곳이 여행지로 선정되었으며, 만주의 여행은 일제의 만주 점령을 통한 만주의 근대화를 선전하기 위한 목적이 강했다 하였다.

문태중학교의 교훈은 현재 '성실(誠實)'로 바뀌었으나 애당초는 '협조(協助)'였다. 이는 우리의 상부상조(相扶相助)의 '협동'이라는 전통적 미덕을 독립운동에 연결 시키려는 의도도 있을 것이다. 일제는 동교를 공립(公立)으로 전환하도록 압력했으나 끝까지 거절하였다. 동교는 서기 1945년 3월 20일 제1회 졸업생 102명을 배출하였다.[381)]

송원은 서기 1955년 72세를 일기로 세상을 떠났다. 그는 민족이 불운했던 주권상실기 목포지방에서 민족교육구국운동사의 한 면을 장식했음은 물론 향토교육의 개척자였다 하겠다.

제2절 현준호와 그의 민족을 위한 교육활동

현준호(玄俊鎬 ; 서기 1889~1950)[382)]는 전남 영암군 학산면 학

381) 학교법인 문태학원 연혁 참조.

382) 정근식 외 3, 근현대의 형성과 지역엘리트, 새길, 1995, 97~102면 참조.

계리에서 대지주였던 학파(鶴坡) 현기봉(玄基奉)의 차남으로 태어났다. 원래 현씨 가문은 충남 천안에서 살았지만, 현준호의 증조부 때 영암으로 내려와 터를 잡았으나 서기 1908년 목포로 이사하게 되었다. 그의 부친은 진사(進士)에 오른 유림(儒林)으로 영암군 향약소(鄕約所)의 도약장(都約長)과 구림학교(鳩林學校)의 교장을 역임한 7천석(石) 군의 부호로 알려졌다.[383)]

현준호는 그의 부친의 경제적 · 사회적 배경을 토대로 자본가로서 성장하였다.

서기 1906년 6월 현준호는 영학숙(英學塾)에서 김성수, 송진우, 김병로 등과 그의 일생 중 중요한 만남을 갖게 되었다. 그 후 그는 서울 휘문의숙(徽文義塾)에서 수학한 후 서기 1912년 23세의 나이로 명치대학(明治大學) 법률학과 예학에 입학하였다. 그는 유학기간 현상윤, 최두선, 윤정하, 박용희, 김철, 장덕수, 백관수 등 당시 장래가 촉망되는 민족의 동량들과 교우하는 계기가 되었다.

당시 도일유학생들은 각 도 단위로 친목회를 구성해 활동하고 있었다. 전남북 출신은 호남다화회, 경상남북도 출신은 낙동친우회, 함경남북도 출신은 철북친육회, 황해도 출신은 서해 친육회, 경기 · 충청남북도 출신은 삼한구락부, 강원도 출신은 영우구락부를 구성했던 바 여러 친목회가 구성되었다.

그 중 호남다화회는 회장 송진우를 중심으로 김성수, 장덕수, 최남선, 현준호, 신익희, 조소앙, 김준연 등이 참여하고 있었다. 그 구성원들을 보면 호남다화회는 타도 출신이 많이 참여한 듯하며,

383) 전남대학교 의과대학 50년사 편찬위원회, 전남대학 의과대학 50년사, 전남대학교 출판부, 1996, 29면.현기봉은 또한 광주 농공은행을 비롯하여 제조업, 창고업 등의 사업을 벌이며 명치신군 봉독회 조선지부 위원, 전라남도 참사, 전남도평의회 의원, 중추원 주임 참의 등 관직도 역임했다.(반민족문제연구소, 친일파 99인, 돌베개, 1993, 194~200면)

또한 도일 유학생의 단결과 단체 통합에 중요한 역할을 했다. 현준호는 법학을 전공하면서도 상과계열의 과목에도 열중하였으며, 특히 그는 '조선인은행'을 설립하려는 꿈을 이때 세웠다.

현준호는 서기 1917년 4월 귀국하여, 명치대학 동창이었던 목포의 차남진, 서울에 있는 김성수, 송진우 등과 자주 만남을 가졌다. 그로부터 2년 후 극비로 3.1운동의 소식을 현상윤, 송진우로부터 전해 들었지만 거기에 가담하지는 않았다.

3.1운동 이후 6월 그는 호남은행(湖南銀行)의 설립에 착수하여 그다음 달 발기인의 모집에 들어갔다. 이미 서기 1913년 충남에서는 호서은행(湖西銀行)이 설립되어 있는 상태였다.

현준호는 서기 1920년 2월 조선총독부로부터 호남은행의 설립허가를 받고 동년 8월에는 자본금 150만원(3만주)으로 창립하게 되었다. 설립 당시 현준호는 전무취체역을 맡고 서기 1925년에는 대표취체역을 맡았다. 서기 1931년의 호남은행 주주명부에 의하면 500정보 이상 대지주는 김충식, 현준호, 문재철 등 8명, 20정보 이상 지주는 차남진 등 20여명이었다.[384] 호남은행 설립, 경영의 특징은 목포, 광주 일대의 민족계 대지주 및 상업자본가들이 대거 참여했다는 점과 일본인 직원을 채용하지 않는 점이 있다.[385]

이 같은 호남은행은 서기 1918년 광주농공은행이 조선총독부에 의해 조선식산은행으로 통폐합되면서 당시 호남지방의 민족계 기업인들이 이용할 수 없게 되었다. 이에 현준호, 김상섭(金商燮) 등 유지들이 서기 1920년 8월 민족자본은행으로 설립된 것이다. 그리하여 광주, 목포, 순천 등지에 지점을 두었으며, 서기 1933년에는 경상도의 동래은행을 흡수 병합하여 경상도에까지 지역을 넓혔

384) 장시원, 일제하 대지주 존재형태에 관한 연구, 서울대학교 대학원 경제학과 박사학위 논문, 1989, 181면.

385) 조기준, 일제하 한국기업 설립운동사 연구, 청사, 1989, 162~167면.

다. 그러나 1942년에는 조선총독부에 의해 동일은행으로 강제 합병당하고 말았다.

한편 현준호는 민립대학(民立大學) 기성운동에도 적극 참여하였다. 당시 동아일보는 사설에서 민립대학 설립의 필요성을 다음과 같이 주장하였다.

…정치적, 경제적 예속뿐만 아니라 정신까지 예속되는 것은 일시적인 문제가 아니므로 정신적 예속을 막기 위하여 학(學)의 독립이 필요하기 때문…[386)]

모금운동을 위한 조직으로 중앙부와 지방부를 두었던 바, 현준호의 부친 현기봉은 당시 광주군 지방부 집행위원장을 맡고, 현준호는 500명분의 입회금을 내기도 했다. 말하자면 민립대학 설립운동에 부자간이 참여하였다. 그러나 동 운동이 배일사상을 선전한다는 이유로 일제의 탄압과 서기 1924년 이후 계속된 한재(旱災)와 홍수 등의 사정으로 중단되고 그 결과 1924년 일제에 의한 경성제국대학(京城帝國大學))이 설립되었다.

현준호는 광주고보 설립시에서는 설립기성회에 그의 부친 현기봉이 참여했고 자신은 동 교 설립에 주도적으로 참여하기도 했다.[387)] 인촌이 주도한 민족사학 재단법인 사립보성전문학교 설립시에는 설립허가 신청서 신청인 58인 중 1인이었으며 설립시 5,000원을 기부했고, 재단법인 창립시 감사 5인중 1인이기도 했다. 대학에 진학하는 호남출신 학생에는 무조건 거금의 장학금을 지급기도 하였다. 그의 장학금을 혜택받은 자중 손창식(孫昌植)이

386) 東亞日報, 1922, 2월 5일자 사설 참조.

387) 광주제일고등학교 · 동창회, 광주제일고 100년사, 82면.

라는 사람에 주목할 필요가 있다.

손창식은 서기 1906년 2월 8일 전남 함평 출신이다. 그는 현준호의 장학금으로 일본에 유학하여 동경고등공예학교 정밀기계과를 졸업하였다. 그는 일용품을 발명(37개 종목)하여 일본 정부 특허국으로부터 11개의 특허를 갖고 있었다. 그는 서기 1932년 상해로 건너가 장개석 정부의 후원을 얻어 자기가 특허를 받는 여러 가지 생산할 준비를 하였다. 그는 자신의 책과 짐을 가지러 도일했다가 독립운동가로 몰려 옥고를 치루기도 했다. 집행유예로 풀려난 그는 다시 상해로 건너가 십여 년 동안 맨손으로 '상해 정밀기계공예사'라는 대규모의 공장을 차려놓고 수백 명의 직공을 쓰면서 비행기와 군함의 부속품을 생산하는 기계공장을 운영하여 거액을 모았고 고액 납세자로도 이름이 높았다. 일제와 중국으로부터 사상문제로 몇 번 감옥생활도 하였고, 네 차례에 걸쳐 재산이 봉쇄되는 등의 수난도 있었다. 반면 서기 1932년 상해로 건너간 그는 당시 상해 주둔군 사령관으로 온 일본인 처남의 비호 아래 군수공장을 운영하여 큰돈을 벌기도 했다. 그는 서기 1944년 2월 현준호와 당시 광주 기독교계 선각자이자 일제에 저항했던 독립투사 내지 진실한 사회사업가였던 최흥종(崔興琮)이 상해를 방문했을 때 광주공립의전 설립기금으로 2회에 걸쳐 100만원을 선뜻 희사하기도 했다. 당시 100만원이라는 금액은 쌀 20만 가마에 해당하는 금액이었다.(서기 2021년 6월 현재, 백미 1가마 80kg 당 240,000원으로 환산하면 4백 80억 원에 해당) 그러나 이 기금은 전남도에서 관리하고 학교건설에 썼겠지만 어디에, 어떻게 사용되었는지 알 도리가 없다. 아마 대부분이 전쟁 수행에 전용되었을 가능성이 크고, 패전과 함께 흔적도 없이 사라졌을 것으로 짐작된다. 이뿐만 아니라 고아원 · 육아원에도 거액을 기부하였고 중경의 임시

정부에도 독립자금을 조달하였으며, 이화여전(梨花女專)에 50만 원과 중앙여고 등 교육단체에 많은 돈을 기부하였다. 중국의 본토가 서기 1949년 공산화되자 그의 모든 재산을 버리고 대만을 거쳐 홍콩으로 가서 보석 원석(原石)을 가공하여 미국에 수출하였다. 그는 서기 1963년 8월 15일 광복 18주년 기념식에 독립유공자로 정부의 초청을 받아 귀국하였으며(당시 홍콩의 동해보업사(東海寶業社) 그 때 전남대학교를 방문, 개교유공자로 표창을 받았고, 이듬해 2월 26일 명예공학박사 학위를 받았다.[388)]

현준호는 서기 1920년대 중반을 넘어서면서 그 활동은 관계와 밀착된 관계를 이루고 있다. 이 점에 대하여 미리 말해 둘 것은 그의 자발적인 행동이 아니요, 당시 시대적 상황에 그럴 수밖에 없었던 불가항력적 상황이었다는 것으로 추론된다. 그것은 광복 후 반민족 행위 처벌법[389)]에 의하여 조사를 받을 때 불구속 처리된 사유가 방증하고 있다. 즉 현준호는 중추원 참의와 도평의회 의원으로 있으면서 일제에 동조했다는 이유로 반민족 특위에서 조사를 받았지만 중추원 참의는 본의 아니게 맡게 된 것이며 오히려 그가 설립한 호남은행에서 일본인 직원을 한 사람도 쓰지 않아 일제의 미움을 사 동일은행에 합병된 것, 창씨개명을 하지 않았던 것을 주장해 불구속 처리되었다는 점에서 그렇다.

그는 부친이 사망한 뒤, 도평의원에 임명되었고, 서기 1930년대에는 중추원 참의로 재임명되었다. 그가 도평의원으로 있던 서기 1929년 광주학생운동이 일어나자 그는 구속학생 석방 학부모 교

---

388) 전남대학교 의과대학 50년사 편찬위원회, 전남대학교 의과대학 50년사, 1944~1994, 전남대학교 출판부, 1996, 28~29면.

389) 반민족행위 처벌법은 서기 1948년 국회에서 통과되어 동년 10월 24일 특위가 구성되었고 전남지역에서도 최종섭을 위원장으로 하여 활동을 시작했다. 동 지역에서 입건된 자는 모두 38명으로 20명은 구속되고 18명은 불구속되었다.

섭위원회를 조직해 교섭위원장을 맡았다. 현준호는 서기 1933년에는 일제로부터 춘동간척사업을 허가받아 100여 정보의 농토를 확장하기로 했다. 그리고 1936년에는 동아일보와 (주)조선생명보험 취체역을 맡기도 했다.

서기 1937년 중일전쟁이 발발되자 당시 조선총독부 총독 남차랑(南次郎; 미나미)은 조선순회시국강연반 결성을 지시하였던 바, 현준호는 동년 8월 시국강연회 한 사람으로 지명되었다. 그리고 그 다음해 전세가 급하게 전개되자 조선총독부는 시국대책조사위원회를 설치하고 대책위에는 97명이 임명되었는데 이 중 11명은 조선인으로 현준호를 비롯 김연수(경성방직 사장), 박영철(중추원 참의), 박흥식(화인상회 사장), 윤덕영(남작, 중추원 고문), 이기찬(참의), 이승우(참의), 최린(참의), 한규복(참의), 한상룡(참의, 조선생명보험사장) 등이었다. 현준호는 여기서 산업경제 관계를 담당한 제2분과 전임위원과 문화사회관계를 담당한 제1분과 겸임위원을 맡았다.[390] 그 뒤 1941년 홍아보국단 준비회라는 친일 관변 단체의 상무위원으로 그 후 임전대책협의회와 통합되어 조선임시보국단으로 바뀌자, 여기서도 평의원으로 지명되었다. 전쟁이 막바지에 이르자 중추원은 학도지원을 독려하기 위한 강연반을 결성하기도 하였다. 이에 따라 현준호는 전남지역 시국강연반에 지명이 되었다.[391] 여기서 그가 맡은 직책은 어떤 정책에 영향을 미칠 수 있는 그런 것이 아니라 그저 명예직에 가까웠다.

위에서도 언급 했듯이 서기 1942년 5월 호남은행은 일제의 특별감사 후 배일사상을 이유로 동일은행에 합병되고 말았다.

한편 그다음 해로부터 광복 때까지 현준호는 서기 1939년 허가

390) 반민족문제연구소, 같은 책, 194~200면.

391) 반민족문제연구소, 같은 책, 203면.

받은 후 지지부진했던 서호간척사업에 몰두했다. 그는 부친의 아호를 따라 '학파농장'으로 하여 서기 1944년부터 단계적으로 농사짓기 시작했다.

현준호의 토지는 학파농장 소유의 155.3정보와 광주, 장흥, 강진, 해남, 영암, 무안 등지의 그의 토지 713정보였다.

서기 1950년 한국전쟁의 발발은 현준호의 가족에게 불행을 가져다주었다. 장남(현영익; 당시 국회의사과장)이 북한군에 사로잡혀 처형당했고, 현준호 역시 동년 7월 27일 북괴의 내무서원에게 호남동 자택에서 붙잡혀 그 후 9.28 수복 때 후퇴하던 북한군에 의해 광주형무소 농장에서 피살되고 말았다.

현준호는 그의 편역에서 그의 적극적인 의사가 아닌, 조선총독부가 자의적으로 임명했던 중의원 참의라든가 관변단체 위원으로 임명되고 그 입장에서 활동했던 것은 외형적으로는 친일행위 비판에 자유로울 수는 없다. 현준호가 자의적이 아니고 타의적인 친일행위를 한 점, 당시 일제의 위압적인 상황, 그리고 그가 민족적 입장을 견지하고 처신했던 점, 민립대학 설립운동에 참여했던 점, 사학의 설립운동 등에 대하여 좌파시각을 가지고 있는 이들은 그를 친일파의 범주에 자리 매김하겠으나 필자로서는 어떻게 해석해야 할지 모르겠다.

현준호와 관련해서 또 하나 눈 여겨 볼 것은 사립은 아니지만 전남 광주의학전문학교(1944. 3~1946. 8)의 설립에도 관여하였다는 점이다.

주지하는 바와 같이 일제의 식민지정책은 교육에 있어서 조선인의 고등교육에 대한 기회는 제도적으로 억제하면서 우민정책(愚民政策)으로 일관했다. 또한 조선인에게는 의료혜택을 최소한으로 허용하도록 의료시설의 투자는 극미하였고, 의사양성은 적극적으로 나서지 않았다.

서기 1940년 무렵 조선에는 의학교(醫學校)로서는 모두 6개교뿐이었다. 즉 서울에 경성의전(京城醫專), 세브란스의전, 경성제대 의학부와 서기 1938년에 개교한 경성여자의전 등 4개교, 그리고 지방에서는 대구의전[392]과 평양의전이 있었을 뿐이었다.

또한 광복전 한 통계에 의하면, 조선인의 유아사망률이 1,000명 중 220명을 기록하였고, 결핵, 나병, 장티푸스, 발진티푸스, 천연두, 콜레라, 말라리아 등 전염병이 창궐하였을 뿐만 아니라 영양실조에 따른 온갖 질병으로 평균 연령도 37세에 불과하였다.[393]

이러한 실정인데도 서기 1911년 조선총독부 의료통계에 의하면 의사는 880명이었는데, 조선인 의사는 54%였고, 의사 1인당 15,000명을 넘어섰으며 서기 1940년에 이르러서 의사는 3,197명(그중 1,948명이 조선인, 의사 1인당 7,420명)이었다. 서기 1937년 광주의 경우, 의사는 총 27명이었다. 도립광주의원에 9명의 의사 중 조선인으로는 최상채(崔相彩) 단 1명, 제중원에 4명의 의사 중 소선인 의사 2명, 개업의는 14명이었는데 그중 조선인은 7명이었다. 서기 1943년에도 의사는 43명에 불과했으니 의료인력의 부족상황을 이해할 것이다. 더구나 태평양전쟁이 임박하게 되자 제중원의 서양인 의사들은 모두 추방하고 병원을 폐쇄하여 버렸으니 의료서비스의 어려웠던 상황은 이만저만이 아니었다. 이러한 실정을 보다 못한 지방유지들은 도립광주의원을 모체로 하여 의사양성기관을 설립할 것을 열망하게 되었고, 이미 서기 1936년(昭和 11

392) 대구의전은 자혜의원 의학강습소, 서기 1928년 경북도립병원 의학 강습소로, 서기 1933년에는 4년제 대구의학전문학교로 되었고 광복 후에는 대구의대를 거쳐 경북대학교 의과대학으로 발전하였다.

393) 전남대학교 의과대학 50년사 편찬위원회, 전남대학교 의과대학 50년사; 1944~1994, 전남대학교 출판부, 1996, 24면.

년) 송본(松本; 마스모도) 지사가 재임하고 있을 때부터 조선총독부에 의전설립을 추진하였으나 번번이 실패하였다.

일제는 그들이 도발했던 태평양전쟁이 전개되면서 많은 전상자를 치료할 의사를 신속히 양성하려고 일본 전국에 30개교의 임시 의전을 설립하였다. 일제는 군부의 야욕과 이곳 주민들의 열망이 맞아떨어져 광주와 함흥에 의전을 설치하기로 한 것이다. 그리하여 패전 1년 전인 서기 1944년 1월 10일 도립광주의전 개설위원회가 발족되었다. 동 위원회의 위원장은 무영(武永; 다께나카) 지사, 실시위원은 도립광주의원 황목영일(荒木英一) 원장이 맡았고, 위원은 확인할 수 없으나 현준호 등 지방유지가 포함되었다.

동 위원회는 동년 3월 2일자로 조선총독부에 설립인가를 정식으로 신청하였다. 여기에는 그들이 원하는 설립비용 100만원을 충족한 후였다. 드디어 총독부는 동년 3월 31일자로 총독부 고시 제617호로 전문학교령에 의한 설립인가를 하였다. 학교의 명칭은 광주공립의학전문학교(光州公立醫學專門學校)이다. 동교는 서기 1944년 5월 20일 교사로 정한 수피아중학교 대강당에서 제1회 입학식을 거행하였던 바, 신입생 102명(일본인 54명, 조선인 48명)이었다. 동교는 광복 후 광주의전으로 계속하다가 현 전남대학교 의과대학의 모체가 되었다.

비록 광주공립의전이 군의관 양성을 목적으로 설립되었다고 하나, 그것은 한낱 피상적인 우연의 일치일 뿐 광주에 의학교 설립되어야 한다는 것은 시기의 조만(早晩)을 떠나서 필연적이었다. 그것은 첫째 당시 광주를 중심한 전남도민의 간절한 염원이었고, 둘째로는 당시로서는 훌륭한 도립병원이었다. 조선총독부는 오히려 방해하고 있었다. 셋째는 광주의전이 공립이었다지만 교활한 일본인들은 자기들의 자본을 투자하지 않고 지방민의 자금으로 설립하도록 한 것이다. 결국 사립학교를 설립한 것과 마찬가지였다.

결국 광주의전이 공립이라 하나 그것은 형식에 불과했다. 그들은 교사(校舍)를 불법적으로 몰수한 수피아여중과 제중원을 광주의전으로 하여금 관리토록하고, 도립병원을 부속병원으로 쓰도록 했으니 말이다. 이러한 점에서 보면 현준호는 실제적으로 민족을 위한 교육과 인재양성에 깊은 관심을 가지고 노력하였다 할 것이다.

제3절 김종익과 민족을 위한 교육사업[394)]

김종익(金鐘翊 ; 서기 1886~1937)은 서기 1886년 7월 6일 전남 승주군 월등면 대평리(大坪里)에서 출생하였다. 그는 금녕군(金寧) 김씨인 고려 금녕군(金寧君) 시여(時輿) 28세손으로 학모(學模)와 어머니 양주 하씨(楊州 河氏) 사이에 장남으로 태어났으며, 우석(友石)은 그의 아호이다.

우석은 어린 시절 벼슬길에 진출한 아버지, 날로 번창하는 가세 속에서 남부럽지 않게 보냈다. 우석의 집은 4만 5천석 군으로 당시 전북의 대부호였던 인촌 가문을 능가하는 대부호였다. 재산은 주로 토지였으며, 순천을 비롯 벌교, 구례, 여수, 광양, 보성 등 전남 도내에 산재해 있었으며 그 규모는 서기 1930년 현재 1,127정도(3,381,000평)로 알려지고 있다.

우석은 어렸을 때 가정환경이 남달리 부유한 가정이였지만 부친의 엄한 가교(家敎)를 받으며 한학(漢學)에 전력하였다. 그리하여 그는 한문과 서예에 조예(造詣)가 깊었으며 시작(詩作)은 사람의 이목(耳目)을 놀라게 했고 필력(筆力)이 곧고 절묘하였다.

394) 順天中高等學敎 五十年史(1938~1988), 1988 順天中高50年史 編纂委員會 開校50周年記念事業委員會, 開校五十年史(1935~1985), 順農 · 順天大學, 1985.

우석은 20세가 되기까지 과거(科擧)를 보기 위해 승주 선암사(仙岩寺)에서 그 준비에 열중하였다. 그러나 을사조약이 체결되자 뜻한 바 있어 상경, 그의 나이 24세 때인 서기 1909년 경성 중동학교(京城中東學校)에 입학하였다. 그것은 개화문화(開化文化)를 하루빨리 익히는 것이 구국을 위한 첩경으로 생각하였기에 만학(晩學)의 길을 택하여 웅지(雄志)를 펴기 시작한 것이다. 그리고 26세에 동 교를 졸업하고 곧바로 황성기독교청년회학관(皇城基督教青年會學館)에 입학하여 2년제 상과를 수료했다. 그리고 그는 28세 때인 서기 1913년 도일(渡日)하여 동경의 조선기독교 청년회(朝鮮基督教青年會)에서 일어과(日語科)를 수료하고 명치대학(明治大學) 법과(法科)에 입학하여 법학을 전공하면서도 경제분야에 대한 꿈을 잊지 않았다.

우석은 중동학교 재학시에 일제에 의한 힘없이 무너지는 주권상실을 서울에서 목격하였고, 도일유학생활 중 일본의 개명한 문명에 충격을 받아 교육의 필요성을 절감했다고 전해지고 있다. 동경유학시설 송진우, 안재홍, 장덕수, 김도연, 백관수, 김효석, 김성수 등과 은밀하게 교유(交遊)하면서 유학생들의 활동을 위해 상당한 자금을 지원하기도 했다.

서기 1916년 우석은 도일 유학을 마치고 귀국하였다. 그리고 2년 후인 서기 1918년 그의 나이 33세에 무안의 박영선(朴英善)의 차녀와 결혼하였다. 그의 부인의 이름은 '춘자(春子)'가 왜풍(倭風)이 있다 하여 혜순(惠淳)으로 개명하여 불렀다. 이러한 것을 보면 당시 도일유학생 출신이였지만 우석의 마음의 심연(深淵)에 흐르는 배일(排日)의 한 경우를 읽을 수 있다. 같은 해 관계(官界)에 진출하라는 친교(親教)가 있었다. 부군수(副郡守)라는 자리는 파격적인 것이었으나 부친의 재력이 뒷받침한 것이었고 큰 재산을 가지고 있던 이에게 당시 일제가 주시하고 있었던 것은 일반적이었으니 그의 부친의 심정도 헤아릴 수는 있다. 그러나 우석은 당시 관계나 정치계 진출은 일제 식민지주의에 동조하는 길이고 희생이 되는 길이라는 것을 들어 부친에 간청(懇請)하고 "네 뜻대로 하라"는 허락이 있어 경제계 증시 및 교육사업에 헌신하기로 결심하였다.

"이달에 천원 벌었다 해서 돈을 헛되이 써서는 안 된다. 그것은 다음 달 그리고 그다음 달에는 돈이 벌리지 않을 수도 있으며, 어떤 경우에는 지난달에 벌었던 돈 이상의 손재(損財)도 받을 수 있으니 항상 이를 대비할 능력을 갖추어야 한다"는 부친의 교훈과 재력(財力)에 힘입어 당시 심한 재정난에 허덕이던 조선제지주식회사 전무취체역 백영수(白漢洙)와 손을 잡고 그 회사에 투자하였던 바 투자액은 3만원(당시 벼 한 섬 10원)이었다. 우석은 그 이듬해 동 회사의 전무취체역을 거쳐 감사역에 피선되면서 회사 경영에 본격적으로 참여하게 되었다. 그러나 이것이 여의치 않아 서기 1924년 조선제지회사에 투자한 지 6년 만에 당초의 투자원금 3만원만 되돌려 받는다는 조건으로 손을 떼게 된다. 이후 그는 미두(米豆) 거래에 관여했다. 이는 오늘날 주식투자와 비슷한 투기사업이었다. 그는 이에 탁월한 수완을 갖고 있어 이를 통해 상당한 자금 수완을 갖고 있어 이를 통해 상당한 자금을 모을 수 있었다.

물론 그 밖에도 여러 회사의 주식을 소유하고 있었다. 조선식산은행(2,620주), 동일은행(2,557주), 조선거래소(6,500주)를 비롯해 조선철도(1만 6,990주), 조선경남철도(7,090주), 조선경동철도(4,850주), 금강산전기철도(3,180주) 등에도 상당한 투자를 하고 있었다. 이들 투자액을 환산해 보면, 농업에 98만여 원, 철도업에 160만여 원, 금융업 관계 회사에 29만여 원, 제조업에 2만

5,000여 원이었다. 이렇듯 그는 당시 전남 지방의 대지주 가운데 가장 많은 주식을 보유하고 있었던 것이다.

우석은 서기 1925년에 부친의 사망으로 막대한 유산을 물려받고, 그 이듬해 (41세) 5월 부친의 아호를 따라 묵초육영회(墨憔育英會)를 설립하였다. 그의 육영회 설립은 한편 그의 부친의 감화와 뜻을 이은 것도 된다. 그의 부친은 생전에 국가의 장래를 위해서는 누군가 2세의 교육에 헌신하지 않으면 안 된다는 것을 내심 간직해 왔음에도 불구하고 당시 여건으로서는 승주지방에는 학교를 세울 수 없어 서기 1919년 호남의 유지들이 뜻을 모아 광주고등보통학교(光州高等普通學校 : 광주 서중의 전신; 서기 1968년 평준화 정책에 의해 폐교) 설립 때 5천석(石)에 상응하는 가장 많은 자금을 기부한 바 있다. 우석이 묵초육영회 설립하면서 내놓은 장학 기금은 65만원이었다. 이 기금으로 중학생에서 전문학교 학생에 이르기까지 50명을 선발하여 1인당 매월 25원에서 50원까지 지급하였던 바, 이 돈은 1개월 생활비까지 충당할 수 있는 큰 돈이었다.(당시 쌀 한가마 15원 정도)

서기 1933년 48세 되던 해 6월 우석은 민씨가(閔氏家)로부터 조선제지주식회사를 인계받아 유전(劉銓), 석진형(石鎭衡), 남주희(南冑熙), 김양수(金良洙), 김도연(金度演) 옥준진(玉濬珍), 이인제(李仁諸) 등을 중역(重役)으로, 심상순(沈相淳)을 상담역(相談役)으로 추대하여 단독으로 경영하였다.

같은 해 9월에 우석은 늦게 장남을 얻었다. 그는 개인적으로는 득남의 경사도 되겠지만 이를 계기로 빈민구제 사업을 위하여 당시 적십자에 다액을 기부하였다. 또한 같은 해 10월 조선나병협회(朝鮮癩病協會)에 기부하고 이사에 취임하였다.

우석은 서기 1934년, 49세 때는 보성전문학교 30주년 기념사업의 일로 인촌 김성수가 내방(來訪)함에 이를 환영하고 다음날 바로 상경하여 거액을 보성전문에 희사하였다. 우리는 여기서도 보성전문의 인촌 설립·경영에 재인식할 필요가 있다. 우선 '고려대학교 70년지'만 보더라도 인촌의 보성전문 경영은 그의 생부와 양부의 전답기증(양부의 500석, 생부의 5000석)을 받아 중앙학원에 예치하는 형식으로 이루어졌다고 기술[395)]하고 있다. 그러나 이것은 인촌의 보성전문 인수가 그의 가문에서 전액 출연하여 이루어진 것으로 왜곡하고 있는 바, 당시 인촌의 가문과 친교를 맺고 있던 여러 집안에서 인촌의 육영사업에 친히 협조 했던 순수한 육영정신을 망각 내지 모독하고 있다는 것을 고대교지편찬실은 반성해야 할 것이다. 우석의 경우도 그렇다. 보성전문 30년 기념사업에 인촌이 우석을 지방에까지 내려가 방문하고, 이에 회사(回謝)로 우석이 곧바로 상경하여 거액의 돈을 희사하는 사이라면 인촌의 보성전문 인수에 우석이 뭔가 개입했을 것이라는 것도 배제할 수 없다. 우리는 앞에서 진술한 송원 문재철의 손자와 같은 경우를 인식을 했기 때문이다.

서기 1935년 51세 때 우석은 당시 일제하 사학의 설립이 어려울 때 순천 군민들의 염원이던 순천 농업학교(順天農業學校)를 설립하였다. 당시 전남도내에 민족사학인 고등보통학교로는 광주고보(光州高普)가 유일하게 있을 뿐이었다. 동교는 후에 그의 부인이 우석의 유지(遺志에) 따라 갑종으로 승격시키고, 서기 1938년 순천공립고등보통학교로 개교되었다. 공립으로 된 것은 총독부의 회유와 압력이다.

이에 대하여 당시 동아일보는 1단 기사에서 다음과 같이 증언해주고 있다.

---

395) 高麗大學校 70年誌一編纂悉, 같은 책 117면.

大望의 順天中學校는 故 金鍾翊氏의 二十萬圓 巨金 寄附로 순조롭게 新築되어 順天邑 麟蹄理 앞에다 學校敷地 一萬五千餘坪을 買受하여 착착 進行中 지난 三月 二十六日 附로 學校가 認可되고 教長으로 前 東萊高普 教諭 廣兼弘毅氏가 被任되어 赴任한 후에 實施케 되었으나 時日이 急迫함으로 現 南小學校 本館에서 우선 嚴選하여 다음과 같이 學生募集을 받기로 한다.[396)]

그리고 또 동아일보는 신입생 선발 등에 관하여 다음과 같이 말해주고 있다.

新築된 順天中學校는 지난 15일까지 入學志願을 받았고 19일부터 試驗케 되었는데 이번 同學教 一學年生 100名 募集에 志願者는 718名이고 그 中에 手續이 完全한 志願生은 680名으로서…이번 受驗生은 7對 1이란 다른 곳에서는 볼 수 없는 現象이며…學生 700餘名과 隨行한 學父兄까지 1,500餘名의 큰 손님을 맞이한 順天 各 旅館은 큰 混雜을 이루고 있다 한다.[397)]

서기 1936년 51세 때 우석은 일본의 각지를 시찰하여 시야를 넓히고 귀국하여 대규모로 여러 가지 사업을 기획하던 중 그의 장녀의 참척(慘慼)을 보았다. 이를 계기로 그는 조선 의료계의 미개(未開)와 무능을 개탄한 나머지 이종린(李鐘麟), 정구충(鄭求忠), 김탁원(金鐸遠), 심상순(沈相淳) 등의 권고로 우선 여자의과대학 설립추진을 발 벗고 나섰다. 그의 본래 의과대학 설립을 계획하였으나 일제에 의해 여자의학전문학교 설립으로 변경되어 경성여자의학전문학교 설립기성회를 발족, 이사로 취임하게 되었다. 동 여자

396) 東亞日報, 1938년 4월 8일자, 7면 1단 기사 「新設順天中學校 19日에 入試」 참조.
397) 東亞日報, 1938년 4월20일자, 7면 2단기사 「百名을 募集하는데 志願者 七白名! 順天中學의 入詩戰」 참조.

의학전문학교는 수도의과대학, 우석대학의대를 거쳐 오늘의 고려대학교의과대학의 전신이 되었으니 우석은 생전에 보성전문 도서관 설립, 사후에는 고려대학교 의과대학 설립에 관여했다고 하겠다.

우석은 경성여자의전 설립을 앞두고 52세 되던 서기 1937년 4월 우연히 발병하여 경성의전 대학병원 암정내과(巖井內科)에 입원 가료하였으나 당시로서는 회춘(回春)을 기하기 어려웠다. 동년 5월 6일 임종에 즈음하여 그의 자당 하씨부인 이하 부인의 가족 친지가 모인 가운데 자기 평생의 소신대로 유언을 남겼다. 당시 서기였던 박영진(朴永進)이 유언을 속기하여 입회인이 날인한 후 그의 부인으로 하여금 보관케 했다. 이와 같이 유언을 남기고 당일 오후 9시에 훌훌히 떠났다.

유언내용을 발췌하면 다음과 같다.

○ 조선의 수재(秀才)로서 빈곤한 학생들에게 교육을 위한 학자금을 주어 훌륭한 교육을 시켜 국가대계에 일꾼이 되게 할 것.

○ 육영(育英)과 사회사업에 175만원(필자 주 : 당시 벼 한 섬 17원 정도)을 희사할 것.

○ 묵초육영회를 희사액의 3분의 1이상으로 설립하고 수재(秀才)를 양성하되 전문대학생 양성에 치중할 것.

○ 순천농업학교를 갑종(甲種)으로 승격할 것.

○ 순천남여 고등보통학교를 설립할 것.

○ 경성여자의학전문학교를 설립할 것.

○ 순천유치원에 기부할 것.

○ 조선의 공 국악(國樂) 발전을 위해 생전에 설립한 성악사(聲樂社)를 원조하여 후진을 양성하게 할 것.

참고로 우석의 유언으로 내놓은 희사금 175만의 집행을 보면 다음과 같다.

○ 순천 사회공익자금 100,000원

○ 서울시내 사회사업 기금 200,000원

○ 순천중등학교 설립기성회 기금 200,000원

○ 묵초육영재단 설립기금 600,000원

○ 경성여자의학전문학교 설립기금 650,000원

서기 1937년 5월 9일 5시 서울역 광장에서 수많은 시민의 참석하에 우석의 영결식이 거행되었다. 그 때 안재홍(安在鴻), 여운형(呂運亨), 이인(李仁)의 민족주의 계열의 조사(弔辭)가 있었다. 왜 그랬을까?

혹자들은 우석을 평가하되 일제하 재산보호와 사회적 신분유지의 유력한 수단으로 학교 설립 등을 활용했다는 시각으로 보고 있는데, 과연 이들의 시각으로 보면 우석이 친일파란 말인가? 좌파적인 시각을 가지고 있는 이 같은 자들의 친일파 판단의 권위는 어디서 부여받았으며, 그의 부형들은 일제하 암울한 시기에 과연 민족을 위해 무엇을 했는지, 그리고 이들은 과연 민족을 위해 또는 국가를 위해 무슨 일을 했으며 무슨 일을 하고 있는지, 또한 남을 비판하기에 앞서 자신은 어떠한지 그리고는 그 자신들은 사회를 위한 일은 그만두고 자신들의 돌아가신 조상을 위해서 또는 부형을 어떻게 섬기며 살아가고 있는지 그것이 알고 싶다.

제6장 출향인의 민족사학 인수와 그 운영

제1절 민족교육가 인촌 김성수

인촌 김성수(서기 1891~1955)가 생존했던 시기만큼 민족의 격동기도 없을 것이다. 그는 스스로도 '온건한 민족주의자'라고 자처하고 있지만, 그는 주권상실기인 일제강점기에는 문화적 민족운동에 헌신하여 교육가로서, 언론인으로서 그리고 실업가로서 민족의 내재적 힘을 기르는데 힘을 다하였다. 그 모두가 우리 민족의 지도자로서, 광복 후엔 자유민주주의 국가 건설의 지도자로서 최상의 인물이었다는 것은 재론의 여지가 없을 것이다. 그러면서도 그는 보성전문학교 교장시절 농립모를 쓰고 늙은 용인과 더불어 학교 정원 잡초를 뽑던 그런 인품이었다.

그는 민족정신을 잇기 위하여 중앙학교(中央學校)를 인수, 재건하고, 민족혼(民族魂)을 살리기 위하여 동아일보(東亞日報)를 창립하였고, 한민족(韓民族)에게 질긴 옷을 입히기 위해 경성방직(京城紡織)을 창건하여 값싸고 질긴 광목을 짜냈고, 한 걸음 더 나아가 고등교육의 필요성을 인식하고 보성전문학교(普成專門學校)를 인수하여 민족의 일꾼을 길러내었다.

김성수의 호는 인촌(仁村), 본관은 울산(蔚山)이다. 그는 서기 1881년(고종 28년) 10월 21일(음력 9월 9일), 전북 고창군 부안면 봉암리 인촌(仁村)마을에서 태어났다. 그의 아호가 '인촌(仁村)'인 것은 그의 마을 이름에 따른 것이다.

인촌은 울산 김씨의 후예로 호남의 성리학(性理學)을 형성케 한

하서 김인후(河西 金麟厚)의 12대손인 김경중(金暻中)의 아들로 태어나, 3세 때 큰 아버지인 김기중(金棋中)의 양자가 되었다. 양부인 김기중은 용담(龍潭)·평택(平澤)·동복(同福) 등지의 군수를 역임하였다. 또한 생부인 김경중 역시 진산(珍山) 군수를 역임한 바 있으며 이재(理財)에 뛰어난 재질이 있었다. 그의 가계에 대하여 깊이 논하는 것은 여기서 우리의 관심사가 아니다. 다만 인촌의 태생이 인촌리(仁村里)라는 것을 설명하기 위해서는 부득이 그의 조부를 거론하지 않을 수 없을 것 같다.

인촌의 조부인 김요협(金堯俠:서기 1740~1818)은 전남 장성군 북이면에서 살았으나, 인촌마을로 이사 온 것은 180여 년 전으로 전해지고 있다. 그는 남달리 비범할 뿐만 아니라 지·덕을 겸비한 선비였다고 한다. 그가 인촌으로 이사해 온 것은 바로 그의 처가인 연일정씨(延日鄭氏)의 마을이었기 때문이다.

고창에서의 인촌의 가정 배경을 이룬 것은 이로부터 시작된다. 김요협은 원래 덕인인데다가 그의 출중한 학문은 당시 전라관아에까지 알려져 현감이 조정에 상소하여 마침내 '진안군수'라는 어명을 받아 치사(致仕)하기에 이르렀고, 이로써 그의 관직 생활도 열리게 되었다. 평소 검소·청렴과 강직을 그의 생활신조였던 바, 국록을 받아 본가에 보내 토지를 사게 했고 매년 매토(買土)하여 그가 벼슬을 버리고 낙향할 무렵의 말년에는 이미 수천 석을 헤아리는 부자로 성장하였다. 그러나 김요협의 일가가 대부호로서 터전을 쌓은 것은 그 아들인 기중(祺中)과 경중(暻中)의 형제 때부터였으니, 이들은 선대의 유산을 양분하여 그 유산을 알뜰히 가꾸어, 경중은 1만석, 기중은 6·7만석의 부호를 이루었다. 이러한 집안의 경제적 배경이 훗날 인촌과 그의 동생 수당 김연수(秀堂 金秊洙)의 사업토대가 되었다. 이러한 호남의 거부에 대하여 오늘날 좌파적 사고와 논리를 갖거나 그에 동조하는 경박한 자들은 인촌 일가를 착취계급 또는 일제에 아부하여 치부했다고 할 것이다. 그러나 인촌의 조부 이래 그들은 근검·절약으로 돈을 모은 분들이지, 정도(正道)를 벗어나서 치부한 가정이 아니다. 오히려 우리는 인촌의 집안에서 근검, 절약하는 치가(治家)의 법을 배워야 할 것이다.

인촌은 서당(書堂)에서 수학하다가 근대적 학문에 접한 것은 그의 나이 열여섯 되던 해인 서기 1896년 전남 창평의 그의 장인 고정주(高鼎柱)가 세운 창평의숙(昌平義塾 : 창평소학교 전신)에 들어가 영어, 일어, 산수 등 신학문을 접하게 될 때부터였다. 그러나 다음 해인 서기 1897년 전북 부안의 줄포만에 소재한 내소사(來蘇寺)의 청년암(青年庵)에 올라가 면학(勉學)을 계속하였다. 그는 거기에서 고하 송진우(古下 宋鎭宇)와 새로 알게 된 근촌 백관수(芹村 白寬洙) 등과 면학하며 당시 민족의 위기에 처한 상황에서 장래를 걱정하며 입지(立志)의 큰 뜻을 키워나갔다. 여기에서 다시 인촌은 근촌과 더불어 당시 군산에 있던 금호학교(錦湖學校)에서 국어, 역사, 지리, 화학 등 신학문을 본격적으로 배우기 시작했고, 서기 1908년 10월에는 고하 송진우와 더불어 동경유학의 길에 올라 금성중학(錦城中學)의 5년 편입을 거쳐 서기 1910년 봄 조도전대학(早稻田大學)에 입학하여 서기 1914년 정경학부를 졸업하였다. 인촌 그는 5백년 조선왕조가 을사오적의 종이 한 장에 서명하여 힘없이 넘어가는 그 처절했던 광경을 멀리 바다 건너 일제의 수도 동경에서 상상하며 눈물 지웠을 것이다. 그때가 인촌의 나이 24세였다.

인촌은 그의 동경유학에서 학문, 민족주의의 민족사상이 모두 싹텄다. 인촌이 평생기간 지우(知己之友)로서 민족(民族)을 이야기하며, 민족을 위하여 힘을 다했던 동지들 장덕수(張德秀), 현상윤(玄

相允), 최두선(崔斗善), 양원모(梁源模), 박용희(朴用喜), 김준연(金俊淵), 이강연(李康淵), 조만식(曺晩植), 김병로(金炳魯), 정노식(鄭魯湜), 김도연(金度演), 유억겸(兪億兼), 김우영(金宇英), 홍명희(洪命喜) 등의 인사들은 바로 동경 유학생활에서 만났던 동지들이었다.

인촌이 동경유학시절 본가로부터 매월 가져다 쓴 돈은 그 당시 서민들은 10원짜리 한 장 제대로 구경할 수 없었던 때에 2, 3백원을 썼다고 한다. 그러함에도 그는 자신 중류 이하의 하숙을 하면서 가난한 동포의 유학생들에게 또는 애국운동하는 자금으로 쓰였다고 한다. 이렇듯 그의 조도전대학(早稲田大學) 재학시절 키웠던 민족애와 그 당시 만났던 상술한 동지들은 훗날 그가 민족운동을 하는데 정신적, 인적 환경을 조성해 주었다 할 것이다.

인촌이 동경유학을 마치고 귀국한 것은 서기 1914년 7월, 그의 나이 24세였다. 이후 인촌이 공인(公人)으로서 첫 출발하게 된 것은 민족 자각을 위한 민족교육사업(民族教育事業)이었다. 이것은 동경유학시절 고하 송진우(古下 宋鎭禹)와의 밀약이기도 하였다.

당시 국내 사정을 보면, 일제의 무단정치(武斷政治)에 의하여 민족사학(民族私學), 기독교계 사학(基督教界 私學)이 학교의 경영난이 날로 심해갔다. 이러한 배경하에서 인촌은 근대 민족사학으로 서기 1910년 개교했던 중앙학교(中央學校)를 '내 나라의 독립을 되찾기 위해서는 먼저 민족의 교육이 앞서야 한다'고 생각하고 서기 1915년 4월에 인수함으로써 민족교육사업을 이어갔다. 그는 서기 1917년 교장이 되었다. 그가 중앙학교를 인수할 때는 부모의 완강한 반대마저 겹쳐 죽음까지 각오했었다. 서기 1919년 1월부터 송진우, 현상윤 등과 함께 중앙학교 교장 사택을 근거지로 하여 독립운동을 펼 방책을 꾸며서 그 뜻이 3.1독립운동으로 결실되었다.

한편 서기 1919년 10월에 민족사업을 일으키는 바탕으로 경성방직주식회사(京城紡織株式會社)를 설립하였으며, 서기 1920년에는 민족언론을 창달하기 위하여 동아일보(東亞日報)를 창립하였다. 그리하여 동아일보를 통해 서기 1922년에는 물산장려운동(物産奬勵運動)을 전개하였으며, 그다음 해인 서기 1923년에는 조선민립대학(朝鮮民立大學) 설립운동에도 적극 참여하여, 그것이 성공되지는 못하였으나, 민족의식(民族意識)을 불러일으키고자 힘을 다하였다.

당시 우리 사회에서 민립대학 설립운동을 일으켜야 한다는 데는 몇 가지 이유가 있었다.[398)]

첫째, 우리의 교육수준이 국내에 대학을 가질 정도에 미쳤다는 것.

둘째, 우리의 민력(民力)이 이것을 지탱할 수 있다는 것.

셋째, 대학교육을 통하여 우리 자신의 손으로 지도적 인재를 길러내라는 것.

넷째, 민립대학 설립운동을 일으킴으로써 민족정신을 높이고, 민족의 단결을 공고히 하며, 새로운 희망과 긍지를 주는 것이 큰 수확이 된다는 것이었다.

그러나 이 운동은 일제의 자금 모금의 방해 공작으로 말미암아 실패로 돌아가고 말았다. 당시 인촌은 민립대학기성회 회금보관책이었다.

인촌은 독자적으로 민립대학 설립의 뜻을 품고 1년 9개월간 구미대학의 규모를 시찰하기도 했다. 그러나 당시 조선총독부의 기본방침은 조선인에게는 대학설치를 허가해 주지 않는데 있었으므로 대학설치의 꿈을 접었다. 한편 그는 전문학교 설립을 최두선(崔

398) 金基錫, 南岡 李昇薰, 서울; 現代敎育叢書出版社, 275~276면.

斗善)과 협의하여 한양전문학교(漢陽專門學校)라는 명칭까지 생각해 둔 바 있었다고 한다.[399)]

인촌은 계속하여 서기 1932년 보성전문학교(普成專門學校;현, 고려대학교 전진)를 인수, 운영하여 민족의 후진 양성에 힘을 다하였다. 이는 조선민립대학 기성회에서 달성하지 못한 일을 보성전문학교에서 달성한 셈이 되었다. 다시 서기 1940년경에 초지(初志)를 관철하여 보성전문학교를 한국 초유의 민립대학으로 승격시킬 것을 추진했으나, 일제 총독부는 이를 허락지 않았다.[400)]

인촌의 민족사업은 합법적 테두리 안에서 할 수 있는 성질의 것이었기에 항상 언동에 조심해야 했다. 온건한 민족주의자로 자처하고 있었지만, 그의 민족의식은 낭중지추(囊中之錐)였다. 경성방직에 생산되는 최초의 제품인 광목에 '태극성(太極星)'이라는 상표를 붙이게 했고, 보성전문학교의 본관을 지을 때 그 후문 기둥에 태극 모양을 보일 듯 말듯하게 새겨 놓은 것 등은 그 일단이라고 할 것이다.

그는 여러 기업체의 주인이면서 끝끝내 창씨개명(創氏改名)을 거부했고, 일제가 주는 작위를 외면하고 받지 않았다. 그는 일제 강점기를 합법과 저항 양면으로 민족주의로 살았고, 민족 독립을 위하여 인재양성 · 산업진흥 · 민족언론 육성 등을 통하여 그가 유형무형으로 성취한 것인 만큼 민력(民力)을 배향한 예는 국내외를 막론하고 찾아보기 어렵다고 할 것이다.[401)]

광복과 더불어 서기 1945년 9월 22일에는 인촌은 민군정청 교

399) 高麗大學校六十年史編纂委員會, 六十年誌, 서울; 高麗大學校出版部, 1965, 178면 참조.

400) 孫仁銖, 韓國近代敎育史, 서울;延世大學校出版部, 1971, 188면 참조.

401) 張龍鶴, '金性洙', 韓國近代人物百選, 新東亞, 1970년 1월호, 262면 참조.

육담당관의 고문이 되었고, 또한 한국교육위원회의 교등교육의 책임위원으로 선출되었다. 그리고 현행학제인 6·3·3·4제를 만드는데 결정적인 역할을 하였다.

오늘날 동 학제가 미국의 학제를 모방한 것이라는 평에 대해 오천석(吳天錫)은 학제에 관한 논의는 서기 1945년 8월 하순경 김성수·유억겸·백낙준·김활란 및 자신을 포함한 교육계 중심인사들이 광복 후 처음으로 같이 한 자리에서 최초로 언급되었음을 다음과 같이 진술하고 있다.

그 모임은 미군이 와서 우리나라 교육에 관해 우리들의 희망과 포부를 묻는다면, 우리는 우리 나름대로의 대안을 제시해야 되었기에 그 대안을 마련하고자 한 것이었으며, 그 자리에서 김성수씨가 "학제를 6·3·3·4로 하자"고 먼저 말을 꺼냈다.

그리고 나 자신이 이 6·3·3·4제가 최근에 들어와 미국의 일부 주에서 신학제로 인기가 높으며, 심리학적 기초도 있고, 3·3을 끊는 묘미도 있으며, 우리나라와 같이 가난한 형편에서는 중등교육과정을 6년이나 5년으로 하게 되면 학부모들의 부담이 커서 중도에 작업을 그만두는 일이 많을 것으로 생각된다고 부연 설명을 했다.[402)]

인촌은 그의 교육사업에 있어서 항상 선공후사(先公後私)·신의일관(信義一貫)·담백명지(淡白明志)를 앞세웠다. 이를 풀이하면 다음과 같다.

첫째, 선공후사 : 공(公)을 앞세우고 사(私)를 뒤로 한다.

둘째, 신의일관 : 신의로 일관한다.

---

402) 교원복지시노, 1985년 4월 8일자 참조.

셋째, 담백명지 : 욕심이 없고 밝은 뜻을 펴라.

인촌의 인격을 잘 대변해 주는 선공후사, 신의일관은 누구나 다 아는 바이다. 그러나 필자가 보기에는 '담백명지'야 말로 전인격을 대변해 주는 것이라고 생각된다. 이촌 자신이 늘 과욕을 경계하면서 살았고, 또 이를 제자들과 자손들에게 일렀다. 그러니 인촌 자신이 사(私)보다 먼저 공(公)을 앞세울 수 있었고, 또 신의를 지킬 수 있었다. 사욕이 없으니까 관유(寬裕)한 사람이 되지 않을 수 없었고, 나라와 민족을 위해서는 누구나 모두 포섭하려 했던 것이다.[403)]

8.15 광복을 맞이했을 때, 사실 인촌은 정계에 뜻이 없었고, 보성전문학교(현, 고려대학교)을 육성하여 동서문화의 교류를 기할 수 있는 동양 제일의 대학을 만들려는 일념뿐이었다. 그러나 송진우의 암살은 그를 정계에 나서게 했고, 한국민주당을 영도하지 않을 수 없게 했다.

정치가로서의 인촌은 민족 독립과 민주정치의 구현을 위해 언제나 소리(小利)를 버리고 대동단결을 추진하는 것을 자기에게 주어진 사명처럼 생각하였다. 서기 1952년 5월 이승만 정권이 이른바 부산정치파동을 일으켜 독제체제를 굳히려고 했을 때, 정면으로 그의 권위에 도전하였다.

이시영(李始榮) 부통령이 사직한 후 뒤를 이어, 서기 1951년 5월 15일 2대 부통령에 선출되어 병상에 누어 있던 인촌은 5월 29일 격렬한 문귀로 된 장문의 사퇴서를 국회에 제출하면서 이승만 정권 타도에 나섰다. 하지만 그는 그 후 줄곧 신음하다가 서기 1955년 2월 18일 떠나니 국민장(國民葬)으로 그를 보냈다. 처음에는 고려대학교 경내에 안장되었으나, 그 뒤 경기도 남양주군으로 이

403) 孫仁銖, 韓國人의 家訓(1), 서울;文音社, 1986, 85~86면 참조.

장하였다. 서기 1962년 3월 1일 대한민국 건국공로훈장을 받았다.

인촌의 동상은 그의 사후, 서기 1959년 5월 5일 제54회 고려대 개교기념일을 기하여 제막식이 성대히 거행되었다. 고려대 본관 앞 잔디밭에 건립된 동상의 입상(立像)은 그의 회갑 직전인 서기 1951년 부통령 취임 당시의 모습을 그린 것이다. 왼손엔 책을 들고 바른 손을 가슴에 걸친 자세는 고인의 조국에 바친 교육 · 언론 · 산업 · 정치 등 여러 업적 중, 특히 교육 발전에 이바지한 업적을 상징한 것이다. 한편 인촌 기념회는 서기 1967년부터 현재까지 장학금을 지급하고 학술상을 수여하고 있다.

제2절 민족사학 중앙학교(中央學校)의 인수 · 운영[404]

1. 중앙학교와 그 인수

중앙학교는 기호흥학회(畿湖興學會),[405] 흥사단(興士團), 관동

---

404) 본절은 中央校友會, 중앙중 · 고등학교 中央百年史, 2008, 59~418면을 토대로 발췌하여 보완 작성하였음.

405) 기호흥학회는 서기 1908년 1월 19일 서대문 밖 천연정(天然亭)에 있는 보성소학교(普成小學校)내에서 이우규(李禹珪), 이재익(李載益), 정영택(鄭永澤) 등의 발의로 서울 · 경기 · 충청도를 중심으로 한 인사들이 모여 창립총회를 개최하고 회장에 이용직(李容直)을 선출하였다. 본 학회는 서울 · 경기 · 충청도에 흥학(興學)을 목적으로 하였다. 그리고 이러한 목적을 관철하기 위하여 학업을 장려하며 회보(會報)를 간청하여 일반인사의 증식을 주입하며 경기도 및 충청남북 각 군에 교육을 발전케 한다고 하였다. 기호 홍학회는 유길준과 제휴하여 교육을 진흥하고 민의를 개발하며 민족의 권력을 배냥하는 것이 국가의 장래에 유일한 활로임을 고취하고자 서기 1907년 11월 29일 전국 유지인사를 규합하여 조직된 것으로 같은 이름의 단체인 서기 1913년 안창호가 미국 로스안젤리스에서 조직한 서기 1906년 국내에서 조직된 신민회(新民會)의 후신과는 다르다. 中央中高等學校 中央校友會, 中央八十年史, 1993, 22~23면 참조.

학회(關東學會),[406] 호남학회(湖南學會),[407] 교남교육회(嶠南教育會)[408] 등이 통합하여 교육구국(教育救國)을 부르짖던 우국지사들의 심혈이 어린 학교였다.

우리는 인촌이 인수 · 재건하기 전의 중앙학교와 그 설립 모체에 대하여 인식할 필요가 있다.

서기 1910년 11월 22일 기호흥학회는 앞에서 지적한 학회에서 경희학교(慶熙學校)[409]의 설립에 동참 참여했던 호남학회, 관동학회, 교남학회 등 세 학회와 통합하여 '중앙학회(中央學會)'라 개칭하여 새로운 학회로 발족하고 회장으로 김윤식(金允植)을 추대하고, 뒤에 조중응(趙重應)을 선임하였다. 이에 따라 교명(校名)을 사립중앙학교(私立中央學校)로 개칭하였던바, 실로 전국을 총망라한 우국지사(憂國之士)의 심혈이 어린 전후무후한 민립학교(民立學校)라 하겠다.

우리는 초창기의 민족사학 중앙학교를 인식함에 있어서 조선산식장려계(朝鮮產殖奬勵稧)를 제외할 수 없다. 동계는 서기 1914년 9월에 경성고보 교원양성소 4년생으로 졸업 후 경기도 내 영해(寧海) 공립보통학교 훈도(교사)였던 이우용(李雨用)이 발기하여 동기생 6명과 함께 결성한 것으로 조선인 스스로 부흥할 수 있는

406) 관동학회는 서기 1908년 3월 15일 강원도 인사가 서울 대안동(大安洞)에 있는 대동기숙관(大東寄宿館)에 모여 학회 발기인대회를 개최하고 동년 4월 6일 정기총회를 열고 설립하였다. 회장은 낭궁억(南宮檍).

407) 호남학회는 서기 1907년 7월 6일 전라도 인사를 중심으로 대동문우회관(大東文友會館)에서 112인이 참석 설립시키고 회장이 강화(姜曄)가 선출되었다. 인촌과 관련해서는 그의 생부(生父) 김경중(金暻中)이 회원으로 참여하였다.

408) 교남교육회는 서기 1908년 3월 15일 경상도 인사를 중심으로 145명이 창립총회를 보성학교 내에서 개최하여 설립, 회장이 이하영(李夏榮), 서기 1909년 4월 25일에 「嶠南教育會雜誌(교남교육회잡지)」를 월보로 발간 12호까지 냈다.

409) 서기 1908년 12월 1일 흥사단을 모체로 하여 유길준이 사재를 털어 설립하였다. 동 학교의 설립에는 호남 · 교남 · 관동학회가 동참 합류하였다.

길을 모색하는 모임이었다. 동계는 우리나라 물산장려운동의 효시가 되는 것으로서, 단순한 국산품 애용만은 아니다. 동 계는 국산품 애용을 전제로 하지만 일제의 조선경제의 지배를 막고 조선사람들이 스스로 조선의 물건을 애호함으로써 조선혼(朝鮮魂)을 고취하고 나아가 조선민족의 힘을 쟁취하기 위해 단결하자는 운동이었다. 그 때문에 일제 고등경찰은 동 계를 '경성고보(京城高普) 교원양성소 내 비밀결사' 사건으로 분류하여 모두 130여 명을 보안법 위반 혐의로 검거하여 송치하였다. 그런데 동 계의 주체가 된 것은 당시 중앙학교 교사라는 점이다. 계장은 교사 최규익(崔奎翼), 회계 역시 교사 최남선(崔南善)이었으며, 핵심 간부인 협의원(協議員) 10명중 류근(柳瑾)·김두봉(金枓奉 1회), 이강현(李康賢)·박중화(朴重華)·오상현(吳相鉉) 등 5명이 모두 중앙학교 교사였고, 김일(金馹;보성학교 교사)은 중앙학교 1회 졸업생이었다. 뿐 만 아니라 130여 명의 일반 계원 중에도 중앙학교 교사인 최규익, 최남선, 이규영(李奎榮), 백남규(白南圭), 김성수(金性洙), 류근(柳瑾), 안재홍(安在鴻) 등의 이름이 보인 것을 보면 동 계가 중앙학교 교사를 중심으로 움직였다는 것을 인식할 수 있다.

중앙학교는 설립되었으나 교실의 부족과 교정(校庭)의 협소로 인하여 많은 학생을 수용하기 어려웠고, 교직원의 급여조차 제 때에 지급하지 못하는 형편이어서 중앙학회에서는 본교를 유지하기에 곤란한 처지에 놓이게 되었다.

인촌이 인수하던 당시 중앙학교는 화동(花洞) 138번지 홍술해골에 소재했으며, 교사는 한옥을 개조한 것으로 안채와 사랑채를 양철로 인 대청으로 연결한 건평 80평 가량의 기와집을 교실로 쓰고, 별채를 교무실로 사용하고 있었다. 그러한 환경은 재정 부족으로 더욱 교실이 부족할 수밖에 없었고, 더욱이 교사의 월급조차 제

때에 지급 못 하는 형편이었으니, 재단인 중앙학회의 입장은 말이 아니었다.

이에 따라 중앙학회는 서기 1913년 11월 7일 중앙학교 유지총회를 열어 회장에 유길준(兪吉濬), 부회장에 어용선(魚瑢善)을 선임하고 이상재(李商在), 유성준(兪星濬), 박승봉(朴勝鳳), 이우규(李禹珪) 등을 중심으로 인계자를 물색하게 되었다.

2. 인촌의 중앙학교의 인수와 그 발전의 초석

위에서 인식할 수 있듯이, 폐교 위기의 중앙학교를 구한 이가 바로 인촌 김성수(仁村 金性洙)였다. 인촌은 폐교 위기에 있던 중앙학교를 중앙학회로부터 인수하여 운영할 구원자로 등장한 것이다. 그러나 인촌에게는 동교 인수과정이 그렇게 용이한 것은 아니였다. 당시 인촌은 대학을 졸업하고 고향에 머물고 있던중 당시 고향에서 병상에 있던 고하 송지우(古下 宋鎭禹)를 만나 민족교육(民族敎育)의 시급함에 대한 의견의 일치를 보고 상경하였다. 이리하여 그는 서울에서 당시 활동하던 청년 유지인 최남선(崔南善), 안재홍(安在鴻) 등과 교유하면서 교유계의 실정을 파악한 후에 '백산학교(白山學校)'라는 교명을 가진 사학의 설립을 다짐하였다. 그리하여 서기 1915년 봄 인촌은 동 교의 설립허가를 총독부에 타진하였으나 허사가 되고 말았다. 그것은 당시 총독부의 서기 1911년에 제정된 조선교육령에서 보듯 조선인을 위한 중등학교 설립 자체가 크게 제한되었고 총독부의 의도적인 조선인의 민족사학 허가 억제에 기인한 것이었다.

이러던 중 이를 개탄한 인촌은 중앙학교 경영을 결심하고 인수과정에 들어갔으나, 우선 인수 자금 문제가 있었다. 그의 양부의 의

도한 대로의 자금 출연에 부정적인 것을 설득과 단식으로까지 하여 자금 문제는 해결했으나 중앙학교 인수 청원서를 총독부에 출원했으나 허가를 내주지 않았다. 그러던 중 때마침 인촌의 대학시절 은사였던 법학교수로 당시 일본 정계에서도 영향력이 있던 나가야(永井柳太郎)와 다나카(田中穗積)가 서울에 온 기회에 그의 조력을 얻어 마침내 허가를 받게 되었다. 그것이 서기 1915년 4월 27일 일이었다. 그리하여 중앙학회로부터 본교경영의 인수 절차를 마치었으니, 이때 그의 양부(養父) 김기중(金祺中), 생부(生父) 김경중(金暻中) 형제는 각각 논 3,000두락과 3만원을 내놓았으며, 학교 설립자로 되었다.[410)]

인촌의 양부, 생부인 김기중, 김경중 형제는 이미 육영(育英)에 뜻을 두어 향리 줄포(茁浦)에서 사립영신학교(私立永新學校, 현 줄포남초등학교)를 설립한 터였고, 인촌이 일본 조도전대학(早稻田大學) 졸업할 때 두 형제는 일본에 유역(游歷)하여 각 방면의 문물을 시찰하던 중, 특히 조도전대학과 경응대학(慶應大學)의 성관(成觀)임을 보고 감동된 바 컸었다. 이러한 인촌의 생부와 양부의 경험은 결국 자제의 열의에 움직여 흔연히 학교인수를 승낙하였으며, 학교경영은 인촌이 선남하게 되었으니, 이와 같은 인촌 가문의 성의로 마침내 중앙학원은 반석에 놓이게 되었다.

위에서 보듯, 서기 1915년 4월 27일 인촌이 총독부로부터 중앙학교의 인수 인가를 받고 나서, 동년 5월 4일 교장대리 남궁훈(南宮薰)이 사임하고 유근(柳瑾)[411)]이 교장으로 취임하였으며, 이

410) 中央中高等學校 中央校友會, 같은 책, 30면.

411) 석농 유근(石濃 柳瑾)은 장지연(張志淵), 남궁억(南宮檍)과 함께 '황성신문'을 창간하고 주필을 거쳐 사장을 역임한 조선조 말 대표적인 언론인이자 휘문의숙장, 계산학교장을 등을 역임한 교육계의 원로였다. 뿐만아니라 그는 경술국치 후에는 최남선의 조선광문회에서 《新字典》 편찬에 참여하여 뛰어난 업적을 남긴 한학자이기도 하다.

때 인촌은 안재홍(安在鴻)을 학감에 앉히고, 자신은 평교원의 자리를 맡았다. 동년 7월에는 고하 송진우가 일본에서 귀국하여 교사가 되었다. 이때도 인촌은 고하에게 교무를 맡기고 자신은 평교사로 영어와 경제를 몇 시간 맡았다. 그리고 인촌 자신은 교사 신축, 시설정비, 교사 확보에 전념할 생각이었다. 고하가 학교에 온 지 얼마 안 되어 안재홍이 학교를 떠나자 고하가 대신 학감이 되었다. 그사이에 서기 1915년 11월 30일 조선총독부 고등보통학교령에 준하여, 학칙을 변경하고 수업년한을 3년에서 4년으로 변경했으며, 이에 따라 학교시설의 확충의 필요는 더욱 시급해 갔다.

서기 1917년 3월 20일 류근이 교장을 사임하고 인촌이 그 뒤를 이어 교장에 취임하였다.

인촌은 우선 새 교사를 물색 끝에 서기 1917년 6월 계동(桂洞) 대지에 지금의 중앙중 · 고등학교 자리로 정하고, 그 곳의 노백린(盧伯麟 : 뒤에 상해 임정 군무총장)의 사가(舍家)를 포함한 기지(基地) 4,311평을 매입하였으며, 여기에 구본관 신축에 착공하여 동년 11월 20일 건평 120여 평의 연와(煉瓦) 2층 1동 및 부속건물을 낙성하고 동년 12월 1일 이전하였으며, 그 당시에 이미 9대의 교장과 8회 졸업생 연인원 318명을 배출하였다.[412)]

인촌은 처음에 1개 교사로 있으면서 송진우(宋鎭禹)를 비롯 현상윤(玄相允), 최두선(崔斗善) 등 일본 유학생 중 쟁쟁했던 청년교사를 초빙했다.

중앙학교의 교가는 교육광복(敎育光復) 민족갱생(民族更生)이라는 애국일념에 기본한 교가의 제정을 착상한 인촌의 부탁에 의하여 당대 최고의 문인이며 역사가로 뒤에 중앙학교의 교사로 봉직

412) 中央中高等學校 中央校友會, 같은 책, 31면.

하게 되는 육당 최남선이 작사하고 김영환(金永煥)[413]이 작곡한 것이다. 다만 작곡한 김영환의 증언에 의하면 서기 1917년 말씀에 완성되어 불러진 것 같다. 따라서 인촌이 인수이전 중앙학교에서 서기 1915년 3월 23일 제7회 졸업식 때 불러진 교가와는 다른 것이었다. 동 교가는 중앙학교 창립의 의의와 교육정신, 교육목적이 잘 나타나 있다. 얼마나 민족의식을 심어주는 것인가?

교가를 소개하면 다음과 같다.

(1절) 흘러 흘러 쉬임이 없고/솟아 솟아 솟아서 그지없는/힌 뫼와 힌가람은 무궁화 복판/거기 솟은 우리 집 이름도 중앙/
(2절) 건아야 모였도다, 열 세길로서/이름으로 가는 배에 와서 타니/건너는 언덕 각각 다다를 때면/퍼지리라, 골고루예서 얻은 빛/
(3절) 높거라 너의 이상, 굳거라 의지/맘과 일은 온전히 지성이거라/가름침과 배움이 오직이로다/이리하여 이루라 넓고 깊어 큼/
(4절) 걸음걸음 덕성을 닦아 울림은/ 하늘 뚫고 말려는 저 메와 같이/가지가지 슬기를 열어 느낌은/바다에 가 그치는 저 가람처럼/ [414]

위와 같은 중앙학교의 교가를 풀이해보면 다음과 같음을 인식할 수 있다.

(1절) 한강은 흘러 흘러서 쉬임이 없고, 북악산은 솟아 솟아서 그만둠이 없다. 백악산(오늘의 북악산)과 한강은 이 나라의 중심을

413) 서기 1893년 평양 토호의 가문에서 태어난 그는 숭실중학을 거쳐 조부의 반대를 무릅쓰고 일본으로 건너가 본가 모르게 우애노(上野) 음악학교(현 동경음악학교)를 졸업하고 연희전문학교에서 과도 없는 음악과장직을 맡으며 음악교육에 헌신하였다. 그가 교가를 지은 것은 대학 4학년 때의 인촌의 부탁을 받고 작곡한 것이다. 그는 인촌이 일본유학시절부터 잘 알고 지내는 사이였다.

414) 다만 육당이 지은 교가 가사는 현재와는 다른 점이 있다. 2절의 "이름으로 가는 배는"는 "나름으로 가는 배"로 되어 있고, 3절의 "맘"은 "마음"으로, 4절의 "덕성"은 "성덕(性德)"으로 되어 있다.

이루고 있는데 거기 솟아 있는 우리 학교는 이름도 '중앙'이다.

(2절) 중앙 학생들아! 건아들아, 우리는 전국 13개 도에서 이곳 중앙학교로 모여온 것이다. 전국의 학회들이 통합하여 만든 중앙 학회가 조선민족 전체의 정성과 열정을 한데 모아 우리 중앙학교를 만들었던 역사적 의미를 잊지 말아야 한다. 그러니 교육구국과 교육입국 교육흥국의 목적을 가지고 이를 달성할 수 있는 능력을 배양하는 중앙학교에 들어와 열심히 공부한 후에는 각지에서 각 분야에서 자신의 일을 맡을 때에는 중앙출신은 중앙학교에서 배우고 익힌 능력을 최선을 다해 활짝 발휘하여 크게 공헌해야 할 것이다.

(3절) 높거라! 너의 이상, 굳거라 의지, 마음과 일은 오로지 성심 성의로 하는 것이다. 중앙학교 교지(敎旨)인 웅원(雄遠) · 용건(勇堅) · 성신(誠信)을 잊지 말아야 한다. 유원한 높은 이상을, 용견한 굳은 의지를, 성신은 마음과 일에 성실과 믿음이 있어야 한다는 것이 중앙의 교육정신이 아니냐? 중앙학교 선생님들의 가르침과 중앙학생들의 배우는 뜻이 오직 나라와 민족을 위해 교육한다는 이 한 가지이다. 그렇게 해서 우리는 넓고 깊고 큰 뜻을 가진 훌륭한 사람이 되어야 한다.

(4절) 한 발짝 한 발짝 우리의 인격을 닦아 쌓아 올림은 하늘을 뚫고 말려는 저 자신과 같은 기세여야 하고 가지가지 지식과 재주를 연마하는 노력은 바다에 도달할 때까지 그치지 않고 나아가는 저 강물처럼 한결 같아야 하는 것이다. 중앙의 학생들은 나라와 민족을 위해 할 일을 해 일을 해 놓고 말아야 한다.

인촌은 또한 서기 1917년 교사 신축과 교사진의 강화로 중앙학교를 근대적 교육기관으로서 손색없는 반듯한 면목을 갖추면서 '중앙학교의 교지(敎旨)'를 손수 제정하였던 바, 이는 행서(行書)체붓글씨로 정성스럽게 쓴 것으로서 본 교의 기본정신을 밝히고 있다. 다음과 같다.

중앙학교는 웅원(雄遠) 용견(勇堅) 성신(誠信)으로써 교지를 삼음.
중앙학교는 웅원으로 교지를 삼을 새 동정(同情)의 범위를 확대하고, 독창의 공부를 계발하여 공리회홍(公理恢弘)과 신경(新境) 개척의 능력자를 양성하려 함.
중앙학교는 용견으로 교지를 삼을 새 이상을 파지하는 백력(魄力)과 수성(遂成)하는 체력을 아울러 단련하여 향상정진(向上精進)의 자품(資品)을 확충케 함.
중앙학교는 성신으로 교지를 삼을 새 의리(義理)를 각수(恪守)하고 도념(道念)을 견지하여 봉공적(奉公的) 정신을 추급케 함.

이는 신일철(申一徹; 중앙학교 교사 · 고려대 철학과 교수 역임)의 말처럼 서양에 비추어 보면 고대 그리이스 철학가 플라톤(Platon)의 이른바 '사주덕(四主德)'에 상당히 접근하고 있는 것이라 하겠다.

인촌은 또한 중앙학교의 교모와 교복도 새로 제정하였다. 검은 천을 두른 교모에 무명으로 지은 해군 사관복 비슷한 교복이었다. 무명옷은 일제 광목이 아닌 우리 순수한 국산품이며, 해군복같이 흰색은 아마도 백의민족을 상징한 것 아닌가 생각된다. 인촌이 학생들의 교복에 비상한 관심을 가짐에 안재홍이 "그 하찮은 그걸 뭘 그렇게 고심하시오?"하고 말하자, 인촌은 "결코 하찮은 문제가 아니오. 학교 모자와 학교 옷은 바로 그 학교의 얼굴이며 상징이오. 관립학교나 일본학교마냥 일제 광목으로 된 옷을 입히고, 그들이 씌운 모자를 그대로 씌울 수는 없지요. 조선학생은 조선학생 티가 나야지오." 여기에서도 인촌의 민족정신을 읽을 수 있다 하겠다.

중앙학교는 서기 1916년 6월 20일 개교 9주년을 맞아 우리나라 최초의 조정부(漕艇部)를 설치하였던 바,[415] 이는 당시로는 수상경기의 기원을 이루는 것이로서 더구나 3면이 바다인 우리나라로서는 조정부의 설치는 상당한 의의가 있었다 하겠다.

인촌은 교장시절인 중앙학교 인수 얼마 안 된 서기 1917년 보성고와 경신학교에서 일본인 교사 배척운동이나 정의로운 저항운동하기 위해 동맹휴학을 감행하다가 퇴학당한 학생들을 받아들이기도 하였다. 또한 일제는 자신들의 명절인 양력 1월 1일의 신정 설을 쇠게 할 때도 총독부는 천황의 하사품이라 하여 일본 왕실의 문장(紋章)인 국화 무늬가 든 이른바 모찌(찹쌀떡)를 학생들에게 나누어주곤 할 때도 인촌은 우리의 전통 떡인 인절미를 자기 집에서 손수 만들어 한지(韓紙;백지)에 싸서 나누어 주곤하였다. 이러한 사실들은 학교장 당시 인촌의 민족정신과 기상을 얼마나 소중히 여겼는지를 말해주고 있다.

인촌이 중앙학교를 인수한 후 서기 1920년 6월 20일의 개교기념일에는 처음으로 최규동 교사와 이중화 선생에게 근속 표창을 하기도 했다. 당시 동아일보는 이들에 대하여 중앙학교 뿐만 아니라 조선의 교육을 위하여 10년 동안 열심히 가르친 교사로서 우리 교육계의 자랑거리를 가졌다고 대서 특필하기도 했다.[416] 최규동 선생은 수학자로 그가 저술한 《중등교육 신산수》는 총독부 검정교과서로 각 학교 수학과의 편의와 조선의 교육계에 새 채색을 비추었으며 광복 후에는 서기 1949년 서울대 총장을 역임하기도 했으나 6.25에 납북되기도 했다. 또한 이중화 선생은 천문학자로 중앙학교에서 지리, 역사, 산술 여러 과목을 가르쳐 왔으며, 서기

415) 매일신보, 서기 1916년 6월 20일자 3면 기사, 11월 11일, 12일자 1면 기사 참조.
416) 동아일보, 1920년 6월 19일자 3면 참조.

1930년대 초에 세상을 떠났다.

중학학교는 서기 1921년 3월 22일 중앙고보로 바꾸기 전 마지막 '사립 중앙학교'의 졸업식을 가졌다.

3. 중앙학교와 3.1독립운동[417)]

1) 3.1독립운동의 논의가 애초 시작된 것은 천도교에서 계획한 것도 아니고, 손병희의 주도로 추진된 것도 아니다. 논의가 시작된 것은 중앙학교에서였고, 그 논의 당사자도 중앙학교 교주이자 직전 교장이었던 인촌 김성수(仁村 金性洙 ; 당시 28세) 당시 교장이었던 고하 송진우(古下 宋鎭禹 ; 당시 29세), 그리고 교사 기당 현상윤(幾堂 玄相允 ; 당시 26세)이 바로 그들이다. 이들 세 사람 중 인촌과 고하는 어렸을 적부터 친구이자 유학시절 절친한 친구였다. 기당은 유학시절에 알던 후배로 모두 친했다. 인촌이 기당을 중앙학교로 부른 것도 바로 그러한 연유였기 때문이다, 그래서 이들은 교장의 사댁을 살림집으로 삼았다.[418)] 이리하여 교장 사택은 3.1독립운동의 진원지의 구실을 하게 되었다. 당시 교장 사택은 이들 때문에 국내 젊은 지성인과 해외유학생들의 결집장소처럼 되어 이들 세 사람은 누구보다도 국내외 정세변화를 소상하게 알 수 있는 경우가 되었다.

2) 때마침 서기 1918년 미국의 윌슨(Wilson) 이른바 민족자결주의(民族自決主義) 제창과 그다음 해인 서기 1919년 1월에는 제1

417) 思想界. 1963년 3월호에 게재된 현상윤 집필인 '3.1운동의 발발개요' 참조.

418) 인촌은 원래 상경하면서 계동 130번지 김상용(金思容) 집을 사서 숙소로 삼고 있었으나, 인촌은 학교가 계동의 새 교사로 이사하면서 아예 고하, 기당과 함께 중앙학교 교장 사택에서 잠을 자고, 식사는 김사용의 집에서 날라다 먹었다. 그만큼 인촌은 중앙학교를 사랑했고, 친구들을 좋아했다.(중앙교우회, 같은 책, 201~202면 참조)

차 대전의 종결에 따른 베르사유 강화회담이 개최 등은 국내 각급 지도자들에게도 독립운동에 대한 기운을 조성하는 계기를 형성해 주고 있었다. 이러한 상황하에서 일본의 고베(神戶)에서 우남 이승만(雩南 李承晩)이 파리 강화회의에 파견된다는 소식을 접하고 김도연(金度演) · 서춘(徐椿) · 백관수(白寬洙)등 유학생들은 논의를 거듭한 끝에 서기 1919년 1월 상순에 실행위원을 선출하고 독립운동 계획을 구체적으로 추진하기에 이르렀다.

3) 한편 서기 1918년 1월 이승만은 비밀리에 밀사를 보내와 미주에서도 자주권 회복운동을 전개하니 국내에서도 호응하라는 상황이었다. 이러한 상황 하에서 인촌, 고하, 기당은 합의하고 거국적인 항일독립운동을 주도해야 된다는 목표를 설정했다. 그러나 당시로서는 이렇다 할 사회적 조직이 없었다. 다만 종교조직과 학교가 있을 뿐이었다. 이리하여 이들은 우선 신도 100만을 자랑하고 있는 천도교의 교주 의암 손병희(義庵 孫秉熙)를 움직이는 것이 첩경이라고 생각하였다. 그리하여 인촌은 우선 손병희 수족과 같은 권동진(權東鎭), 오세창(吳世昌), 최린(崔麟) 중 한 사람을 설득해야 하는데, 그러기 위해서는 기당[419]이 최린을 만날 것을 제안한다. 기당 현상윤은 최린을 만난 바, 그는 호의적인 반응을 보이고, 손병희를 가담시키도록 해 보겠다고 약속하며 육당 최남선을 끌어들여보라고까지 했다. 고하와 기당은 최남선의 참여를 구하는 동시에 천주교의 중진 오세창, 권동진 두 사람과도 연락하여 손병희

419) 이당 현상윤은 평북 정주 출신으로 평양의 대성학교(大成學校)를 다녔으나 설립자 안창호(安昌浩)가 이른바 105인 사건에 연류되었다는 이유로 폐쇄되면서 상경하여 보성학교를 마치고 일본 조도전대학 사학과를 서기 1916년에 졸업하였다. 대학에서 인촌과 이당은 선후배로 각별한 사이였다. 그런데 이당이 보성학교 재학 때 최린은 교장이었다. 그래서 인촌은 이당에게 최린을 접촉하라고 권유한 것이다.

의 궐기를 종용했다.

4) 한편 1월 초순경 동경의 재일본 동경 조선독립청년단 실행위원의 한 사람인 송계백(宋繼白)은 중앙학교장 사택을 방문하고 당시 동경유학생들의 독립운동을 주도하고 있던 근촌 백관수(芹村 白寬洙)[420] 선배의 소개로 찾은 것이라고 했다. 송계백은 장차 일본에서 발표하려는 조선유학생들의 '독립요구 선언서'를 기당 현상윤에게 보여주었다. 동 선언서는 근촌이 초안한 것을 춘원 이광수가 쓴 원고로서 결의에 찬 조선 청년의 독립의지를 감격적으로 표현하고 있다. 잠시 감격에 쌓여 있던 고하와 기당은 마침 학교를 찾아온 육당 최남선(六堂 崔南善)에게 그 원고를 보여주었다. 그 원고를 본 육당 역시 향후 국내의 독립운동에 적극 참가할 것을 승낙하면서 국내 독립선언서는 자신이 쓰겠다고 제안하여, 이렇게 해서 '기미독립선언서'는 육당이 작성하게 된 것이다.

육당은 당시 신문관이란 출판사를 경영하고 있었기에 선언서를 채자(採字)하여 그 활자를 송계백으로 하여금 가져가게 하였다. 그것은 일본에는 한글활자가 없었고, 선언서를 다량으로 제작하려면 부득이 한글 활자가 필요했기 때문이었다. 인촌 등은 송계백에게 동경의 거사가 국내와 똑같은 일시에 이루어져야 한다는 것을 다짐까지 받았다. 그리고 인촌은 송계백에게 여비와 활동비를 건네주었다.

한편 당시 송계백과 마찬가지로 조도전 대학에 재학 중이던 전북 정읍 출신 나용균(羅容均)은 학생독립단의 재정을 담당하고 있었던 바, 그 역시 서기 1919년 1월 고향에 가서 거사 기금 700원

420) 전북 고창 출신, 인촌과는 어려서부터 친구로 소년시절 내소사 청연암에서 고하와 셋이 공부한 적도 있으며, 중앙학교 교사를 하다가 당시 동경에 유학중이었다.

을 장만하여 상경하였다. 그리하여 중앙학교를 방문, 송진우 교장을 만나, 일본 유학생들의 독립운동 거사계획을 설명해주고, 더 많은 자금의 필요를 말했다. 이에 송진우는 나용균에게 180원을 건넸는데, 나용균은 이렇게 모은 돈 880원을 가지가 학생들의 독립자금으로 사용했다. 송진우가 건네준 180원도 실은 인촌에게서 나온 것이다.

5) 기당 현상윤은 다시 송계백이 가져온 그 독립선언서 초고를 가지고 최린에게 가지고 보여주고 손병희에게도 보였다. 의암 손병희는 "어린아이들이 저렇게 운동을 한다 하니, 우리로서 어찌 앉아서 보기만 할 수 있느냐"라며 그날로 천도교의 간부회의를 소집하였고 장시간 격론 끝에 드디어 천도교의 궐기를 결정했다.

이러한 소식을 전해 듣고 그날(육당은 1월 31일이라고 진술) 저녁 최린과 송진우 그리고 현상윤과 최남선 등은 재동에 있는 최련의 집 내실에서 비밀회합을 갖고 구체적 계획과 방법을 논의했다. 이들은 우선 민족 대표자의 명의로 조선 독립을 널리 선언하고, 그 선언서를 인쇄하여 전국에 배포하고 국민을 총동원하여 대규모의 시위운동을 전개하며 그럼으로써 서기 1910년의 이른바 합방을 부정하며, 조선 민족이 독립을 얼마나 열중하고 있는가를 내외에 선포해야 한다는 점에 합의했다.

이들은 한편으로는 일본 정부와 조선 총독, 파리강화회의에서 참석한 각국 대표들 그리고 미국 대통령 윌슨에게도 알리고 독립을 도와줄 것을 청원하는 글도 제출하기로 하였다. 이들은 선언문과 기타 문건은 최남선이 그 제작을 담당하기로 했다. 그리고 민족대표의 수를 늘여야 한다는 의미에서 몇 명의 승낙을 얻기로 했으나 모두 실패했다.

6) 하지만 이러한 어려운 상황에서 중앙학교 교장 사택 멤버인 인촌, 고하, 기당 세 사람은 이 단계에서 천도교만이 아니라 기독교에도 선을 대야 한다는 데 합의했다. 이때 하나의 기회가 왔다. 경술국치 전에 폐위되다 싶이 한 고종의 갑작스런 1월 21일 승하한 그 일이다. 그 당시 항간에 일인에 의한 독살이라는 풍문이 나돌았는데, 이것은 그 진위 여하를 떠나서 국민의 배일감정이 절정에 달했고, 일대 민중운동이 불가피하다는 결의가 다지는 계기가 되었다.

며칠 뒤 기당은 삼각동 자택의 육당을 방문하여 천도교와 기독교의 연락을 위해서는 기독교계의 지도자 오산학교의 남강 이승훈(南岡 李承薰)을 상경케 함이 어떻냐는 의견을 타진하자, 육당은 바로 찬동하여 그 길로 기당은 수하정 3번지 선우전의 집에 묵고 있는 정노식(鄭魯湜)을 찾아 그로 하여금 같이 기숙하고 있는 김도태(金道泰)[421]를 시켜 남강의 상경을 부탁하도록 했다. 그러나 정주에 내려간 김도태는 남강의 출타로 서로 만나지 못한 상황이었다.

그러한 상황하에 서기 1919년 2월 초순에 송계백으로부터 발신된 한 통의 전보가 계동의 인촌 앞으로 날아들었다. “2.8 샀다.”는 짧막한 그 전문 내용은 동경유학생들이 “2월 8일 거사한다.”는 암호였다. 이에서 인촌은 동경 유학생들은 거사의 모든 준비가 끝났다는 것을 알 수 있었다. 이리하여 국내의 준비가 더딘 것이 마음에 쓰이는 시점이었다.

암호로 타전된 대로 2월 8일 오후 2시 재일본 유학생들은 동경의 간다구(神田區)에 있는 조선기독교 청년회관에서 학우회 총회를 연다는 구실로 2.8 독립선언이 있었다. 4백여 명의 학우들이

421) 남강과 동향인 그는 오산학교 출신으로 남강과 가까운 교우(校友)였다.

참여한 가운데 회장 백남규(白南奎;중앙학교 8회)의 개회 선언, 이어 최팔용(崔八鏞)이 조선청년독립단 대회 선언, 백관수(白寬洙: 중앙학교 전 교사)의 '독립선언서' 낭독, 김도연(金度演)의 결의문 낭독에 이어 서춘(서춘(徐椿: 추천교우)의 열변이 시작하자, 이를 저지하는 일제 경찰과 학생들의 충돌이 빚어졌다. 이 때문에 수 백명의 학생이 연행되었으며, 주동자 11명은 출판법 위반으로 9개여 월의 모진 고문을 치러야 했다. 당시 2.8거사를 주도한 '동경조선청년독립단'의 대표는 조도전 대학의 최팔용, 송계백, 이광수, 명치대학의 백관수, 경응의숙의 김도연, 김철수(金喆壽), 동양대학의 이종근(李琮根), 청산학원의 윤창석(尹昌錫), 고등사범의 서춘(추천 교우), 정치학원의 김상덕(金尙德), 고상(高商)의 초근우(崔謹愚) 그리고 백인수였다.

2월 11일, 남강 이승훈은 계동의 인촌댁에서 고하, 기당과 회견하고 기독교의 참가와 동지 규합의 일에 즉석에서 쾌학하였고, 인촌은 수 천원을 운동비로 내놓았다.[422] 그러나 그 뒤 천도교와의 일부 지연으로 기독교계 단독 거사의 계획도 있기는 하였으나, 결국 합동 추진에 동의하였고, 남강, 함태영, 최린은 천도교 중앙본부 손병희를 방문, 독립운동의 일원화를 확정했다. 전날 천도교 측은 최린을 통해 이미 운동자금 5천원을 남강에게 천한 바 있다.

이리하여 천도교의 최린과 기독교의 이승훈, 함태영은 숙의하여 독립선언은 고종의 국장일인 3월 3일 인산(因山) 날 이틀 전인 3월 1일로 정오 탑골공원에서 선언하기로 하고, 선언서는 천도교 경영의 보성사(普成社)에서 비밀리에 인쇄하기로 하였다. 이들은 불교단체의 참여도 구하여 한용운(韓龍雲) · 백용성(白龍城)의 승

422) 동아일보, 1949년 3월 1일자, 지상좌담회 참조.

낙도 얻었다.

이들은 최후의 회의를 위해 2월 28일 재동의 손병희 자택에서 회동하고, 3월 1일의 탑동공원의 독립선언은 대중 소요의 가능성이 크므로 인사동의 명월관 지점으로 변경하고, 최남선 · 함태영 · 송진우 · 정광조 · 현상윤 등은 잔류간부로 대표자들이 체포된 후의 재반 업무를 담당하기로 했다. 운동을 장기화하기 위해 민족대표도 적당히 배분하기로 하고, 이렇게 하여 33인 중에는 손병희와 권병덕(權秉悳;6대 교구장) 등이 서명하였고, 실질적으로 독립운동의 핵심이며 실무자였던 고하 송진우와 기당 현상윤은 33인에 포함되지 않고 48인에 들어갔다.

3.1운동 준비의 핵심 멤버이며 자금지원자였던 인촌은 48인에도 포함시키지 않은 것 역시 같은 이유에서였다. 고하와 기당은 동 운동의 최종단계에서 인촌에게 서울을 떠나도록 재촉하였다. 도산 안창호(島山 安昌浩)가 105인 사건에 연루되면서 그가 세운 평양의 대성학교가 문을 닫은 사실을 들면서 고하와 기당은 인촌에게 은인자중(隱忍自重)할 것을 권했다. 중앙학교는 백년대계 구국의 상징인데, 만일 인촌이 연루되어 중앙학교가 폐교된다면 민족의 인재 양성은 수포화된다는 이유에서였다. 마침내 인촌은 이들의 권유에 따라 2월 27일 고향으로 내려가고 말았다. 얼마나 먼 장래를 생각한 일인가? 후일 일제 수사당국은 중앙학교의 송진우와 현상윤이 중앙학교 교장 사택에서 동 운동을 모의한 것을 알았지만, 인촌의 관련은 끝내 밝히지도 못하고, 중앙학교에 대한 폐쇄할 수 없었던 것이다.

계획 추진 과정에서도 미리 고하와 기당은 보성전문 졸업생 주익

(朱翼)을 통해 시내 전문학교 학생 중 시위 중심인물을 결속시키도록 하고 구체적인 지령을 내리기도 했다.

3월 1일 정오가 되자 독립선언서에 날인한 민족대표 33인 중 길선주, 유여대, 김병조, 정춘수 등 4인을 제외한 29명은 예정대로 명월관 지점 태화관[423]에서 화합하고 엄숙하게 독립선언서 선포식을 거행했으며, 같은 시각 탑골공원에서는 학생들을 추축으로 한 군중 2만 명이 선언서 낭독에 이어 시위에 돌입하였다.

중앙학교의 3.1운동 참여는 그 계획 단계에서 고하 송진우, 기당 현상윤, 인촌 김성수가 중심적 역할을 하였고, 비밀리에 이들을 도왔던 48인의 한 사람인 중앙학교 전직 교사 임규(林圭)와 역시 교사 나경석(羅景錫)과 동 운동의 중앙학교의 대표로 참여한 학생은 4학년생 장기욱(張基旭;10회) 이 학생대표로 전교생을 총지휘하였던 바, 각 학년의 대표는 4학년 6명, 3학년 2명, 2학년 6명, 1학년 8명이 활동하였다.

끝으로 3.1운동에서 표출된 한민족의 독립의지가 잘 표현된 시는 아마도 이상화(李相和 · 尙火)의 '빼앗긴 들에도 봄은 오는가' 일 것이다. 우리는 일제 강점기 발표된 저항시적 애국시 가운데 대표작으로 이상화의 이 시를 꼽는다. 바로 이상화는 서기 1917년 중앙학교를 3학년을 수료하였다. 그는 고향 대구에서 3.1운동에 주도적으로 참여한 경험과 서기 1921년 '백조(白鳥)' 동인으로 참여하여 탐구적, 감각적 시에 매몰되었던 한 시대를 보내고 나서 서기 1924년 일본 유학을 마치고 귀국한 후 '개벽' 지를 중심으로 발표되었던 저항 애국시의 대표작을 남겼다. 하지만 이

423) 이곳은 일제의 합병에 동조한 이완용(李完用)의 사가(私家)가 있던 곳이다.

상화의 이 시는 저항 애국시이면서도 비분강개조의 직설적 표현이 아니라 저항과 애국의 정을 가슴 속 깊이 감추고 심지어 탐미적인 느낌마저 드러내는 시적 완성도가 높은 시라 할 것이다. 그런 점 때문에 일제도 꼬투릴 잡지 못하고 그대로 발표하게 했다가 나중에 검열에 걸려 삭제 되었던 것 같다. 서기 1926년 6월호 '개벽; 70호'에 게재되었다.

3. 사립중앙고등보통학교 시대

이 기간은 편의상 3.1운동의 여진이 계속하고 있는 서기 1920년으로부터 서기 1937년의 기간으로 대체적으로 일제의 식민지 정책이 3.1독립운동으로 바뀌여 이른바 문화정치(文化政治)라는 일종의 기만정책으로 한민족 정신을 말살하려던 그 기간이다. 중등학교의 학제가 서기 1922년부터 바뀌어 남학교는 '고등보통학교', '여자고등보통학교'라는 교명하에 수업연한도 각각 5년, 3~5년의 수업연한은 갖게 되었다. 수업연한만큼은 일본이 2차대전에서 패망의 기운이 한창이던 서기 1944년 3월까지 시행되었다.

1) 앞절에서 보았듯, 3.1 독립운동의 그 엄청난 당시 한민족의 성업을 태동시키어 민족적 각성을 가져오게 한 것도 중앙학교의 교장 사택이었으며, 주동 인물의 중심에 선 사람도 당시 교장인 송진우, 외부 인사와의 실무, 연락을 담당한 교사 현상윤 그리고 그 큰 그림을 그리며 거대한 자금원을 지원한 것도 인촌이었다. 그 이후의 중앙학교는 학교 자체부터 더욱 큰 변화를 해 갔다. 말하자면 학교 재단의 설립 이사의 인적 구성이 울산 김씨 인촌가에서 전국적으로 광역화한 것이다.

우선 3.1 독립운동 이전까지는 중앙학교를 운영하고 있는 재단도 인촌가의 그의 생부, 양부인 김기중과 김경중이 설립 이사로 되었었다. 이제는 인촌의 가정을 벗어나 경성의 남대문 밖에서 살던 박용희(朴容喜)와 전북 금구의 장현식(張鉉植; 서기 1896~1950, 6.25 당시 전북도지사, 납북)이 중앙고보의 설립자로 참여하게 되었다. 박용희는 인촌의 사업을 여러모로 도왔지만 여주의 밭과 철원군 갈마면 문해리 소재의 임야 약 90만 6,017평을 중앙학교에 기부하였고, 장현식 역시 당시 십만 석군으로 3.1독립운동 이후에는 독립운동가들에게 자금을 제공하였다가 옥고를 치르기도 하였으며, 서기 1923년 10월 중앙고보의 동관을 신축, 기증하였다. (동아일보, 1921년 4월 6일자, 6월 19일자 관련기사 참조.)

학교 건물도 본관에 이어 학교 교실의 부족을 타개하기 위하여 서기 1921년 10월에는 인촌의 생부 김경중이 본관 뒤 서쪽에 2층 교사 서관 1동을 증축하였고,[424] 이어 장현식이 동관을 증축 기증하였다.

이어 재단법인 중앙학원은 서기 1929년에는 기존 설립자 외에 인촌 김성수, 김연수(金秊洙;인촌의 동생), 김재수(金在洙) 3인 추가되어 총 6인으로 확대되고, 주무이사에 김성수, 이사에 박용희, 이중화(李重華), 현상윤, 최두선, 김연수, 장현식, 감사에 김재수, 조동식(趙東植)으로 하여 '재단법인 중앙학원'을 설립하였다. 그 당시의 교사진도 32명, 학생수도 800명으로 증가하였다. 당시 중앙학원의 설립은 사회적으로 높은 평가를 받았다.[425]

중앙학원은 출범 이후에도 설립자들의 기증이 이어졌다. 김기

424) 동아일보, 서기 1921년 11월 21일자 관련기사 참조.
425) 동아일보, 서기 1929년 2월 18일자 관련기사 참조.

중, 김경중 형제는 중앙고보 뒷산의 국유림 6,300평을 매입, 기부하였으며, 서기 1930년 5월에는 김기중은 국유림 1,500평을 매입 기부하였다. 그리고 2년 후인 서기 1932년 1월에는 유도장 57평 2층 1동을 석조로 건축하였다. 뿐만 아니라 동년 3월에는 드디어 보성전문을 인수 경영하게 되었다. 이 시점에서 설립자의 한 사람인 김기중은 500석 추수의 토지와 6,000여 평의 대지를, 김경중은 5,000석 추수의 토지를 법인에 희사하였던바, 그 총평가액은 대략 55만 원이나 되었다. 10년 전의 시세로 치면, 벼 1섬이 20원이었으니, 137,500석의 엄청난 자금이었다. 당시 사학은 초, 중, 전문학교 모두 700여 교였으나, 그 중 경영의 기초가 잡힌 것은 종교단체의 경영을 제외하고는 보통정도의 손가락으로 헤아릴 수 있는 정도를 생각한다면 중학학원의 경우는 실로 눈부신 발전상황이었다.[426]

중앙학교는 총독부의 조선교육령 개정으로 교명이 '중앙학교'에서 '사립 중앙고등보통학교'로 개칭되었고, 수업연한도 4년에서 5년으로 변경됨에 따라 서기 1922년 4월 1일 학칙을 변경하여 5년의 수업연한은 서기 1944년까지 계속되었다.[427] 우리가 중앙고보의 교과 중 특히 주목해야 할 것은 서기 1920년대 들어 '염색도안과'를 두었다는 점일 것이다. 바로 이점은 우리나라의 디자인교육의 효시였다는 것을 의미할 것이다.

학교장은 송진우 교장이 3.1독립운동의 참여로 투옥되자, 서기 1919년 9월 30일 최두선(崔斗善)이 교장으로 취임하였다. 또한 개교기념일도 종전의 6월 20일로부터 개교 19년을 맞는 서기 1927년부터는 6월 1일로 변경하였다. 종전의 6월 20일은 중앙학

426) 동아일보, 서기 1933년 6월 3일자 '중앙학원의 발전–경하할 그 25주년기념' 참조.

427) 조선교육령은 일황 칙영 제49호로 서기 1922년 2월 6일에, 고등보통학교규정은 조선총독부령 제16호로 2월 20일에 각각 발표되고, 동년 4월 1일부터 시행되었다.

교의 전신인 기호학교가 서기 1908년 6월 20일이었기에 때문이었다. 변경의 이유에 대한 기록이 없어 알 수 없으나 이제는 면목을 쇄신하기 위한 것으로 생각된다.

그 당시 실질적인 교주 인촌의 1년 반에 걸친 외국 순방에 대하여 특히 인식할 필요가 있다. 인촌은 중앙학원 창설 후 서기 1929년 12월부터 1931년 8월까지 무려 1년 8개월간의 구미 여러 나라를 순방하고 돌아온 점이다. 그의 개인적인 여행이 아니다. 국외 순방을 떠난 것은 국내의 사업이 그런대로 궤도에 오르고 있는 중에 급격히 변모하고 있는 세계 사조를 둘러보면서 국내에서 해야 할 사업의 구상을 하려는 뜻이었다. 그는 여행 떠나기 전인 서기 1927년에는 동아일보 제5대 사장을 사임, 서기 1928년에는 경성방직의 취제역 사장에서 물러나고, 그리고는 여행에 앞서 중앙학원을 창설했고, 경방 고문에 추대되어 경영 일선에서 물러나 잠깐 여유를 갖게 되었다. 그 후 인촌은 서기 1929년 12월 3일 서울을 출발해 일본을 경유 이탈리아, 프랑스를 경유 영국에서 1년 동안 체류하며 정치, 경제, 문화, 교육 각 방면의 인물교류와 문물을 둘러보았다. 그리고 이어 핀랜드와 아일랜드를 방문, 약소국의 독립운동에 관심을 갖기도 했다. 그다음으로 경제공황 중의 미국에서 3, 4개월 체류하면서 국민회의를 이끌어 독립운동을 이끌고 있던 이승만을 만났다.[428]

서기 1931년 12일 떠난 지 1년 8개월만이었다. 인촌은 왜 구미 각국의 문물과 교육을 시찰했고, 약소국의 독립운동을 살폈고, 미국에서는 왜 이승만을 만났을까?

2) 중앙고보 교사 조철호(趙喆鎬)는 서기 1922년 10월 5일 당시

428) 매일신보, 서기 1931년 12월 24일자 참조.

학생 8명을 모아 '조선소년군'을 창설하였다. 따라서 중앙고보는 명실상부한 조선소년군의 발상지이며, 조선소년군의 모태였다. 따라서 우리나라에서 '소년군'의 역사는 조철호와 중앙고보로부터 비롯되었다 할 것이다.

소년군은 서양에서 보이스카우트(Boy Scout)라고 하며 원래 영국의 육군 중장 베이든 파월(Baden Powell;서기 1857~1911)이 서기 1907년 여름에 소년 20명을 거느리고 부라운시 섬(Brownsea Island)에서 야영생활을 시행한 데서 비롯된다. 이어 서기 1910년에는 프랑스, 독일, 미국, 러시아에도 보급되었으며, 아시아에서도 인도, 중국 등지에서 서기 1912년에, 일본에서는 서기 1915년에 조직되었다. 그러나 동 조선소년군은 이에 영원하지 않고, 특히나 주권마저 상실당하고 있는 상황하에서 조철호 교사가 독창적으로 최초로 창설한 것이다.[429)]

조철호 교사는 당시 중앙고보 훈련교관이었던 바, 항상 시국을 개탄하며 조국광복과 민족중흥을 위해서는 먼저 청년들이 심신 단련을 통해 강인한 역군으로 태어나야 한다고 생각하고 학도들의 훈련과 교양향상에 전력을 경주하였다. 정신면에서는 민족주의와 자유사상을 주입, 고취하면서 육체적으로는 강건한 민족의 일군을 만들어야 한다는 것이 그의 지론이었다. 그러기에 그는 학생들로 하여금 중앙고보의 운동장에서 딩굴게 하고 계산의 언덕을 치달리게 했다. 어느 때는 남산에 오르게 하고, 어느 때는 장안 일대를 학생들을 이끌고 그 선두에서 구보하였으며 그 때마다 구령을 외쳤다. 조철호는 또 총독부가 요구하는 일본어 구령 대신 '기착(氣着;차려)', '휴식(休息;쉬어)' 등 우리 말 구호를 사용하였고, 학생들로 하여금 교정에서 마주 바라다보이는 남산의 조선신사(朝鮮

429) 동아일보, 서기1922년 10월 7일자 '조선 초유(初有)의 소년군' 참조.

神社; 후에 朝鮮神宮)를 향해 소리를 모아 고함을 지르게 하는 등 철저한 항일정신(抗日精神)을 주입 실천했다.

조철호는 일본 육군사관학교에서 홍사익(洪思翊) · 신태영(申泰英) · 지대형(池大亨 · 李青天) 등과 동기생으로 훈련을 받은 바 있으며, 일본육사 졸업후 배치과정에서 무기를 가지고 탈영하여 만주로 망명을 시도하다가 체포되어 총살형을 기다리던 중 그의 재능을 아까워한 육사 교수들의 도움으로 감형되어 1년 징역형을 받았다. 군에서 쫓겨난 그는 남강 이승훈이 세운 정주 오산고보에서 교사로 있다가 서울로 와 중앙학교의 교관이 되었던 인물이다.

조철호 교관은 중앙고보 학생들의 6.10만세 운동에 연루되어 서기 1926년 6월에 일경에 체포되어 옥고를 치르다 그해 10월 국외로 추방되어 만주로 갔다. 거기서 민족지사들이 설립한 동흥중학교에서 교편을 잡기도 했다. 그러나 동 교가 재정난에 부딪혀 다시 국내로 돌아와 그 학교를 지원하는 방안을 모색하기도 했으나 일경에 발각되어 구금되기도 했으나, 인촌의 보증으로 풀려나 동아일보사에 근무하기도 했다. 그 무렵 서기 1931년 6월 조선소년군 총본부 총사령장에 다시 추대된 그는 서기 1937년 9월에 조선군이 해산되기까지 계속 소년군을 지도했다. 이 피어린 눈물겨운 소년군 운동도 마침내 일제의 억압으로 중단되지 않을 수 없었다. 그리고 조철호는 일경에 구금되었다. 그는 출옥 후 서기 1939년 보성전문학교의 체육교수로 근무했으나 결국 광복을 보지 못한 채 여러 차례의 옥고에서 온 질병으로 서기 1941년 세상을 떠났다.

3) 6.10 만세운동은 3.1운동 후 일제식민지통치에 대항하여 학생층 전체를 망라한 일반적이며 체계적인 학생운동의 첫 봉화이다.

서기 1926년 4월 26일 조선조 마지막 왕인 순종(純宗)이 승하하여 동년 6월 10일 인산(因山)을 거행키로 결정되었다. 이 때 우리 민족은 조선조의 마지막 임금에 대한 연민과 왕가에 대한 애수 및 나라를 강탈당한 애통한 심정을 참을 길이 없었다. 서울 시내 각급 학교에서는 4월 27일 일제히 휴학하고, 학생들은 단체를 이루어 돈화문 앞으로 가 호곡(呼哭)을 했다.

한편 학생들은 6월 10일 순종의 인산(因山) 당일에는 전국에서 수십만의 국민이 모일 것을 예상하여, 이날을 이용하여 일대 독립운동을 전개키로 기도하였다. 그러나 이 독립운동에는 대체적으로 두 그룹이 사전에 계획하기도 했다. 하나는 사직동사건(社稷洞事件)[430]에 연루된 학행들의 모임과 또 하나는 통동사건(通洞事件)[431]에 연루된 학생들의 모임의 계획이었다.

---

430) 당시 조선학생과학연구소 간부인 박두종, 이선호, 중앙고보의 박하균(朴河鈞), 연희전문의 이병립(李柄立), 경성제대 예과 이천진(李天鎭) 등은 5월 20일 현 충정로에 있던 박두종의 하숙집에 각 학교 대표 40여명을 모아인산 당일 독립만세를 부르기로 결정을 보았다. 이들은 북아현동 아기릉 숲속에 들어가 태극기 200장과 '독립만세' 리고 쓴 기 약 30장을 만들었고, 그 이튿날에는 박두종이 명함인쇄기 한 대를 몰래 구입하여 연희전문생 한일청(韓一淸)이 로라를 몰래 구해와서 사직동에 있는 연희전문생 이석훈(李錫薰)의 하숙집에서 밤을 새며 10일 10시까지 격문(檄文) 수 만장을 찍어 냈다. 그 격문은 이병립(李炳立) 연희전문생이 만든 것으로 "2천만 동포야! 원수를 몰아내자. 피의 값은 자유이다, 대한독립만세." 라는 내용이다. 그리고 각자 격문 수 천장과 태극기 수 천장식 들고 흩어져 여러 학교 학생들에게 이를 나누어 주었다. 이 동지들의 모든 계획이 사직동 이석훈의 집에서 꾸며졌기에 이를 사직동사건이라고 불렀다.

431) 서기 1926년 5월 24일 중동고보의 김재문(金載文) 학생의 하숙집에 중앙고보 이동화(李東煥), 박용규(朴龍圭), 중동고보의 김재문(金載文), 황정환(黃廷煥), 곽재형(郭載炯) 등이 모여 6월 10일 선전문을 뿌리고 독립만세를 부르기로 합의하였다. 선전문의 내용은 다음과 같다. "조선 민중아! 우리의 철천지 원수는 자본제국주의 일본이다. 이천만 동포야. 죽음을 결단코 싸우자. 만세, 만세, 조선독립만세, 조선민족 대표 김성수, 초남선, 최린" 여기서 김성수, 최남선, 최린의 이름을 임의로 넣은 것은 민중의 인기를 얻기 위해서였다. 9일밤 다시 모여 다음 날 거사일을 최후로 다짐하고 일경에게 잡혔을 때, 답변할 말까지 정해 놓고 선전문을 각각 분배하여 귀가하였다. 이상이 동 '통동사건' 의 전모이다.

만세운동이 일어난 당일인 6월 10일은 백의종군의 민중이 온 장안을 덮었으며, 돈화문에서 홍릉까지 도열한 학생들만도 약 2만 3천명을 넘었다.[432)]

당일 학생들의 만세운동의 상황을 보면, 인산 행렬이 돈화문을 떠나 오전 8시 반경 종로 3가 현 단성사 앞을 지난 뒤 중앙고보생 340명이 '조선 독립만세'를 부르며 격문을 살포하였고, 행렬이 을지로를 향해 수표교에 이르자 부근에 도열했던 연희전문생 50여명이 만세를 부르며 격문을 살포하였다. 그리고 동대문 밖 동묘(東廟) 부근에서 중앙고보생외 휘문고보, 중동고보생 등이 격문을 살포하였다. 그때 나타난 격문중에는 "보통학교 용어를 조선어로", "중등이상 학생집회는 자유로", "대학을 조선인 중심으로" 등이 나타났다.[433)] 이러한 격문 중의 표현은 당시 동맹휴학의 원인에 많은 영향을 주었다.

당일 서울시내에서 검속된 학생 중 중앙고보생 58명으로 제일 많았다. 그러기에 두 계통으로 나누어 취조하였다. 이들 대다수는 서대문 형무소에 수감되었고, 교사 조철호도 서대문 형무소에 수감되었다. 최종적으로 중앙고보생은 21명이 처벌되었다.[434)] 그러나 재판정에서 주모학생들로 나온 학생들은 당당할 데가 이루 말할 수 없었다. 또한 총독부 학무국은 중앙고보에 대해서는 휴교령을 내리기까지 하였다.

6.10만세운동은 광주학생운동의 정신적 기반이 되어 주는 등 서기 1920년대 국내 민족독립운동의 영향을 주는 등 독립운동의 발전에 큰 계기를 형성하여 주었다.

---

432) 李炫熙, '六十獨立萬歲運動考', 亞細亞研究 第11卷 第1號(通卷 第33號), 1969, 37면.

433) 金鎬逸, '日帝下學生運動의 한 形態', 亞細亞學報, 제11輯, 1975, 248면.

434) 동아일보, 1928년 7월 7일자 관련기사 참조.

4) 6.10만세 후 3년이 지난 서기 1929년에 일어난 광주학생운동이 전국적으로 파급되면서 서울에서도 학생운동이 치열하게 전개되었다. 우선 중앙고보만 보더라도 400여 명의 학생이 모여 광주학생운동에 대하여 격렬한 논의를 거친 후에 시위에 나서기로 하고 교문을 통해 계동어귀로 나가려다 왜경의 저지로 뒷산으로 몰려가, 거기서 산길을 타고 넘어 온 보성고보생과 경신고보생들과 합류하여 시내로 나오려 하였으나 또 왜경에 저지되고 말았다. 그리하여 이들은 경무대 옛터에 자리를 잡고 만세를 고창하며 진을 치고 있었다. 중앙고보생 600여 명은 결국 왜경에 검거되어 40여 대의 자동차와 소방차에 실려 경찰부 회의실에 전부 수감되었다.[435]

특히나 제2고보(현 경복고)와 중앙고보의 연합시위 이른바 '중앙이고 사건' 즉, 중앙고보생들이 경복궁 뒤 경무대 앞까지 진출한 시위와 채 밖으로 진출하지 못한 제2고보 교정 안에서 이루어진 학생들의 움직임은 가장 단체적이었고 행동이 맹렬했던 것으로 총독부 당국자들과 일반시민들에게 많은 충격을 주었다.[436]

이어 서기 1930년에도 중앙고보에서는 동년 2월 18일 오전 11시 40분경 전교생 700여 명이 19, 20일 양일에 공부할 수 없다고 4학년이 중심이 되어 일제히 귀가한 사태가 일어났다. 이와 같은 불의 일격을 받은 학교 당국은 재빨리 설득하였으나 학생들은 정문과 뒤산으로 흩어져 학교를 떠난 사태가 벌어졌다. 이러한 단체적인 사태에 대하여 결국 35명이 보안법 위반으로 기소되었다가 그 중 3명은 징역 1년에 집행유예 4년의 체형을 받았고, 2명은 4년 만에 수료하게 되기도 하였다. 이 때문에 동년 3월 5일 실시예

435) 동아일보, 1929.12.28일자 사회면 참조.
436) 조선일보, 1929.12.28일자 관련기사 참고.

정이던 제21회 졸업식은 거행하지 못한 채 졸업증서만 개별적으로 수여하게 되었다.

5) 중앙고보가 민족사학이라는 것은 중앙학교의 교사와 졸업생 중에서 유독 국어학자가 많았다는 것이고 극히 자연스러웠고 당연한 일이었다. 우선 중앙학교의 전신인 기호학교(畿湖學校)의 창립 주체인 기호학회 회원 가운데 국어학자들이 많았던 것도 예삿일은 아니었다. 기호흥학회 부회장, 후에 중앙학교 교사를 역임한 지석영(池錫永), 최초의 한글전용을 주장하였고, 중앙학교의 제5대 교장을 역임한 유길준(兪吉濬) 등을 들지 않을 수 없다. 특히 당시 우리 말과 우리 글의 보급과 연구에 앞장선 이가 유명한 주시경(周時經))이다. 또한 한 때 중앙학교 교사였던 최남선(崔南善)은 당대 우리나라의 최고 역사학자이며 대문사(大文士)로서 우리말 사전편찬 노력의 효시라 할 수 있는 조선광문회(朝鮮光文會)를 만들었고, 중앙학교의 교가의 가사를 작사하기도 했다.

특히 조선어 연구와 보급에 힘썼던 조선어연구회(朝鮮語研究會)[437]의 중심인물이었던 장지영(張志暎), 권덕규(權悳奎), 최두선(崔斗善) 이들 모두가 중앙학교에서 교사를 역임한 사람들이었다. 특히 한글맞춤법 통일안의 제정에 기여한 인물 중에는 이희승, 김선기 등 중앙고보 출신이 있다. 이러한 조선어연구회의 활동의 재

437) 동 연구회는 원래 주시경의 영향을 받아 직간접으로 장지영, 이병기, 권덕규, 이상춘, 김윤경 등 사립학교 교사 15~16명이 중심이 되어 서기 1921년 12월 3일 휘문고보에 모여 조직한 국어연구단체였다. '조선어의 정확한 법리를 연구함을 목적'으로 한 이 단체는 서기 1926년 한글날의 원형인 '가갸날'을 제정하고, 그 당해 2월 10일에는 기관지 '한글'을 창간하였다. 또한 서기 1929년 조선어사전편찬위원회가 조직되어 사전편찬의 바탕이 되는 '한글맞춤법 통일안' 제정에 나섰으며, 서기 1931년 '조선어학회'로 이름을 바군 후에는 조선일보와 동아일보와 함께 문맹퇴치운동을 벌였다.

정적 뒷바침에는 인촌의 지원이 없이는 불가능했다.[438] 한글 새맞춤법통일안이 결정되어 보급이 절실한 시점에서 인촌은 동아일보를 통해 그 보급운동에 앞장섰다. 7만원의 거액을 들여 새 활자를 주조하여 신문 제작을 강행하였다.

서기 1942년 이른바 조선어학회 사건 때에도 일제에 의한 날조된 죄명으로 수많은 학자와 인사가 수모를 겪었지만, 이윤재(李允宰), 장지영(張志暎)은 중앙고보 교사였으며, 이희승(李熙昇)은 제9회 졸업생, 장현식(張鉉植)은 설립자였다.

중앙학교의 국어수호 전통은 광복 후 각 대학에서 교수로서 활동하였다. 그 대표적인 예로 서울대학교 국어국문과의 이희승(9회), 이기문(李基文;40회), 김안진(金完鎮;41회), 이익섭(李翊燮;47회) 교수들의 활약에서 볼 수 있다.

6) 중앙고보의 일제강점기 동맹휴학은 어느 학교보다도 유명했다. 자주 일어났던 것으로도 유명했지만, 대규모적으로 일어나 사회적으로 큰 파문을 일으켜주는 것이어서 그러했다. 당시 일어났던 동맹휴학을 다 거론할 수는 없지만 큰 것만 보아도 5차례나 된다.

처음의 동맹휴학은 서기 1923년 6월 초 4학년 학생 80여명이 집단적으로 영어담당 박 모 교사를 배척하는 동맹휴학이었다. 이유는 그 교사가 친일하는데 있다고 했지만 그 밑바닥에는 날로 그 도가 심해지고 있는 일제 총독부의 조선 학생에 대한 업압과 간섭에 대한 민족적 울분의 토로였다. 이 사건에 대한 것은 그 당시 동아일보와 조선일보가 자세히 설명해주고 있다.[439]

---

438) 동아일보사 간, 인촌 김성수-인촌 김성수의 사상과 일화, 213~215면 참조.

439) 동아일보, 서기 6월 23일자, 조선일보 서기 1923년 6월 23일자 관련기사 참조.

서기 1927년 10월 3일 전제적 엄한 교풍에 맞선 제2차 동맹휴학이 일어났다. 이것은 2, 3학년생 350여 명이 2, 3인의 교사와 당시 최두선 교장의 전제적 교육방침에 불만을 품고 동요를 한 것이다. 그러나 내면적으로는 학교측에 대한 불만이 아닌 억압적인 일제치하의 시국에서 학교의 교육방침마저 전제와 엄한 교풍만을 내세운다는 것에 대한 불만으로 민족적 울분과 청년의 열혈을 토로할 광장을 학교에서 마련하여 달라는 것이었다. 그러나 학교 측은 일정한 기간 내의 등교와 주모학생에 대한 정학처분을 내렸다. 이에 2, 3학년의 추이를 지켜보던 1, 4학년은 학교측의 동맹휴학에 대한 학생처벌에 자극되어 10월 5일 오전 8시 교정에 모여 동정휴학을 결의하고 일제히 학교를 떠났다. 이에 최두선 교장의 사퇴에 따라 교사들 역시 10월 27일 전원 사퇴 성명을 내고 말았다.

학생의 동맹휴학과 이에 대한 교사의 전원사직 선언이라는 상황하에 인촌도 직접 사건 수습에 나서며[440] 교우회가 나서 타협하기도 했다.[441] 그리하여 인촌의 권유로 11월 8일 교사는 복직을 결의하고 등교일은 추후 결정하기로 하였다. 그러나 강경파 학생 100명은 14일부터 등교하여 수업하려고 하는 300여 명의 학생들의 등교를 방해할 뿐만 아니라 교실을 점거하여 수업을 거부함에 이르자, 종로경찰서는 이에 개입하여 결국은 맹휴사건 관련자 출판법 위반 혐의 기소되었으나 모두 석방되었다.[442]

제3차 동맹휴학은 서기 1929년 11월에서부터 그다음 해 말까지 계속된 불온문서와 습격사건으로 얼룩진 동맹휴학을 통틀어 일컫고 있다. 이는 서울 항일학생운동과 밀접히 연관되면서도 독자성을 가지고 있다. 동아일보에 의하면 11월 20일 2학년생 160여

440) 매일신보, 10월 25일자 관련기사 참조.
441) 매일신보, 1927년 10월 26일자 관련기사 참조.
442) 동아일보, 서기 1927년 11월, 16일, 19일, 11월 28일자 관련기사 참조.

명은 동창회의 자치권 부여, 조선어 작문시간 부여, 일부 담임선생의 교체 등 5가지 조건을 들어 진성서를 냈는바 학교당국이 이를 거부하자 동맹선언을 하고 집으로 돌아간데서 동맹휴학은 비롯되고 있다.[443] 이의 주모자들은 7명은 모두 종로경찰서에 연행되고 퇴학처분 되었다고 하자, 전교생 700여 명이 19일, 20일 양일은 수업할 수 없다고 선언하며 귀가하고 말았다. 바로 이날은 광주학생들의 공판일이었다. 그러나 이 같은 일련의 동맹휴학은 예고편에 불과했다. 서기 1930년 10월 말에 이르러서는 본격적인 동맹휴학이 전개되었다. 항일운동적 성격이 뚜렷하게 드러나는 사건들이 잇따랐다. 예컨대 체육시간에 일어로 구령을 부른 것을 빌미삼아 체육교사의 교체를 요구하다던가 교사에는 '사이토총독 타살', '일제식민지교육 배격' 등의 구호를 쓴 종이 현수막의 부착, 외부와의 연락을 차단하기 위한 전화선 절단등 그로 전교생의 등교거부에 학교 당국은 임시휴교 조치를 하지 않을 수 없게 되었다. 이런 일련의 사건 수습과정에서 40여 명의 퇴학생, 20여 명의 무기정학 처분등이 있었다.[444]

3차동맹휴학과 4차 동맹휴학사건의 기간인 서기 1933년 2월 6일에는 이른바 '반전격문(反戰檄文)' 사건이 일어났다. 이 사건으로 학생 6명이 검거되기도 했다.[445]

서기 1935년 2월 18일 교정에서 체육교사 박창하 등 세 명이 사진촬영을 하고 있을 때 2층 4학년생들이 이를 보고 모욕적인 언사를 보낸 사건에 학교측은 이들을 꾸짖고 사과를 요구했으나 오히려 학생들은 반발하는 태도에 대하여 주모자 2명을 권고퇴학 처분

---

443) 동아일보, 11월 23일자 참조.

444) 동아일보, 1930년 3월 1일자, 10월 25일자, 조선일보 1930년 10월 23일자 관련기사 참조.

445) 매일신보, 서기 1933년 2월 7일자 관련기사 참조.

한 사건은 결국 4학년생 전원이 2월 20일 동맹휴학에 들어갔다. 이리하여 종로경찰서장이 직접 출동하여 학생 102명을 전부 검속하고 학교측도 4학년생 전원을 무기 정학처분하였다.[446)]

이 사건의 심리중에 일부는 이른바 '중앙반제동맹(中央反帝同盟)' 이라는 결사가 조직되었음이 발견되었고, 이 사건의 혐의자들은 3년간 조사를 받고, 서기 1936년 9월 18일 공판에 회부되기도 했다.[447)]

이때 일부 학생들은 이른바 중앙고보 적색 '독서회 사건' 이라는 이름으로 8명의 학생이 최고 3년에서 최저 1년의 징역의 구형을 받기도 했다. 그러나 10월 13일 열린 공판에서는 6명은 기소유예, 1명은 불기소로 각각 석방되었다. 이때 담당 변호사는 신태학, 서광설, 김병로, 이홍종, 한영욱 등 5명이었다.[448)]

5. '중앙중학교' 시대

1) 당시 일제 강점하에서는 다 겪은 일이었지만, 서기 1921년 4월부터 '사립 중앙고등보통학교' 라는 명칭도 서기 1938년 4월부터 '사립중앙중하교' 라는 명칭으로 개칭되었다. 이것은 조선교육령과 조선총독부령 제25호 중학교 규정에 따른 것이다. 이 시기는 이른바 황국식민환(皇國臣民化) 시기이다. 형식상으로 보면 조선에 있어서 일본인 학교와 조선인 학교를 구분을 엄격히 지켜오던 관례를 깨고 이제는 명칭에서나마 그 차별을 없애는 것 같았지만 그 저변에는 서기 1937년 중일전쟁 발발과 이어 서기 1941년 태평양전쟁에 돌입하면서 전시동원체제로 들어가면서 그에 따른 것

446) 매일신보, 서기 1935년 2월 22일자 관련기사 참조.
447) 매일신보, 서기 1936년 9월 26일자 관련기사 참조.
448) 매일신보, 1936년, 9월 30일자 관련기사 참조.

이었다. 서기 1941년부터는 수업년한도 5년에서 4년으로 단축되었고, 일제 말기에 들어가서는 그것마저도 몇 달간 졸업을 앞당기기까지 제도적으로 만들어 놓았다.

이 기간 일제의 강압적인 식민정책의 수행으로 인한 교육적 박해를 보면 다음과 같다.

일세는 서기 1925년 서울에 조선신궁(朝鮮神宮)을 건립하고 전국 각 도 · 부 · 군 소재지에 신사를 건립하여 기회 있을 때마다 관민 합동으로 기관단체별로 혹은 개인별로 반드시 참배하도록 강요해 왔다. 서기 1937년부터는 매년 8월 1일을 '애국일'로 정했으며, 세계 2차대전이 일어난 서기 1939년 9월 1일부터는 흥아봉공일(興亞奉公日)로 정했으며, '황국신민서사(皇國臣民誓詞)' 강요되었으며, 서기 1941년 12월 8일 일왕이 선전조서(宣戰詔書)를 발표한 후에는 매월 8일을 '대조봉대일(大詔奉戴日)'로 각각 정하여 행사를 거행하게 했으며, 초등학교 구내에는 신사를 설치하고 전체 면민과 학생들에게 참배를 강요했다.

이렇듯 일제는 한민족을 일본인화하려는 의도하에서 강제적인 조치를 감행하였음은 한반도 어디에서나 벌어지는 일이었다.

한편 육군특별지원병제도가 서기 1938년 2월에 공포되어 17세 이상의 조선인 남자를 '지원병'이라는 이름하에 강제 징집하였으며, 동년 4월에는 국가총동원법을 시행하여 인적 물적 조선인의 자원을 그들의 국방의 목적을 달성하기 위하여 강탈하다시피 했다. 또한 동년부터 공출(供出)이 강제적으로 실시되어 조선인의 농산물을 비롯한 여러 가지 물건이 거의 무료 징발되었으며, 서기 1939년 7월에는 국민동원령이 공포되어 징용이 강제적으로 실시되었다. 서기 1940년에는 국민총력연맹이 조직되어 전 국민을 일사불란하게 조직화해서 전쟁을 수행하려고 했다.

2) 일제강점기 일제 당국은 상술한 바의 배경하에서 특히 중일전쟁 발발이후로는 우리 민족의 일본화 교육이 가속화, 본격화되었지만 중앙중학교의 교육방침은 이에 굴복, 동할 수는 없었다.

일제는 서기 1911년 일왕이 하달한 이른바 교육칙어(教育勅語)를 학교장실에 신주처럼 모셔 놓게 하고, 그 출납에도 두 손으로 머리 위에 떠바치는 등 정중한 자세로 대하라고 강제하였다. 그러나 중앙중학교는 그것의 보관은 서무실 서류함에 넣어 두었다가 출납에는 서무실 직원이 하여 식장에 가지고 나갔으며, 일본인 감독자가 출석하기 전에는 별도로 낭독조차 하지 않았다.

또한 일제는 학교 교정에 '봉안전(奉安殿)'을 지어 놓고 매일 등교하는 학생들에게 참배하도록 했으나 중앙중학교에는 아예 그런 것이 없었다.

3) 중앙중학교의 전신인 중앙학교의 발족 초기 서기 1910년 당시부터 무궁화를 모표(帽標)로 제정하였다. 무궁화는 우리의 국화가 아닌가. 그러기에 서기 1914년 육당 최남선이 교가를 작사할 때도 무궁화를 가사에 넣어줄 것을 인촌의 부탁에 응하여 "흰 뫼와 한 가람은 무궁화 복판"이라 한 것 아닌가? 어떻든 중앙학교의 모표는 무궁화 한복판에 중앙(中央)의 '중(中)'자를 가운데 배치하여 중앙정신을 상징하였던 것이다. 그러므로 중앙학교의 모표에는 조국 사랑의 정신이 맺혀 있고, 민족정기가 뭉쳐 있다 할 것이다.

그러나 일제는 조선인의 사립학교를 이른바 불령선인(不逞鮮人) 집합소로 인정해 오던 중 특히 중앙중학교에 대해서는 주목과 감시가 매우 심하였다. 이들이 중앙중학교의 모표를 못마땅하게 생각한 것은 물론이었다. 그리하여 서기 1938년 12월 경기도 내무부에서는 종로경찰서장에게 동교 모표를 압수하고, 못 쓰게 하라고 지시하였다. 그리하여 하는 수 없이 학교 당국은 무궁화 울타리를 없애고 대신 '중(中)' 자 둘레를 단순한 선으로 이은 6각형 모표를 1년간 사용하다가 서기 1939년 5월 16일 드디어 무궁화 대신 월계화로 둘레를 친 모표를 사용하기로 하였다. 그러다가 광복 후 9월에 다시 무궁화 모표로 환원하였다.

4) 서기 1940년 2월 1일부터 조선인에게 창씨개명(創氏改名)을 조선총독부령으로 발표하였던 바, 강제성을 띠어 동년 8월 10일까지 전국적으로 60~70%가 이루어졌다. 일제의 노골적인 발악이었다. 그것은 일본 쪽에서 보면 조선인의 일본인화를 목표로 한 것이었다. 그러한 상황에서도 중앙중학교에서는 설립자 인촌 김성수, 교장 기당 현상윤 이하 대부분 교사가 끝내 창씨개명을 거부하였다. 그 때문에 중앙학교 교사들은 공식적인 자리에서 자주 힐난(詰難)의 대상이었고, 현상윤 교장은 당국에 불려가 문책과 봉변을 당하곤 했다. 당시 서울시내에서 창씨개명을 거부한 교장은 현상윤, 최규동, 황신덕(黃信德) 등 세 분 뿐이었다.

일어(日語) 사용에 있어서도 비슷한 경로를 걸었다. 원래 우리 국어와 한문도 필수적이었지만 서기 1937년 9월에는 총독부는 '조선어 한문'을 폐지하고, 서기 1938년 4월부터는 중학교과목중에 '조선어는 수의과목으로 할 수 있다.'며 학교의 자율에 맡기다가 서기 1939년부터는 전폐해 버렸다. 그러나 중앙중학교는 총독부가 편찬한 '조선어 급 한문독본'은 본보기로 두고, 주로 권덕규 편저의 '조선어문경위(朝鮮語文經緯)'나 학교에서 자체적으로 만든 등사본을 교재로 사용하였다. 그러다가 서기 1939년 조선어가 전폐되었을 때도 중앙중학교에서는 끝까지 필수 과목으로 설정하여 정상수업을 했다. 또한 교수 언어는 조선어를 전면 금지했으나, 중앙중학교에서는 여전히 국어과목을 두어 권덕규 교사는 정상수업을 했었으며, 영어담당 변영태, 유경상 교사는 전쟁 중이던 서기 1944년까지 교수용어를 우리 말로 하였으며, 특히 조철호와 박창하 교사는 체조의 구령을 우리말로 했다. 이 때문에 중앙학교에서는 일어로 구령을 한 교사를 배척하여 동맹휴학하는 일조차 있었다.

하지만 서기 1944년에 이르러서는 '조선어로 수업한다.'는 소문이 일제에 알려지면서 일제의 집중적 감시 강요로 이들 교사들도 일본어 교육을 받아야 했고, 일본어로 수업하지 않을 수 없었다. 그러나 유경상 교사 같은 경우는 출석부에 창씨개명한 이름 외에 옆에 우리말 본명을 적어두고 있었으며, "우리 학교에서는 창씨개명을 하지 않아도 된다."고 학생들 앞에서 공공연하게 말하곤 하였다.

이러한 민족교육의 결과 중앙중학교 졸업생은 상급학교 입학시험 답안을 작성할 때 일어의 표현력이 부족하여 곤란을 겪는 일이 적지 않았다.

5) 서기 1940년 초반에 이르러서는 최남선이 작사한 조선어 교가도 "한 뫼와 한 가람은 무궁화 복판"이라고 조선의 상징 무궁화를 강조한 것이 용납될 수 없었기 때문에, 이를 순수한 일본어 가사로 변경하라고 강요 당하기까지 하였다. 따라서 서기 1937년 12월 4일 중앙중학교의 교가와 응원가가 폐지되었다.

6) 중앙중학교시설 현상윤 교장의 수신(修身;도덕)시간의 민족정신을 환기시키는 강의를 비롯하여 김상기(金庠基) 교사의 국사시

간의 4천년 역사 이야기, 최복현(崔福鉉) 교사의 지리 시간에 이순신 장군의 임진왜란 활약상, 고구려의 영토에 관한 이야기 등은 학생들의 민족정신을 일으켜주었다. 그러한 상황에서 서기 1941년 7월초 최복현 교사의 지도자하에 민족의 진로를 두고 학생 5명이 서로 각 부분의 연구를 발표하고 논의하는 이른바 '5인 독서회' 사건이 경찰에 발각되어 결국 함흥형무소에서 수난을 겪어야 했다.

우리는 이상으로 일제강점기 인촌과 그가 설립한 중앙학교의 항일적 행위에 대하여 대략적으로 살펴보았다. 여기서 우리는 인촌을 친일파라고 몰아붙이는 좌파세력들에게 묻고 싶은 것은 인촌과 중앙학교의 항일민족적인 행위에 대하여 어떻게 생각하고 있는가? 또 미육군정보당국이 서기 1944년 4월 10일 작성한 김성수에 대한 자질과 성향분석자료에서 "민족주의자이며 보수적이고 친미적이며 반일(反日)적이다"고 평가한 자료는 어떻게 생각하는가? 그걸 묻고 싶다.

제3절 보성전문학교의 인수 · 운영

1. 민족사학 보성전문학교의 설립

민립대학 설립운동으로부터 10년 후인 1932년 당시 한민족의 개인이 설립한 사학으로서는 최초의 고등교육기관이었던 보성전문학교를 인수함으로써 결국 인촌의 꿈은 실현되었고, 이것이 오늘의 명문 사학 고려대학교의 전신이다.

우리는 인촌이 인수하기 전까지의 보성전문에 대하여 개략적이나마 인식할 필요가 있다.

보성전문학교(普成專門學校)는 구한말 대신 이용익(李容翊 : 서기 1854~1907)[449]이 서기 1905년 4월 설립하였다.[450] 설립 당시 정치적 상황은 일제가 조선을 보호국으로, 더 나아가 식민지로 만들려는 의도가 노골화되면서 국운(國運)이 커다란 위기에 직면해 있었던 상황이었다. 따라서 이미 고종이 서기 1895년 '입국조서(立國詔書)'에서 주장했듯이 당시 한민족에게는 외세에 극복할 수 있는 근대적 지식과 실력을 갖춘 인재를 양성하는 것이 무엇보다도 시급한 과제로 대두되던 때였다.

이용익의 보성전분설립 구상은 서기 1904년 초 일제에 납치되어 있을 때 구체화 되었다. 그는 러 · 일전쟁 발발에 즈음하여 조선을 일본 편에 서도록 묶어 놓으려는 일본의 획책에 끝까지 반대하다가 서기 1904년 2월에 일제에 납치되어 갔다. 그는 일본에 납치되어 있던 10개월간 울분 속에서도 조선을 식민지로 만들려는 일본에 맞서기 위한 구체적 방안을 모색하였다. 그가 내린 결론은 국권회복을 위한 초석을 다지는 데는 무엇보다도 교육이 중요하다는 것을 인식하였다. 보성전문학교의 설립은 서기 1904년 12월 말 귀국한 이용익이 그의 구상을 즉시 실천에 옮긴 결과였다.

보성(普成)의 창립은 황실과 각별한 관계를 가지고 있다. 우선 '보

449) 고종 때의 대신, 임오군란 때에 명성황후의 장호원(長湖院) 피난을 계기로 명성황후와 국왕과의 연락을 잘한 공로로 출세하게 되어 고종의 총애를 받았다. 서기 1888년(고종 25) 남병사(南兵使)가 되었다가 민요를 맞아 파직되고 전남 영광군 신지도(新智島)에 유배되었다. 친로파의 거두로서 서기 1903년 러시아가 우리나라를 침략할 목적으로 압록강 어귀에 있는 용암포(龍岩浦)에 들어와 광대한 토지를 매수하고 집을 짓고 포대와 전선 등을 가설하는 등 영구시설을 하더니 마침내 조선정부에 정식적으로 조차권을 요구할 때 이를 승인하도록 적극활동하였다. 그 후 대장원경(大藏院卿)으로 재정권을 잡았으나 화폐를 남발한 혐의로 탄핵을 받았다. 심상훈(沈相薰) 내각때 군부대신, 탁지부 대신을 역임하고 한일의정서(韓日議定書)협정을 반대하여 일제의 미움을 받다가 일본세력이 미치자 지위가 점점 떨어져 블라디보스토크에 망명하여 그곳에서 암살되었다.

450) 皇城新聞, 1905年 4月 1日字 참조.

성(普成)' 이라는 교명은 고종이 친히 하사한 것이었다. 고종은 이용익으로부터 전문, 중학, 소학교의 설립계획을 듣고 매우 기뻐하면서 '普成(보성)' 이라는 두 글자를 지어주었다고 한다.[451)]

보성전문학교는 개교와 더불어 초대 교장에 신해영(申海永)[452)] 이 취임하고, 그 밑에 교감 조제환(趙薺桓), 학감 정영택(鄭永澤)의 간부진용이 구성되었다. 동년 7월에는 학감이 박승혁(朴承爀)으로 바뀌고, 동년 9월에는 법과(法科) 야간부가 신설되어 야간학교였던 한성법학교(漢城法學校)의 학생을 인계받았다.

보성전문학교 초기에는 법률학 전문과, 이재학전문과(理財學專門科) 그리고 야간부로서 법률학 전문과 이재학 전문과가 있었다. 초창기 교수진을 보면 모두 관비 일본 유학생 출신으로 정부의 관직을 가진 채로 출강하였다.[453)]

동교는 서울의 전동(磚洞; 현 종로구 수성동) 아어학교(俄語學敎;러시아어 학교) 자리에서 서기 1905년 4월 1일 창립되었으며, 첫 입학생은 100명이었다. 이 시기에는 보성소학 · 중학과 함께 사용했으나, 그다음 해 7월 이웃의 200평짜리 김교헌(金敎獻)의 한옥 저택을 매수하여 수리 확장했다. 서기 1907년 2월에는 제1

451) 고종은 「論語」 顔淵篇에 나오는 "子曰 君子 成人之 不成人之惡 小人反是"를 들며 교명에서 '成' 자를 취하였다. 柳光列 '普成論', 東方評論, 1932, 5月號, 2~3면, '普成 二字의 出處', 참고.

452) 신해영은 갑오경장 때 관비유학생으로 선발되어 4년간 일본 유학, 경제학을 전공한 인물이다. 그는 서기 1898년 박영효, 서재필을 대신(大臣) 후보로 선거한 사건에 연루되어 체포된 적도 있다. 보성교장으로 온 서기 1905년에도 탁지부참사관, 다음 해에는 학부의 요직인 동 편집국장을 역임하면서 각종 교과서의 감수, 편찬, 서울에서 제1인자였다. 서기 1906년 7월에는 국민윤리 교본이며 애국적 수신교과서인 「倫理學敎科書(윤리학교과서; 권1~4)」를 냈으나 서기 1909년 통감부에 의해 금서 목록(禁書目錄)에 들어갔다.

453) 高麗大學校年誌 編纂室, 高麗大學校 30年誌, 高麗大學校 出版部, 1975, 33~34면.

회 졸업생으로 주야간 51명을 배출했다.[454)]

그러나 일제의 무단정치기 10년은 민족사학 특히 보성의 역사에서 가장 어려운 시기였다. 당시 천도교의 손병희 지원으로 어려움의 공간을 메꾸어 나갔다. 서기 1911년 1월부터 천도교는 보성전문의 새로운 경영자가 되어 윤익선(尹益善; 법률학 전문과 1회 졸업생)이 교장으로 임명되었고, 서기 1914년 11월 30일에는 구교사가 헐리고 목조 2층이 세워지기도 했다.

그러나 3.1운동 후 천도교 경영이 어려워지자 전국에서 이 민간사학을 돕기 위한 구원의 손길이 모여 58명의 설립자 연명으로 서기 1921년 11월 28일 재단법인 설립신청서를 제출하여[455)] 서기 1922년 4월 1일자로 '재단법인 사립보성전문학교'의 인가를 받았다.

인촌이 보성전문학교와 인연을 맺게 된 것은 위에 든 58명 속에 들어가면서부터였다. 재단은 설립되었으나 재단의 분규로 3명의 교장이 바뀌었고 재정난 역시 곤란의 연속이었다.

서기 1932년 3월 14일은 재단의 마지막 이사회(81回)가 송현동(松峴洞) 교사에서 소집되었다. 거의 30년간 수많은 손을 거쳐 명맥을 유지해 온 보성전문의 일대 전기를 마련키 위해 이사들이 스스로 퇴진을 감수하는 결단을 내려야 할 비장한 순간이 박두했다. 출석 이사는 김병로(金炳魯), 주익균(朱益均), 이승우(李升雨), 박승빈(朴勝彬), 감사 김용무(金用茂)였다. 인촌은 이미 김병로를 통해 추수 5천석의 토지를 출연하여 보성전문을 인계 경영할 의사가 있음을 알린 것이다. 재단에 대해 인촌이 제시한 요망은,

① 현 이사, 감사는 총 사직할 것.

454) 高麗大學校年誌 編纂室, 같은 책, 17면 참조.

455) 당시 재단법인 기성회는 주로 교강사진(校講師陣)을 중심으로 서상호(徐相灝), 이승우(李升雨), 서광설(徐光卨), 김병로(金炳魯) 등으로 구성되었다.

② 후임 이사, 감사는 김성수가 선임한다.

③ 평의원회를 폐지하기 위해 기부 행위(定款)를 개정할 것.

등이다. 이 요망에 대해 이사회는 동년 3월 26일 평의원회를 열어 인촌의 제안을 상정할 것을 결정했다. 그리고 재단 측을 대표하여 김병로는 인촌에게 다음과 같은 희망 사항을 전달했다.

① 현재 학교 직원의 지위 보장.

② 보전의 교명을 바꾸지 말 것.

③ 교사의 신축을 급속히 실행할 것.

등이었다.[456] 재단 측은 교명 존속과 직원의 지위 확보만을 조건으로 내세우고, 거의 자연 인계로 보전을 살려야 한다는 방향으로 의견이 모아진 것이다. 윤익선은 20여 년간 모교와 고락을 같이해 온 애교의 인사로서 이날을 당해 희한과 유감의 뜻을 표명했다고 한다. 지금까지 상당한 발언권을 행사하여 재단 분규의 요인이 된 평의원회의 폐지 안건에도 원만히 합의를 본 것이다. 지금까지 교사, 경영비 등을 기부한 천도교 측의 태도도 무조건 찬성이어서 훌륭했다.

2. 인촌의 보성전문 인수와 중흥에의 노력

1) 인촌으로서는 미리 민립대학의 독자적인 설립에 대비해 "漢陽專門學校(한양전문학교)"란 교명을 지어 놓았으나, 전문학교로 존속하는 한 보전(普專)의 교명을 고수하겠다고 확언했고, 광복 후 대학승격 때까지 그 약속을 지켰다.

인촌의 보성전문 경영 인계는 온 사회의 축복과 기대 속에서 순조롭게 결정되었다.

456) 高麗大學校 70年誌 編纂室, 같은 책, 116면.

곧 새 이사로 김성수(金性洙), 최두선(崔斗善), 김용무(金用茂) 3人이 선임되고, 감사로는 조동식(趙東植), 한기악(韓基岳)이 선임되었다. 이로써 인촌 김성수가 인계한 보성전문은 희망찬 앞날이 열리기 시작했다. 그러나 재단에 출연한 것은 인촌이 아니었다. 새 재단의 재원은 양부(金祺中)의 5백석(石) 전답과 6천여 평의 대지 및 생부(金暻中)의 5천석(石) 전답의 기증을 받아 재단법인 중앙학원(中央學院)이 예치하는 형식으로 마련한 것이다. 인촌이 보성전문 인수를 주동하기는 했으나 출자한 것은 아니었다.

이외에도 당시 뜻있는 재산가들의 후원이 있었다는 것도 사실이다. 우선 전술하는 바 있지만 전남 무안의 문재철(文在喆)도 보성전문이 어려울 때 보강이사로 취임한 것을 지적할 수 있다. 그리고 그의 손자인 고려대 교수를 역임한 문익수(文益洙)도 전술하는 바와 같이 어렸을 때 그의 부친으로부터 들어온 집안의 이야기라는 것을 전제하면서 그의 조부께서 인촌이 보성전문 인수 후 벼 6천석을 내놓았다고 증언하고 있다.[68-1] 역시 필자의 증조부(金在鍾 서기 1881~1938)[457]가 인촌이 보성전문을 인수 할 때와 동아일보 설립 때 각각 벼 500석을 내놓았으며 당시 본가에 방문한 관계인이 증서를 남기려 했으나 친구의 집안에서 좋은 일하는 데 그런 것은 필요 없다 하고 거절했다는 말을 어렸을 때부터 어른들로부터 들어온 이야기이다. 전북 김제시 금구면 서도의 장현식(張鉉植;6.25당시 전북지사로 납북)이나 광주의 현준호(玄俊鎬)의 경우도 그 액수는 모르겠으나 후원한 경우는 마찬가지였다. 이들은 인촌 가문과는 친교의 집안인 점이 공통점이다. 이로 보면 인촌이 보성전문의 인수나 동아일보 설립에 인촌 가문과 친교의 관계있는

457) 전북 고창 출신, 송사(松沙) 기우만(奇宇萬)의 제자, 재산은 당시 3천석, 고창고보 설립시 초대 이사로 고창군 1천석 이상 12명과 같이 각각 1만원씩 출연.

68-1) 서기 2008년 1월 어느 날 그의 집을 방문했을 때 증언.

인사의 재정적 후원이 있었다는 것은 부정할 수 없는 사실이라 할 것이다.

보성전문학교를 인계하여 그 주무 이사를 맡은 인촌의 학교에 대한 포부를 당시 동아일보는 아래와 같이 보도하고 있다.

"동교(同校)의 신임 간사 김성수씨는 말하되, 무재한 사람으로서 중임을 맡게 되니 스스로 공구함을 느끼게 합니다. 포부라고 할는지 위선 학교의 기지(基地)를 작성하여야 할 것인데, 이 사업이 우리네의 1대에만 그칠 것이 아니요, 영구한 장래에 영원히 계속될 사업임으로 학교의 기지를 훨씬 넓게 잡아두어야 장래 발전에 거리낌이 없을 것이외다.

그 다음 전문교육은 다른 교육과 달라서 학생들을 잘 가르침은 물론이거니와 학자들을 배출케 하는 의미에서 선생들의 연구할 만한 기관을 만들고 또는 기회를 주도록 하여야 합니다.[458]

이 기사는 인촌이 보성전문학교에 대한 학교의 설계를 말한 것이다.

2) 새로 구성된 재단이사회에서는 기왕의 재단의 채권, 채무의 정리에 힘 쓰는 한편 학교를 경영하는데 필요한 금액은 중앙학원이 지원하였다.[459] 서기 1932년 11월 23일 열린 이사회에서는 인촌을 재단법인의 이사로 선임하고, 그 다음해 1월 11일에 동 이사회에서는 최두선의 학교이사 겸임을 풀어서 인촌을 상임으로 하고 학교이사를 겸임하게 하였다.

인촌은 동교를 인수함과 동시에 제10대 교장으로 취임하여 보성중흥의 기틀을 다져나가기 시작하였다. 먼저 인촌은 고양군 숭인면 안암리(현 고려대 캠퍼스 일대)의 62,000여 평의 부지를 중앙

458) 東亞日報, 1932년 3월 29일자 참조.

459) 고려대학교30년사 편찬위원회, 고려대학교 100년사, 고려대학교 출판부, 2008, 374면.

학원의 명의로 매입하였고, 다음 해 9월부터는 총 건평 1,114평의 석조 본관 3층 건물을 착공, 1년 만에 준공하고, 이어 인촌의 교육관은 오직 교육을 통해서만이 독립 쟁취라는 정론을 귀일 시키고 거기에서 참다운 애국자와 앞으로의 조선 간선을 길러낸다는 보다 깊은 사명의식을 폈다. 바로 민족 지도자의 배출이었다 할 것이다. 그러기에 인촌은 이후 광복의 그 날까지 약 2년간을 제외하고는 줄곧 보성 교장을 맡으면서 학교를 키우는 데 힘을 모았다. 2차 대전 말엽 일제의 강압으로 한 때 경성척식경제전문학교로 교명을 개명키도 했던 보성은 광복과 더불어 1945년 8월 15일자로 고려대학교로 새롭게 탄생하였다.

그는 보성전문학교 교장시절 봉급을 타는 일이 없었으며, 자기 친인척을 한 사람도 교직원에 채용한 적이 없었다고 한다. 이로 보면 요즈음 사립학교의 풍토와 얼마나 다른가. 요즈음 사립학교의 경우 재단의 친인척이 학교 내 요소 요소에 진을 치고 있고 사학을 영리 기업화하는 풍경이 허다하지 않은가?

3) 인촌은 내심 멀지 않은 장래에 보성전문을 대학(大學)으로 승격시키려는 의도로 우선 보전의 교육과 학문의 진흥을 위해, 최고 수준의 교수진을 확보하고자 하였다.

서기 1932년 보전을 인수하자마자 좌우를 막론하고 각 분야의 권위 있는 석학과 신진기예를 대거 초빙하기 시작하였다. 그리하여 서기 1932~1933년 2년 동안에 그는 우선 김광진(상업학 담당), 오천석(영어, 심리학 담당), 현상윤(윤리 담당), 김권제(중국어 담당), 이상기(법원 판사), 안호상(철학 및 독일어 담당), 유진오(헌법, 행정법, 국제공법 담당), 에니 브라이스(Annie Blyth, 영어회화 담당), 요코야마 토미요시(横山富吉; 영어 담당) 등을 초빙하였다. 이들은 대개 나이와 경력에 따라 교수, 전임강사, 강사로 초빙하였다. 이미 재직중이던 중견교수로는 상과과장 김영주(서기 1921년 부임, 상업, 부기학 담당), 법학과장 옥선진(서기 1927년 부임, 민법 담당), 홍성하(서기 1922년 부임, 경제학, 재정학, 사회정책 담당), 백성규(서기 1923년 부임, 영어, 윤리학, 경제학 담당), 최태영(서기 1932년 부임, 상법, 민법, 법학통론 담당), 김병로(민법, 형사소송법 담당) 와타나베 가쓰미(서기 1923년 부임, 민법, 형법, 형사소송법 담당), 다카하시 유타가(서기 1923년 부임, 통계학, 상용문, 회계학, 상업수학, 외국경제 담당) 등이었다.

4) 안암동에 신교사를 건축하는 획기적인 사업이 진행되는 중에 또 하나의 커다란 사업이 진행되었다. 서기 1935년 본교 창립 30주년 기념사업을 추진하기도 하였다. 그리하여 2년 전인 서기 1933년 7월 발기준비인을 구성하고 전국 유지 1,200여 명에게 이의 찬동을 청하는 서면을 발송하였다.

동 기념사업의 주요 목표는 전국적인 기부하에 도서관 · 대강당 · 체육관 3대 건물을 건설하자는데 있었다. 교장인 인촌이 그 책임자가 되어 30만 원의 기부금의 허가를 조선총독부에 신청하여 서기 1933년 9월 26일 자로 허가를 얻고, 동년 11월 4일 송현동 교사에서 기념사업발기총회를 개최하여 실행위원의 선임 전형위원으로 김병로 · 이승우 · 송진우가 당선되어 전형한 결과 김성수 · 김연수 · 김병로 등 57인을 선임하여 이들에게 사업 진행의 일체를 위임하였다.

사업내용을 보면 도서관 건설비 및 도서 구입비, 대강당과 체육관 건설 등이었다. 특히 도서관은 총 건평 도서관은 총 건평 873평으로 2층에 250석의 대 열람실, 1층에는 교수 연구실 32개, 사무실, 특별열람실을 만들었다, 3층으로 된 서고에는 20만 권의 장서를 갖추게 되었다. 기공한 지 2년만인 서기 1937년 9월에 준공을 보았다. 특히 교수 1인당 1실의 연구실을 배정하여 당시 경성제대를 제외하고는 한국 최초로 1교수 1연구실 제도를 실시하였다. 이는 일본의 사립대학들도 부러워할 정도였다.

당시 장서는 구입한 것이 주류를 이루었지만, 전국의 개인 또는 문중이 소장하고 있는 진귀한 도서와 민속품, 진귀품 등도 많았다. 당시 초대 관장은 손진태 교수였다.

5) 서기 1930년대 학생운동은 광주학생운동을 기점으로 중요한 변화를 보여 학생들의 동맹휴교가 줄어들고 그 대신 농촌계몽운동과 비밀결사운동이 전개되었다.

서기 1929년 6월 여름방학을 맞아 조선일보사에서는 "아는 것이 힘, 배워야 산다."는 구호를 내걸고 한글 보급을 위한 문맹퇴치운동, 문자보급운동을 일으켰다. 여기에 참가한 귀향 학생은 409명이었고, 이들의 노력으로 한글을 깨우친 사람은 만여 명이 넘었을 것으로 보인다. 서기 1934년에는 125개의 학생 4,917명, 특별반 학생 161명이 참가한 가운데 보성전문 학생은 특별반이었다.[460] 조선일보사의 문자보급운동은 6년에 걸쳐 지속되었다. 그러나 문자보급운동에 일제의 일정한 통제가 가해졌기에 학생들의 활동도 점차 제약받기 시작했다.

한편 동아일보사도 서기 1931년 여름부터 '학생 하기 브나로드 운동'을 주체하기 시작하였다. 브나로드운동의 주 내용은 학생들이 하기방학 때 농촌으로 가서 문맹퇴치 · 위생개선 등의 계몽활동을 벌이는 것으로 숙식 및 비용은 학생들 스스로 해결했다. 서

460) 조선일보, 1934년 6월 10일자 관련기사 참조.

기 1934년까지 4회에 걸쳐 진행되면서 가장 규모가 큰 농촌계몽운동으로 자리 잡았고, 학생들 역시 대규모로 참여했다. 4회에 걸쳐 5,700여 명이 참여했다. 보성전문을 비롯한 전문생들은 '학생강연대'를 구성하여 위생강연이나 학술강연 등을 하였다. 환등기와 활동사진을 상영하거나 음악이나 무용 등을 상연하기도 했다. 전문학생과 중학생으로 이루어진 '학생기자대'는 활동내용을 동아일보사에 보고하고 연락을 취하였다. 한편 학교교육, 서당 훈장, 동네 유지, 일반 지식 청년 등 지방사회 유지 중에서 이 운동 참가희망자를 위하여 별동대를 두기로 하였다.[461)]

제1회 브나로드운동은 서기 1931년 7월 21일부터 9월 20일까지 62일간 계몽요원 423명, 강습지 142개소(이 중 11개소는 금지처분)였고, 수강생은 9,492명이었다. 그 다음 해 7월 16일부터 실시된 제2회 운동은 계몽요원 2,734명(별동대원 675명 포함), 강습지 592개소, (금지처분 69개소, 중지처분 10개소 포함)였고, 수강생이 41,513명에 이르러 광범위한 호응을 얻었다. 제2차 브나로드운동에 참여한 보성전문 학생은 20개 군에 20명이었다.[462)]

서기 1933년 제3회 운동부터는 브나로드운동을 '계몽운동대'로 개칭하고, 활동도 문맹타파로 국한하였다. "배우자! 가르치자! 다함께!"라는 표어하에 전개된 제3회운동에는 52개교, 1,500명의 대원이 참가했으며, 일본의 동경과 관동의 학생들도 참여했다.[463)] 315곳에서 남자 4,351명, 여자 12,352명의 문맹 타파를 했다. 이 때 보성전문 학생은 21명이 참가하였다.[464)] 제4회 운동은 서

461) 고려대학교 100사편찬위원회, 같은 책, 505면.

462) 동아일보, 1932년 7월 12일 관련 기사. 여기서는 참여한 지역 20개 군과 참여학생의 이름이 소개되고 있다.

463) 동아일보, 1933년 7월 12일자 관련기사 참조.

464) 동아일보, 1933년, 10월 6일자 관련기사 참조.

기 1934년 6월 30일부터 1,098명의 대원이 271개 지역에서 활동을 전개하여 남자 12,323명, 여자 8,278명, 모두 20,601명의 문맹타파에 성공하였다. 당시 만주에서 29개 처, 일본 7개 처에서도 함께 참여했다.[465] 당시 보성전문의 학생은 42명이 참여하였다.[466]

이상과 같은 운동의 결과 무려 10만여 명 이상이 문맹을 벗어났다는 점에서 학생들의 헌신적인 노력은 민족운동사상 획기적인 성과라 할 것이다. 동 운동의 성격은 기본적으로 식민지 현실을 인정한 속에서 농촌계몽을 촉구한 개량적인 운동이었다. 그러나 학생들은 농민 대중들에게 글과 셈만을 가르치는 과정을 활용하여 민족의식을 고취함에 노력하였다. 그러기에 총독부 당국에서는 동아일보사를 압박하여 학생들의 활동내용에 통제를 가하고자 하였다. 결국에는 서기 1935년 동 운동은 완전 중단 되고 말았다. 그러나 학생들은 서기 1930년대 후반부터 민족주의적인 학생 비밀결사운동을 전개 하였던 바, 반제동맹(反帝同盟)과 보전독서회 같은 경우이다.[467] 그러나 이들의 경우는 그 실은 사회주의 이론을 학습하기 위한 데 있었지, 항일민족해방이라는 직접적인 목표에는 거리를 두고 있었다 할 것이다.

3. 전시체제하 보성전문의 수난과 분노

1) 일제는 서기 1943년 태평양전쟁에서 패퇴하자, 동년 10월 12일 '교육에 관한 전시 비상조치 방책'을 발표하여 고등교육기관에 대한 개편을 추진하였다. 이는 전쟁수행력의 증강이라는 이름

465) 동아일보, 1934년 6월 16일 관련기사 참조, 당시 보성전문 학생은 42명이 참가하였다.

466) 동아일보, 1934년 6월 17일, 21일, 25일 관련기사 참조.

467) 고려대학교100년사편찬위원회, 같은 책, 507~508면.

하에 각급 학교에 대해 비상조치를 취한 것이다. 특히 대학 및 전문학교에 관해서는 전시 하의 노동력 수급을 위해 문과계를 축소하고, 이공계를 확대하도록 하였다. 이 방책은 그 어떤 규정보다도 우선하는 것이었다.

이에 따라 동 방책을 중심으로 하여 조선총독부는 고등교육기관에 대하여 특단의 개편방침을 세우고, 이와 함께 남녀 문과계 전문학교에 대해 "법문계 전문교육으로 하여금 경제생산 부분에 있어서 사무담당 직원 및 대동아 제 지역에 진출하여 그 건설 공작에 정신(挺身)할 수 있는 인재를 양성함으로서 각하(刻下)의 긴급한 국가적 요청에 부응시키기 위해서"라는 취지 아래 다음과 같은 조치를 취하였다.

(1) 관립전문학교인 경성법학전문학교와 경성고등상업학교는 모두 1944년도부터 학생의 모집을 정지하고, 새로이 경성경제전문학교를 설립한다.

(2) 사립전문학교인 보성전문학교(普成專門學校) · 연희전문학교(延禧專門學校) 및 혜화전문학교(惠化專門學校) 등 3개교는 1944년부터 학생의 모집을 정지하고, 새로히 경성척식경제전문학교(京城拓殖專門學校) 및 경성공업경영전문학교 등의 2개교를 설립한다.

(3) 혜화전문학교(惠化專門學校)와 명륜전문학교(明倫專門學校)는 불교계 또는 유교계의 인재 양성을 목적으로 하는 특색있는 교육기관인 실정을 감안하여, 이에 수반된 선당적(禪堂的) 또는 학숙적(學塾的)인 인재양성 기관을 별도로 구상한다.

(4) 숙명여자전문학교(淑明女子專門學校)와 이화여자전문학교(梨花女子專門學校)는 여자청년연성소의 전임지도원 양성기관으로 개조한다.

이러한 상황하에 보성전문학교도 예외일 수가 없었고, 당시 유일의 민족사학 전문학교가 '경성척식경제전문학교(京城拓殖經濟專門學校)' 라는 교명을 강제적으로 바꾸워야 하는 수모를 당하게 되었다.

이와같이 총독부에서는 교명의 일방적이고 강제적인 교명 개칭과 함께 학과 명칭과 교과과정의 내용까지도 변경하도록 강요하였다. 보전으로서는 법 · 상 양과를 일시에 폐지하고 새로이 이공과를 시작하는 것도 어려운 일이었으나, 무엇보다도 법 · 상과로 입학한 재학생을 어떻게 처리할 것인가가 더욱 어려운 문제였다. 총독부는 당장 신학기부터 전면 개편하라는 것이었다. 더 이상 상황 설명을 해야 무슨 필요가 있겠는가? 주권을 박탈당한 상황하에서 일제에 일방적으로만 당해야 했던 수모 아니었겠는가?

2) 일제는 한민족을 부정하는 황민화정책을 추진하기 위해 이미 서기 1938년 7월 '국민정신총동원조선연맹' 을, 동년 8월에는 '조선방공협회' 를 결성했다. 이어 서기 1940년 12월에는 '국민정신총동원연맹' 을 '국민총력연맹' 으로 개편하였으며, '조선국민조직 신체계 요강' 을 발표하여 황국신민화 정책을 본격화하였고, 서기 1940년 12월 13일에는 총독부의 강요에 의해 보성전문에도 '국민총력 보성전문학교연맹' 이 결성되었다. 이러한 강제적인 조치와 더불어 보성전문의 학칙도 개정되었는데, 서기 1942년 3월 19일 학칙은 그 제1조에서 다음과 같이 규정하고 있다.

조선교육령에 의하여 법률 및 상업에 관한 고등의 학술을 교수하고 특히 황국(皇國)의 도에 기하야 단체 관념의 함양 및 인격의 도야에 유의함으로써 국가수요의 재(材)로서 족한 충량유위(忠良有爲)의 황국신민을 연성함을 목적으로 한다.

이 얼마나 분개한 강제적인 교칙의 변경인가? 이 얼마나 자신의 목표를 부정당한 민족사학의 수모인가?

서기 1941년부터는 전시태세 강화라 해서 전문학교 이상은 수업 단축을 하는 바람에 보성전문도 수업기간을 단축하여 9월 26일 학생들을 졸업시키게 하였다. 이러한 조기졸업은 병역을 유예시켜 주었던 일본인 학생을 빨리 징집하기 위한 조치였다. 그런가 하면 학사일정에는 파쇼적인 제국주의적 질서를 보여 주는 각종 행사들이 자리잡고 있었다. 특히나 황국신민서사(皇國臣民誓詞) 봉송과 신사참배를 강요하였다.

한편 서기 1940년 이후에는 학생들의 소풍 및 졸업에 관한 학사일정까지도 관할 동대문경찰서에 사전에 알려야 하는 등, 당국의 감시와 통제가 철저했다.

서기 1944년 4월부터 '경성척식경제전문학교'로 교명까지 강제 변경된 후부터는 총독부에서는 교명 개정과 함께 기존의 법과 상과를 대신하여 '척식과'와 '경제과'를 설치하도록 하였다. 그리하여 동년 입시에서는 첫 입학생으로 경제과 76명, 척식과 100명을 선발하였다. 그러나 이때는 이미 전시동원체제가 전면적으로 가동되던 때였다. 이에 따라 1학년만 수업을 하고 2학년은 조병창(造兵廠), 3학년은 구청을 비롯한 관공서에 징용되어 일을 했다. 그나마 1학년생마저도 배속장교의 일본어 구령에 따라 교련만 하는 상황이었다. 교수진은 대부분 자리를 비우고, 인촌은 병석에 누어 버리고, 생도감 장덕수는 학생을 따라 조병창에 가고, 다른 교수들도 주일마다 교대로 3, 4명씩 조병창에 가서 감독을 해야 했다. 그 당시 학교는 수업을 거의 전폐하고 모두 조병창과 관청에 징용되어 강제노역으로 나날을 보냈다.

서기 1942년 11월부터는 학도에게 지원병제도를 공포했으나 실제로는 강제적으로 전쟁터에 몰아내는 계획을 강행하게 되었다. 드디어 그다음 해 10월에 육군특별지원병 임시채용규칙에 의해 조선에도 학병제가 실시되었다. 그때까지 조선인에게는 병역의무를 부과할 근거가 없었다. 그러나 전세가 나날이 일본군에게 불리해지자 병력충원이 다급해진 일제는 우선 학도지원병 형식으로 조선 청년들마저 전쟁터로 끌어내려고 했다.

그러나 조선 청년들이 어찌 일제 침략자를 위해 총을 메고 전쟁터로 가겠는가? 조선총독부는 학교 당국에 갖은 압력을 가하는 한편 이른바 당시 '명사'들을 동원하여 갖은 계책을 썼으나 그에 호응할 학생은 없었다. 이러한 가운데 서기 1944년 1월 19일과 20일 피하다 못해 강제로 출진하게 된 보성전문 학생들이 서울역을 출발하게 되어 동 보전전문 전 교직원과 잔류 학생들은 비통함 속에서 이들을 전송하였고, 유진오 등 몇몇 교수는 평양까지 그들을 송별했다. 당시 보성전문의 학병지원율은 16%로 국내 전문학생 비율중 가장 저조한 것이었다. 한편 학병으로 전지에 동원된 학생들은 일제 군대의 예속병이 되어 갖은 수모와 학대를 받았으며, 무수한 학생들이 탈영하여 연합군측에 가담하거나 영내 반란을 일으키다 희생당하기도 했다.[468]

4. 전시체제하 학생활동과 학생운동

1) 서기 1938년 5월 들어 학생회 활동 금지를 강요당한 학생들은 그 이듬해에는 '학생공제회'를 만들어 자치활동의 맥을 이어갔다. 동 공제회의 설치과정에서 학교 측의 태도 또는 구매점과의 양해 불성립 등으로 인해 난항에 봉착하기도 했으나 각 급 학생들의

468) 고려대학교100년사편찬위원회, 같은 책, 557면.

동조로 드디어 동년 12월 1일 학교측으로부터 설치 허가를 받았다. 당시 공제회가 가지고 있었던 기금은 552원 40전이었다. 공제회는 우선 경성은 물론 동경 등지의 각 대학의 공제부 조직을 조사하여 가장 합리적인 조직을 만드는 일부터 착수하였다. 동년 12월 6일에는 교내 매점을 350원에 인수하였다. 공제부 본부는 매매와 사업의 2개 부서로 구성되었다. 매매계(賣買係)[469]는 사입(仕入), 판매의 2개 반으로, 사업게는 전직(傳職), 보생(保生)의 2개 반으로 조직되었다. 전직반에서는 가정교사, 내직(內職) 등을 알선하였고, 보생반에서는 학숙, 세탁, 이발 및 기타의 업무등을 담당하였다. 공제회를 통해 얻어지는 수입은 당일 서무과에 입금하도록 하였고, 결산은 매년 5월과 11월 년 2회로 하였다. 공제회는 학생들의 호응을 크게 얻어 상당한 수입금을 냈다. 특히 사업계에서는 학생들의 편의를 돕는 각종 사업을 전개했는데, 서신교환, 학생생활조사표 같은 것은 학생들의 흥미를 끄는 사업이었다.

2) 서기 1940년 이후 군사적인 동원과 군사교육의 상시적인 동원체제 속에서 자신의 의지와 무관하게 강제동원 되어야 했던 현실에 대한 불만과 저항이 다양하게 표출된 가운데 학생들은 학병의 강제적인 동원에 저항하고 있었다. 서기 1943년 본교 학생 서재균(徐載均)은 최이권(崔二權), 권중혁(權重赫), 이석구(李奭球), 배상동(裵相東), 양현식(梁鉉植) 등과 모의하여 학병에 끌려가지 않게 하기 위하여 고의적으로 형사문제를 일으킨다는 생각으로 만취상태에서 순사들에게 닥치는 대로 폭언, 폭행을 가하고 제동 파출소를 때려 부수었으나, 이들은 아무 문책도 받지 않은 채 '학병지원자'라는 이유로 풀려났다. 그것은 당시로서는 전장의 악화로

469) 고려대학교100년사편찬위원회, 같은 책, 560면.

총알받이 한 명이 아쉬운 상황이었기 때문이다. 그러나 보전전문생들은 동년 12월 말 부민관에서 연희전문 주최로 이른바 '학도병장행축하회(學徒兵壯行祝賀會)'가 주최된 자리에서 일본어 일색으로 진행되는 음악회를 보고, "일본 노래 집어치워라. 조선어 교가나 불러라."라고 고함을 질러 음악회를 파판에 몰아넣었다. 이 사건의 주동학생인 보성전문의 위에서 언급한 서재균과 연희전문의 방낙영(方樂榮)은 고등계 형사들에 의해 중부서에 유치되었으나 역시 '지원 학병'이라는 이유로 석방되었다.

우리는 이 대목에서 결코 가볍게 넘길 수 없는 사건을 이렇게 처리하는 것은 당시 일제의 전쟁 수행에 대한 한계성을 드러내는 상황과 학병동원을 어느 정도 중시했는가를 흠쳐 볼 수 있다.

3) 또한 이 무렵 본교 법과 이철승(李哲承), 유정준(俞鼎濬), 손광수(孫光秀)와 상과의 윤원구(尹元求), 박석규(朴錫圭), 오세정(吳世挺), 그리고 경성제대의 이혁기(李赫基) 등은 학병거부운동을 전개하였다. 이들은 서울 시내 각 학교의 대표들과 연대하여 한 달 동안 장소를 옮겨가며 투쟁방안을 합의하였다. 여러 가지 방안이 모색되었으나 결국 학생대표 20명이 서명 날인하여 조선총독에게 학병거부 이유서를 작성하여 우송하기로 하였다. 경찰은 이미 이 사실을 알고 주동자를 모두 체포하려 하였으나 총독은 비서를 시켜 주동 학생들과 면담하는 방식을 취했다. 총독이 이 방안을 받아들이기로 한 12~13명의 학생들은 총독 관저에서 약 3시간에 걸쳐 학도병 지원제와 식민정책의 부당성 등에 관한 의견을 개진하였다.

이에 대해 총독은 약 1시간에 걸쳐 "영, 미를 격멸하여 그들의 침략으로부터 아시아 민족을 해방시켜야 한다."는 것과 내선일체

(內鮮一體)의 실천을 책임질 것이니 학병출정을 요망한다고 하였다. 그러나 이철승은 큰 소리로 "총독의 얘기는 무슨 말인지 알아들을 수 없다."면서 자리를 박차고 나가버렸다. 이후 학생들이 계속해서 지원서를 내지 않자 이번에는 경찰이 이를 구속하였으나, 다시 총독의 명령으로 풀려났다. 총독으로서도 학병거부운동은 혈기 왕성한 청년학생들에 대해 직접적인 폭압을 사용하기 보다는 회유하면서 다스릴 필요가 있다고 판단한 때문이라는 것을 배제할 수 없을 것이다.

4) 우리가 마지막으로 주목해야 할 것은 서기 1944년 '평양사단(平壤師團)의 학병의거(學兵義擧)'이다.[470] 여기서 그 주동적인 학병들은 본교 즉 보성전문 출신이 그 중심에 있었다.

그 해 창설된 평양사단은 보병 42 · 43 · 44부대, 포병 47부대, 공병 1948부대, 치중병(輜重兵;보급부대) 50부대 등으로 편성되어 있었다. 동 사단은 함경도와 평안도 출신 학병들로 대거 편성되었었다. 평양학병의거를 발의한 주체는 보병 42부대에 입영한 학병들이었다. 보병 42부대는 300여 명의 학병들이 입영했으나 대부분 전장으로 끌려가고 50여 명만이 남아 있었다. 그러나 동년 6월이 되자 한반도의 상공에도 B29 폭격기가 나타나는 등 전황은 일제의 패망을 예측해 주고 있었다. 이러한 상황은 강제로 입대되고 일본인들의 차별대우로 울분이 목에까지 차오른 상황이었다. 결국 조선인 학병들은 "일본놈에게 끌려가 죽기를 기다리니 차라리 싸워서 죽음을 이기자"는 비상한 결의를 하게 되었다.

그러하여 동년 8월부터 42부대에 배속된 본교 상과출신 손희용

470) 이에 대한 개관은 고려대학교100년사편판위원회, 같은 책, 570~571면을 토대로 재구성하였다.

(孫熙瑢)과 지(池)모는 일본의 중앙대 출신 김완용(金完龍)과 함께 30여 명의 동지를 규합하면서 체제를 갖추기 시작하였다. 그러나 논의과정에서 민족주의계와 사회주의계의 학생들은 이념의 차이에서 오는 논쟁은 있었으나, 일제가 패망해야 한다는 것과 일체의 이데오로기를 초월하여 단결해야 한다는 인식을 공유하여, 시급한 행동이 요구되는 당시의 정세 속에서 자주독립을 목적으로 서로 연합하기로 한 것이다.

이들은 포병 47부대에서도 동조자를 얻었고, 이어서 군부대 근로에 동원되어 나온 평양서문고등여학교(平壤西門高等女學校)와 정의고등여학교(正義高等女學校)의 여학생들을 연락원으로 참여시켜, 그들로 하여금 연락망을 형성하여 보병 44부대와 48부대에서도 동지를 얻었다. 또한 이들의 연락망을 통하여 본교 출신 홍표철(洪杓喆)과 연락되어 치중병 50부대에 대해서도 동지를 규합하였다.

이들의 애초 계획은 평양사단을 폭파하는 것이었다. 그러나 폭약입수 등에 문제가 있다고 판단하여 동 계획을 철회하고, 부대를 집단적으로 탈출하여 한만(韓滿) 국경지대 또는 부전고원(赴田高原)에서 게릴라전을 수행하기로 계획을 바꾸웠다. 구체적으로는 부대를 집단탈출하여 평양근처 양덕(陽德) 북대봉(北大峯) 기슭에 모인 다음, 벽지의 주재소(駐在所;경찰관 파출소)나 헌병대를 털어 탄약과 식량을 보충하면서 검산령(劍山嶺), 장진호(長津湖), 주전호(赴田湖), 원풍(元豐), 갑산(甲山) 서쪽 봉두리(鳳頭里)를 거쳐 보천보(保川堡)에 도착, 이곳을 근거지로 하여 유격전을 전개한다는 것이었다. 그러다가 소련이 대일 선전포고를 하면, 거기에 합세한다는 것이었다.

이리하여 상인 김한복(金漢福)을 길 안내인으로 포섭하고, 지도

구입, 비상식량 마련 등의 준비를 하면서 서기 1944년 11월 1일 집단탈출하기로 정하였다. 이러한 동 무장봉기계획이 성공할 수 있었다고 이들이 믿은 배경에는 패색이 짙은 일제가 정규 병력을 동원하지는 못할 것이라는 상황판단과 국경에 가면 한민족 항일독립군 부대를 만날 수 있다는 기대가 작용했다고 한다. 그러나 사소한 일로 일제 당국에 발각당하여 10월 하순 모두 검거 됨으로서 동 무장봉기계획은 수포로 돌아가고 말았다. 참으로 기막히는 일 아닌가?

………………………………………

………………………………………

………………………………………

이제
여기서
끝을 맺는다.

湖南抗日民族教育展開史 Ⅱ

인쇄일 2021년 9월 1일
발행일 2021년 9월 1일

지은이 김경식
발행인 김화인
펴낸곳 도서출판 조은
편집인 김진순
주소 서울시 중구 을지로20길 12, 대성빌딩 405호
전화 (02)2273-2408
팩스 (02)2272-1391
출판등록 1995년 7월 5일 신고번호 제1995-000098호
ISBN 979-11-91735-08-6
정가 27,000원